昭和戦前期の選挙システム

千葉県第一区と川島正次郎

車田忠継

日本経済評論社

目次

凡例

・史料の引用の際、読みやすさを考慮し、適宜、句読点の補遺、旧字体から新字体への変更、誤植・誤用と考えられる字句を訂正した。
・人物の経歴は、特に断りがない限り、戦前期官僚制研究会編『戦前期日本官僚制の制度・組織・人事』（東京大学出版会、一九八一年）、衆議院・参議院編『議会制度百年史　衆議院議員名鑑』（大蔵省印刷局、一九九〇年）、『千葉県議会史　議員名鑑』（千葉県議会、一九八五年）を参照した。
・衆議院議員選挙の結果は各回の『衆議員議員総選挙一覧』（衆議院事務局）、県会議員選挙の結果は櫻井良樹「千葉県会議員選挙データ」（『麗澤大学論叢』第一〇号、一九九九年）、帝国議会での代議士の発言は国立国会図書館帝国議会会議録検索システムにそれぞれ依拠した。
・多数の新聞を引用するため、『東京日日新聞』は『東日』、『東京毎日新聞』は『東毎』、『東京朝日新聞』は『東朝』、『千葉毎日新聞』は『千毎』、『房総日日新聞』は『房日』、『野田新聞』は『野田』、『千葉日日新聞』は『千日』など、適宜、新聞名を略記した。
・煩雑さを避けるため、本文中で各回の選挙を表記する際は、実施月を省略した。

序章　目的と分析枠組

はじめに

一九二五年五月五日、衆議院議員選挙法が改正された。いわゆる男子普通選挙法（以下、普選法）である。その結果、選挙権が拡大され、有権者数は約四倍となった。また小選挙区制度から中選挙区制度に変更された[1]。この中選挙区制度を理論的に分析したスティーブン・R・リード「M＋1の法則」（選挙区の有力候補者数は「M〔定数〕＋1」）のように[2]、以後、対立政党同士の候補者、同一政党同士の候補者、同一地盤の候補者による競争が常態化する。つまり政党だけでなく、代議士（候補者）もまた、有権者数の激増および中選挙区制度という二つの新たな政治環境への適応を迫られていたのである。はたして彼らは普選にどのように向き合い、どのように適応しようとしたのであろうか。どのように代議士であり続けようとしたのであろうか。

選挙区や候補者の数だけ、また涙を呑んで立候補を断念した者の数だけ歴史がある。本書では、「選挙システム」を分析枠組として、その歴史の一齣を具現化したい。選挙システムという概念は、政治過程を①入力→②変換→③出力→④フィードバックの繰り返しとして捉えた、デイヴィッド・イーストンの「政治システム」[3]から得た着想である。すなわち、まず候補者は選挙区で県会議員などの地方議員と関係を構築するとともに、選挙区で政治活動を重

表序－1　戦前期普選連続当選者の割合

全466議席中連続6回当選			全466議席中連続6回当選かつ戦後も国会議員		
	人数	割合（%）		人数	割合（%）
政友会	35	7.5	政友会	16	3.4
民政党	27	5.8	民政党	8	1.7
その他	2	0.4	その他	2	0.4

出典：各回『衆議院議員総選挙一覧』（衆議院事務局）より作成。
注：その他は尾崎行雄と清瀬一郎。

ね、やがて立候補する。そして選挙運動を経て、選挙結果が導き出される。ここで候補者は選挙結果にもとづき、選挙費用、地域ごとの得票数（得票率）、選挙違反などを把握し、それらに規定される形で、再び県会議員選挙との関係を構築し、政治活動に励み、次回の選挙に向かう。この循環こそ、筆者の考える選挙システムに他ならない。かかる視点で戦前期普通選挙（以下、戦前期普選）の全ての総選挙を分析し、前述の問いに答えることが本書の目的である。

しかし対象者の数は膨大で、その全てを取り上げることはできない。手掛かりとして、試みに第一回普選である一九二八年第一六回総選挙から戦前期最後の一九四二年第二一回総選挙までの全六回に限定して、連続六回当選した代議士の数を表序－1にまとめた（ただし繰り上げ当選や補欠当選を除く）。すると全四六六議席中、対象者は六四人（一三・七％）しかいない。しかも戦後政治に射程を広げ、引き続き国会議員（衆議院および参議院議員）であり続けた者となると、二六人（五・五％）に激減する。年齢や健康状態も要因になろうが、戦前に落選せず、かつ戦後も政治家であり続けること自体、極めて難しかったのである。さらに戦後の自由民主党（以下、自民党）政治を彩った派閥の領袖となると、鳩山一郎（東京府第二区）、川島正次郎（千葉県第一区）、松村謙三（富山県第二区）、大麻唯男（熊本県第一区）の四名に限られる。したがって選挙システムの本質を見抜くためにも、戦前と戦後の連続性（非連続性）を読み解くためにも、特に前述の四名の選挙システムの史的分析は大きな意味を持つ。

なかでも本書は、川島正次郎（一八九〇～一九七〇）[4]を事例として、彼の戦前期普選の選挙システムを解き明かすとともに、戦後期を若干だが展望し、両時期の架橋を試みる。つまり本書では、戦前期普選から公職追放期を対象に、川島の選挙システムの連続性と非連続性を解き明かしたい。前述の四名の中から川島を事例とした最大の理由は、その選挙区にある。そもそも川島は東京市日本橋区で柳原正次郎として生まれたが、その後、千葉県東葛飾郡行徳町（現在の千葉県市川市行徳）の川島才次郎（生母の兄）の養子に入り、この地を選挙区とした。つまり前述の鳩山（東京市牛込区）、大麻（熊本県玉名市）、松村（富山県福光町）と異なり、自身の出身地を選挙区としていない。いわば前述の四人中、一番不利な条件下、戦前も戦後も代議士であり続け、しかも戦後には派閥領袖となり(5)、党人派代議士の重鎮として存在感を発揮した(6)。したがって川島の選挙システムは、その本質を最も鋭く示す可能性がある。

しかも経歴は異彩を放ち、極めて興味深い。川島は専修大学卒業後に内務省属官を務めたが(7)、高等文官試験に合格した中央官僚ではない。東京市吏員（秘書課長および初代商工課長）辞職後に務めた多摩川水力電気株式会社で常務に就任したが、企業経営者とはいえない。地方議員を務めた経歴もない。川島は中央官僚からの輸入・天下り代議士でもなければ、地元の地方議員から国政に進出する叩き上げの代議士でもなかった。政治的資源に乏しくとも、選挙システム次第では、戦前期普選を勝ち抜き得ることを、身をもって証明したのである。

表序－2は、戦前期普選での川島の得票数および得票率の概要をまとめたものである。なお一九二四年第一五回総選挙は小選挙区制度で実施されており、前提条件が異なり、また町村ごとの得票数データが公表されていないので、数値化していない。ここからは、トップ当選や上位当選はないものの、確実に当選回数を重ねた姿が読み取れる。また、それぞれの回の総選挙における全得票数のうち、東葛飾郡の占める得票率を見ると、漸減傾向でありながらも、高い割合で推移していることも読み取れる。本書で示すように、川島は養父の地縁を活かすため、また東京市商工課長時代に知り合った魚市場関係者の支援を得るため、沿岸に位置する行徳町のある東葛飾郡を地盤とした。したがって東葛飾郡を川島の地盤として設定することは、統計上、問題がないと思われる。

この川島の戦前期普選時代の選挙区が千葉県第一区で、現在の千葉市・習志野市・船橋市・浦安市・市川市・松戸市・鎌ヶ谷市・柏市・我孫子市・流山市・野田市・市原市・君津市・木更津市・八千代市などに相当する。この選挙区は自然死を除き、ほとんど候補者と当選者の入れ替わりがなく、限られた人物だけが代議士となった地域でもある。

千葉県第１区（定数４）での川島の得票数および得票率一覧

第17回総選挙 (1930. 2. 20)	第18回総選挙 (1932. 2. 20)	第19回総選挙 (1936. 2. 20)	第20回総選挙 (1937.4.30)	第21回総選挙 (1942.4.30)
浜口雄幸（民政党）	犬養毅（政友会）	岡田啓介（海軍）	林銑十郎（陸軍）	東条英機（陸軍）
３位・政友会	４位・政友会	３位・政友会	４位・政友会	４位・非推薦
13,039	18,758	16,812	13,920	14,313
8,638	11,865	10,433	9,462	8,056
66.2%	63.3%	62.1%	68.0%	56.3%

より作成。

同時に無産政党候補の当選者がおらず、(8)戦前期二大政党政治の基本的枠組みそのものを反映した地域でもある。ただし選挙区の面積が非常に広く、散漫さを避けるため、川島の地盤である東葛飾郡（現市川市・松戸市・船橋市・柏市・野田市・我孫子市・流山市など）の定点観測を中心とし、他は必要な範囲で論じていく。

第一節　研究史の整理

（一）選挙過程研究のあゆみ

楠精一郎と小宮一夫の研究史整理によると、(9)選挙の史的分析は選挙制度研究と選挙過程研究の二つに大別される。前者は杣正夫の選挙制度分析と松尾尊兊の普選運動分析が一つの到達点を示すが、(10)本書は後者の選挙過程研究に属する。

選挙過程研究は、その主体の一つである政党研究から始まった。升味準之輔は立憲政友会（以下、政友会）と立憲民政党（以下、民政党）の党組織の実態、政党と地方政界の関係を明らかにした。(11)これは前述の杣や松尾の研究と併せて、以降の選挙研究が共有すべきスタートラインを示したといえよう。

以後、選挙研究は一つの選挙区と一人の代議士（候補者）を結びつける方向に進んだ。第二次中曽根康弘内閣の郵政大臣を務めた佐藤文生（大分県第二区）、(12)社会大衆党の三宅正一（新潟県第三区）、(13)地方議員から代議士になった神奈川県茅ヶ崎市の山宮藤吉（神奈川県郡部第三区）、(14)内務官僚から政友本党の代議士に転身した前述の大麻唯男、(15)内務官僚から政友会の代議士に転身した藤沼庄平（栃木県第二区）、(16)兵庫県第三区の事例研究、(17)

表序－2　戦前期普選

	第16回総選挙（1928. 2. 20）
内閣	田中義一（政友会）
順位・公認	3位・政友会
全得票数	14,316
うち東葛飾郡得票数	12,781
東葛飾郡票の占める割合	89.3%

出典：各回『衆議院議員総選挙一覧』（衆議院事務局）

戦後に首相となる三木武夫（徳島県第二区）[18]などが挙げられる。

また選挙過程研究は、政党研究[19]、自治体史[20]、内務省研究[21]、有権者意識や投票行動論の分析[22]、東京市[23]・横浜市[24]・千葉県[25]・茨城県[26]を事例とした地域政治構造研究のみならず、日本近代史の中に総選挙を位置づける試みなどにも裾野を広げ[27]、豊富な蓄積を誇るようになった。

さらに民俗学の分野だが、山梨県の選挙を「民俗」（生活の営みそのもの）の視点で解き明かした杉本仁の研究も特筆に値する[28]。杉本は「祭りの興奮」を帯びたムラの選挙を事例に、候補者選定から当選に至るまで、血縁・地縁・義理・親分子分慣行・無尽・後援会などの分析を通して、有権者がその候補者を支持（投票）した理由を描いた。聞き取りや現地調査などにもとづく民俗学の手法ゆえに可能な成果で、極めて貴重といえよう。

こうして選挙過程研究は歴史学の領域を超え、政治学はもちろん、民俗学にまで広がりを見せ、現在に至ったのである。

（二）支持基盤をめぐって

川島という特定個人の戦前期普選の選挙システムを分析すると、最終的にどのような人や組織が、どのように彼を支持し、当選を支えたかという問いが生まれる。本書では、選挙システムの産物として形作られる、彼を支持した人や組織、さらにはその役割などを「支持基盤」と呼ぶ。いわば選挙システムを最も端的に表現する用語として、この支持基盤という言葉を位置づけたい。

その中でも本書が特に注目したいのは、代議士個人後援会である。山田真裕によれば、後援会は「特定代議士と親密な関係を持ち、選挙において集票に協力する業界や団体も含まれ（中略）選挙に際して組織されるのではなく、恒常的に存在し運営」されるもので、代議士個人が構築した「個人的集票システム」の代表的存在という。[29]繰り返しになるが、有権者数の激増と中選挙区制度という二つの新たな政治環境への適合を迫られた候補者からすると、この後援会ほど頼もしく見える組織はない。

しかし後援会の史的分析は、課題が多い。例えば戦後政治史の中の後援会を描いた嚆矢は、一九六〇年代までの千葉県を分析した伊藤隆の研究である。伊藤は、一人の政治家が直接掌握できる人数を五人から一〇人としたうえで、農村部の後援会構造を「代議士―参謀本部―県議・市町村長―市町村議―区長・部落長―有権者」と位置づけるとともに、都市部の後援会を大衆動員による候補者と有権者の直接的な結びつきの場として論じた。[30]また、このように戦後政治史の中で分析されてきた後援会研究を振り返った蒲島郁夫と前述の山田は、その動向を①フィールドワークによる事例研究、②社会的交換理論からの分析、③議員を対象としたエリート調査、④一般有権者を対象としたサーヴェイ・データ分析の四種類に整理した。[31]

ひるがえって戦前期を見ると、後援会の誕生過程やその実態は、不明な点が多かった。[32]管見では、戦前期普選の後援会は、その存在の指摘に留まってきたといえよう。[33]したがって、これら後援会の活動に関しては、季武嘉也による買収機能という指摘を除き、[34]ほとんど見られなかった。

そのような中、手塚雄太の研究が登場した。手塚は昭和恐慌期から高度経済成長期という長期間、政党および政党所属の代議士が社会とどのように関係を構築しようとしてきたのか、連続性や非連続性という視点から、後援会や利益団体を考察した。[35]素材は、愛知県第一区選出代議士の加藤鐐五郎（政友会→日本進歩党→自由党→自民党）とその個人後援会五月会、陶磁器業界および医師会である。特に手塚は五月会の分析と加藤の政治活動を交差させ、政治家としての加藤、加藤を支持する五月会、この両者が相互に作用し、変化すると論じた。一次史料を駆使し、しかも戦前と戦後の統一的把握を心掛けたうえで、支持基盤としての後援会の実態、さらには利益団体と代議士の関係性を解き明かした唯一の研究といえよう。また手塚は、別稿でも支持基盤研究の可能性を指摘している[36]。これらの成果は、今後、代議士の支持基盤を論じる際、必読文献となろう。

この他、政民両党の道府県支部も、候補者選定や選挙運動に関与するならば、支持基盤の一つとして位置づけられる[37]。戦前期の政党支部研究の嚆矢としては、制限選挙期の政友会埼玉県支部を分析した小山博也が挙げられる[38]。また前述の升味準之輔および粟屋憲太郎は政党支部を代議士と県会議員の倶楽部組織として位置づけたが、以降、自治体史レベルでも取り上げられるようになった[39]。さらに近年、井上敬介は支部が地域政治に与えた政治的影響力についても考察し[40]、選挙に限定されない政党支部の実態を解き明かしつつある。

(三)　先行研究の課題

以上の豊富な蓄積を受けて、本書はどのような視座で川島の選挙システムを分析するのか。その前提として、前述した先行研究の課題を抽出しよう。

第一は、大麻唯男の共同研究から生まれた集団投票論、有権者意識や投票行動論研究から生まれた川人貞史のナショナル・スウィング論、同じく山室建徳による有権者の「無節操」な投票行動論など、これらの成果を普遍化する検討作業は、管見では留保されているように思われる。事実、山田真裕によれば、戦前期の茨城県第一区では集団投票の存在が確認できないという[41]。本書のフィールドである千葉県第一区東葛飾郡各町村では、集団投票、ナショナル・スウィング、有権者の「無節操」な投票行動が存在したのであろうか。本書はこれらの普遍化に関して、一つの素材を提供することになろう。

第二は、小南浩一などの研究のように、政党の地盤を所与の前提とした選挙過程分析への疑問である。例えば季武嘉也は、地域では政党よりも個人の比重が増すと指摘した[42]。さらに黒川徳男によると、地方選挙で町内会が特定候補者の選挙地盤化していたという[43]。これは裏返すと、町内会が特定政党の選挙地盤化していなかったことを意味する。

つまり選挙での政党の地盤を所与の前提とする研究手法は、検討の余地があるのではないだろうか。

第三は、後援会研究の方向性である。後援会の名称および形態は多様で、把握が難しい。また代議士と有権者の「同一性」の象徴でもある後援会は、インフォーマル性やパーソナル性が強いため、関係史料は残り難い。例えば前述の季武嘉也は従来の枠組みを超え、多面的に支持を広げるためには、党組織よりも個人の力の方がより有効だったと論じ、後援会の歴史的意義を強調したうえで、実態解明の重要性を説いた。そこで前述の手塚は加藤鐐五郎の支持基盤である後援会五月会を分析したが、同一選挙区の他候補者のそれを分析していない。これは、政友会の青木精一（群馬県第一区）の後援会の存在を指摘した手島仁も同様である。選挙は競争相手の存在が成立要件であることから、ライバル候補者の後援会がある場合は、それらも含めて論じ、比較・検討しなければならない。換言すれば、小宮一夫も指摘するように、選挙分析そのものに力点を置く必要性があるといえよう。

（44）（45）（46）（47）（48）

第四は、選挙と選挙の間に代議士が取り組んだ政治活動、さらにはそれが次の選挙に与える影響を考察した研究が、管見では確認できないことである。例えば有泉貞夫によると、第一次世界大戦期以降、地方ではどの政党への期待も地方利益実現一色になるという。この当否は別として、代議士の政治活動、さらには選挙運動をその影響下にあるものとして捉える視点は、欠くべからざる分析枠組ではないだろうか。だからこそ「見られる政治」の場・「見せる政治」の場でもある帝国議会、そこでの代議士の発言や活動も確認しなければならない。

（49）（50）

第五は、奥健太郎の研究を除き、戦前期普選や府県会議員選挙の中で、政党支部の果たした役割が積極的に論じられていないことである。本来ならば、政党支部と候補者擁立や選挙運動の関わり、代議士との関係など、分析対象は幅広いはずである。もちろん前述の手塚のように、これらを捨象した方が代議士個人の選挙のありようを描き易いのかもしれないが、候補者が政党に所属し、公認を得て立候補する以上、政党支部の分析は欠かせない視点といえよう。

（51）（52）

第二節　本書の方法論

以上を踏まえ、本書の方法論を示す。

第一は、多くの先行研究と同様に、一つの選挙区と一人の代議士を結びつけ、一九二四年第一五回から一九四二年第二一回総選挙に至る長いスパンを分析する。前述のように、千葉県第一区は他の選挙区と大きく異なり、候補者と当選者の入れ替わりがほとんどなく、長期的分析にふさわしい。この結果、前回の選挙が次回のそれに与える影響を明らかにできよう。また一つの選挙区と一人の候補者を定点観測することで、政党支部の実態や役割、さらにはその変化も明らかにできよう。これは当然、政民両党で異なると思われるので、可能な限り、対比させる。

第二に、各回総選挙での川島の選挙システムの分析を積み重ね、最終的にはそれらの形態変化を論じる。特に政治活動に関しては、選挙と切り離すことができない相互規定的な性質ゆえ、紙幅を割いた。また選挙区での活動だけでなく、川島の帝国議会での発言、政友会の中での立ち位置、政府での役割なども視野に入れることで、重層的な川島像を描くことができよう(53)。さらに選挙が候補者と有権者の関係性を成立要件にすることから、分析の際には、候補者だけでなく、有権者が彼を支持（投票）した理由も解き明かさなければならない。史料的な制約も多いが、可能な限り、その視点から選挙を捉えたい。

第三に、選挙は川島と有権者だけではなく、競争相手がいてはじめて成り立つからこそ、川島と地盤を同じくするライバル代議士、すなわち本多貞次郎（政友会→政友本党→民政党→政友会）、篠原陸朗（民政党）、成島勇（民政党）との比較史的考察に取り組む。この他、千葉郡を地盤とする志村清右衛門（政友会→政友本党→民政党→政友会）、君津郡を地盤とする多田満長（憲政会→民政党）、市原郡を地盤とする鈴木隆（政友会）についても、必要な範囲で論じる(54)。

第四に、戦前期後援会の実態を次の三つの視点から論じる。一つは、代議士（候補者）が後援会を組織する背景である。確かに上山和雄や櫻井良樹が示すように、普選の影響は大きい。しかし競争相手が存在する以上、対立候補者の後援会誕生過程も併せて検討しなければならない(55)。後援会結成要因を普選導入だけに求めるのではなく、実際の選挙過程の中にも見出す必要があろう。二つは、後援会の基礎構造である。役員の構成、規約、結成単位、活動など、未解明の点は多い。国立国会図書館憲政資料室、後述する旧東葛飾郡に位置する博物館および行政機関所有の個人文書、千葉県立中央図書館が所蔵する新聞地方版および地方紙の調査の結果、わずかだが後援会に関する史料を確認できた。これらを組み合わせ、後援会の実像に迫りたい。三つは、千葉県第一区の事例研究を超えて、後援会をより広い文脈の中で検討する視点である。かつて筆者は関東各府県をフィールドとして、後援会の基礎的研究に取り組んだが(56)、その成果と連動させる。これら三つの視点は、筆者が将来、戦前・戦後の後援会の比較史的研究に取り組むための第一歩としても位置づけられる。

第五は、最終的には川島の選挙システムの分析結果を支持基盤の視点からまとめ、特定化する。これにより戦前期普選で川島を支持した個人や組織、それらの変化の有無、政党の地盤の実在性などを明らかにしたい。そして本書で得られた知見をもとに、普遍化に向けた若干の比較史的考察にも取り組む(57)。

ただし川島を事例とする研究の場合、すでに別稿で指摘したように(58)、一次史料の少なさが問題となる。筆者は史料調査を重ねたが、その過程で、野田市郷土博物館所蔵『染谷静男家文書』、流山市立博物館蔵『柳澤家文書』、鎌ヶ谷市郷土資料館蔵『石井久家文書』・『浅海みよ家文書』・『渋谷功家文書』、柏市教育委員会蔵『石原治家文書』、我孫子市教育委員会蔵『河村貞喜家文書』に出会った。これらに残された史料は、選挙関連の書状の他、推薦状・立候補挨拶状・選挙公報などの印刷物が多い。確かに日記や当事者間の書簡に比べて、史料的価値に劣る部分もある。しかし、いわゆる選挙メディアが限られていた戦前期、有権者からすれば、それらは自らの投票行動を決める一つの基準になるのではないだろうか(59)。

以上を通して、繰り返しになるが、戦前期普選の選挙システムの解明の第一歩として、有権者数の激増と中選挙区制度という二つの新たな政治環境の中、変化や不変も含めて、川島は普選にどのように向き合い、どのように適応しようとしたのであろうか、どのように代議士であり続けようとしたのであろうか、という問いに答えたい。

そして前述のように、川島は戦後も代議士であり続ける存在である。本書で得られた知見が戦後史とどのように結びつくのか、換言すれば、本書と戦後史を架橋するため、連続性と非連続性を明らかにするため、公職追放期の川島と選挙の関係性を描いた補論を最後に配置し、今後の研究に向けた結節点とした。

注

(1) 奈良岡聡智「一九二五年中選挙区制導入の背景」(『年報政治学二〇〇九－I　民主政治と政治制度』二〇〇九年)によると、中選挙区制度は憲政会が「大負けしない」、かつ比例代表の要素を含む制度という。

(2) スティーブン・R・リード『比較政治学』(ミネルヴァ書房、二〇〇六年)一五頁。

(3) デイヴィッド・イーストン(岡村忠夫訳)『政治分析の基礎』(みすず書房、一九六八年)。

(4) 川島は一九一四年に専修大学経済科を卒業後、内務省警保局属官を務めた。退職後はアメリカ留学を経て、東京日日新聞政治部記者、東京市秘書課長や初代商工課長を務めた。東京市退職後は、多摩川水力電気株式会社常務取締役の職にあったが、小選挙区制度下の一九二四年第一五回総選挙に千葉県第三区から立候補(憲政会系無所属)した。しかし京成電鉄社長で現職代議士の本多貞次郎(政友本党)に惜敗、雪辱を晴らすため、一九二八年第一六回総選挙に千葉県第一区から立候補し、初当選した。以後、一九四二年第二一回総選挙まで、全て政友会で連続当選六回の実績を持つ。第二次世界大戦後は、戦前期の齋藤実内閣で海軍省参与官(岡田啓介海軍大臣)を務めていたこともあり、公職追放。雌伏の時を経て、一九五二年第二五回総選挙(自由党)に千葉県第一区から立候補・当選し、以降、死去する直前の一九六九年第三二回総選挙(自民党)まで、連続当選した。この間、川島は第二次鳩山一郎内閣の自治庁長官および行政管理庁長官として初入閣後、頭角を現し、岸信介内閣の党幹事長を経て、最終的に岸派から独立して川島派(交友クラブ)を立ち上げ、長期間(一九六四～六六・六七～七〇年)、自民党副総裁を務めた。この川島を語る際、今まで、川島正次郎先生追想録編集委員会『川島正次郎』(交友クラブ、一九七一年)、林政春『川島正次郎』(花園通信社、一九七一年)、小畑伸一『政界一寸先は闇─ある川島担当記者の手記─』(黄帆社、一九七二年)の三冊の伝記的著作が引用されてきた。川島の歩みは概観できるが、伝記という性質上、出典を明記しないとともに、叙述時期および内容のバランスの悪さが目立つ。つまり川島を対象とした歴史学研究は、極めて少なかった。そのような中、中村政弘「ナンバー2に徹した政治家・川島正次郎」（『千葉史学』第二〇号、一九九二年）は川島の政治家としての全体像を初めて描いたが、引用史料を明記していない。

（5）この過程は、拙稿「戦後政治史の中の川島正次郎―一九六〇年総裁選と川島派誕生を事例に―」（『研究紀要〈二松學舍大学附属高等学校〉』第一二集、二〇一三年）に詳しい。なお川島の死後、その派閥を引き継いだ椎名悦三郎は「官僚政治かどうかは、政治の運用、やり方、考え方の問題なんだ。よく見りゃ、官僚政党人や党人的官僚がたくさんいるじゃないか」（池浦泰宏「椎名悦三郎秘録⑧―長老が死の直前まで語り続けた真実―」〈『サンデー毎日』一九七九年一二月二三日号〉五二頁）と指摘した。また川島の前に自民党副総裁を務めた大野派の領袖大野伴睦も「党人のなかにも官僚的性格の人間もおり、官僚出身者にも立派な政党政治家となる人間がいる」（『大野伴睦回想録』弘文堂、一九六二年、一四四頁）と指摘した。したがって出身による党人派や官僚派という代議士の分類は、あまり大きな意味を持たないのかもしれない。

（6）草柳大蔵「江戸前フーシェ『川島正次郎』」（『文芸春秋』一九七〇年一一月号）一七六頁は、川島を「本流の中の脇役」と評した。しかし権謀術数の渦巻く政界で、本流を歩み続けること、脇役であり続けることは極めて難しい。

（7）拙稿「専修大学と川島正次郎」（『専修大学史紀要』第五号、二〇一三年）。

（8）無産政党系の候補は、一九三〇年第一七回総選挙で立候補した石橋源四郎（無所属）だけで、総得票数一、二二五票で最下位落選だった。石橋は八木村に生まれ、印旛郡白井村の石橋家の養子となり、早稲田大学政経学部を卒業後、拓務省に入省。農村問題を担当し、中国東北部に派遣された。退職後の一九二七年四月、全日本農民組合の千葉県連委員長に就任し、農民運動家としての地歩を固めた。千葉県の無産政党の概要は、三浦茂一・高林直樹・長妻廣至・山村一成『千葉県の百年』（山川出版社、一九九〇年）一七四～一七七頁（高林直樹執筆）。千葉県の労働運動の概要は、石井進・宇野俊一編『千葉県の歴史』（山川出版社、二〇〇〇年）三〇四～三〇八頁（宇野俊一執筆）にも詳しい。

（9）楠精一郎「日本政治史における選挙研究」（『選挙研究』第一四号、一九九九年）、小宮一夫「日本政治史における選挙研究の新動向」（『選挙研究』第二七号第一巻、二〇一一年）。

（10）杣正夫『日本選挙制度史―普通選挙法から公職選挙法まで―』（九州大学出版会、一九八六年）、松尾尊兊『普通選挙制度成立史の研究』（岩波書店、一九八九年）。

（11）升味準之輔『日本政党史論』第五巻（東京大学出版会、一九七九年）。

（12）ジェラルド・カーティス『代議士の誕生―日本保守党の選挙運動―』（サイマル出版会、一九七一年）は、一九六七年第三一回総選挙で初当選した佐藤を素材とした。著者自身が同家に住まい、党からの公認過程、農村部・都市部での選挙戦術、後援会組織の構築、利益団体の実態、当選過程などを調査し、その選挙の全貌を詳らかにした。

(13) 山室建徳「一九三〇年代における政党地盤の変貌―新潟三区の場合―」(『年報政治学 一九八四』一九八五年)は、一九四〇年代、さらには五〇年代も俯瞰しつつ、三宅の選挙地盤の実態を明らかにした。

(14) 上山和雄『陣笠代議士の誕生―日記に見る日本型政治家の源流―』(日本経済評論社、一九八九年)二八四〜二八八頁は、山宮の日記を詳細に分析し、地盤涵養・政治活動費および選挙費用の調達などの視点から、陣笠代議士の生態を明らかにした。特に地盤涵養のあり方を具体的に読み解き、①支持者の個人的依頼の斡旋や実現、②公共的問題への尽力、③利権がらみの事業への介入、④公私の紛争の調停の四点に類型化したことは、特筆に値する。

(15) 大麻唯男伝記研究会編『大麻唯男　論文編』(財団法人櫻田会、一九九六年)所収の浅野和生「戦前選挙における町村単位の集団投票―第一六回〜二〇回総選挙における熊本一区の投票結果の分析―」・「戦前期における地方選出代議士の選挙区での活動―熊本第一区、大麻唯男の研究―」・「戦前期熊本における中央型政治家と地方型政治家」は、熊本県第一区での町村単位の集団投票の存在を描いた。また酒井正文「戦前期二大政党対立下の選挙における地方指導者の事大主義的傾向―熊本第一区の場合―」は、有権者の投票が個人の自由意志によるものではなく、地方指導者の意向に沿ってなされたと論じた。この他、小栗勝也「非常時下における既成政党の選挙地盤の維持―選挙粛正時の熊本県第一区を中心に―」・「翼賛選挙と旧政党人の地盤―熊本一区の事例―」は、選挙粛正および翼賛選挙での大麻の選挙戦を分析し、既成政党の地盤の強固さを示した。以上のように、ここまで一つの選挙区と一人の代議士にこだわり、これだけ長期的スパンで選挙の実態を描いた研究は、初めてであった。しかも前述した稀有な四名(鳩山・川島・大麻・松村)の一人でもあることから、同書の意義は大きい。

(16) 奥健太郎『立憲政友会の研究―党内派閥の分析を中心に―』(慶應義塾大学出版会、二〇〇四年)第六章および第七章は、藤沼の日記を分析し、一九二八年第一六回および一九三〇年第一七回総選挙での彼の選挙運動と選挙結果を描いた。戦前期代議士の日記を分析した選挙研究が少ない中、選挙費用や地域有力者との関係などを具体的に解き明かしており、前述の上山の研究と同様、極めて貴重な成果である。

(17) 小南浩一『近代日本の選挙と地域政治構造の変容―兵庫県第三区を中心に―』(兵庫教育大学大学院連合学校教育系研究科博士学位論文、二〇〇八年)は、一九二八年第一六回総選挙から一九五五年体制に至る総選挙および地方選挙を素材に、政党の活動実態、有権者の支持動向、政党の地盤の実情、民衆の政治意識を分析した。この選挙区は無産政党の勢力が強く、特に無産政党の選挙過程を描いた研究として、得難いものである。

(18) 竹内桂は、「第二〇回衆議院議員総選挙における三木武夫の当選要因」(『明治大学大学院政治学研究論集』第三六号、二〇一二年)・「翼賛選挙と三木武夫」(明治大学大学院『政治学研究論集』第三七号、二〇一三年)・「徳島県における翼賛選挙」(徳島地方史研究会『史窓』第四三号、二〇一三年)・「協同民主党入党までの三木武夫　占領初期の新党構想とその破綻」(『明治大学大学院政治学研究論集』第三八号、二〇一三年)・「国民協同党結成期の三木武夫」(『明治大学大学院政治学研究論集』第四〇号、二〇一四年)・「国民民主党期の三木武夫」(『明治大学大学院政治学研究論集』第四三号、二〇一六年)・「徳島県の翼賛選挙とその影響」(『地方史研究』第三八八号、二〇一七年)を発表し、戦前から戦後の三木の選挙運動を分析し、それらの統一的な把握を試みている。三木は川島より一七歳若いため、代議士のスタートは一九三七年第二〇回総選挙からだが、川島同様、私学の明治大学出身、連続当選、戦後政治での派閥領袖など、親和性が高い素材でもある。

(19) 粟屋憲太郎『昭和の歴史⑥　昭和の政党』(小学館ライブラリー、一九八八年)は、政党内閣の隆盛と崩壊、政党の凋落と解消、戦後の政党の再結成のプロセスをたどる中、選挙分析を通して、代議士と有権者の実像を詳らかにした。村瀬信一「明治期における政党と選挙」(『日本歴史』第五四四号、一九九三年)は、明治期総選挙の分析ではあるものの、候補者選定過程および党本部から地方支部(候補者個人)への選挙資金の供給に着目し、中央政党の指導部が選挙で行使する影響力の態様を示した。清水唯一朗「立憲政友会の分裂と政党支持構造の変化―一党優位制の崩壊と二大政党制の端緒―」(坂本一登・五百旗頭薫編『日本政治史の新地平』吉田書店、二〇一三年)は、一九二四年一月の政友会分裂(政友本党結成)を切り口として、地方支部レベルおよび選挙区レベルの視点で一九二四年第一五回総選挙(小選挙区制)を捉え直し、中央政党・地方支部・地盤・支持勢力の流動化が複層的に積み重なったと指摘した。古川隆久『戦時議会』(吉川弘文館、二〇〇一年)は、戦時議会研究において、その構成主体たる代議士の選出過程(翼賛選挙)を分析し、推薦候補者の決定過程、選挙運動、選挙結果を総合的に把握した。官田光史『戦時期日本の翼賛政治』(吉川弘文館、二〇一六年)第二章は、政友会の選挙粛正委員会構想、選挙粛正の継続理由などの分析を通して、政党が選挙粛正期に政権担当の正当性を担保しようとしていたと論じ、従来の見解に修正を迫った。

(20) 本書の事例とする千葉県に限定すると、前述の中村政弘は『千葉県議会史』第三巻(千葉県議会、一九七七年)や『千葉県議会史』第四巻(千葉県議会、一九八二年)の執筆経験を踏まえ、「千葉における『翼賛選挙』運動について―第二一回衆議院議員選挙を中心として―」(『千葉県の歴史』第二〇号、一九八〇年)・「千葉における選挙粛正運動」(『房総の郷土史』第一一号、一九八三年)・「勝浦市域選出の衆議院議員について」(『勝浦市史研究』第六号、二〇〇〇年)・「衆議院議員選挙の一側面から見た『柏原文太郎』」(『成田市史研究』第二五号、二〇〇一年)・「千葉県の戦後政治の連続と非連続―各種選挙などをめぐって―」(栗田尚弥編『首都圏史叢書⑥　地域と占領―首都とその周辺―』日本経済評論社、二〇〇七年)などを著し、千葉県の近現代史研究をリードする一人となった。また戦後史の領域だが、山村一成「戦後地方政治の確立過程—敗戦から保守合同にいたる千葉県を例にして—」（宇野俊一編『近代日本の政治と地域社会』国書刊行会、一九九五年）は、敗戦から自民党結成までの時期を構造的に把握した意欲的な研究である。なお池田宏樹『大正・昭和期の地方政治と社会—千葉県政の展開と社会運動の諸相—』（彩流社、二〇一四年）および『戦争と地方政治—戦中期の千葉県政—』（アルファベータブックス、二〇一六年）は、長期的スパン（一九二〇年代〜敗戦）で千葉県政を論じており、その詳細な事績叙述は他の追随を許さない。しかし先行研究の位置づけが不明確で、引用史料も限定的である。

(21)　黒澤良『内務省の政治史—集権国家の変容—』（藤原書店、二〇一三年）は、選挙の制度設計と運営を担った内務省の分析である。特に選挙粛正運動の研究史整理、さらにはその結果、内務省の役割が「政治的」なものから「事務的」なものへと変質したという指摘、選挙を運営する内務省が「反政党」ではなく「非政党」化を目指したという指摘は秀逸であり、当該期の選挙研究を論ずる際の必読文献となろう。

(22)　川人貞史『日本の政党政治一八九〇〜一九三七年—議会分析と選挙の数量分析—』（東京大学出版会、一九九二年）は、一八九〇年第一回から一九三七年第二〇回総選挙に至る全国の選挙結果を統計学的に分析し、総選挙のたびに有権者が支持政党を変える傾向、すなわち「ナショナル・スウィング」が存在したと論じた。また山室建徳「昭和戦前期総選挙の二つの見方」（『日本歴史』第五四四号、一九九三年）は、昭和初期の普選への期待と実像を比較するため、吉野作造の議論と昭和戦前期の選挙結果を交差させて論じた。その結果、社会主義に共感した当時の知識人の見方と、有権者の実際の選択との間には大きなズレがあり、有権者は大きな幅で「無節操」に投票先を変えていたとする。

(23)　東京市の場合、次の三つの研究を紹介したい。第一に、波田永実「東京市における町内会と政党—選挙粛正運動から翼賛選挙へ・豊島区を例にして—」（『生活と文化』第一〇号、豊島区立郷土資料館、一九九六年）は、一九一〇年代後半から四〇年代後半の町内会の政治的役割を整理したうえで、一九四二年第二一回総選挙を取り上げ、町内会が地方議員、さらには代議士個人の系列下に置かれ、集票ツール化した姿を描いた。第二に、源川真希『近現代日本の地域政治構造—大正デモクラシーの崩壊と普選体制の確立—』（日本経済評論社、二〇〇一年）は、日露戦後から第二次世界大戦に至る時期の地域政治構造を検討する素材として、一九三〇年代以降の東京市の選挙を分析した。第三に、櫻井良樹『帝都東京の近代政治史—市政運営と地域政治—』（日本経済評論社、二〇〇三年）は、東京市誕生（一八八九）から東京都誕生（一九四三）までを対象として、地方議員選挙における政党と地盤のあり方を分析した。ここでは普選期以降、地域政治を担う公民団体が代議士個人の後援会に変貌していくこと、さらに町内会が選挙地盤化していくことが指摘された。

(24) 大西比呂志『横浜市政史の研究―近代都市における政党と官僚―』(有隣堂、二〇〇四年)は、主に戦前期横浜市政を対象として、政党と官僚の動向から、横浜の市政機構、横浜市域と政党の関係性、横浜市政における政党と官僚の関係性を分析した。

(25) 神山知徳「明治後期・大正期の千葉県の政治状況―県会議員選挙・衆議院議員選挙の分析を中心に―」(櫻井良樹編『地域政治と近代日本―関東各府県における歴史的展開―』日本経済評論社、二〇〇一年)は、制限選挙期の総選挙で立候補する際、必ず地域の有力者の支持と合意を調達しなければならず、その多くが推薦会を経た立候補であったと論じた。また野田市をフィールドとした櫻井良樹「選挙分析から見た昭和初期における野田市域と東葛飾郡」(『野田市史研究』第一二号、二〇〇一年)は、昭和初期の選挙結果を統計的に把握した結果、①一九三〇年第一七回総選挙はそれまでの政党支持があてにならなかったこと、②一九三二年一月県会議員選挙では民政党の各町村での投票が一人に集中しており、地盤協定がかなり厳格に実行されていたこと、③一九三二年県会議員選挙と第一八回総選挙は選挙運動レベルで関連性があるものの、投票結果レベルで連動性が小さいこと、④代議士から県会議員、そして各町村議員へと下降する集票システムが存在したことなどを明らかにした。

(26) 雨宮昭一『総力戦体制と地域自治―既成勢力の自己革新と市町村の政治―』(青木書店、一九九九年)第四章補論補注一は、茨城県第三区の民政党候補であった風見章(第一次近衛文麿内閣書記官長および第二次近衛内閣司法大臣)を取り上げ、その思想と行動、さらには出身地や地盤である水海道市域の政治的推移を分析し、代議士と地元との関係を素描的に整理した。ただし風見の場合、選挙区が自身の出生地であったり、一九三一年に民政党を離党したり、川島とは前提条件が異なる。

(27) 季武嘉也「戦前期の総選挙と地域社会―近代日本の三つの波動―」(『日本歴史』第五四四号、一九九三年)は、明治小選挙区時代までの一候補独占型、明治小選挙区時代から昭和初期にかけての二候補対立型、昭和期に全国化した混戦型という枠組みを提示し、日本近代史での「三つの波動」の存在を解き明かした。なお後年、季武は『選挙違反の歴史―ウラからみた日本の百年―』(吉川弘文館、二〇〇七年)や「選挙区制度と期待される代議士像―戦前期日本の場合―」(『選挙研究』第二五巻第二号、二〇〇九年)をまとめた。前者は、有権者が忌避した選挙違反の分析を通して、逆説的に選挙の実態を浮き彫りにした。後者は、選挙区制度と理想とされる代議士像を結びつけることで、新たな選挙研究の可能性を展望した。

(28) 杉本仁『選挙の民俗誌―日本的政治風土の基層―』(梟社、二〇〇七年)。

(29) 山田真裕『自民党代議士の集票システム―橋本登美三郎後援会・額賀福志郎後援会の事例研究―』(一九九二年度筑波大学大学院博士課程社会科学研究科博士学位論文)序論一頁。

(30) 伊藤隆編『昭和期の政治』(山川出版社、一九八三年)三二一～三二五頁。初出は、同「戦後千葉県における選挙と政党―とくに都市化・工業化の進展と関連して―」(『京葉地帯における工業化と都市化』東京大学社会科学研究所調査報告第六集、一九六五年）で、歴史研究者による優れた同時代史研究といえよう。

(31) 蒲島郁夫・山田真裕「後援会と日本の政治」（『年報政治学　一九九四年』）二一一頁。また前掲山田『自民党代議士の集票システム』序論二頁は、「選挙においては票を入れる側と票を集める側があり、その双方からの研究」、つまり候補者と有権者を同時に分析する必要性を説いている。選挙の史的分析では、当時の有権者の意識は採り難いため、候補者を軸にした分析が中心とならざるを得ない。

(32) 前山亮吉「政友本党の基礎研究―現存する『党報』を素材として―」（『国際関係・比較文化研究』第五巻第一号、二〇〇六年）・「中期政友本党の分析―新規公開された『党報』を手がかりに―」（『国際関係・比較文化研究』第六巻第一号、二〇〇七年）、さらには渡邉宏明「普通選挙法成立後の政友本党の党基盤―「上杉博士の政友本党論」を中心に―」（『東京大学日本史学研究室紀要』第一六号、二〇一二年）によると、政友本党総裁の床次竹二郎は床次会、憲政会総裁の若槻礼次郎は若槻会なる党首後援会を組織したという。ただし党首後援会は党組織としての性格も強かったことから、後援会には含まない。

(33) 前掲上山『陣笠代議士の研究』三〇六頁は、普選期に後援会が登場することを示唆した。前掲櫻井『帝都東京の近代政治史』第六章第三節は、普選を契機に、制限選挙期の各種議員選挙の候補者予選を担った公民団体が後援会に変質すると指摘した。前掲奥『昭和戦前期立憲政友会の研究』二六七～二六八頁は、藤沼の二度目の選挙となる一九三〇年第一七回総選挙で、「昭和会」や「佐野蒋坪会」なる支援団体が結成されたと指摘した。手島仁『総選挙で見る群馬の近代史』（みやま文庫、二〇〇二年）一二八頁は、戦前期群馬県総選挙の概要をまとめる中で、群馬県第一区の青木精一後援会の存在を指摘した。

(34) 前掲季武『選挙違反の歴史』一二九～一三〇・一九〇頁。季武嘉也「大日本帝国憲法下での政党の発展」（同・武田知己編『日本政党史』吉川弘文館、二〇一一年）一三四頁。

(35) 手塚雄太『近現代日本における政党支持基盤の形成と変容―「憲政常道」から「五五年体制」へ―』（ミネルヴァ書房、二〇一七年）第Ⅱ部。なお同書第Ⅰ部は、昭和戦前期の二大政党が普選の導入と恐慌後の社会の変容に応じて変化していく過程を論じたもので、第Ⅱ部と表裏の関係をなす。

(36) 手塚雄太「政党組織と後援会」（『歴史評論』第八一七号、二〇一八年）。

(37) 小山博也「制限選挙制度下における政党支部組織―埼玉県政友会支部について―」（高橋勇治・高柳信一編『政治と公法の諸問題』東京大学出版会、一九六三年）。小山はそれを発展的にまとめて、『明治政党組織論』（東洋経済新報社、一九六七年）を著し、支部と選挙の関係性を描いた。なお無産政党支部を事例とした貴重な研究として、中村高一『三多摩社会運動史』（都政研究会、一九六六年）が挙げられる。

(38) 前掲升味『日本政党史論』第五巻三〇一～三〇九頁および前掲粟屋『昭和の政党』二二三～二三一頁。特に升味は、政党支部を個人的確執や利害対立でいつでも隠然（顕然）の内紛、例えば支部役職者選定や総選挙（府県会議員選挙）をめぐって争う脆弱な集団としても位置づけた。
(39) 例えば大正デモクラシー期の政党支部を取り上げたものとして、『浦和市史通史編　第三巻』（一九九〇年）三六四頁。
(40) 井上敬介「昭和一〇年の北海道開発構想と二大政党の北海道支部―住民重視型総合開発―」（『地方史研究』第三九七号、二〇一九年）。なお本書脱稿後、井上はこれらをまとめて、『戦前期北海道政党史研究』（北海道大学出版会、二〇一九年）を著した。
(41) 前述山田『自民党代議士の集票システム』第二部第三章八頁。
(42) 季武嘉也「明治後期・大正期の『地域中央結合集団』としての政党」（有馬学・三谷博『近代日本の政治構造』吉川弘文館、一九九三年）。
(43) 黒川徳男「東京新市域における町内会結成以前の住民組織と選挙―一九一〇年代から一九三〇年代の王子町を例として―」（篠崎尚夫編『鉄道と地域の社会経済史』日本経済評論社、二〇一三年）。
(44) カール・シュミット（稲葉素之訳）『現代議会主義の精神史的地位（新装版）』（みすず書房、二〇一三年）三七頁。
(45) 前掲季武『選挙違反の歴史』一六〇頁。
(46) 小宮京「書評・手塚雄太『近現代日本における政党支持基盤の形成と変容』」（『史学雑誌』第一二七編第四号、二〇一八年）も加藤の競争相手となった他候補者との競合、さらにそれは加藤の支持基盤に与えた影響はあったのかなど、本書の指摘と同様の課題を挙げている。
(47) 前掲手島『総選挙で見る群馬の近代史』一二八頁。
(48) 小宮一夫「書評・手塚雄太『近現代日本における政党支持基盤の形成と変容』」（『選挙研究』第三四巻一号、二〇一八年）一八六頁。
(49) 有泉貞夫『明治政治史の基礎過程―地方政治状況史論―』（吉川弘文館、一九八〇年）三七〇頁。
(50) 議会を「見せる政治」・「見られる政治」の場として位置づけた研究として、山室建徳「普通選挙法案は、衆議院でどのように論じられたのか」（有馬学・三谷博編『近代日本の政治構造』吉川弘文館、一九九三年）がある。村瀬信一『帝国議会改革論』（吉川弘文館、一九九七年）は、「見せる政治」・「見られる政治」の制度的枠組（議院制度）を検討した研究である。
(51) 前掲奥『立憲政友会の研究』第七章。
(52) なお前掲小宮京書評七三頁でも、同様に指摘している。

(53)　前掲浅野「戦前期における地方選出代議士の選挙区での活動」はこの視点に近いが、分析対象が一九二八年から一九三二年と比較的短い。また前述したように、筆者は代議士の政治活動が選挙に影響を与えると考えているため、川島の活動に関するほぼ全てを網羅する。

(54)　ここで彼らの経歴を簡単に紹介する。本多（一八五八～一九三七年）は京成電気軌道株式会社（京成電鉄）を設立した実業家で、千葉県会議員を経て、一九二〇年第一四回総選挙で初当選。以降、通算五回の当選を誇る。志村（一八八〇～一九三〇年）は千葉郡幕張町馬加に生まれ、東京高等商業学校卒業後、大阪住友銀行に入行。退行して千葉郡会議員、県会議員を経て、一九二四年第一五回および一九二八年第一六回総選挙で当選した。鈴木（一八八二～一九七八年）は東京府師範学校卒業後、小学校訓導を経て、浅草区会議員や東京市会議員などを歴任。鈴木商会株式会社などを経営し、一九二〇年第一四回総選挙で初当選。以降、五回連続当選した。篠原（一八八三～一九六六）は東京帝国大学法科を卒業。司法官試補を経て、高等文官試験に合格後、大蔵省入省。主に税務畑を歩き、本省の主計局主計課長や理財局国債課長、熊本税務監督局長を経て、一九三〇年第一七回総選挙で初当選。以降、通算四回当選し、この間、小磯国昭内閣で大東亜省政務次官を務めた。多田（一八八六～一九五一年）は千葉県君津郡神納村出身で、兄は郡会議員および神納村長を務めた。早稲田大学卒業後、大日本通信社を設立し、社長の職にあった。一九三〇年第一七回総選挙で初当選し、戦前期に連続五回当選を誇った。この間、広田弘毅内閣で通信省参与官、阿部信行内閣で外務省政務次官を務めた。成島（一八九一～一九五六年）は、一八九〇年第一回総選挙で当選した巍一郎を父に持つ。東北帝国大学農学科を卒業後、台湾製糖を経て、地元の富勢村会議員、富勢村長、千葉県会議員などを歴任。一九三七年第二〇回総選挙以降、戦後も含め、連続三回当選を誇る。

(55)　後援会の形成要因に関して、村松岐夫・伊藤光利『地方議員の研究―「日本的政治風土」の主役たち―』（日本経済新聞社、一九八六年）五八～六六頁は、政治学の場合、一つは都市化による地域共同体の解体（依田博「地方議員と選挙過程」『法学論叢』第一〇七巻五号、一九八〇年）、もう一つは人口規模の拡大による当選のための票数の増加（北野雄士・居安正・依田博・春日雅司「鳥取県の地方議員」『ソシオロジ』三〇巻一号、一九八五年）を挙げている。

(56)　拙稿「戦前期中選挙区制度における代議士個人後援会の基礎的研究―関東各府県を事例に―」（『専修史学』第六一号、二〇一六年）。

(57)　米山忠寛「書評・手塚雄太『近現代日本における政党支持基盤の形成と変容』」（『國學院雑誌』第一一九巻第五号、二〇一八年）は、同書の課題は一般性にあると指摘した。

(58)　拙稿「近現代史の人物史料情報　川島正次郎」（『日本歴史』第七八七号、二〇一三年）。

(59) 玉井清『第一回普選と選挙ポスター——昭和初期の選挙運動に関する研究——』(慶應義塾大学法学研究会、二〇一三年)は、選挙ポスターに着目し、選挙研究の新地平を切り拓いた。挨拶状・推薦状・ポスターは大量印刷物という性質上、多くの有権者の目に触れ、彼らの投票行動の基準に一つになりやすい。今後、選挙の史的分析の際、この視点は欠かせなくなるだろう。

第一章　代議士への道
――一九二四年の二つの選挙――

本章ではまず、本書のフィールドである千葉県第一区の中でも、川島の地盤となる東葛飾郡の社会経済的特徴をまとめる。その上で川島が初めて挑む一九二四年第一五回総選挙を分析するが、その前史として、総選挙直前に実施された同年の県会議員選挙も分析し、両者の統一的把握を試みる。

第一節　千葉県第一区東葛飾郡の地域的特徴

『郡制告別記念　郡治要覧』(東葛飾郡役所、一九二三年)一～二頁によると、東葛飾郡はほぼ「三角形」の形で、「南北に長く、東西に狭く、生活の状態、産業の種類等、著しき差異ある」地域であった。この地は全体的に米・麦・豆・甘藷が栽培されていたが、特産物を見ると、北部から中部は茶・煙草、中部から南部は果樹・野菜、南部は切り干し大根、東部から北部は蚕業が盛んであった。また工業生産物は野田の醤油や流山の味醂に加えて、市川の酒・紙・毛織物も挙げられている。さらに水産物は浦安と船橋の海苔および貝、行徳および船橋の塩、利根川・江戸川・手賀沼の川魚もよく知られているという。特に野田の醤油醸造業は近世以来の伝統的産業で、一九一七年一二月設立の野田醤油株式会社(現キッコーマン株式会社)に結実していく。

このような多様な産業構造を持つ地域として描かれた東葛飾郡だが、表1－1を見ると、農業就業者比率は平均六

表1－1　1920年時点での東葛飾郡男子就業者比率

（単位：％）

	農業	水産	鉱業	工業	商業	交通	公務自由	家事使用人	その他有業	無職	合計
浦安町	91.5	4.2	0.0	1.4	2.1	0.2	0.2	0.1	0.0	0.2	100.0
南行徳村	20.3	7.4	1.4	22.4	25.7	13.1	5.9	2.7	0.0	1.4	100.0
行徳町	35.1	1.7	0.1	26.6	17.4	6.4	7.6	3.0	0.0	2.2	100.0
船橋町	21.2	24.9	0.0	16.5	23.1	6.3	5.2	1.7	0.1	1.1	100.0
八栄村	76.8	0.0	0.0	6.1	5.3	6.9	3.4	1.1	0.0	0.4	100.0
葛飾村	60.0	2.9	0.0	12.0	10.5	8.0	4.5	1.3	0.1	0.7	100.0
中山村	51.2	0.2	0.0	19.7	8.2	7.8	9.5	0.7	0.0	2.7	100.0
鎌ヶ谷村	85.2	0.0	0.0	4.0	4.7	3.2	2.3	0.4	0.0	0.2	100.0
大柏村	85.6	0.0	0.0	5.0	2.3	2.2	4.3	0.3	0.0	0.4	100.0
塚田村	85.0	0.0	0.0	0.3	0.9	1.7	11.3	0.6	0.0	0.3	100.0
法典村	76.7	0.0	0.0	9.2	4.4	6.8	2.7	0.0	0.0	0.2	100.0
八柱村	89.0	0.0	0.0	4.6	2.3	0.9	2.8	0.0	0.0	0.4	100.0
国分村	76.8	0.0	0.0	9.9	4.5	3.2	4.0	1.4	0.1	0.1	100.0
八幡町	56.6	0.4	0.1	20.0	8.9	4.6	5.5	2.3	0.0	1.6	100.0
市川町	8.9	0.0	0.0	19.1	9.8	6.6	51.9	1.9	0.0	1.8	100.0
松戸町	19.1	0.2	0.0	28.9	24.9	8.9	11.4	2.9	0.1	3.6	100.0
明村	49.4	0.4	0.0	15.3	10.4	4.4	18.8	1.0	0.0	0.4	100.0
高木村	86.8	0.0	0.0	5.4	2.9	1.8	3.0	0.1	0.0	0.1	100.0
土村	85.7	0.0	0.0	5.5	2.7	2.7	3.3	0.0	0.0	0.0	100.0
千代田村	66.9	0.0	0.0	9.9	10.2	8.5	3.4	0.3	0.0	0.8	100.0
小金町	67.6	0.0	0.0	7.5	12.6	6.6	5.1	0.1	0.0	0.5	100.0
馬橋村	71.1	0.0	0.0	8.3	9.2	6.0	4.6	0.0	0.0	0.8	100.0
流山町	39.2	0.0	0.0	25.6	22.2	4.8	4.7	1.8	0.2	1.6	100.0
八木村	86.5	0.0	0.0	3.0	2.8	3.3	3.9	0.3	0.0	0.3	100.0
田中村	77.9	0.3	0.0	7.7	4.6	4.3	4.2	0.3	0.3	0.3	100.0
新川村	74.7	0.2	0.0	7.4	5.3	7.1	4.5	0.3	0.0	0.5	100.0
梅郷村	54.1	0.1	0.0	27.6	4.3	9.5	3.8	0.4	0.0	0.1	100.0
福田村	82.5	0.5	0.0	6.8	3.8	1.3	4.7	0.1	0.0	0.4	100.0
野田町	8.2	0.0	0.0	64.4	15.3	4.4	4.5	2.4	0.0	0.6	100.0
旭村	79.7	0.1	0.0	10.9	3.0	1.4	4.0	0.3	0.0	0.6	100.0
七福村	74.7	0.5	0.0	9.4	7.1	3.7	4.3	0.3	0.0	0.1	100.0
川間村	85.3	0.1	0.0	4.0	5.0	1.6	3.8	0.1	0.0	0.1	100.0
木間ケ瀬村	85.7	0.1	0.0	3.5	4.4	1.4	4.7	0.1	0.0	0.2	100.0
二川村	76.5	0.2	0.0	6.8	8.3	1.5	6.4	0.1	0.0	0.2	100.0
関宿町	74.5	0.0	0.0	3.9	5.9	5.2	7.5	1.6	0.0	1.4	100.0
布佐町	46.1	0.8	0.0	20.7	19.2	4.1	5.8	1.8	0.0	1.5	100.0
湖北村	71.6	0.2	0.0	11.8	6.3	3.7	4.9	1.0	0.0	0.5	100.0
我孫子町	59.5	0.1	0.0	16.5	9.9	8.5	3.9	0.8	0.0	0.8	100.0
富勢村	79.4	0.7	0.0	6.7	5.9	1.3	3.5	1.3	0.0	1.3	100.0
風早村	84.7	0.1	0.0	4.6	5.6	1.3	3.0	0.6	0.0	0.1	100.0
手賀村	82.6	0.1	0.0	8.7	3.6	0.4	3.7	0.2	0.0	0.6	100.0
郡平均	65.6	1.1	0.0	12.4	8.4	4.5	6.3	0.9	0.0	0.8	100.0

出典：『大正9年国勢調査報告府県の部　千葉県』（復刻版）30～33頁より作成。

五・六％と高く、一九二〇年時点で、総体的にこの地は農村地帯であった。ただし個別の町村を見ると、多くの例外が読み取れる。例えば南行徳村・行徳町・船橋町の農業就業者比率は低い反面、沿岸部ゆえに水産業就業者比率が高い。また市川町・松戸町・流山町・野田町も農業者就業比率が低い反面、市川町と松戸町は公務就業者比率、流山町と野田町は工業就業者比率が高い。おそらく市川町には小学校および実業補習学校などが多く、松戸町には郡役所（一九二一年まで）が置かれていたからであろう。また流山町および野田町の工業就業者の高さからすると、その多くは味醂や醬油の醸造業に従事していたのであろう。やはり東葛飾郡は総体的に農村地帯でありながらも、多様な産業を抱えた地域であった。

しかし第一次都市化の影響を受けて(1)、東葛飾郡の男子就業者比率は大きく変貌する。表1－2は、一九三〇年時点のそれを一覧にしたものである。この一〇年間、東葛飾郡全町村の農業就業者比率は六五・六％から三四・五％へと約半減した。特に浦安町は九一・五％から二一・九％に激減し、代わりに水産業・工業・商業就業者比率が増加している。大きな要因としては、国鉄常磐線・総武線・成田線、県営野田軽便線、私鉄の京成電鉄・流山線の拡充による都市化が挙げられる(2)。さらに一九三五年の総武線の千葉延長によって、宅地化の基礎的要件が整備された。東葛飾郡は東京府と県都千葉市の結節点として、両都市の周縁部として、その位置づけを大きく変えつつあった。一方、沿岸部以北の町村を見ると、鉄道が拡充されても農業就業者比率は高く、引き続き農村地帯であり続けた。つまり東葛飾郡は、一九三〇年になると、農村部町村と沿岸部町村の二類型に大きく分化していったといえよう。ただし沿岸部町村といえども、前述の総武線や京成電鉄が敷設された船橋町に対し、浦安町・行徳町・南行徳村などの鉄道が敷設されていない町村もあった。沿岸部町村といえども、その態様は均質でなかったのである。

この二類型を地域経済の象徴の一つである「地価」レベルで比較した場合、格差が確認できる。例えば一九二三年時点だが、東葛飾郡全四一町村の地価平均額は一三万八、四二九円に対し、最高額が沿岸部町村の行徳町二九万九、二九九円、最低額が農村部町村の塚田村三万八、五六八円とある(3)。総じて東葛飾郡は、沿岸部の南部の方が経済的に

表 1－2 1930 年時点での東葛飾郡男子就業者比率

（単位：％）

	農業	水産	鉱業	工業	商業	交通	公務自由	家事使用人	その他有業	無職	合計
浦安町	2.9	13.4	0.1	21.8	17.8	2.3	1.8	0.1	0.4	39.5	100.0
南行徳村	31.8	0.9	0.2	8.3	13.1	2.9	2.1	0.3	1.2	39.2	100.0
行徳町	29.6	0.1	0.4	13.0	9.7	4.0	2.9	1.1	1.9	37.3	100.0
船橋町	4.9	8.5	0.0	12.3	18.4	5.2	6.0	0.2	1.5	43.0	100.0
八栄村	49.6	0.0	0.0	2.2	2.4	0.5	1.2	0.3	0.2	43.4	100.0
葛飾村	24.5	0.0	0.0	10.2	10.4	5.1	7.2	0.5	0.7	41.3	100.0
中山村	14.4	0.1	0.0	17.5	10.6	5.3	7.0	0.6	1.1	43.5	100.0
鎌ヶ谷村	34.2	0.0	0.0	1.4	1.6	0.4	1.2	0.2	0.1	60.9	100.0
大柏村	53.9	0.0	0.0	2.8	1.5	0.3	1.4	0.2	0.2	39.6	100.0
塚田村	54.7	0.0	0.0	0.0	1.1	1.1	7.4	0.5	0.3	34.8	100.0
法典村	41.4	0.0	0.0	8.8	3.0	1.4	2.7	0.1	0.4	42.1	100.0
八柱村	53.7	0.1	0.0	2.0	2.0	0.4	1.6	0.3	0.4	39.5	100.0
国分村	40.7	0.0	0.0	8.3	4.4	1.5	3.3	0.2	0.9	40.8	100.0
八幡町	16.1	0.1	0.0	13.6	11.6	3.1	8.0	0.7	1.7	45.2	100.0
市川町	2.8	0.0	0.1	15.6	14.8	3.3	25.0	0.4	1.4	36.6	100.0
松戸町	9.1	0.1	0.0	14.3	19.4	4.0	7.8	0.5	2.1	42.5	100.0
明村	22.4	0.0	0.0	8.2	9.2	3.4	21.9	0.4	1.1	33.3	100.0
高木村	47.5	0.0	0.0	2.7	2.8	2.0	1.6	0.7	1.0	41.7	100.0
土村	46.7	0.0	0.0	3.9	1.3	2.6	1.6	0.4	1.0	42.5	100.0
千代田村	29.2	0.0	0.0	7.9	9.9	6.1	3.3	0.2	0.9	42.6	100.0
小金町	36.9	0.0	0.0	6.2	4.6	4.8	3.5	0.5	1.1	42.4	100.0
馬橋村	36.3	0.0	0.0	7.4	5.4	4.6	3.3	0.3	1.0	41.8	100.0
流山町	21.1	0.1	0.0	12.8	14.4	3.0	3.6	0.4	2.3	42.4	100.0
八木村	48.6	0.0	0.0	2.1	1.6	1.6	1.8	0.1	1.0	43.0	100.0
田中村	46.1	0.0	0.0	5.1	2.8	3.0	2.1	0.4	0.5	40.0	100.0
新川村	41.5	0.1	0.0	7.3	4.2	1.7	2.6	0.0	0.8	41.8	100.0
梅郷村	30.4	0.1	0.2	17.9	3.1	3.7	2.5	0.1	0.8	41.2	100.0
福田村	44.6	0.1	0.0	9.4	3.5	0.9	2.0	0.0	0.7	38.9	100.0
野田町	3.4	0.0	0.0	34.7	15.0	3.5	4.3	0.7	1.1	37.2	100.0
旭村	37.0	0.0	0.0	14.0	3.5	1.4	1.8	0.2	1.7	40.5	100.0
七福村	37.5	0.1	0.0	9.5	5.3	0.6	1.7	0.6	1.4	43.2	100.0
川間村	43.6	0.0	0.0	8.1	3.9	1.5	1.7	0.0	0.6	40.7	100.0
木間ケ瀬村	49.0	0.0	0.0	3.8	2.9	0.5	1.7	0.2	0.7	41.1	100.0
二川村	43.4	0.1	0.0	3.1	6.2	0.8	2.0	0.1	0.3	44.0	100.0
関宿町	40.4	0.1	0.0	3.4	2.6	1.9	2.6	0.2	0.5	48.3	100.0
布佐町	28.8	0.1	0.0	10.1	14.5	4.3	3.1	0.4	0.4	38.3	100.0
湖北村	40.3	0.2	0.0	6.7	5.1	1.2	3.0	0.1	0.3	43.0	100.0
我孫子町	29.0	0.1	0.0	11.8	8.0	4.2	3.7	0.2	1.1	41.9	100.0
富勢村	49.2	0.2	0.0	1.7	3.9	0.9	1.9	0.1	0.4	41.6	100.0
風早村	43.9	0.0	0.0	3.7	4.1	1.6	1.5	0.2	0.5	44.5	100.0
手賀村	50.9	0.0	0.0	3.0	2.4	0.2	2.0	0.0	0.4	41.0	100.0
郡平均	34.5	0.6	0.0	8.7	6.9	2.5	4.1	0.3	0.9	41.6	100.0

出典：『昭和 5 年国勢調査報告府県の部　千葉県』（復刻版）30 ～ 33 頁より作成。

表1－3　戦前期普選（千葉県第1区）での有権者数の推移および増加指数

	1928年	1930年	1932年	1936年	1937年	1942年
全国有権者数	12,538,196	12,769,854	12,141,349	14,480,099	14,287,942	15,016,649
増加指数	100	101	97	119	98	105
東葛飾郡有権者数（含市川市・船橋市）	43,597	45,934	47,826	61,584	54,645	60,127
増加指数	100	105	104	129	88	110

出典：各回『衆議院議員総選挙一覧』（衆議院事務局）より作成。

豊かであった。

以上、千葉県第一区東葛飾郡は、東京府と県都千葉市の狭間にあり、多様な産業構造、経済的な地域格差を持つ。換言すれば、一九二〇年代から四〇年代の東葛飾郡は、都市的要素と農村的要素が混在した地域だった。したがって有権者の抱える問題意識は、多様であったといえよう(4)。かつて林宥一は、農村社会では普選以前から実体的に普選状況が実現していたため、政治変化が小さいと指摘するとともに、都市社会ではその変化が急激であったと指摘した(5)。これを踏まえれば、東葛飾郡の政治情勢も平穏と混沌が交差していたことになる。加えて表1－3で示すように、有権者人口の増加指数は全国より高く、普選の影響が大きい地域でもあった。川島は、このような特徴の地を地盤にすることとなる。

第二節　一九二四年一月県会議員選挙

（一）大正期東葛飾郡の政治構造

戦前期県会の性格は、府県制に規定された。大島美津子が指摘したように(6)、一八九〇年府県制に規定された県会は脆弱な権限しか持てず、しかも議決権の内容は内務大臣・府知事・郡長の強い監督権の下に置かれていた。府県制はその後、一八九九年改正（県会議員の直接選挙）を皮切りに、数度の改正が行われた。特に大正デモクラシー期の一九二二年と一九二六年改正は、選挙権および被選挙権の大幅な拡張をもたらした。さらに一九二六年と一九二九年改正により、条例・規則制定権の県会への付与、内務大臣の予算削減権の削除、要許可事項の範囲の縮小などが実現した。自治権は大幅に拡張されたといえよう。また一九二三年の郡制廃止と一九二六年の郡役所廃止も見逃せない。

以上の結果、大正期は「代議士―府県会議員―郡会議員（市会議員）―区町村会議員」系列が「代議士―府県会議員―（市会議員）―区町村会議員」系列に再編された時代となった。したがって府県会とその構成要員である府県会議員は、これらの地方制度改正を担保として、次第に有権者代表としての政治的正当性を高める中、地方議員としての権力や名誉を手中に収め、代議士と市町村議員を繋ぐ結節点として、進化を遂げたのである。それは、県会議員選挙の分析なくして、総選挙の本質的理解は難しいことを意味する。

一九二四年県会議員選挙の特徴は、潮恵之輔（内務省地方局長）が「大正十一年府県制の改正に依り選挙権の範囲拡大」[7]と述べたように、一九二二年改正府県制での初めての選挙という点にあった。しかし一九一九年の小選挙区制と一九二三年の郡制廃止、この二つも忘れてはならない。つまり各立候補者は、郡会議員の椅子がなくなった状況下、狭められた選挙区の中で、拡大された有権者を対象として、選挙運動に従事しなければならなくなった。

東葛飾郡選挙区は、現在の松戸市と流山市を中心とする第一区、現在の浦安市と市川市を中心とする第二区、現在の船橋市と鎌ヶ谷市を中心とする第三区、現在の柏市と我孫子市を中心とする第四区、現在の野田市を中心とする第五区から構成されていたが、これらの地では政党支部や既成政党系政治団体の存在が確認できない[8]。政友会の場合、一九〇〇年の結成後に設置された千葉県支部（九月）、印旛政友会（一九二三年一月）、香取政友会（一九二三年七月）、海匝政友会（一九二三年四月）、夷隅以文会（一八八〇年二月）、君津大正倶楽部（一九一五年一一月）、君津公友会（一九二三年五月）、安房同志会（一九一七年六月）、市原倶楽部（一八九一年九月）などが挙げられるが[9]、そこに東葛飾郡の名はない。しばしば市史などで引用される「本郡は一体政には冷淡な処で選挙民は政党政派的にも色彩が濃厚でなかつた」[10]との報道は[11]、その証左といえよう。

これを一変させたのが、政友会の本多貞次郎（京成電鉄社長）である[12]。本多は一九一七年六月県会議員補欠選挙、一九一九年九月県会議員選挙に当選し、早くも県会議長の職にあった。さらに国政進出を目指し、一九二〇年五月第一四回（小選挙区制）に千葉県第三区（東葛飾郡）から立候補した。その結果、現職の柏原文太郎（立憲国民党）を破り、初当選を飾った。[13]かつて升味準之輔は実業関係者出身代議士の増加を指摘したが、[14]東葛飾郡でも同様の現象が見られたのである。本多は、選挙区にある利根川を管理する利根運河株式会社の国有化の請願（一九二三年三月第四六議会）など、地域に密着した実績を積み上げていた。

だからこそ「本多代議士が陣頭に采配をとつて以来、郡民は次第に政党を理解し政治に趣味をもつに至り（中略）本多氏の率いる東葛倶楽部の大傘下に集[15]」い、本多はこの地で強い影響力を発揮するようになった。その象徴の一つが、東葛倶楽部なる組織である。東葛倶楽部は前述の政友会の政党関係組織にも、代議士の個人後援会にも挙げられていない。[16]詳細は不明だが、一九二〇年第一四回総選挙で初当選後の一一月、市川町を本部に結成されたという。[17]本多が石原貞八（風早村長）に送付した書簡を見ると、[18]会長は本多、幹事長は齋藤三郎（第四区候補者）が務めている。憲政会の有力者による「本多君は政党の本多君といふより寧ろ東葛の本多君で、その選挙区に熱心なことは敵ながらもおどろくばかりである[19]」との発言、さらには会長が本多から県会議員の浮谷権兵衛に交代していることも踏まえると、[20]第四章で指摘するように、東葛倶楽部は本多を中心とする地域政治団体であった。

本多は次回総選挙を視野に入れており、有権者に「議会報告書[21]」を送付し、代議士としての活動を知らしめ、国政と地域を結びつけようとした。しかし前述のように、県会議員が代議士と町村議員を繋ぐ結節点である以上、自身の再選に向けた集票のためにも、本多は今回の県会議員選挙で可能な限りの政友会候補の擁立と当選を演出しなければならなかった。事実、一二月五日、市川町新田の東葛飾物産陳列館で本多は五人の候補者（森田繁男・浮谷権兵衛・松崎新次郎・齋藤三郎・茂木林蔵）[22]ら三〇名と会合し、選挙について「密議[23]」した。現職代議士本多は彼らの頂点に立つ存在として、地盤で繰り広げられる県会議員選挙に大きく関与していく。

（二）県会議員選挙の展開

この県会議員選挙に関して、別稿ではその選挙区を競争激甚（第一区と第三区）、政友会圧勝（第二区）、無競争（第四区と第五区）の三つに類型化し、詳細に分析した。[24] どの選挙区を見ても、千葉県政のあり方を論じた形跡はなかったが、本章では川島の総選挙と直接的に連動する第一区を取り上げる。

この第一区は、憲政会新人の広瀬渉（四六歳）と政友会現職の森田繁男（五六歳）の一騎打ちとなった。広瀬は茨城県に生まれ、第一高等学校卒業後、松戸高等小学校教員を経て、富勢尋常高等小学校長、富勢実業補習学校長、市川尋常高等小学校長、市川町実業補習学校長を務め、東葛飾郡の教育界に根を下ろしていた。加えて広瀬は松戸町を中心とした電灯料金値下げ運動の指導者でもあり、青年層の反政友会的傾向にもとづき、青年団組織などからの支持も得ていた。[25] 迎える森田は群馬県に生まれ、小学校教員を経て上京。利根運河株式会社に勤務後、東葛飾郡新川村で果樹園を開き、地域に密着した果実栽培業者となった。森田は政友会に所属する当選三回（一九一三年一二月補欠当選・一九一五年九月選挙落選・一九一七年六月補欠当選・一九一九年九月選挙当選）の現職県会議員であった。森田の推薦者名簿を見ると、松戸町四八人、明村三六人、馬橋村一人、小金町三〇人、流山町五〇人、八木村一三人、田中村一六人、梅郷村四二人、新川村六四人で、合計三〇〇人となる。[26] このような人々を支持基盤として、森田は選挙に挑むこととなる。

選挙戦当初から、第一区は激戦が予想された。森田が「東葛飾郡の為めには従来相当功績を立てて居る関係上、選挙民の信頼殊に厚い」一方、広瀬は「教育界や青年有志間に侮り難い潜勢力を以て居るに加へて、演説がお手のものである処から、旧臘来四面八方に言論戦の火蓋を切、相当戦績を収め」たと報じられ、[27] 両者とも力のある候補者であった。しかし次第に「森田氏政友七分、広瀬憲政三分であつたが（中略）、本人の森田氏は表面非常に楽観して居るに反して、広瀬派は益々優勢にて、目下のところでは広瀬六分森田四分は確なる観測にて、此のまま進めば広瀬候補の勝利となる」[28] と報じられるようになった。地域開発に貢献した現職の森田だが、「お得意の雄弁で青年団を行脚し

表1－4　1924年県会議員選挙での第1区情勢分析

	新川村	梅郷村	田中村	八木村	松戸町	馬橋村	流山町	明村	小金町
広瀬陣営	3	4	6	不明	6	6	4～5	5	4
森田陣営	7	6	4	3	4	4	6	5	6

出典：『東日』1924年1月19日房総版より作成。
注：数値は全体を10とした上での新聞報道による割り振り。

て同情をあつめ[29]」た広瀬に苦戦していたのである。

そこで森田陣営は、「北総鉄道及び京成電車の従業員を招集し、その他の運動員と共に新川、田中、八木村の鉄道沿道町村に夜間戸別訪問を開始し、今や死物ぐるひで運動をつづけ[30]」た。この「夜の戸別訪問」こそ、買収の現場と考えられる[31]。特筆すべきは、その実働部隊として、本多の経営する北総鉄道および京成電鉄の従業員が動員されたこと、彼らが鉄道沿線の有権者に戸別訪問の的を絞ったことである。本多は東葛飾郡を選挙区とするからこそ、来たるべき総選挙を視野に入れ、膝元での広瀬の勝利を阻止しなければならなかった。

したがって本多は、森田陣営の選挙運動の陣頭指揮を執るようになった。例えば船橋町の北総鉄道会社で緊急幹部会を開催し、「森田氏が憲政派の広瀬氏に破られるやうな事があつては来たるべき五月の衆議院総選挙に直接影響するのみならず、党の面目にも関」わると危機感を吐露し、「松戸町、明村、小金町方面には本多代議士自ら出動し、田中村、八木村方面には柳澤、久保田、成島の諸幹部が出動して、捲土重来の勢ひで十六日から最後の戦闘を開始」した。広瀬の居住する松戸町とその周辺には、本多が直接乗り込んだのである。対する広瀬は本部から千葉県第六区（山武郡および長生郡）の代議士である関和知などの応援を得て、一七日に小金町の東福寺、一八日に松戸町の常磐館などで政見発表演説会を開催し、森田、さらにはその背後にいる本多に対抗した[32]。

激戦の第一区の場合、投票日前日に町村別情勢分析が報道された。表1－4は、それをまとめたものである。ここからは、やや森田の優勢が読み取れる。しかし森田陣営の選挙参謀を務めた新川村の柳澤清春（一九三二年および一九三六年県会議員選挙で当選）の下に残されている史料（一月一七日現在での字単位の票読み）を見ると[33]、実際には森田が苦戦していたことを読み取れる。例えば明村の場合、新聞では五分五分と報じられていたものの、森田陣営は有権者数六〇五票中、森田一四七票・広瀬四一四票という票読みをしていた。他町村も同様で、この史料に残された柳澤の「日時ノ切迫ト共ニ切々御奮戦ノ必要ヲ痛感」とのコメントは、森田陣営の苦戦を物語ろう。

しかし本多率いる森田陣営は、その面子をかけた戦いだけに、負けられなかった。「森田対広瀬氏の戦ひは、ある意味において広瀬対本多氏の戦ひとみる事が出来る、その当落は一般の興味を惹いている[34]」と報じられる中、森田陣営は田中村・八木村・松戸町での挽回を企図し、一九日夜、本多の弟である田中知一郎らが戸別訪問したという。森田陣営は地域を絞り、しかも本多の身内が投票日前日夜に戸別訪問し、最後まで広瀬陣営の切り崩しと自陣営の票固めに取り組んだ。

こうして本多は森田の当選に尽力したが、広瀬の勢いを食い止められなかった。一月二〇日の投開票の結果、高い投票率（八五％）のもと、広瀬一、七一四票、森田一、二三九票となった。得票率で示すと、広瀬五八％、森田四二％となり、当選三回を誇る現職森田は新人広瀬に敗れた。その敗因は、森田が一〇歳若い教員出身の広瀬を侮り、選挙そのものを楽観視していたこと、本多が乗り出し、選挙運動に深く関与したにもかかわらず、森田の姿勢に変化は見られなかったこと、この二点にあったという[35]。逆に広瀬当選の要因は、「同窓会員、青年団員が三々五々町内にお礼まはりに出る（中略）、郡役所前の選挙事務所小松号には梨本太兵衛、鈴木（貢）、青木、川村、鈴木（歳）その他の人々が広瀬氏を取りまいて（中略）、『青年奮起せば斯くの如し』とさけぶなど大騒ぎ、氏の今回の勝利は確かに青年の力であつた[36]」と報じられた。ここからは、教員出身の広瀬陣営の支持基盤が青年層であったことを読み取れる。彼らは広瀬の教え子だった可能性もあろうが、ともかく青年層が広瀬の今回の勝利の立役者に他ならなかった[37]。

ひるがえって他の選挙区を見ると、本多の支援した浮谷権兵衛・松崎新次郎・齋藤三郎・茂木林蔵の全員が当選した[38]。本多から見れば、自分の選挙区で唯一、自身の系列下の候補が落選したのが第一区であった。この選挙で当選した広瀬が川島の立候補に関わるとともに、その広瀬の支持者である前述の梨本太兵衛が川島の選挙事務長を務めることから、今回の県会議員選挙は、次回総選挙の前哨戦として、また連動するものとして位置づけられる。

第三節　一九二四年五月第一五回総選挙

（一）立候補過程

県会議員選挙直後の一月二九日、第四八議会解散直前のタイミングで、政友会の清浦奎吾内閣の支持派が脱党し、政友本党を結成した。この中央政界の地殻変動は、各地方の動向を規定する。(39)千葉県の当時の政友会代議士は第一区（千葉郡）の中山佐一、第二区（印旛郡）の吉植庄一郎、第三区（東葛飾郡）の本多貞次郎、第五区（海上郡）の浜口吉兵衛、第六区（山武郡・長生郡）の鵜澤総明、第七区（夷隅郡）の西川嘉門、(40)第八区（君津郡）の鈴木隆、第九区（安房郡）の竹澤太一の八人だが、鵜澤・中山・鈴木が政友会に残り、吉植・本多・竹澤・西川・浜口が脱党の動きを見せたことで、「鵜澤総明ト吉植庄一郎等ニ於テ統率(41)」されていた千葉の政友会は分裂の危機を迎えた。

このような状況下、大多数の県議が吉植・本多・竹澤・西川の四代議士と同一行動を取ると報じられた。(42)第二節で示したように、県会議員選挙が代議士の全面的支援を受ける形で展開した以上、政友会から脱党して新党に参加することは、今後の各県会議員の政治行動に大きな影響を与える。例えば一月二三日、政友会の全県会議員と同会有志約一〇〇名、前述の脱党組の吉植・浜口・西川・竹澤は加納屋で会合を持ったが、一部の県会議員（氏名不詳）が脱党について熟慮したいと申し出た。(43)県会議員は、逡巡していた。本多の全面的支援を受け、一月の県会議員選挙で当選した四名（浮谷権兵衛・松崎新次郎・齋藤三郎・茂木林蔵）がこの場に同席したか否か、熟慮したか否かは分からない。しかし一月二七日、本多は「東葛飾郡の一連の一族郎党を市川町東葛飾物産陳列館に集め(44)」、政友会脱党＝政友本党入党を表明すると、浮谷・松崎・齋藤・茂木の四名の県会議員も政友会を脱党した。彼ら四名は、本多に政治生命を賭けたのである。

ただし彼ら四名全員は政友本党に入党しなかったようである。例えば内務省警保局の史料を見ると、茂木と齋藤は「中立」と表記されている。(45) 浮谷と松崎の政友本党入党の可能性はあるが、本節で示すように、茂木と齋藤は本多の選挙を支援するにもかかわらず、彼らは入党していなかったのであろう。第二節で示したように、県会議員選挙で本多の支援を受けた茂木と齋藤は、入党とは別に、本多を支持したと考えられる。選挙過程は、当選者のその後の政治行動を規定したのである。

この直後の一月三一日、政友本党が支える清浦内閣は、護憲運動に直面する状況を打開すべく、第四八議会を解散した。解散時は政友本党一四九議席、政友会一二九議席、憲政会一〇三議席、革新倶楽部四三議席であったが、政友会・憲政会・革新倶楽部は護憲三派を結成し、五月一〇日の投票日に向けて動き始める。

東葛飾郡は千葉県第三区に位置した。この地の候補者擁立を見ると、政友本党の本多は「解散の日卅一日夜、早くも腹心の一族郎党を自邸に集め協議を重ね、昨一日は早朝より押上本社、森田、利光〔吉岡――引用者注〕、柳澤、浮谷などの参謀を集め対策」(46) を講じていた。対する護憲三派は憲政会が中心となり、「松戸町に馬橋、流山、市川、新川各町村の有志会合協議の上、県議広瀬渉氏を推薦することになり、各町村有志に諒解を求め」(47) た。護憲三派は県会議員に当選したばかりの広瀬を擁立しようとしたのである。ただし中村政弘が明らかにしたように、憲政会の中には一九二〇年第一四回総選挙で立憲国民党から出馬した柏原文太郎（革新倶楽部）を擁立する動きもあった。(48)

先に立候補を表明したのは、「県議会の双璧」(49) と評される広瀬であった。しかし現職の本多の前では「到底当選覚束ない」(50) ため、最終的には柏原と同様に立候補を断念して「本多氏の一人舞台」になると、急遽、「以前からチラホラ噂のあった」川島を「護憲三派の応援」の下で立候補させようとのプランが浮上した。(51) 川島の伝記を見ると、「養父・才次郎の生地、千葉県東葛飾郡の有志」(52) が彼を訪ね、「金は一銭もいらない」から出馬して欲しいと要請したという。(53) この有志は、「布佐町榎本元代議士その他諸氏は、行徳町出身川島氏に交渉せる結果、廿三日、榎本氏宛承諾の旨、通知があつたので、右東葛護憲派有志は松戸町有志広瀬県議その他と廿四日上京、革新倶楽部、憲政会、政友会等の諒解を得」たとの報道、「川島氏擁立を画した」との報道を見る限り、元代議士（立憲国民党）の榎本次郎右衛門、さらには広瀬を中心とする憲政会が中心と考えられる。政友会代議士の中島守利（東京府第一五区）と立憲国民党元代議士の近藤達児（東京府第五区）が川島の擁立に関与したとの記述もあるが、中島守利の伝記や新聞には、そのような報道は見られない。川島は、東葛飾郡の憲政会勢力が中心となって擁立された候補といえよう。

確かに一時、立候補を表明した広瀬は、市川・松戸両地域の小学校長から県会議員に転身しており、教育界出身の名望家的存在であった。しかし、それだけでは「常勝将軍」本多に勝つことは難しかった。候補者に挙げられた川島は、専修大学卒業という学歴、内務省属官・東京日日新聞政治部記者・東京市課長（秘書課および商工課）・多摩川水力電気株式会社常務取締役という経歴を持つ。換言すれば、高等教育機関卒業後、中央から地方政界まで、民間企業からマスコミまで、多彩なキャリアを積んだ人物であった。また川島が東葛飾郡と地縁的な繋がりを持っていたことも見逃せない。例えば平山秀善氏の「養子として迎えられた川島家がそもそも行徳の出身であった」との証言からは、川島と東葛飾郡との間接的な地縁を見出せる。また鈴木信也氏の「川島が東京市商工課長の時に魚河岸の整備に取り組んで以降、魚業者と繋がりが深くなり、その繋がりを選挙に活かすため、当時漁師町であった行徳を選んだ」との証言からは、川島が東京市吏員時代に築いた行徳町住民との交友関係を見出せる。つまり東葛飾郡の憲政会勢力は、本多の現職の衆議院議員という政治力に対しては川島の内務省属官および東京市課長というキャリアを、本多の京成電鉄社長という経営力に対しては川島の多摩川水力電気株式会社常務取締役というキャリアを、本多の市川町在住という地縁に対しては川島の養父才次郎の生地かつ友人の住む行徳町という地縁を、それぞれ対比させられるからこそ、彼を選んだのではないだろうか。

季武嘉也によれば、小選挙区制度（一九一九～二四年）の場合、地域限定での地方名望家が選出されることは余り考えられておらず、官僚出身者や全国的な大物実業家・財界人などが当選することが多くなったという。今回の千葉県第三区の候補者に、教育者から衆議院議員に転進した柏原ではなく、また東葛飾郡選出の県会議員の広瀬でもなく、多彩なキャリアを持つ川島が擁立されたことは、季武の指摘する全国的な潮流の一事例を示す。

しかし神山知徳が指摘するように、小選挙区制の採用された第一四回総選挙以降、地域の政治団体による候補者選定・調整作業を経なければ当選できないということもまた、当時の実態であった[62]。例えば一九二四年三月三〇日午後二時から、松戸町西蓮寺で開催された護憲派衆議院議員候補者推薦会を見よう[63]。ここには布佐町の元県会議員（立憲国民党）の榎本正夫、馬橋村馬橋の元県会議員（憲政会）の大川五兵衛、船橋町九日市の元県会議員（憲政会）の宇賀山金次郎、船橋市海神の元県会議員（憲政会）の金子縫次郎など、各町村の非政友幹部二〇〇名が参集した。この推薦会が原田敬一の論じる「予選」会か否かは別途検討を要するが[64]、一五名の詮衡委員が選出され、協議の結果、満場一致で川島を候補者として正式決定した[65]。推測だが、そこには反対や事前調整があったのかもしれないが[66]、結果として川島は護憲三派候補として、実質的には憲政会勢力の支持と合意に依拠した候補として、その立候補が承認されたのである（ただし無所属）。本多の所属する政友本党がそもそも政友会から分裂した政党であったこと、第二節で示した政友会の県会議員の多くが本多の系列下に置かれていたこと、政友会での川島の位置づけが「中立」[67]であったことなどを踏まえると、その支持基盤は東葛飾郡の憲政会系が中心だったといえよう[68]。

一方、本多陣営は、解散前の二月七日午前一一時から市川町物産陳列館で衆議院報告会を開催するなどして[69]、総選挙準備に余念がなかった。しかし川島の立候補が報じられると、本多の系列下の県会議員の浮谷権兵衛・松崎新次郎・齋藤三郎・茂木林蔵の四人が中心となり、彼を政友本党公認候補として推薦したのである[70]。地域有力者による推薦プロセスの存在は、前述の川島と軌を一にする。

そして三月三一日午前一〇時、市川町真間の本多事務所で会合を開いたが、この会合通知には「最近ニ至リ愈々反対党候補者名乗リヲ挙ゲ政戦漸ク本舞台ニ入ラントシ、本多候補モ今後之作戦ニ付多少心配ノ模様モ相見ヘ候ニ付、小生等ハ本多候補之出馬ヲ勧誘セル関係上、此際至急会合ヲ催フシ、種々御協議[71]」と記載されており、本多の川島への警戒心をうかがえる。また川島の立候補が正式決定すると、四月一〇日午前一〇時、本多事務所で選挙打ち合わせ会を開催した。(72) 加えて浮谷・齋藤・茂木の三人が本多の選挙参謀に就任し、「潜航艇式に運動を開始」(73)したとも報じられた。「潜航艇式」という用語は他でも使用されており、(74)おそらく戸別訪問を指すのであろう。こうして本多は新人候補川島を打ち倒すべく、自身の系列下の県会議員を従え、選挙戦に突入した。

(二) 川島の支持基盤

川島の支持基盤を先取りすれば、地域では行徳町・浦安町・中山町、組織や階層では青年団が挙げられる。

地域に関しては、行徳町の場合、前述の柏原文太郎に連れられて、加藤太三郎（憲政会）に面会した。まさに杉本仁のいう「顔見せ」・「ムラ歩き」(75)に相当する。加藤は「寛永以降の旧家にして（中略）農業を営み小作人を指導奨励して農事の改善に努力し、又衆望」(76)ある人物で、町会議員・郡会議員・県会議員を務めた名望家であった。この加藤を通して、川島は田中太吉や田中録郎なる人物から支持を調達したという。(77) 川島は県会議員クラスの有力者を介して、その支持を広げた。また川島は同じ行徳町の原木部落には一人で訪れ、部落で一九二二年納税額第二位（一七五円）の大地主である原木作次郎に面会した。(78) 川島は「この町の出身であるが、長い間東京に住んでいた。こんど東葛飾郡から総選挙に出たいので、郷里のよしみでぜひとも応援していただきたい」(79)と依頼したという。実際の出身地は東京市日本橋だが、一人で訪れたからであろう、川島は地縁アプローチで地域有力者に接近した。

浦安町の場合、同じく柏原に連れられて、新井鎮城に面会した。新井は「農を業とす。地方屈指の資産家にして、曾て三等郵便局長となり、同町民の貯金を奨励して大いに貢献する所」(80)ある人物で、町会議員や町長などを務めた名望家であった。新井は魚の缶詰工場や船宿を経営する内田顕太郎に呼びかけ、(81)一緒に「正交会」(82)を結成し、集票活動に当たったという。正交会の詳細は不明だが、「正」が川島正次郎の「正」であるならば、確認し得る川島最初の政治団体といえよう。

中山町の場合、柏原抜きで土木事業者の萩原太郎吉を訪れ、「自分は千葉県行徳町河原の生まれであるが、こんど総選挙に立候補したい。いままで東京に住んで、土地の事情がわからないから、この付近を案内してもらいたい」[83]と述べた。一人で訪れたからであろう、ここでも川島は地縁アプローチで有権者に接近した。柏原のような有力者の同行がない場合、川島はいずれも地縁でアプローチしており、極めて興味深い。地縁というツールは、初対面の者同士を結びつけることができる潤滑油であった。

組織や階層に関しては、次の二つの事例を挙げたい。例えば川島は一九二四年三月二五日、行徳町娯楽館で地元青年代表有志に面会し[84]、「私は男として皆さんと一生のおつきあいをする。この約束は絶対にホゴしないから、必ず当選できるようにしていただきたい」[85]と約束したうえで、前述の原木作次郎の長男が団長を務める原木青年団に接近し、集票を依頼した。ただし『千葉県東葛飾郡誌』(千葉県東葛飾郡教育会、一九二三年)では、この青年団の存在は確認できなかった。また東京市吏員時代から懇意にしていた船橋の青年団幹部の原田豊吉という人物からも、協力を取りつけた。この青年団が前掲『千葉県東葛飾郡誌』(四二九頁)が示す船橋青年団であれば、それは一九一五年一一月二八日に設立の団員九五〇人を誇り、大きな集票が期待できた。かつて伊藤之雄は兵庫県但馬地方の青年層が齋藤隆夫(憲政会→民政党)の支持基盤になったと指摘したが[86]、この選挙区でも同様に青年層が反政友会的傾向であるならば、それは憲政会系の川島の支持基盤たり得たといえよう。

こうして「従来何等郡民と交渉のなかつた輸入候補にひとしい」ながらも、第二節で示した県会議員の広瀬渉同様、「青年の人気」[87]に支えられていた川島は、五月一〇日の投票日に向けて、初めての選挙戦に臨んでいく。

(三) 川島陣営の基礎構造

選対スタッフを見ると、第二節で登場した広瀬渉陣営の梨本太兵衛が選挙参謀長を務め、その下の参謀には染谷茂三郎(川島の専修大学同窓生)や黒川鍋太郎(川島の専修大学同期生)が就任した。母校で繋がる人材を重用することで、結束力を高めたのであろう。ここに実働部隊となる馬橋町の恩田明、松戸町の岡田兼吉、八幡町の北川善太郎、中山町の松沢新兵衛、流山町の天谷勇、鎌ヶ谷町の後関島吉など、主に市川市・松戸市両地域を中心とした「地方の有力者」[88]らが加わった。例えば恩田は父同様に医師であり、我孫子村や日本橋茅場町で医院を開き、茅場町会議員なども務めた[89]。また『大正一一年版　房総紳士録』（多田屋書店、一九二二年）によれば、北川は八幡部落で農業を営む納税額六〇円の地主、松沢は鬼越部落で家業を営む納税額六五円の商人という。この他、運動員として、一部、その氏名が確認できる[90]。例えば野田町六名、川間村九名、旭村一名、七福村四名、福田村二名、二川村三名、木間ケ瀬村二名、梅郷村一名、関宿町四名、新川村五名の他、東京府麻布区一名、東京府寺崎町一名とあり、必ずしも選挙区住民だけではなかった。この中でも職業と年齢が判明している新川村の場合、医師三七歳、肥料商三二歳、材木商四八歳、農業四四歳、農業四五歳が名を連ね、川島とほぼ同世代（三〇〜四〇代）であった。川島は、地域で一定の経済力や衆望を持つ有力者、専修大学で築いた人間関係、自分と同世代の比較的若い年齢の運動員に支えられ、選挙運動を展開したのである。

選挙資金を見ると、前述のように、川島は自己負担が不要とされていたが、実際には自前で用意しなければならなかった。事実、前述の中島守利の「多摩川水力の重役をやめろ、そうすりやあ、退職慰労金がとれる、その金を軍資金にしろ。金はさきに渡してやる。株主総会には事後承諾をもとめることにしよう」[91]との言葉を受けて、川島は同社から三万円を得た。ただし、それでは不足したようである。後年、川島が「俺は政治家になったばかりに、ジイさんには親不孝した」[92]と回想したように、足りない分は養父の才次郎が工面した。なお内務省の調査を見ると、今回の総選挙の立候補者一人当たりの平均選挙費用は一万九、八二九円とある[93]。同様に憲政会の調査を見ると、一人当たりの選挙費用の概算が一万八五〇〇円とある[94]。したがって川島の選挙資金は決して低くなく、むしろ全国的には高かった。この他、内務省時代や東京市時代に知遇を得た後藤新平が川島の選挙資金を「ポン」[95]と出したとの叙述もある。いずれにせよ、京成電鉄社長の現職本多に勝つためには、相応の選挙資金が必要であった[96]。これらが後述する戸別訪問の際、大きな役割を果たすのであろう。

ポスターに関しては、(97)一九二五年普選法でビラやポスターが制限される以前の選挙であったため、前述の平均値より高い選挙費用を用意した川島陣営は、相当量を用意したと考えられる。管見では、当時の川島の選挙ポスターの実物を発見できていないが、中央に川島正次郎という名が書かれ、それを境に左半分にスローガン「日本中、一人も食うに困るもののないようにすることが私の政治上の意義です」との文言があった。(98)第一節で示したように、経済的格差の大きい東葛飾郡だからこそ、川島は政治と生活を結びつける政治信条を掲げ、集票に繋げようとしたといえよう。そしてポスターの右半分には、表1－5の推薦文が記載されていた。ここからは、次の三点を読み取れる。第一は、川島の立候補を主導した憲政会系の人物からの推薦文が記載されていない点である。推測だが、東葛飾郡の憲政会勢力の支持と合意で立候補した川島は、おそらく自分に足りない要素を補うため、護憲三派の残り二つ、すなわち政友会と革新倶楽部からの推薦文を記載したのであろう。第二は、中央政界・官界との関係が確認できる点である。後藤新平などが名を連ねたことで、川島は現職で京成電鉄社長の本多に対抗する政治力をアピールした。(99)第三は、このポスターが川島と有権者を繋ぐ回路になる点である。有権者、さらには未来の有権者も含めて、これを見た人々は川島に対して、地域のために粉骨砕身する政治家、決断力と行動力に富む政治家、自身の生活を良くしてくれる政治家というイメージを抱くだろう。新聞報道を見る限り、川島は政策よりもイメージを全面に打ち出し、六六歳の本多に対抗していった。

最後に演説会だが、川島は投票日の約一か月前の四月一一日正午、松戸西蓮寺で「選挙打合せ会」を開催した。(100)参加者は川島の他、前述の元県会議員の大川五兵衛・宇賀山金次郎・加藤太三郎などの他、「各町村の参謀連」ら約五〇名である。ここで演説会などの選挙戦術について議論されたが、その日程をまとめたものが表1－6で、ほぼ東葛飾郡全域を満遍なく回る計画であった。憲政会系の弁士が目立つことから、やはり川島は憲政会の色合いが強い護憲三派候補であった。

ただし演説会の日程と場所は随時変更されていたようで、予定になかった四月一九日は高木村逆井の観音寺で一三

表1－5　1924年第15回総選挙での川島正次郎ポスター推薦文一覧

推薦者	肩書	推薦文
後藤新平	子爵 前内務大臣	何をさせても役に立つ
永田秀次郎	東京市長 貴族院議員	決してものに屈服しない
伊藤金次郎	東京日日新聞記者	胆もあり、才もあり、しこうして意気と盛んな活動力とを多分に所持する
中島守利	政友会代議士	何でもいい、持ちかけてみろ、何でもすぐやってくれる
岡田忠彦	前警保局長 前東京市高級助役	精力家で研究心が強く、しかも徹底的に人の世話をする
伊藤仁太郎	東京市会議員	真の代議士、未来ある政治家、正義を愛する
菱沼右一	国民新聞記者	新しい政治家
近藤達児	革新倶楽部代議士	何をさせても申し分ない

出典：川島正次郎先生追想録編集委員会『川島正次郎』（交友クラブ、1971年）323～325頁より作成。

時から開催された。ここでは来場者が約二〇〇名と盛況で、川島も弁士も「熱弁を奮った」(101)。演説会は、立候補者の人柄が有権者に浸透する貴重な機会であり、その成否次第でさらなる支持を調達する可能性に満ちていた。例えば野田町の立憲青年連盟（詳細不明）は、本多と川島両方の演説を聴いた結果、「新人にして青年に理解ある川島君を応援する」(102)ことになったという。専修大学在学時、川島は弁論部に所属していたが(103)、そこでの研鑽と経験が生きたと考えられる。こうして川島は、青年層に浸透していく。

この他、新聞では報じられていないが、「曰く漫画ポスターの掲示、曰く学帽に制服の応援弁士(104)」も取り入れた。その結果、川島は輸入候補でありながら、「本多氏に対して非常な脅威(105)」となり、ライバルを猛追した。

（四）選挙運動の展開

川島も本多も、選挙区内の有権者に様々な印刷物を送付した。例えば川島が鎌ヶ谷村粟野区長の渋谷藤次郎に宛てた印刷物を見よう(106)。まず川島は「今回の衆議院議員選挙につき、護憲各派、有力家各位の一致御推薦を蒙り、不肖、本郡より立候補仕候」と述べ、自身の立候補が護憲三派と地域の名望家に依拠したものであるとした。そのうえで、清浦内閣を支持する政友本党を「我が光輝ある憲政の冒涜者」と鋭く

表1－6　1924年第15回総選挙での川島正次郎演説会予定一覧

日程	場所	弁士		
4月12日	流山町赤城倶楽部 小金町東漸寺	関和知 （憲政会代議士）	菱沼右一 （国民新聞記者）	広瀬渉 （県会議員）
4月13日	船橋町蓬莱座 市川町文芸座	鵜澤総明 （政友会代議士）	関和知	広瀬渉
4月15日	高木村日暮徳蔵院	菱沼右一	広瀬渉	
4月16日	南行徳村・浦安町	不明		
4月18日	関宿町・川間村	不明		
4月22日	新川村	不明		
4月24日	旭村・福田村	不明		
4月26日	市川町・中山村	不明		
4月28日	風早村・土村	不明		
4月30日	手賀村	不明		
5月　1日	馬橋村・千代田村・田中村	不明		

出典：『東日』1924年4月12日・16日房総版より作成。
注：弁士としては柏原文太郎（元立憲国民党代議士）と憲政会代議士（東京府選挙区）の横山勝太郎などもいたが、登壇日を特定できなかった。

批判し、本多との一騎打ちに臨むとある。政策としては「憲政擁護のために死力を尽すべきは勿論、憲政の振興、産業の発展、物価の調整を計り、国民生活は安定し以て民意の暢達を期し度と存候」を掲げ、やはり政治と生活を結びつけた。

一方、本多は「私は市川町に本籍を有する土地児です。約二十年間京成電車の経営に任じ、一昨年又北総鉄道を起し東葛の開発に努力して居ります。本郡の開発に努力して居ります。本郡の開発は私の夢寐にも忘るる能はざる所であります。私は社会の秩序を紊る急進主義を排し、実行の伴はざる空論を斥け、穏健着実一歩一歩国運の発展の国民の利幅の増進を期するを以て政治の要締と信じて居ります」[107]と記載した印刷物を有権者に送付した。本多は川島が東京府大森に住居を構えていたことを逆手に取り、自分の本籍が市川町であることを強調する。しかも本多は京成電鉄の経営者・県会議員・代議士として、地域開発や利益誘導に尽力した実績を掲げ、川島の唱える「憲政擁護」を「急進主義」と批判し、政友本党への支援を呼び掛けた。

すると川島は、新しい印刷物を有権者に送付した[108]。特徴は、次の三点に集約される。第一は、前述の行徳町との地縁を強調した点である。例えば「徳川時代から酒造家として行徳町に住んでいた」川島家の出身で、「郷里のために一ツ働いて見たい」と考えていたところ、郷里が「政友本党の為に蹂躙され郷党の意図が凡てに於て阻止されてゐる」ので、今回、総選挙に立候補したと記す。これは、前述の本多の市川町在住に対するカウンターになろう。第二は、高等教育機関の卒業を強調した点である。例えば「専修大学政治経済科を卒業して以来、絶えず学理と実際の体験を積」んで来た稀有な存在と記す。第三は、経歴を前面に押し出した点である。例えば内務省属官として岡喜七郎・安河内麻吉・湯浅倉平・永田秀次郎の歴代警保局長に仕え、特に永田と後藤新平内務大臣からは「愛され且つ信任されて」おり、その後藤と永田の退職に合わせて退庁したと記す。さらにアメリカ留学から帰国後、東京市吏員を経て、多摩川水力電気株式会社の創立に携わったとも記す。つまり代議士として実績ある本多に対抗するため、川島は学歴に加え、中央政界や官界との結びつき、さらには企業経営陣の一員としての経験などを主張して、有権者の支持を得ようとしたのである。[109]

これを受けた本多は「拙者微力にも不拘推薦の栄を辱ふし感銘に不堪候。追々期日の切迫に伴ひ競争激甚と相成可申候。貴下の御懇情に対し、飽くまで奮闘努力の覚悟」[110]と記した推薦状を有権者に送付し、自身への支援を強く訴えていく。こうして両候補者は、印刷物の送付合戦を繰り返した。

この本多は現職だけに、強敵だった。松下邦夫によると、本多が社長を務める京成電鉄の関連企業である京成電気は東葛飾郡中部以南（主に松戸・船橋・行徳など）の電気供給事業営業権を持っており、電灯未設置町村民の関心を高めたという。[111]本多は京成電鉄の企業力を活かし、有権者を惹きつけようとしたのである。事実、四月八日一四時に船橋町蓬莱座で開催された本多の第一回政見発表演説会は、一、〇〇〇名を超す聴衆が「立錐の余地なく場外にまで溢れるの盛況」[112]になった。

次第に選挙は物々しい雰囲気を醸成した。[113]四月二五日、川島は「演説会からの帰途自動車に竹槍を投げつけられた」こともあり、「犯人は反対派のものか」と囁やいた。また本多の参謀を務める中川仲右衛門（野田人車鉄道株式会社監査役・東葛飾郡教育会長）は、川島が「選挙違反で収監された」[114]と偽情報を流し、告訴された。[115]ただし川島自身も鎌ヶ谷村の道路の利権問題で五月四日に起訴され、翌日に罰金五〇円の略式命令が下った。代議士ではない川島による利権問題の効果は疑わしいが、それは彼の存在感の裏返しでもあった。

こうした両陣営の応酬は、最終的に「川島派の宣伝ポスターは全部剥ぎ取られて張り替えられるやら、川島派の陣立てを阻害した（中略）川島派は船橋、行徳方面に出動したが船橋町で二三十名の反対党のために妨害され、戸別訪問をさへぎられるやら、鎌ヶ谷村、松戸町にも両派の小競合があり、非常に殺気みなぎつてゐた」[116]事態を生み出し、一種の頂点を迎えた。当時まだ違法ではない戸別訪問の際、川島の運動員と本多の運動員が鉢合わせし、「道路でケンカとなり、お互いがドブの中におち」[117]たこともあったという。

焦る川島陣営は本多に対して「人心攻撃」を繰り返したため、「却つて選挙民の反感を挑発して、人心は早くも川島派を離れ」[118]、逆に苦戦の度合いを強めてしまった。だからこそ川島は「予想以上の苦戦です。お伺いしてお願いできないのがくれぐれも遺憾です。今はただご同情におすがりするばかりです」[119]との葉書を有権者に送付して挽回を期したが、残された時間は少なかった。対する本多は五月三日一〇時、市川町真間の事務所で選挙打ち合わせ会を開催し[120]、陣営の引き締めを図った。

投票日が近づくと、川島の支持基盤は「旧在職当時に因縁する行徳、浦安方面の一部の町村民と郡内二、三所に点在する労働階級の人々に過ぎずして、云はば烏合の衆」[121]で、「蟷螂の斧」に過ぎず、「選挙民の理解と同情」の「集注せられ」た「本多氏に七分の強み」があると報じられた。そこで川島は築地市場組合や現職の東京市吏員に応援を依頼するとともに、市場組合連合の理事長名で自身への投票依頼状をばら撒いた[122]。この市場関係者の支持に関しては、後に県会議員・初代民選船橋市長・川島後援会連合会長を務める松本栄一が「浦安や船橋は、みんな市場の関係で票を集めた」[123]と回想したように、今後も川島の大きな支持基盤となっていく。川島は市場関係者との関係性をアピールすることで、「一人も食うに困るもののないようにする」という前述のスローガンに具体性を与えた。また東京市吏員を運動員に取り込むことで、自身と行政の関係性の深さを有権者に示したといえよう。この他、無産勢力の関東醸造労働組合に加えて[124]、前述の東葛立憲青年連盟などからの支持を調達し[125]、必死に本多に食いついた。特に川島はアメリカ留学時代、労働運動を研究し、そのエネルギーの大きさを肌で感じていたからこそ、労働組合を支持基盤として取り込んだと考えられる。

その結果、「川島派の人気は一時衰へた様に見えたが、最近再び盛かへし、強敵本多に堂々とつけ」たものの、「形勢は依然四分足らず(126)」の域を出ず、本多陣営の「選挙に手馴れの参謀運動員」の壁は厚かった。「一般の人気は川島氏七分で、本多氏は人気には負けても点数に勝った模様(127)」と報じられたように、川島は浮動票を固めたが、本多の組織票に押され、当選の展望を描くことができなかったのである。

(五)　選挙結果

投票日の五月一〇日前後になると、各紙は当落予想を報じる。例えば『東毎』一九二四年五月一一日房総版は約九、〇〇〇票中、本多五、五〇〇票、川島三、五〇〇票で、川島落選の予想を立てた(128)。この他、川間村では有権者に投票に関する注意書も配布された。そこには、「金や情で権利を売れば違反ばかりか不忠不義」などと記載されている(129)。具体的な買収報道は確認できなかったが、裏返すと、それらが見えないレベルで横行していたからこそ、注意書が配布されたのであろう。

全国的に見ると、投票率九一・二％の中、憲政会一五一議席、政友会一〇〇議席、革新倶楽部三〇議席で、護憲三派は合計二八一議席を得て、勝利を手にした。一方、政友本党は一一六議席に留まった。この他、中正倶楽部四二議席、実業同志会八議席、無所属一七議席となった。しかし千葉県第三区は全国的潮流と異なり、護憲三派候補が敗れた。すなわち投票率九一・一％の中(130)、本多四、六四六票、川島四、四九四票で、川島はわずか一五二票差で落選したのである。得票率で示すと、本多五〇・八％、川島四九・二％で、川島は一・六％差で涙を飲んだ(131)。前述の落選予想報道と異なり、川島は善戦したといえよう。

僅差ゆえに、川島支持者は松戸の郡役所での開票に不正があったと見なし、開票所に押し掛け、「投石したり、机を投げ飛ばしたりの乱暴を働いた[132]」という。川島と親交のあった猪俣敬次郎（大同信用組合理事長）は「出刃庖丁を手に向かう鉢巻の東京魚市場の威勢のいいあんちゃん達が大勢トラックで馳けつけ」、「群集は夜まで解散しようとしなかった」と回想したが[133]、ここからも魚市場関係者が川島の支持基盤となっていたことを読み取れる。この時、「落選と知って中島守利の家で戦塵を洗い、一杯やっていた[134]」川島は、松戸警察署の要請により現地を訪れ、「声涙をこめた演説[135]」で支持者を解散させた。ただ支持者の怒りは収まらず、本多陣営の自動車が行徳町に入った際、道路に釘を撒いてタイヤをパンクさせ、「血の雨[136]」が降るケンカになった。杉本仁が指摘するように、人々が熱狂し、執着する選挙の本質が発現したのである[137]。

　この後、川島は他日を期すために、選挙区内を細かく廻り、「生活難より一層深刻菜生存難がわれわれ社会に肉薄しているのである」、「娘や妹を娼妓に売ならければならない現世の状態を、どうして救うべきかでなければならぬ」、「自殺するものが続々出てくる社会が、果たして幸福な社会であり、健全な社会であるか」、農村の「生活の苦しみは都会におとらない」、「多数の人の生活必需品がはなはだしく欠乏し、物価が高くなる所以である」など[138]、第一節で示したように、農業従事者が多数の東葛飾郡の実情を踏まえ[139]、イデオロギーではなく、政治＝生活の改善という視点から演説を重ねた。川島は具体的な言葉で有権者に接近したのである。これは、先の総選挙で掲げた「一人も食うに困るもののないようにする」というスローガンに感じた手応え、本多を追い詰めた自信などに起因したものと考えられる。その結果、青年層の川島人気は、衰えることはなかった[140]。

小括

　本章での分析の結果、以下の四点が確認できた。

　第一に、県会議員選挙と総選挙の連動性の高さという点である。代議士は自身の選挙を見据え、県会議員選挙に深く関与した。東葛飾郡の場合、本多は五つの選挙区全てに候補者を擁立し、四つの選挙区で当選を演出した。だからこそ当選した四人の県会議員（浮谷権兵衛・松崎新次郎・齋藤三郎・茂木林蔵）は、本多の政党異動（政友会↓政友本党）に関係なく、総選挙で彼を支えたのである。

第二に、憲政会系県会議員クラスの人物が主導し、地域の推薦会を経て、川島が護憲三派候補として決定された点である。川島は形式的には護憲三派候補だったが、実質的には憲政会系候補であった。しかし党本部の公認がでなかったため、川島は自身で選挙資金を調達しなければならなかった。

第三に、前述の川島の立候補の際、政友会系県会議員が関与していないことから分かるように、中央の政友本党対護憲三派とは異なり、千葉県第三区では政友本党対憲政会という構図だった点である。残された政友会は、推測だが、本多派と川島派に分かれて動いていたのではないだろうか。政友会分裂の余波は、この選挙区では以上のような帰結をもたらしたといえよう。

第四に、落選したものの、川島は行徳町・浦安町・中山町などを地盤にするとともに、地域有力者、母校専修大学で築いた人的ネットワーク、青年団、労働組合、市場関係団体などを支持基盤として、今回の総選挙を戦い抜き、次回総選挙に繋げた点である。その中でも特筆すべきは、川島が政治の目的を生活の改善（向上）として捉え、両者を結びつけたことである。経済的格差が大きい東葛飾郡という選挙区だからこそ、この川島の政治信条は彼らに受け入れられたと考えられる。

注

（1）宮本憲一『都市政策の思想と実践』（有斐閣、二〇〇〇年）第四章。
（2）例えば常磐線の場合、一九一〇年の三河島～北千住間および松戸～馬橋間での初めての複線化、一九三六年の日暮里～松戸間での初めての直流電化などが挙げられる。
（3）『千葉県東葛飾郡誌』（千葉県東葛飾郡教育会、一九二三年）一〇五八頁および一〇六〇頁。

（4）小室正紀「総説」（同編『地図に刻まれた歴史と景観② 市川・浦安市―明治・大正・昭和―』新人物往来社、一九九二年）によると、市川市域は全体人口が増加し、その増加分が農業以外の職業に従事するという。また市川市に比べて人口増加のスピードの遅かった浦安市域は、戦前期を通じて、水産業中心の地域だったという。
（5）林宥一『無産階級の時代―近代日本の社会運動―』（青木書店、二〇〇〇年）八八頁。
（6）大島美津子『明治国家と地域社会』（岩波書店、一九九四年）二〇八頁。
（7）潮恵之輔「府県会議員の総選挙に際して」（『斯民』第一八編第九号、一九二三年）三頁。本来の千葉県会議員選挙は一九二三年九月に実施されるはずであったが、同年九月一日の関東大震災の影響で、翌年一月に延期された。
（8）これは、櫻井良樹「選挙分析から見た昭和初期における野田市域と東葛飾郡」（『野田市史研究』第一二号、二〇〇一年）一二六頁の指摘、すなわち東葛飾郡では二大政党系列に属する下部組織がしっかりしていなかったとの指摘を傍証する。
（9）「各政党本部及支部名簿」（学習院大学図書館蔵〈国立国会図書館憲政資料室蔵〉『山岡万之助関係文書』R二四）。なお政党支部に関する貴重な研究として、小山博也「制限選挙制度下における政党支部組織―埼玉県政友会支部について―」（高橋勇治・高柳信一編『政治と公法の諸問題』東京大学出版会、一九六三年）、大西比呂志『横浜市政史の研究―近代都市における政党と官僚―』（有隣堂、二〇〇四年）第七章などがある。
（10）『千毎』一九二四年一月五日。
（11）引用事例としては、『松戸市史　下巻』第二巻（一九六八年）一一二頁など。
（12）本多に関する数少ない研究として、白土貞夫「本多貞次郎と政界活動―その政治に密着した会社経営を中心に―」（『鉄道ピクトリアル』四七‐一臨時増刊号、一九九七年）。
（13）柏原に関しては、中村政弘「衆議院議員選挙の一側面からみた『柏原文太郎』」（『成田市史研究』第二五号、二〇〇一年）が詳しい。
（14）升味準之輔『日本政党史論』第四巻（東京大学出版会、一九六八年）三〇二頁。
（15）『千毎』一九二四年一月五日。
（16）前掲「各政党本部支部名簿」および「昭和二年七月現在　政党本部支部名簿」（前掲『山岡万之助関係文書』R二六）。なお大正期に千葉県で設立された代議士個人の後援会は、前掲「昭和二年七月現在　政党本部支部名簿」を見る限り、一九二四年二月創立の山武郡土屋清三郎代議士後援会（創立時会員九四名）と一九二六年四月創立の小高長三郎後援会（創立時会員二六八名）の二つだけである。後援会に関しては、第四章で論じる。

(17)『柏市史　近代編』(二〇〇〇年)六一一頁(矢嶋毅之執筆)。
(18)「一月二五日付石原貞八宛本多貞次郎書簡」(柏市教育委員会蔵『石原治文書』A二九)。
(19)『東日』一九二四年二月八日房総版。
(20)『東日』一九二四年三月六日房総版。
(21)「第四十五議会報告書」(前掲『石原治文書』A二八)。
(22)「昭和三年県会議員選挙東葛飾郡情勢」(『野田市史資料編　近現代二』二〇一九年、一六三頁)によると、茂木は高須賀長八も同じ選挙区から立候補するつもりであったことを受けて、話し合いの結果、今回は茂木、次回は高須賀という協約を結んだという。これは、一種の候補者輪番制といえる。
(23)『東日』一九二三年一二月六日房総版。
(24)拙稿「大正期県会議員選挙に見る政治文化―一九二四年千葉県東葛飾郡選挙区を事例に―」(『風俗史学』第五五号、二〇一三年)。
(25)前掲『柏市史　近代編』六一一頁(矢嶋毅之執筆)。なお内務次官から衆議院議員(憲政会)に転進した下岡忠治「選挙に対する趨勢」(『地方行政』第三一巻第九号、一九二三年)一六～一七頁によると、「三十歳前後及びそれ以下の青年は殆んど全面的に政友会に対し極度の反感を抱きつつある(中略)彼等の反政府反政友の運動は、這般の選挙に多大の効果を挙げる」と述べた。当時の青年団は反政友会的態度を取ることが多かったようで、まさに広瀬はこの潮流に乗ったといえよう。
(26)「県会議員立候補ニ付援助願書」(流山市立博物館蔵『柳澤家文書』〇〇一八‐一六六)。
(27)以上、『千毎』一九二四年一月五日。
(28)『千毎』一九二四年一月一五日。
(29)『東日』一九二三年一二月一五日房総版。
(30)『東日』一九二四年一月一五日房総版。
(31)普選法制定以前、買収は禁止されていたものの、戸別訪問自体は違法ではなかった。選挙違反に関する史的研究としては、季武嘉也『選挙違反の歴史―ウラから見た日本の百年―』(吉川弘文館、二〇〇七年)が詳しい。
(32)以上、『東日』一九二四年一月一七日房総版。
(33)「県会議員選挙情報」(前掲『柳澤家文書』〇〇一八‐一七八)。
(34)『東日』一九二四年一月二一日房総版。
(35)『千毎』一九二四年一月二二日付。

(36)『東日』一九二四年一月二三日房総版。
(37)『東日』一九二四年一月二三日房総版によると、当初は森田が優勢だったが、次第に広瀬が盛り返し、森田を「狼狽」させたという。また同紙は「広瀬氏は一小役人で軍備金においても社交界においても決して森田氏の敵ではなかつた」が、広瀬は青年層を支持基盤としたことに加えて、選挙区内をくまなく歩いた戦術で、効を奏したとも報じた。広瀬が森田よりも一〇歳若く、教員出身だからこそ、選挙区を行脚できたし、青年層を支持基盤に取り込めたといえよう。
(38)詳細は、前掲拙稿「大正期県会議員選挙に見る政治文化」。
(39)清水唯一朗「立憲政友会の分裂と政党支持構造の変化―一党優位制の崩壊と二大政党制の端緒―」(坂本一登・五百旗頭薫編『日本政治史の新地平』吉田書店、二〇一三年)二四一頁によると、分裂の波は地方に伝わるが、それぞれの状況に応じて、地域の政治情勢が変化したという。
(40)かつて西川は東京市会議員を務めていた一九一八年当時、会計検査院長で財政学者の田尻稲次郎を東京市長に擁立した際、その中核的役割を果たした。詳細は、拙稿「東京市・市長と市会の政治関係―田尻市政期における政治構造の転形―」(『日本歴史』第六四九号、二〇〇二年)。
(41)内務省警保局「各種議会議員党派別一覧表」(前掲『山岡万之助関係文書』R二五)。
(42)『東日』一九二四年一月二三日房総版。
(43)『東日』一九二四年一月二四日。
(44)以下、『東日』一九二四年一月二九日房総版。
(45)内務省警保局「昭和二年七月末現在　貴族院多額納税者議員　衆議院議員　道府県会議員調」(前掲『山岡万之助関係文書』R二六)。
(46)『東日』一九二四年二月二日房総版。
(47)『東日』一九二四年二月二〇日房総版。
(48)前掲中村「衆議院議員選挙の一側面からみた『柏原文太郎』」二一～二二頁。
(49)『千葉県人国記』前篇(紫雲洞、一九五六年)三八九頁。なお、もう一人の双璧は、前述の齋藤三郎である。
(50)以下、『千毎』一九二四年三月二八日。
(51)結局、柏原は一九一五年第一二回および一九一七年第一三回総選挙で連続当選した実績のある千葉県第二区(印旛郡)から立候補したものの、落選した。

(52) 川島正次郎先生追想録編集委員会『川島正次郎』（交友クラブ、一九七一年）三二三頁。
(53) 川島正次郎「私の政治歴」（学芸通信社編『人生この一番』文明社、一九五八年）一三一頁。
(54) 『東日』一九二四年三月二五日房総版。なお『東日』一九二四年四月五日房総版にも、「新進の川島氏擁立を画した広瀬氏」とある。
(55) 『東毎』一九二四年四月七日房総版。
(56) 林正春『国会議員の風雪二五年　自民党幹事長川島正次郎氏の政界コース』（東京タイムズ千葉支局、一九五九年）四頁。
(57) 『東日』一九二四年三月一五日房総版。
(58) 清水唯一朗『政党と官僚の近代―日本における立憲統治構造の相克―』（藤原書店、二〇〇七年）二三六～二三七頁によると、今回の総選挙で官僚出身候補が大量擁立された背景として、事大主義・官尊民卑の風潮、さらには他の候補者にはない優位性（中央政界および財界との繋がりや選挙資金）が存在したという。
(59) 平山秀善氏は、川島の実姉平山（旧姓柳原）千代の孫で、川島を大叔父に持つ方である。筆者によるインタビューの経緯と内容に関しては、拙稿「専修大学と川島正次郎」（『専修大学史紀要』第五号、二〇一三年）および拙稿「近現代史の人物史料情報　川島正次郎」（『日本歴史』第七八七号、二〇一三年）を参照。
(60) 鈴木信也氏は、一九六〇年から川島の亡くなる一九七〇年までの間、一貫してその秘書を務められた方である。筆者のインタビューの経緯と内容に関しても、前掲拙稿「専修大学と川島正次郎」および前掲拙稿「近現代史の人物史料情報　川島正次郎」を参照。
(61) 季武嘉也「選挙区制度と期待された代議士像―戦前期日本の場合―」（『選挙研究』第二五巻第二号、二〇〇九年）。
(62) 神山知徳「明治後期・大正期の千葉県の政治状況―県会議員選挙・衆議院議員選挙の分析を中心に―」（櫻井良樹編『地域政治と近代日本―関東各府県における歴史的展開―』日本経済評論社、一九九八年）一六一頁。
(63) 以下、『東毎』一九二四年四月七日房総版。
(64) 原田敬一『日本近代都市史研究』（思文閣出版、一九九七年）第四章。
(65) 『千毎』一九二四年四月一日。
(66) 杉本仁『選挙の民俗誌―日本的政治風土の基層―』（梟社、二〇〇七年）二二頁。
(67) 「第一五回総選挙の結果」（『政友』第二八〇号、一九二四年六月）一七頁。
(68) ただし川島には憲政会から公認が出ていない。推測だが、ただでさえ政友会勢力の支持と合意を得ていない川島が憲政会から公認を得てしまうと、より一層、政友会の協力が得られにくくなるからではないだろうか。
(69)「衆議院議員報告会開催ノ案内状」(流山市立郷土博物館蔵『柳沢家文書』〇〇一八‐二一九)。
(70)『東日』一九二四年三月六日房総版。
(71)「柳澤清春宛三橋彌・井上六郎書簡」(前掲『柳澤家文書』〇〇一八‐一三三)。
(72)「衆議院議員選挙選挙打合会開催案内状通知」(前掲『柳澤家文書』〇〇一八‐一〇四)。
(73)『東日』一九二四年四月一三日房総版。
(74)『東日』一九二四年五月七日日房総版。
(75)前掲杉本『選挙の民俗誌』二七頁。
(76)『房総　町村と人物』(多田屋書店、一九一九年)一八四頁。
(77)林正春『川島正次郎』(花園通信社、一九七一年)一一〇頁。
(78)納税額に関しては、『大正一一年版　房総紳士録』(多田屋書店、一九二二年)による。
(79)前掲林『川島正次郎』一一一頁。
(80)前掲『房総　町村と人物』一七九頁。
(81)川島秘書の鈴木信也氏からのご教示による(二〇一三年四月二九日付筆者宛鈴木氏書簡)。
(82)前掲林『川島正次郎』一一〇頁。
(83)前掲林『川島正次郎』一一一頁。
(84)前掲林『国会議員の風雪二五年』五頁。
(85)前掲林『川島正次郎』一一一～一一二頁。
(86)伊藤之雄『大正デモクラシーと政党政治』(山川出版社、一九八七年)第二部。
(87)『東毎』一九二四年四月五日房総版。
(88)前掲林『川島正次郎』一一二～一一三頁。
(89)前掲『房総　町村と人物』二四三～二四四頁。
(90)「選挙運動員名簿」(前掲『柳澤家文書』〇〇一八‐一〇五)。なお、この史料は、前掲『野田市史資料編　近現代二』五五頁にも収録された。
(91)小畑伸一『政界一寸先は闇―ある川島担当記者の手記―』(黄帆社、一九七二年)一七〇頁。

(92)　前掲小畑『政界一寸先は闇』一七〇頁。
(93)　上山和雄『陣笠代議士の研究―日記に見る日本型政治家の源流―』(日本経済評論社、一九八九年)二八八頁。
(94)　山田毅一「総選挙に直面して」(『憲政』第七巻第四号、一九二四年)二五頁。
(95)　宮前敦「政権を支えた党務の名人・川島正次郎(一)」(『月刊自由民主』五七七号、二〇〇一年)一一七頁。ただし出典は明示されていない。また、このような記述は他では見られない。
(96)　川島は東京の両国近くにも選挙事務所を設置した。その理由は「金をこしらえる才覚候補とあって見りやア、東京でないと金が出来ませんからね」(「川島正次郎に見る『政治家の条件』」〈『月刊ペン』一九七〇年一二月号〉、五〇頁)と回想するが、川島は東京の企業や銀行からも選挙資金を調達していたのであろう。
(97)　一九二八年第一六回総選挙(第一回普選)の事例だが、選挙ポスターに関する研究として、玉井清『第一回普選と選挙ポスター―昭和初期の選挙運動に関する研究―』(慶應義塾大学法学研究会叢書、二〇一三年)が挙げられる。
(98)　前掲小畑『政界一寸先は闇』一六九頁。
(99)　ただし当初、後藤と永田は「多少は世に出たといっても、君はまだ若い。選挙はそんなに生易しいものではないから、やめたほうがいい」(前掲小畑『政界一寸先は闇』一六八～一六九頁)と述べ、川島の立候補に反対していたが、その熱意に負けて推薦者に名を連ねたという。
(100)　『東日』一九二四年四月一三日房総版。
(101)　『東日』一九二四年四月二三日房総版。
(102)　『東日』一九二四年四月一六日房総版。
(103)　前掲拙稿「専修大学と川島正次郎」二九～三〇頁。
(104)　松本栄一「四十七年の縁」(前掲『川島正次郎』二四三頁)。なお、この学生の応援弁士とは、「東京都下八大学の弁論部の学生によってつくられた全国学生愛国連盟」(猪俣敬次郎「初出馬の想い出」〈前掲『川島正次郎』四五頁〉)を指すのであろう。
(105)　『東日』一九二四年四月一七日房総版。
(106)　「一九二四年四月渋谷藤次郎宛川島正次郎書簡」(鎌ヶ谷市郷土資料館蔵『渋谷功家文書(第三次)』四二七)。
(107)　「本多貞次郎葉書」(前掲『渋谷功家文書(第三次)』四二四)。
(108)　「浅海銀次郎宛東葛飾郡護憲三派有志一同書簡」(鎌ヶ谷市郷土資料館蔵『浅海みよ家旧蔵文書』七五一)。
(109)　前掲『川島正次郎』三一九頁によると、川島はアメリカで労働運動を学び、帰国後、『ＩＷＷ―世界産業労働者団―』(清水書店、一九二〇年）を著した。
(110)「浅海銀次郎宛本多貞次郎書簡」（前掲『浅海みよ家旧蔵文書』七五二）。
(111) 松下邦夫「史料からみた大正末期の松戸地方の選挙と政争」（『松戸史談』第七号、一九六七年）二八頁。
(112)『千毎』一九二四年四月一〇日。
(113)『東日』一九二四年四月二七日房総版。
(114)『東日』一九二四年五月九日房総版。
(115)『千毎』一九二四年五月六日。
(116)『東日』一九二四年五月一一日房総版。
(117) 前掲林『川島正次郎』一一五頁。
(118)『千毎』一九二四年四月二六日。
(119) 前掲林『川島正次郎』一一九頁。
(120)「選挙打合会開催通知」（前掲『柳澤家文書』〇〇一八‐一一八）。
(121) 以下、『千毎』一九二四年五月七日。
(122) 前掲「川島正次郎に見る『政治家の条件』」五〇頁。
(123) 専修大学大学史資料課蔵『川島先生を偲んで』（非売品、一九七六年）一三頁。
(124) 三浦茂一・高林直樹・長妻廣至・山村一成『千葉県の百年』（山川出版社、一九九〇年）一七五頁（山村一成執筆）。なお前掲『野田市史資料編　近現代二』七五頁によると、関東醸造労働組合はすでに一九二三年一一月時点で、無産政党結成に向けた協議を開始している。現役の企業経営者である本多とは異なり、政治と生活を結びつけた川島だからこそ、このような組織の支持を得られるのであろう。
(125)『千葉県の歴史通史編　近現代二』（二〇〇六年）一三一頁（中村政弘執筆）。
(126) 以下、『東毎』一九二四年五月七日房総版。
(127)『東日』一九二四年五月一一日房総版。
(128)『千毎』一九二四年五月一〇日も川島の落選を予想した。
(129)「大正一三年衆議院議員選挙の注意」（前掲『野田市史資料編　近現代二』五四頁）。なお同書解説（櫻井良樹執筆）によると、ここには選挙戦を嫌う染谷亮作村長の意向が働いていたという（六頁）。

(130)『千葉庶民』一九二四年五月二二日。
(131)当選後に本多は「今度の選挙は馬鹿々々しかった。先方が本気なのか、からかい半分なのかわからなかった」（前掲松下「史料からみた大正末期の松戸地方の選挙と政争」二八頁）と述べたという。裏を返せば、ここからは、川島の猛追をかわした本多の安堵の表情が読み取れよう。なお『東日』一九二五年五月六日千葉版によると、本多は次回総選挙に出馬しないと断言していたが、一九二四年末から立候補を考えるようになり、翌年四月の町会議員選挙当選者に祝辞と挨拶状を配布し、自身の立候補の意思をほのめかした。
(132)前掲『川島正次郎』三二六頁。
(133)前掲猪俣「初出馬の想い出」四五頁。
(134)前掲川島「私の政治歴」一三三頁。
(135)前掲林『川島正次郎』一二一頁。
(136)前掲林『川島正次郎』一二二頁。
(137)前掲杉本『選挙の民俗誌』八頁。
(138)以上、前掲『川島正次郎』三二六～三二八頁。これらは当時の川島選対の機関紙からの抜粋とされているが、この機関紙は発見できていない。
(139)『東日』一九二八年二月八日千葉版によると、当時の東葛飾郡の有権者数四万八、二〇三人中、農業従事者は二万八、九三一人で、約六〇％を占めた。
(140)『東日』一九二五年五月六日千葉版。

第二章 「二大選挙」
——代議士川島正次郎の誕生——

本章では、当時、「二大選挙」[1]と呼ばれた一九二八年県会議員選挙および一九二八年第一六回総選挙を分析する。両選挙とも普選法導入後の初めての選挙で、政党も候補者も新たな対応を迫られていた。はたして川島は、どのようにして二つの普選に向き合ったのであろうか。

第一節 落選後の川島

(一) 再挑戦の意欲

一九二四年第一五回総選挙で護憲三派は勝利を収め、憲政会総裁の加藤高明が連立内閣を組織した。しかし政友会内部の変化、例えば横田千之助司法大臣の死、高橋是清総裁の辞任、田中義一陸軍大将の総裁就任などを受けて、連立内閣は崩壊した。加藤は憲政会単独で再組閣するものの、一九二六年一月二八日に病死する。後任は同じ憲政会の若槻礼次郎だが、少数与党に変わりなく、いつ解散総選挙が起きてもおかしくなかった。

前回総選挙に落選した川島の生活を支えたのは、妻の幸（内務省時代の友人福井徳太郎の妹）であった。佐分利治郎（住宅改良開発公社専務理事）の「この家を保つため、当時、川島がどうやって収入を得ていたのかよく覚えていない」が「川島の家に行くたびに、幸夫人の必死になって働く姿だけが目に残っている」[2]の回想のように、妻が家計を支える中、川島は母校専修大学弁論部の学生を集め、遊説隊を組織したという。(3) 落選後も、大学で築いた人脈が川島を支えていたのである。また詳細は不明だが、「選挙を批判する会」(4) を開催し、次回総選挙に備える日々を過ごしたという。川島は再起を誓い、準備を重ねていた。

事実、一九二六年一二月一日現在、第一次若槻礼次郎内閣期の内務省警保局が作成した「改正法ニ依ル選挙結果予想表」(5) を見ると、川島は立候補者見込対象者として扱われている。一九二五年普選法の成立に伴い、それまでの小選挙区制は中選挙区制に変更され、千葉県第三区（東葛飾郡）は千葉県第一区（千葉市・千葉郡・東葛飾郡・市原郡・君津郡）となった。この史料で川島は、党派憲政会、職業会社員、資産一万円、名望信用の程度が「東葛飾郡ヲ主トスルモ他ハ少シ」情勢で、当選見込みは「不明」とある。(6)

注意したいのは、前述の警保局の史料中、川島と同じ東葛飾郡を地盤とした他の候補者の位置づけである。一人目は、京成電鉄社長の現職代議士本多貞次郎。本多の一九二六年一二月現在の党派は政友本党で、職業は会社員、資産は三〇〇万円である。名望信用の程度が「東葛飾郡ヲ中心ニ千葉郡市之ニ次」いでおり、当選見込みは「不明」とある。

二人目は齋藤三郎。「町内有数の資産家にして工業に従事」していた地域の「素封家」・「東葛布佐の御三家」齋藤岩松（布佐町会議員および県会議員）の入婿である。(7) 第一章で示したように、齋藤は三七歳当時の一九二四年県会議員選挙で本多の支持を受け、政友会候補として初出馬・初当選し、同年五月の総選挙では本多陣営の一員を務めた。齋藤は印旛郡を地盤とする代議士の吉植庄一郎（政友会→政友本党）に師事しており、「将来を嘱目」された東葛飾郡の逸材であった。(8) その齋藤が国政進出を狙っていたのである。党派は本多と同じく政友本党で、職業は酒醸造業、資産は五万五、〇〇〇円とある。第一章の時点では政友本党に入党していなかったが、系列先の本多が当選したことから、その後、政友本党に入党したのであろう。しかし名望信用の程度は「東葛飾郡ノ一部」に過ぎず、当選見込みは「ナシ」とある。つまり一九二六年一二月一日現在、東葛飾郡を地盤とする立候補予定者は、憲政会の川島の他、その三〇〇倍の資産を持つ政友本党の現職代議士本多、そして勝算の見込みがないものの、川島の五・五倍の資産を持つ政友本党の県会議員齋藤、この三名であった。

ただし前述の警保局の史料を見ると、定数四名の千葉県第一区には他の候補者も存在した。すなわち千葉市および千葉郡を地盤とする旧第一区の現職志村清右衛門（政友会→政友本党）、君津郡を地盤とする旧第八区の現職木村政次郎（政友会）、そして市原郡を地盤とする旧第八区の「再選確実」現職鈴木隆（政友会）で、ちょうど選挙区を構成する行政単位毎に地盤を住み分けていた。

果たして川島は、このような状況の選挙区で勝機を見出せたのであろうか。実は前回総選挙で川島を擁立・支持した憲政会県会議員の広瀬渉は、一九二六年七月一六日に死去していた。(9) この他、川島は野田町での演説会に失敗したようで、「最も有望なる労働団体に反対(10)」された結果、中山町で東葛憲政倶楽部の組織化を試みていたという。残念ながら、演説会失敗の理由は分からない。また労働団体の詳細も不明だが、第一章で示したように、おそらく前回総選挙で支持を受けた関東醸造労働組合関係と考えられる。さらに東葛憲政倶楽部に関しても、その名称からして憲政会系列の組織、もしくは川島の政治団体であろうが、やはり組織化の成否は分からない。総じて川島の支持基盤は動揺しており、当選の展望を描くことができない状態にあったといえよう。

(二) 立候補の危機

立候補の意欲はあるものの、厳しい状況に置かれていた川島は、ライバル本多に面会を求め、次の会話を交わした。「どうだね、君、つぎの選挙は……」。京成電鉄の社長であり、代議士だった本多氏は若い川島氏を相手にこう切り出した。「ボクはつぎの選挙を見送ってもいいと思っていますよ」。川島氏は答えたという。この話はこうではなく、単刀直入に本多氏が川島氏に対して「君、つぎの選挙はワシに譲ってくれんかね。なんでも条件をきこうじゃないか」と切り出したと伝える人もいる(11)

どちらが先に話を切り出したかは別として、両者の交渉はまとまり、川島が立候補を見送る代わりに、「百五十円」または「二百円」を得たという。当時の本多は経営する京成電鉄の労働者が組合結成するなど、[12] その対応に手を焼いていた。労働争議調停法案（一九二六年三月第五一議会）に賛成したことは、その証左であろう。本多の支持基盤も動揺していたのである。この回想が事実ならば、川島を恐れる本多は、その立候補を抑えたことになる。川島の立候補の可能性は、極めて低くなりつつあったといえよう。[13]

この頃、一九二七年三月に金融恐慌が発生した。行き詰まった若槻は一九二七年四月二〇日、総辞職。代わって政友会総裁の田中が組閣すると、六月一日、政友会に対抗するため、憲政会は床次竹二郎率いる政友本党と合同した。ここに浜口雄幸を総裁とする民政党が誕生し、保守二大政党の時代が幕を開けた。川島のライバル本多は政友本党から民政党に入党、同党千葉県支部長に就任するとともに、[14] 池田宏樹が指摘するように、[15] 銚子築港計画などの千葉県政に介入し、政治的影響力を発揮していた。前回総選挙で本多の集票を担った四名の県会議員は、本多に従い民政党に入党した者、本多と袂を分かった者に分かれた。[16] 例えば浮谷権兵衛と松崎新次郎は前者であった。齋藤三郎と茂木林蔵は後者で、政友会に復党した。特に齋藤の場合、「吉植代議士トノ関係上中立タリシモ今回政友ニ入」[17] ったという。前述のように、齋藤は政友本党に入党したものの、吉植庄一郎の影響を受け、本多から次第に距離を取り、中立を経て、政友会に復党した。自身の選挙で本多の支持を受けた県会議員は、それぞれ異なる政治的決断を下したのである。

このような中、「国会議員の椅子を賜はるのではあるまいか」[18] とも噂されていた齋藤が本多に対抗意識を燃やし、東葛飾郡の名望家に自身の支持を訴えた。例えば川間村の「村内屈指の旧家・村内第一の素封家」[19] である染谷亮作（元村長）に「本多君民政党発会式後急速ニ地盤開拓ニ着手致し諸方に活動の模様ニ候へ共、御地方ニ対してハ如何ニや、若し同君等より何等の御勧説有之とするも貴下の如き重鎮ニ於てハ充分御自重軽々動くとハ存せず候へ共、北部一帯の開発と利害とを御高察の上一応御高見拝承致度候」[20] と書簡を出した。齋藤は利益誘導の視点から、本多ではなく、自身の支持に回るよう、染谷の説得を試みた。また第二節で示す一九二八年県会議員選挙の際、齋藤は「貴殿決蹶起、是非とも貴下の御奮起」と染谷に立候補を促すとともに、「選挙運動諸雑費ハ小生も若干考へ有之候間、県政ノ為に北部農政ノ為に万難を排し御承諾被下度」とも述べ、選挙資金の負担も示唆した(21)。染谷が立候補要請を断ると、齋藤は「何とか貴下に代ふる人も何人か野田の為ニハ野田町北ニて急慮御推挙(22)」と書簡を送り、代替候補者の推薦を要求した。国政進出を狙っていた齋藤は、名望家である染谷との関係を深め、足場を固めようとした。

実はこの齋藤、田中村の大地主である吉田甚左衛門に支持されており、選挙資金は豊富であった。吉田は田中村で一八〇五年創業の醬油醸造業を営んでおり、八〇〇町歩の土地を持つ千葉県下「第一流(23)」の富豪であった。後年、「齋藤氏が県会議員、東葛銀行頭取、東葛青年団長、本多貞次郎氏の跡をうけて北総鉄道会社長と一時に五、六の肩書を占めて東葛郡下の政治実業界に飛躍！　したのも全部吉田氏の後援があつての事だつた(24)」と報じられたように、吉田は齋藤の政治資金の調達者だった。

ここで一九二七年一一月一日現在、内務省警保局が作成した「衆議院議員総選挙立候補者見込(25)」を見ると、千葉県第一区の立候補予定者から川島の名がなくなっている。前述した本多との妥協が要因であろう。反面、齋藤の名は引き続き記載されている。警保局は齋藤を「東葛飾郡ヲ中心ニ地盤開拓ニ努力シ相当信用アリ」と評価する一方で、「今区本多貞次郎ノ出馬ヲ見ルトキハ苦戦ナルベシ」とも捉えていた。つまり田中義一政友会内閣期の警保局は、政友会の齋藤では民政党の本多に勝てないと認識していたのである。

次に一九二八年一月九日現在、内務省警保局が作成した「立候補見込者得票予想　千葉県（昭和三年一月九日付(26)）」を見てみよう。千葉県第一区の立候補見込者として、政友会から鈴木隆・木村政次郎・齋藤、民政党から本多・志村清右衛門・多田満長の名が挙げられており、ここでも川島の名はない。加えて、この史料には警保局の予想得票数が記載されている。定数四名の中、鈴木二万三四二票（政友会）、木村一万三三四票（政友会）、齋藤八、九三五票（政友会）、本多一万六、一二七票（民政党）、志村六、九一〇票（民政党）、多田一万八〇六票（民政党）とある。このままでは、与党政友会は四議席中一議席しか確保できない。政友会は、選挙戦略の練り直しを迫られていたといえよう。

第二節　一九二八年一月県会議員選挙

(一) 県会議員選挙と代議士候補者

一九二八年一月二〇日、千葉県会議員選挙が実施された。今回から普選法に合わせ、中選挙区制度が導入された。東葛飾郡選挙区は定数六に対して一六人が立候補した。ここでも第一章同様、代議士が県会議員選挙に介入・干渉する。

> 来るべき衆議院議員選挙の瀬踏みのため代議士候補の野心家が盛んに手をのばしつ、ある結果らしく、本多代議士は浮谷、宇賀山、坂巻、秋山、宇賀山《ママ》、成島の六《ママ》候補を、齋藤三郎氏は吉岡、高梨、大久保三候補を、川島正次郎氏は松本、高原、鈴木三候補を、木村代議士は柳澤、山崎〔保光——引用者注〕二候補を、無産政党は戸張候補をそれぞれ瀬踏み台としたもので、地盤の開拓候補の観がある[27]

この記事からは、次の二点を指摘したい。第一は、一六人の県会議員選挙立候補者の背後のほとんどに、次回総選挙への立候補を視野に入れた人物が張りついていた点である。奥健太郎は代議士が県会議員選挙での候補者の選挙資金を負担していたと指摘したが[28]、第一章で示した本多貞次郎の存在、第一節で示した齋藤三郎の染谷亮作（元川間村村長）への選挙資金提供の申し出を見る限り、それは東葛飾郡でも同様だった。また同じく第一章で示したように、東葛飾郡では政党支部が存在せず、政党主導の集票は難しい。だからこそ代議士候補者は県会議員に集票回路たる役割を期待し、多数の彼らを支持基盤に組み込む必要があった。第二は、第一節で示したように、一時は立候補の可能性の消えかけた川島の名が、総選挙立候補予定者として再び報じられていた点である。第一節で示した一月九日からこの報道の一月一四日までの短い間、詳細不明の何かを経て、川島は千葉県第一区からの立候補に大きく舵を切り直したのである。

普選法で有権者が増加したこと、中選挙区制度で選挙区そのものの面積が拡大されたこともあり、有権者の下には数多くの立候補挨拶状や推薦状、さらには書状が送付された。例えば前述の染谷亮作の下には、高梨忠八郎、高須賀長八、柳澤清春、松本栄一(29)、さらには戸張亀吉(30)からのものが残されている。候補者の人柄や実績を伝える選挙メディアが限定されていた時代だからこそ、また普選法で戸別訪問が禁止されたからこそ、これらは染谷などの有権者の投票判断の素材となろう。また小学校を会場とした演説会も開催された。平均三〇～四〇名、多くても一〇〇名、少ない時は二～三名で流会になったという(31)。

表2-1　1928年県会議員選挙結果一覧

系列先	候補者	年齢	政党	得票数	当落	基礎票
本多	成島勇	37	民政党	3,119	当選	12,345
	浮谷権兵衛	50	民政党	2,963	当選	
	宇賀山金次郎	63	民政党	2,534	当選	
	秋山永治	50	民政党	1,883	当選	
	坂巻林之助	37	民政党	1,846	落選	
齋藤	高梨忠八郎	42	政友会	3,788	当選	7,652
	大久保一朗	41	政友会	2,700	当選	
	吉岡利光	不明	政友会	1,164	落選	
川島	鈴木孝太郎	不明	無所属	1,120	落選	2,880
	高原正高	33	無所属	989	落選	
	松本栄一	33	民政党	771	落選	

出典：『東日』1928年1月14日房総版、『千葉県議会史　議員名鑑』（千葉県議会、1985年）、櫻井良樹「千葉県会議員選挙データ」（『麗澤大学論叢』第10号、1999年）より作成。

表2-1は、選挙結果をまとめたものである。ここからは、本多が最も多くの候補者を当選させ、かつ最も多い基礎票（候補者の合計得票数）を持つことが読み取れる。また齋藤は代議士ではないものの、二名の候補者を当選させた。野田地域の有力者を糾合し、来るべき総選挙に向けた足掛かりを得たのである。一方、川島は県会議員の当選を誰一人として演出できなかった。ただし候補者はいずれも若いことから、第一章で示した川島と青年層の結びつきに変わりはなかったようである。

なお社会民衆党の戸張は、一、八三七票を獲得したものの、落選した。東葛飾郡には、一定程度の無産政党の支持層が存在していたように見えるが、櫻井良樹によると、戸張への投票は無産政党候補だからではなく、名望家（元旭村長）であったことに起因していたという。[32] したがって戸張が地元出身という経歴を押し出して集票したのであるならば、有権者は投票基準を政党に求めていなかったことになる。他方で、無産政党が野田町を中心に、その勢力を拡大している史料も確認できる。[33] 本書の目的を超えているが、別途、無産政党の支持基盤を検討する必要があるのかもしれない。

(二) 総選挙への道

前回総選挙で川島は憲政会系無所属から立候補したため、このままだとライバル本多と同じ民政党系候補になる可能性があった。その川島に声を掛けたのが、第一章でも登場した中島守利（政友会代議士）だった。[34] その結果、川島は「政界革新の為め新政党を組織しやうか、又は既成政党に飛び込んで内部から政治改革の火の手を揚やうか迷つた、憲政会に入党の決心をした事もあるが敵として闘つて来た政友本党と無意味な合同したので厭になつた、政友会にも満足しないが、国政は否でも応でも政党が必要[35]」と考え、本多と戦うため、政友会に入党した。今回の総選挙後、川島は「地方問題と対人関係と情実関係との三つが大体の入党動機[36]」と述べたように、政策でなく、「雪辱戦[37]」で本多に競り勝つことを目指し、いわば本多との対人関係にもとづき、政友会に入党したといえよう。

ここで問題となるのは、川島が政友会に入党したことで生じる、前述の齋藤三郎との関係である。無産政党の労農党が民政党に対して「候補者の人物によつては相提携し共同戦線を張らんとの意向を述べた[38]」との報道もある中、田中義一内閣の逓信大臣である望月圭介（政友会相談役）は「各地に続発を予想されてゐる同士討ちや候補者乱立について之を防止する事に主として努力する[39]」と述べたように、政友会本部としても、地盤が重複する川島と齋藤の共立は避けたかった。それは川島も齋藤も同じで、「中立川島正次郎氏は政友系で、政友派齋藤三郎氏と同士討ちの感があり、何れか一方断念せねば共倒れとなる虞があり、最近某有力説では両氏の妥協策を講じている[40]」、また「養父母の反対と中立川島正次郎氏との妥協のため出馬が遅れ、従つて川島氏の立候補も自然遅れてゐるが、何れか一方出馬するは明か」[41]と報じられたように、両者は調整を続けていた。

しかし齋藤は川島を牽制するため、一九二八年一月二一日の衆議院解散の翌日、染谷亮作（元川間村村長）に「小生も野田有志と行動を共ニ致度、近く高梨、茂木県議と会見致す考へ候間、其結果ハ何れ御申上候間、貴兄も是非とも我々と行動を一にせられ度切望仕候」[42]と書簡を送り、自身への支持を促した。齋藤は野田地域の有力者とともに、立候補を辞退するつもりがなかった。投票日まで一か月を切ってなお、川島に政友会からの公認が出ないだけでなく、立候補自体が流動的な状態の原因は、齋藤の存在が大きかったといえよう。当時は政党本部と支部が協力して確実な公認候補者を得ていたようだが[43]、今回は報道上、政党本部（支部）が川島と齋藤の立候補を調整した形跡は見られない。千葉県第一区の場合、政友会の影響力はそれほど強くなかったと考えられる。

この問題は、最終的に齋藤が「養父母と親戚の反対と地盤の関係から立候補を断念」[44]することで決着した。親戚の反対という理由に関しては、齋藤と千葉中学校の同窓生であった佐藤堅司も「代議士となって中央政界に進出する希望をもつていたが親戚の反対のためにどうしてもそれが許されなかつた」[45]と同様に回想している。加えて後年、吉田甚左衛門の反対があったとも報じられた[46]。政治資金調達者である吉田が反対した以上、齋藤の立候補は困難であった。つまり齋藤は政友会本部（支部）による調整を受け入れたのではなく、親族や支持者などの周囲の反対により、国政進出を断念したのである。

さて候補者本人の経歴は大きな意味を持つことから、両者を比較したい。川島の専修大学卒、内務省属官、東京日日新聞政治部記者、東京市秘書課長および商工課長、多摩川水力電気株式会社常務取締役などに対して、齋藤は日本大学専門部法科卒、北総鉄道株式会社社長などの経歴を持つ。東京の私立高等教育機関を卒業した点では同等だが、東葛飾郡の名望家・企業経営者に過ぎない齋藤は、川島と異なり、政界や官界との接点が弱かった。また彼らと政友会代議士の関係を見ると、川島は「市奉職当時から陰に陽に先生〔中島守利――引用者注〕の薫陶を受け」[47]ており、その中島が背後にいた。川島の「親分」[48]中島は、政友会一筋の経歴の中、東京支部長（一九二四年）、党務委員会理事（一九二六年）、臨時選挙部理事（一九二七年）を務めていた。対する齋藤が師事する吉植庄一郎は政友会顧問（一九二六年）を務めていたものの、政友会を離党して政友本党に属した過去がある。中島と吉植を比較しても、中島に分があるとの理解は、決して深読みではなかろう。

結果として齋藤を抑えた川島は、その地盤も譲り受けた(49)。齋藤も前述の染谷亮作に対して「地方和平の為に嶋と御協調、我党ニ御後援頂度御願申上候(50)」と書簡を送った。この「嶋」が川島であるならば、齋藤はその立候補を容認したことになるが、このような政友会への応援依頼は、齋藤の矜持に他ならなかった。川島は前回総選挙で支持基盤とした浦安町・行徳町・中山町に加えて、野田地域を新たに取り込むこととなった。表2－4（後掲）に見る野田地域での高い得票率の要因は、ここに求められる(51)。

一九二八年二月二日、川島はようやく立候補を届け出、「政友会支部最高幹部の諒解成り、今回本部から同党公認候補と決定(52)」した。投票日の一八日前のことである。本来、公認に関しては、地域有力者による推薦会などを積み上げ、地方支部が申請したうえで、最終的に党中央でその可否を決定するはずであったが(53)、今回、新聞報道上、彼らが川島を推薦した形跡は見当たらない。推測だが、川島と齋藤の調整が水面下で、しかもギリギリのところで行われていたからと考えられる。このような推薦会を経ない立候補は、小選挙区制度の前回総選挙と大きく異なる。中選挙区制度の場合、立候補をめぐる地域有力者と候補者の関係は、変化する可能性があったといえよう。

ここで「立憲政友会にて二月五日までに公認せる衆議院議員候補者(54)」を見ると、川島の名が確認できる。それは齋藤を抑えた川島が、季武嘉也の指摘する中選挙区制度下での「小英雄(55)」型候補者になった瞬間でもあった。公認されると、党から公認料（選挙資金）の他、総裁や最高幹部の署名した推薦状の配布許可、ポスターや小冊子の配給、応援弁士の派遣などが便宜される(56)。

注目したいのは、選挙資金である。川島の場合、政友会総裁の田中義一首相から直接「何回かにわけて五万円もらつた(57)」ようである。ただし五万円のうち、川島によれば、公認料は一万円に過ぎず(58)、残り四万円は田中個人の政治資金から渡されたという。田中の政治資金の源泉は多様で、例えば田中と小学校の同級生で「藤田財閥の大番頭」[59]西村秀造、「三井系および安田系の実業家」[60]などが挙げられる。平田奈良太郎（大阪区裁判所判事）は、今回の中選挙区制度での総選挙運動費用平均を五万円と算定している[61]。野村秀雄（東京朝日新聞政治部長）もまた、同様の金額を推定している[62]。おそらくこの金額は、実態に近い数値といえよう。受け取った公認料一万円では足りないが、川島は党総裁個人の政治資金調達能力に支えられていたのである。それは後述のように、当選後の川島の政友会内での立ち位置を規定していく。

第三節　一九二八年二月第一六回総選挙

（一）本多貞次郎の立候補

前回総選挙でライバル川島を打ち負かし、二期連続当選を果たした本多もまた、政治環境を大きく変化させていた。前述のように、加藤高明の護憲三派内閣が成立すると、本多の政友本党は野党に転落した。鳩山一郎などの脱党者（政友会復帰）を出したものの、総裁の床次竹二郎の下で結束を維持していた。東葛飾郡では政友本党支部を確認できないが、党則第二条「本党ハ本部ヲ東京市ニ支部ヲ各府県ニ置ク、地方ノ事情ニ依リ支部ノ区域内ニ倶楽部ヲ置クコトヲ得」[63]を踏まえると、第一章で示した本多率いる地域政治団体の東葛倶楽部は、その代替的役割を果たしていたのかもしれない。

しかし一九二六年八月、護憲三派から憲政会単独へと編成替えした第二次加藤内閣が成立すると、政友本党は政友会または憲政会との合同に舵を切る。そして前述のように、一九二七年六月一日、憲政会と政友本党は合併し、浜口雄幸を総裁とする民政党が誕生した。本多は床次に同調し、千葉県第一区で民政党所属の代議士という立ち位置を得たのである。そして「立憲民政党の一大要素にして普く県下の新興勢力を糾合し、厳然として政界の重きに任ぜむ」[64]

目的の下、民政党の初代千葉県支部長に就任した。なお支部発会式は八月一日、千葉市亥鼻館で開催された[65]。ただし「本多派ハ財力ヲ楯トシ動モスレハ横暴」で、「過日ノ発会式ノ際ノ如キモ之カ準備ハ殆ト専断的ニ自派ヨリ多数ノ準備委員ヲ出シ」たため、同じく政友本党から民政党に移籍した現職代議士志村清右衛門（千葉県第一区）は「激昂」し、「発会式前夜（七月三十一日）志村派ヨリ詰問」された本多は彼に「謝罪」した[66]。両者の関係は必ずしも良好でなかった。

県会議員選挙後の一九二八年一月二一日、加藤病死後の若槻礼次郎内閣に代わっていた田中義一政友会内閣が帝国議会を解散した。投票日の二月二〇日に向けて、本多は地盤涵養に余念がなかった。例えば本多は元川間村村長の染谷亮作（当時民政党支部相談役）に対して、「今回の総選挙は普選第一次之選挙に有之、従て期日の切迫するに伴れ激烈なる競争を見る事と存候得共、是非各位の御援助により当選を期し度熱望に不堪候[67]」と書簡を送り、染谷の自陣営への取り込みを試みていた。本多は民政党支部相談役でもある染谷に釘を刺し、同党候補である自分への協力を求めたといえよう。本多はさらに「立候補挨拶状[68]」も染谷に送り、支持を訴えた。警保局の把握する限り、代議士個人後援会がまだ結成されていなかった東葛飾郡では[69]、やはり地域有力者の抱え込みが必要不可欠であった。

(二) 選挙戦前半

内務省警保局が作成した「衆議院議員候補者名簿[70]」を見ると、一位は鈴木隆（政友会現職）、二位は本多（民政党現職）、三位は多田満長（民政党新人）、四位は志村（民政党現職）で、この四人が当選すると見込まれていた。以下、五位は川島、六位は小島七郎（政友会現職）であり、苦しい状況にあった。それは、「悪戦苦闘は免れぬところとして、同候補は親交ある東京中島守利御大等と盛んに連絡をとり、必死になつて権謀術策を弄しつつある[71]」との報道が示す。「権謀術数」の中身は不明だが、懇意の現職代議士中島のアドバイスや戦術は、川島を勇気づけたに違いない。

前回総選挙と同様、川島の「政治上の主義は『日本中の一人も食ふに困るもののない様にする[72]』」ことであった。

普選法により納税条件が撤廃され、低所得層も有権者として名を連ねるからこそ、川島のこの主義は大きな意味を持つ。第一章で示したように、経済格差の大きい東葛飾郡を地盤とした川島は、引き続き政治と生活を結びつけたスローガンを掲げ、選挙運動をスタートさせた。この他、富田照（実業同志会）も立候補し、合計七名で四議席を争うこととなる。

「これで落ちればもう選挙は永久にやらない」[73]と覚悟を決めていた川島は、松戸町に選挙本部を設置し、さらに野田・柏・布佐・船橋・浦安・行徳の各町村にも事務所を設置した。[74]川島陣営の選挙事務長は、[75]前回総選挙に続き、四四歳の梨本太兵衛が務めた。[76]当時、選挙事務長には①選挙区での信用・徳望、②選挙区事情の理解と選挙運動経験、③候補者陣営の統制力、④候補者の腹心、⑤選挙法への理解、の五点が求められていたが、[77]この梨本は松戸町会議員を務めた先代梨本太兵衛の入婿で、同じく町会議員を務める地域の名望家であった。

二月四日、「一せいに有権者に向け立候補の宣言書を配布」[78]し、短期間ながら、選挙戦が幕を開ける。川島の宣言書を見よう。

他郡の候補者が一斉にこの東葛を目ざして乱入して来ました。私はすべてこの運命をこの東葛に賭けて戦ふのみです。信頼する東葛の皆様！　その一票で必ず東葛子飼ひのこの川島は勝てるのです[79]

宣言書は、有権者に川島と東葛飾の地縁を意識させる文面であった。前回総選挙同様、川島は地縁というアプローチで有権者に接近した。

川島陣営の第一声は、二月六日の浦安町演技館・南行徳町大正館・行徳町娯楽館での演説会だった。川島が登壇すると、「大衆に熱々情を以て迎へられ、感激の歓呼は少時止ま」なかった。[80]以後、例えば二月一二日は高木村・小金村、一三日は布佐町・湖北村・我孫子村、一四〜一五日は野田町で演説会が開催され、[81]川島の母校専修大学弁論部の学生も動員された。[82]演説会は、一定の地域に居住する、不特定多数の有権者が対象となろう。かつて自由民権運動の演説会を分析した牧原憲夫は、政府批判を通して主催者が聴衆と「共振」[83]すると指摘したが、選挙の演説会は選ぶ側と選ばれる側が時間と空間を共有する場に他ならない。それが積み重ねられると、候補者の存在は有権者の意識の中に残るであろうし、また参加者を通して他の有権者に伝播するともいえよう。

この他、川島陣営は有権者に二種類のビラを配布した。現物は未発見だが、そこには「死力を尽くして政界改造のために働きたいと思っています。『日本中一人も食ふに困るもののないようにする』ことが私の政治上の主義です。是非もう一度私を助けて下さい。そして私を働かせ下さい」、「今までの政治家ではとうてい国民の生活が楽にならない。政党は腐敗する一方だと考えたからである。しかしそれは『政党』が悪いのではなく『政党員』が悪いのだから政党を打破するよりもまず、政党を改造することが急務である」と記されていたという[84]。川島は政党の存在を肯定したうえで、政党員個人の倫理観や道徳性の「改造」を有権者に訴えていた。季武嘉也は代議士に道徳性を求める傾向があると指摘したが[85]、それは同時代人の川島にも共有されており、有権者を引きつける有効なツールの一つになっていたと考えられる。

選挙メディアが限定されていた戦前期、このような演説会やビラは、有権者の投票行動における基準の一つとして作用する。しかし回数と枚数次第では、莫大な選挙資金が必要になる。升味準之輔は一候補平均演説会を八四回としたが[86]、これを法定費用で賄えないとすると、候補者は何らかのルートで資金を調達しなければならない。後述するように、川島の場合、選挙戦終盤に党本部から追加の選挙資金が投下されたが、それは買収の温床ともなっていく。

しかし、ここにきて、川島は前述の齋藤三郎に頭を悩ませる。すなわち立候補を断念した齋藤だが、「浦安町、布佐町、南行徳町方面では是非僕に立つてくれと再三交渉があるので、僕も目下考慮中」[87]と報じられたように、色気を見せ始めた。地元の布佐町はともかく、なぜ浦安町や南行徳町が齋藤に立候補を要請したのであろうか。表2－4（後掲）を見ても、両町での川島の得票率は高い。推測だが、川島に反発する少数の有権者や齋藤の支持者が彼の立候補を模索していたのであろう。ただし最終的に齋藤は「入院」で改めて立候補を断念し、「川島正次郎を推す」と声明を出したため、「布佐、野田及び北総鉄道一部の有志」が「川島氏を推す」ことで決着を見た[88]。立候補前、川島が野田町の演説会に失敗したことは前述したが、齋藤の支持基盤を組み込んだことで、彼は同地域からの集票に弾みをつけた。その齋藤は退院後、「富士見ホテルに本陣を備へ」[89]、「川島候補の為に采配」[90]を振るうようになるが、より具体的に言えば、第一節で示した齋藤の基礎票（七、六五二票）と川島の基礎票（二、八八〇票）が合算可能になったといえよう。つまり川島の基礎票は一万五三二票と大幅に増加し、現職本多の基礎票（一万二、三四五票）と拮抗したのである。川島陣営の東葛飾郡での戦況は、有利に働きつつあった[91]。

一方、中選挙区制度で選挙区面積は広くなったが、「戦線実に三十里の長きにわたり各候補者の運動には頗る不便なので、従来は候補者は各々確定地盤を固守するのみで、東葛飾郡は川島、本多、富田三氏、君津、市原両郡は鈴木、多田、小島の三氏が縦横に地盤の開拓[92]」と報じられたように、各候補者は地盤の票固めを重視していた。事実、川島は「他郡に侵入し得なかった[93]」という。しかし普選法で有権者数そのものが増加したため、当選ラインは高くなる。各候補者は、地盤以外の地域からの集票も必要であった。そこで「一種の緩衝地帯[94]」千葉市および千葉郡が注目される。例えば現職の鈴木隆と志村清右衛門に加えて、「本多氏までが襲撃を試み今や三候補入乱れて混戦であるが、近く川島派、富田派も入込むこととなり、いよいよもつて乱射乱撃[95]」状態に入った。川島は千葉市に選挙事務所を設置していなかったが、千葉市の政友会幹部（氏名不明）の諒解を取り付けたうえで、二月一二日、吾妻町二丁目に初めて事務所を設置し、「ポスター、宣伝ビラ、その他文書[96]」を市内に配布した。ただし二月一七日昼に千葉市で開催された川島陣営の演説会は、「七分の入りで演説も平凡」で「同情を集める演説振り」だった[97]。また君津郡に関しては、この地の選挙運動の拠点として、同郡長浦勝下に「連絡所[98]」を設置したが、表２‐３（後掲）、のように、四六票しか集められなかった。これは、全候補者の同郡での得票数の内、最小であった。川島は、東葛飾郡以外の地での集票に課題を抱えていたのである。

(三) 選挙戦後半

選挙資金に関しては、一九二八年県会議員選挙で川島の支持を受けて以来、彼の知遇を得て、戦後に川島後援会連合会長を務める松本栄一の回想を紹介したい。彼によれば、「かばんの点では徒手空拳」がゆえに「運動資金は各自の自弁」[99]であったという。川島は選挙資金を「借金と寄付」で用意したが[100]、それも限界に近づいていた。このような中、選挙戦最終日、突然、政友会総裁の田中義一首相の使者が「陣中見舞い」として川島を訪問し、五、〇〇〇円を手渡した。戦後の川島のコメントだが、党から候補者への選挙資金の配分のポイントは、「当選確実の候補者には金を渡さない。それと反対に当選の見込が全然ない候補者には死金だから出さない。要は当選すれすれ線をさまよいている候補者で、ここでもう一と息いれてやつたら、当選確実という見込みのついたものに金を渡す」[101]ことだという。つまり川島は、今回の総選挙で当落線上に位置していた。

では一体、誰が川島の状況を政友会本部に報告し、資金援助を仲介したのであろうか。それこそ、一九二七年五月一七日、「親交」[102]ある川島の仲介で第一九代千葉県知事に就任したといわれる[103]、福永尊介[104]に他ならない。恩義ある福永は、川島の現状を政友会本部に「当落の境にあり」[105]と報告しており、これが政友会から川島への追加の資金援助に繋がった。加えて福永は、川島に県会議員の川口為之助を紹介した。川口は一九一五年九月県会議員選挙（千葉郡選挙区）で当選して以後、千葉県政の実力者となり、当時は県会議長を務めていた。二人の出会いは、福永を仲立ちとして、川島が一万円の軍資金を携え、川口へ集票を依頼した時にさかのぼる。川口は初めて面会した川島の印象を「なかなかスマートでね、ハキハキしている。ちょっとほれましたよ」[106]と述べた。これを契機に、両者の「水魚の交わり」[107]が始まった。

さらに福永は川口に「川島君の票を千葉市、郡で千票だしてくれ、そうすれば当選疑いないからぜひ頼む」[108]と追加の軍資金三、〇〇〇円を手渡し、千葉市および千葉郡での集票を依頼した。これが表2-3（後掲）の示すように、千葉市四九九票と千葉郡八七五票の合計一、三七四票に繋がる。もし、この一、三七四票がなければ、川島は当選どころか次点にもならない。ここからは、選挙費用が有力な県会議員に渡され、その人物を通して末端へ浸透する仕組みが読み取れる。川島は自党知事の支援の下、有力県会議員を介在させた個人型集票回路に依拠していたのである。

福永は与党政友会候補の支援だけでなく、選挙干渉もした。[109] 例えば知事官舎を選対本部とし、鵜澤総明（政友会元代議士）、前述の吉植および川口とともに作戦を練ったという。また後年、「知事室で選挙干渉指令のガリ版を刷って堂々と警察署長に発送したり、知事室を選挙対策本部にして『あつちの方が弱いやうだ、事茲に至つちや実弾ブッ放さにゃ駄目だよ』などと福永自ら電話口で買収指令を発する」[110] との回想記事も掲載された。事実、千葉県の場合、二八七人が選挙違反で逮捕されており、その内訳は起訴五六人・不起訴二三一人であった。[111] 起訴率一九・五％の低さからは、野党勢力に対する厳しい取り締まりが想起できよう。

この他、野田醤油会社も「時の政府に追合する政商根性から時の内閣と故福永知事のこん請によつて川島氏をえん助」[112] した。福永は第二次野田争議を会社側に有利な形で調停していたことから、[113] 野田醤油にも働きかけ、川島の支持基盤に組み込もうとした。事実、表2－4（後掲）のように、野田地域での川島の得票率は高い。野田醤油も確かに川島を支持していたのである。

選挙戦後半を迎え、東葛飾郡の各町村の戦況は次のように報道された。例えば『東朝』一九二八年二月一六日房総版を見ると、川島が葛飾村・行徳町・浦安町・松戸町、本多が国分村・鎌ヶ谷村・中山町・市川町、志村が法典村を押さえていたこと、八幡町で川島と本多が互角であったこと、大柏村と船橋町で川島・本多・志村が三すくみであったことを読み取れる。しかし表2－4（後掲）を見ると、葛飾村は川島ではなく本多、法典村は志村ではなく本多、八幡町は互角ではなく本多、大柏村と船橋町は三すくみではなく本多、が高い得票率を示す。本多は新聞報道の予想以上に票を積み重ねており、有利に選挙戦を進めていたようである。

ここで内務省警保局が作成した各選挙区の得票予想推移票を見てみよう。表2－2は、千葉県第一区「得票予想二月二十日現在・投票直後現在」[114] の推移をまとめたものである。ここからは、次の二点が読み取れる。第一は、川島

表２－２　内務省警保局作成の東葛飾郡得票予想一覧

	情勢	1月31日	2月5日	2月10日	2月13日	2月16日	2月18日	投票直後
富田	丙	570	540	1,180	1,410	2,102	2,290	2,479
本多	甲	10,176	9,835	11,724	12,767	17,675	18,060	19,779
志村	乙上	5,297	5,142	6,113	6,586	8,414	9,964	10,872
多田	甲		4,933	7,025	7,493	11,353	11,718	14,855
鈴木	甲		10,951	13,592	14,890	19,630	19,522	19,720
川島	乙丙		3,225	4,254	5,036	7,945	8,528	12,328
小島	乙上			2,737	4,326	8,304	8,622	12,563

出典：内務省警保局「得票予想　二月二十日現在・投票直後現在」（学習院大学図書館〈国立国会図書館憲政資料室蔵〉『山岡万之助関係文書』R22）より作成。

は伸び悩み、最終的に君津郡を地盤とする四位の小島七郎（政友会）に僅差で敗れると予想されていた点である。第二は、川島は本多に七、四五一票の大差で敗れると予想されていた点である。さらに、この「得票予想　二月二十日現在・投票直後現在」原本を見ると、当初の川島の情勢は「乙」とあったが、黒墨で「丙」と訂正され、次第に苦戦の度合いが増していることが読み取れる。田中首相からの追加の選挙資金、福永・川口・齋藤・野田醤油などの支持を受けていたにもかかわらず、警保局は川島を苦戦する候補者として捉えていたのである。

ここで「第二区の大勢定まつた」[115]吉植（千葉県第二区）や市原郡を地盤とする鈴木隆（政友会千葉県支部長）など[116]、千葉県政友会の先輩代議士が川島のために動いた。鈴木の場合、「本多が居るので川島の票が少ない。其の後中央で岡崎邦輔、高橋光威、秦豊助、武藤金吉と私が選挙委員であり、私が県の支部長でもあつた。それ故岡崎を首め他の委員が口を揃えて、鈴木君、君は市原、君津で票が充分だ、それに支部長で選挙委員だ、川島に千葉郡市を割いてやつてくれと言われた」[117]と回想したように、票数は不明だが、政党本部の意向を受けて、鈴木は川島に票をまわしたようである。ここからは、政党本部がある程度、各選挙区の情勢を把握していたことを読み取れる。ただし、そもそも千葉郡市は鈴木の地盤ではない。したがって「票を割く」といっても、その効果は分からないといえよう。

(四)　選挙結果

表２－３、表２－４は、選挙結果をまとめたものである。一位は三期連続当選

の鈴木隆（政友会現職）、二位は同じく三期連続当選の本多（民政党現職）、三位は初当選の川島（政友会）、四位は二期連続当選の志村清右衛門（民政党現職）となり、政民両党で二議席を分け合った。表2－2で「甲」のはずの多田満長（民政党新人）が二九一票差の五位に終わり、前回総選挙同様、二回連続の次点となった。その多田の代わりこそ、前述のように、「乙」から「丙」へと苦戦の度合いを増したはずの川島であった。千葉県第一区の投票率は七九・九％、棄権率は一八・六％で、第一章で示した小選挙区制度のそれよりも、投票率は落ち込んだ。なお全国的に見ると、全四六六議席中、政友会二一八議席、民政党二一六議席、実業同志会四議席、革新党三議席、無産政党七議席、九州民政党一議席、中立一五議席、その他二議席となり、与党政友会は僅差で勝利を収めた。全国投票率八〇・五％、棄権率一九・五％の中、二大政党の議席占有率が九三・一％を記録したことから、有権者は政民両党に期待を寄せていたのであろう。

この結果を本多および川島の基礎票という視点から整理すると、本多のそれは一万二、三四五票だが、実際に東葛飾郡では一万二、七二三票しか獲得できず、積み増しが三七八票しかない。手堅く票をまとめたが、新しい有権者を取り込むことができなかったといえよう。一方、川島は基礎票一万五三二票だが、新たな票の掘り起しに成功し、実際に東葛飾郡では一万二、七八一票も獲得した。前述のように、川島のスローガンは「日本中の一人も食ふに困るもののない様にする」だが、普選により低所得者層が選挙権を持った今、この言葉は極めて魅力的である。無産政党の候補者がいない中、明確に政治と生活を結びつけた川島だからこそ、票の積み増しができたのではないだろうか。

さらに選挙費用、選挙違反、得票率から今回の総選挙を分析する。まず選挙費用に関しては、候補者自身の日記を分析した奥健太郎や上山和雄の研究以外[118]、ほとんど見られない。そこで川島の選挙費用の一端を解き明かすため、表2－5を作成した。ここからは、次の二点が読み取れる。第一は、今まで論じてきた川島の選挙費用の概算合計（五万五、〇〇〇円）と比較すると、大きく乖離していた点である。選挙後、川島が運動費に関して「法定額で仕上げた人は少ないやうだ、運動費五万円以下は落選七万円以上は当選確実だといふので『五落七当』と言ふ言葉がある」[119]、

市郡別得票数および得票率

5位：多田満長（民政党）		6位：小島七郎（政友会）		7位：富田照（実業同志会）	
2,249	16.4%	2,273	20.9%	258	7.7%
419	3.1%	484	4.4%	169	5.0%
187	1.4%	529	4.9%	65	1.9%
2,840	20.8%	1,126	10.3%	257	7.7%
7,989	58.4%	6,479	59.5%	2,608	77.7%
13,684	100.0%	10,891	100.0%	3,357	100.0%

さらに「普通の候補者が当選圏内に於て戦ふには二万円から十万円の戦費が必要」(120)との指摘を踏まえれば、表2－5は帳簿上の「虚偽」(121)の金額といえよう。事実、平田奈良太郎（大阪区裁判所判事）は某候補者に「ポスターを四十万枚作らせ一枚二銭五厘の割で印刷屋へ払った代金一万円で夫れを配らせ、一枚二銭五厘の割で九百何十人で支払った金は約二千五百円」(122)といわしめている。

そこで選挙費用の内訳を見るため、表2－6を作成した。候補者が県知事に提出する資料なので、やはり法定費用内に収まるよう作成されているが、どの項目に重点的に費用が配分されていたかを読み取りたい。本多と川島に共通するのは、印刷費が全費用の三分の一を超えるとともに、通信費の占める割合も高い点である。普選法で戸別訪問が禁止された反面、有権者一人に通常郵便物を一通無料で発送可能になったことから、おそらく前述の「立候補挨拶状」や「立候補宣言書」の類の印刷費に充当されたのであろう。これらが積み重なった結果、升味準之輔が指摘したように、一候補平均一五万三、〇〇〇通もの書状送付に繋がる(123)。普選の導入による有権者の増加と戸別訪問の禁止、中選挙区制導入による選挙区範囲の拡大などが、選挙資金の使途を規定したといえよう。

第二は、集会が演説会と同義であるならば、すでに本節で示したように、それが選挙運動の中核を占めるとともに、報告書に反映されていた点である。集会数に制限は設けられていないため、この回数は実態を指すと考えられる。表2－5を踏まえると、議会解散の翌日（一九二八年二月一日）から投票日前日（二月一九日）にかけて、七人の候補者は一九日間で平均約四五回の集会を開いていたことになる(124)。つまり各候補者は、一日に二回以上の集会を開催していた。普選で有権者の数が増えても、中選挙区制で選挙区が拡大されても、演説会が候補者の顔を知り、人柄を

表2－3　1928年第16回総選挙での各候補者の

	1位：鈴木隆（政友会）		2位：本多貞次郎（民政党）		3位：川島正次郎（政友会）		4位：志村清右衛門（民政党）	
東葛飾郡	678	3.5%	12,723	78.9%	12,781	89.3%	2,321	16.6%
千葉市	801	4.1%	718	4.5%	499	3.5%	2,863	20.5%
千葉郡	2,551	13.2%	1,184	7.3%	875	6.1%	6,854	49.0%
市原郡	7,361	38.1%	563	3.5%	115	0.8%	1,202	8.6%
君津郡	7,918	41.0%	940	5.8%	46	0.3%	735	5.3%
合計	19,309	100.0%	16,128	100.0%	14,316	100.0%	13,975	100.0%

出典：『第16回衆議院議員総選挙一覧』（衆議院事務局）より作成。

伝える場であることに変わりはない。候補者と有権者を繋ぐ演説会は、回数の多寡を問わず、集票に向けた触媒の如き役割を果たしたといえよう。

次に選挙違反だが、司法省刑事局が作成した資料によると、千葉県の場合、二八七人逮捕中、起訴五六人（起訴率一九・一％）、不起訴二三一人（不起訴率八〇・九％）で、起訴率は必ずしも高くない[125]。前述したように、おそらく与党政友会内閣は野党勢力を厳しく取り締まったのであろう。実際の違反は、選挙後の新聞報道を見る限り、与党政友会の鈴木・川島、野党民政党の本多による買収が多い[126]。本多の場合、「本多派の運動員となり選挙人の買収で検挙された」松戸町の坂巻林之助（一九二八年一月県会議員選挙で次点落選）、明村の栗山明徳および金子貞之助の三名は、略式罰金刑となった[127]。また本多の推薦状に名を連ねた市川町会議員（後藤仁助・浮谷竹次郎・田村佐次郎・押賀幸作・諏訪原勝太郎他一一名）の取り調べも行われた[128]。川島の場合、千葉市吾妻町の市川貞次郎の収容、鈴木某（北総鉄道運河駅長）の取り調べが行われたという[129]。特筆すべきは、ここで列挙した人物の多くが地方議員だったことである。普選法で戸別訪問が禁止され、違法行為のハードルが上がったにもかかわらず、地方議員は代議士のための集票に努めていたのである。

最後に候補者の地盤を見るため、表2－4から次の四点を読み取りたい。第一は、東葛飾郡の票はほぼ政友会の川島と民政党の本多の二人によって占められており、東葛飾郡全四一町村中、本多が一九町村、川島が二一町村を押さえていた。当選後の川島は「中選挙区なぞは中途半端[130]」と述べ、小選挙区制を主張したが、それは地盤の東葛飾郡で本多を制し、競り勝った自信のあらわれに他ならない。なお志村の

表 2 - 4　1928 年第 16 回総選挙での候補者別東葛飾郡各町村得票数および得票率一覧

		本多（民政党）		川島（政友会）		鈴木（政友会）		志村（民政党）	
町村名	投票総数	得票数	得票率(%)	得票数	得票率(%)	得票数	得票率(%)	得票数	得票率(%)
船橋町	2,879	1,069	37.1	567	19.7	228	7.9	651	22.6
葛飾村	798	560	70.2	89	11.2	18	2.3	99	12.4
法典村	235	118	50.2	36	15.3	35	14.9	25	10.6
塚田村	158	102	64.6	9	5.7	8	5.1	20	12.7
八栄村	574	170	29.6	203	35.4	53	9.2	42	7.3
浦安町	1,719	151	8.8	755	43.9	21	1.2	478	27.8
行徳町	1,313	265	20.2	597	45.5	10	0.8	125	9.5
南行徳村	610	206	33.8	213	34.9	0	0.0	39	6.4
市川町	2,109	1,151	54.6	512	24.3	34	1.6	152	7.2
八幡町	636	323	50.8	131	20.6	4	0.6	60	9.4
中山町	750	264	35.2	157	20.9	81	10.8	217	28.9
国分村	428	230	53.7	131	30.6	10	2.3	12	2.8
大柏村	453	223	49.2	88	19.4	11	2.4	15	3.3
鎌ヶ谷村	635	335	52.8	207	32.6	1	0.2	40	6.3
松戸町	1,411	525	37.2	718	50.9	45	3.2	29	2.1
明村	752	281	37.4	340	45.2	19	2.5	10	1.3
八柱村	505	256	50.7	222	44.0	3	0.6	4	0.8
高木村	566	180	31.8	349	61.7	0	0.0	23	4.1
馬橋村	499	236	47.3	191	38.3	5	1.0	23	4.6
小金町	531	313	58.9	185	34.8	4	0.8	17	3.2
流山町	813	380	46.7	326	40.1	1	0.1	28	3.4
八木村	509	319	62.7	109	21.4	1	0.2	2	0.4
新川村	628	224	35.7	184	29.3	0	0.0	7	1.1
田中村	835	246	29.5	322	38.6	2	0.2	5	0.6
柏町	996	429	43.1	358	35.9	5	0.5	24	2.4
風早村	630	225	35.7	374	59.4	1	0.2	16	2.5
土村	568	302	53.2	244	43.0	0	0.0	6	1.1
手賀村	720	357	49.6	199	27.6	1	0.1	4	0.6
富勢村	566	471	83.2	60	10.6	1	0.2	2	0.4
我孫子町	722	318	44.0	207	28.7	3	0.4	20	2.8
湖北村	525	107	20.4	242	46.1	0	0.0	10	1.9
布佐町	511	123	24.1	162	31.7	0	0.0	4	0.8
旭村	481	113	23.5	301	62.6	10	2.1	5	1.0
野田町	2,763	786	28.4	1,448	52.4	44	1.6	61	2.2
梅郷村	696	132	19.0	263	37.8	2	0.3	11	1.6
福田村	656	147	22.4	324	49.4	10	1.5	3	0.5
七福村	476	192	40.3	247	51.9	4	0.8	4	0.8
川間村	781	295	37.8	410	52.5	0	0.0	10	1.3
木間ヶ瀬村	734	199	27.1	508	69.2	0	0.0	4	0.5
二川村	724	158	21.8	541	74.7	1	0.1	3	0.4
関宿町	501	232	46.3	252	50.3	0	0.0	1	0.2
合計	33,396	12,713	38.1	12,781	38.3	676	2.0	2,311	6.9

出典：『第 16 回衆議院議員総選挙一覧』（衆議院事務局）より作成。

表 2－5　1928 年第 16 回総選挙での各立候補者の選挙運動状況

	事務所数	運動者数	集会数	費用（円）	犯罪検挙数
鈴木	6	771	31	7,896	1
本多	7 ～ 9	642	50	8,156	6
川島	7 ～ 10	634	48	9,847	1
志村	3	918	46	8,015	1
多田	6	615	57	6,360	9
小島	5	515	30	6,542	0
富田	3	652	52	5,881	0

出典：「高秘発第 118 号　衆議院議員選挙候補者ニ関スル調査票（昭和三年二月二十日選挙施行）」（前掲『山岡万之助関係文書』R 23）より作成。

得票率二〇％台の町村が三つ存在するが、いずれも川島と本多の得票率を超えていない。得票率から見ても、東葛飾郡は川島と本多の二大勢力が地盤とする地域であった。しかも東葛飾郡は、千葉県第一区の中でも、最も有権者数が多い。川島はその東葛飾郡の三八・三％の票を集めたことで、初当選の栄冠をつかんだのである。

第二は、旭村での鈴木票一〇票である。第二節で県会議員選挙を論じた際、社会民衆党の戸張亀吉（元旭村長）が一、八三七票を獲得したと示したが、実はこの票は政友会の鈴木と同党幹部との「黙契」により、今日の総選挙で政友会に流れるはずであったという(131)。しかし戸張の地元である旭村では、鈴木の得票は一〇票に過ぎず、同村有権者数の六割以上が川島に流れた。この背景として、同村の有権者は鈴木と川島を比べて、おそらくこの地を地盤とする後者に投票先を決めた可能性が考えられる。同村の有権者は候補者を比較していたといえよう。

第三は、浅野和生による町村単位の「集団投票(132)」が合致するケースとしないケース、この両方が併存していた。例えば民政党では本多と志村が各町村で票を奪い合っており、地盤協定や票の移譲は存在せずに競合したか、もしくは協定や移譲があっても遵守されていなかったことになる。一方、政友会の川島と鈴木の場合、偶然かもしれないが、鈴木〇票の町村が八つも存在している。

第四は、得票率から見た各候補者の地盤町村である。例えば川島の場合、松戸町・高木村・風早村・旭村・野田町・七福村・川間村・木間ヶ瀬村・二川村・関宿町では得票率が五〇％を越えた。また浦安町・行徳町・明村・湖北村・福田村では得票率が四〇％台となり、本多のそれを凌駕した。つまり川島は、第一章で示したように、前回総選挙で彼を支えた浦安町や行徳町に加えて、野田地域から

表2－6　1928年第16回総選挙での選挙運動費内訳

		本多		川島	
		費用	割合（%）	費用	割合（%）
報酬	選挙事務員	62	0.8	0	0.0
	傭人	1,261	15.5	92	0.9
家屋費	選挙事務所	145	1.8	190	1.9
	集会会場	931	11.4	866	8.8
通信費		1,670	20.5	1,351	13.7
船車馬費		464	5.7	1,093	11.1
印刷費		2,771	34.0	3,388	34.4
広告費		213	2.6	139	1.4
筆墨紙費		59	0.7	94	1.0
休泊費		7	0.1	118	1.2
飲食物費		378	4.6	531	5.4
雑費		184	2.3	1,980	20.1
合計		8,145	100.0	9,842	100.0

出典：『千葉県報』号外（1928年3月11日付）より作成。
注：単位は円で、銭および厘は切り捨てた。

の票に支えられ、初当選を果したのである。一方、本多の場合、葛飾村・法典村・塚田村・市川町・八幡町・国分村・鎌ヶ谷村・八柱村・小金町・八木村・土村・富勢村で得票率は五〇％を超えており、経営する京成電鉄の町村とその周辺からの集票が群を抜いていた。本多は東葛飾郡全体で票を掘り起こせず、川島に敗れたものの、票固めには成功したのである。

こうして見ると、東葛飾郡内での候補者重点地盤の相違性という櫻井良樹の推定は[133]、川島と本多に合致する。しかし現段階では、以上の町村を川島と本多の地盤として確定することは留保したい。なぜならば前回総選挙での町村別の得票数が不明で、継続的に検討できないからである。

小括

本章での分析の結果、以下の五点が確認できた。

第一は、川島の立候補を見た場合、前回総選挙と異なり、県会議員などの地域有力者による推薦会がなかった点である。齋藤三郎との競合も要因の一つであろうが、地域有力者からの支持と合意、政党支部の調整などがなくても、川島は自身の意思で立候補した。この事実は極めて大きい。本来ならば、川島が政友会に所属している以上、政党支部が候補者を選定し、本部がそれを公認し、選挙運動を支援するはずなのだが、それは全く見られない。粟屋憲太郎が指摘したように、まさに政党支部は代議士と県会議員の連合体に過ぎず[134]、候補者の選定や調整を担えなかったのである。

第二は、各種推薦状・葉書・挨拶状に加えて、演説会が重視されていた点である。代議士を政治家に等値して英訳すると「Statemen」だが、そもそも「State」は述べるという意味になる。代議士にとって、有権者に語りかける場である演説会は、自らの存在意義が試される空間であった。演説会は、代議士がその本来の職能を有権者の場で披露する、最も重要な機会と空間に他ならなかった。しかも川島は専修大学弁論部出身で、その技量は低くなかったと考えられる。ただし開催地を見ると、今回はほぼ東葛飾郡に限定されており、一部を除き、原則、地盤に限定されていた。第一回普選での集票地域は、地盤町村が中心だったといえよう。

第三は、川島の政治信条「日本中の一人も食ふに困るもののない様にする」の意義である。普選で低所得者層が選挙権を持ったからこそ、その票の取り込みは欠かせないはずだが、千葉県第一区には無産政党の候補者がいなかった。だからこそ川島のこの言葉は、有権者に魅力的に映ろう。本多貞次郎と異なり、明確に政治と生活を結びつけ、選挙運動の中でそれを訴えた川島は、地盤の東葛飾郡でライバルを凌駕する票を集めた。このように政治と生活を結びつけた候補者だからこそ、例えば旭村の有権者は地元候補でもあった川島に魅力を感じ、同じ政友会公認候補の鈴木隆と見比べた結果、圧倒的に前者に投票したのではないだろうか。

第四は、選挙違反にもかかわらず、地方議員が候補者のために買収を繰り広げたように、彼らは重要な集票回路だった点である。政党支部が主導権を握っていない中、個人型集票回路は欠かせない。櫻井良樹が指摘したように、仮に県会議員選挙で有権者が地元候補に投票する傾向を持つならば[135]、彼らを系列化に組み込むことは、その地の有権者の支持を調達することと同義となる。

第五は、川島の支持基盤を前回総選挙と比較した場合、連続面と非連続面が見出せた点である。連続面は地域有力者、専修大学関係、青年層などである[136]。一方、非連続面を見ると、市場関係団体と労働組合が確認できず、代わりに野田醬油が入っている。市場票と組合票の流出先は不明だが、川島が憲政会系無所属から政友会に位置を大きく変えたことと無関係ではあるまい。ただし市場票に関しては、新聞報道上は確認できなくとも、第一章で示した松本栄一の回想、また第三章での再登場を視野に入れると、一定程度、川島を支持していたのかもしれない。この他、以降の全ての総選挙で川島の支持基盤となる川口為之助との出会いも見逃せない。戦後、「県政に何等の縁故をもたぬ川島正次郎氏が卒然として立候補し、代議士商売を続けることができたのも、けだし彼の築き上げた地盤と信用とをバックにしたからで、川島にとっては川口大明神」と回想されるように、今後、両者は分かち難い関係性を結んでいく。[137]

注

(1) 齋藤隆夫『府県会議員衆議院議員 普通選挙心得』(東京寶文館、一九二七年)一頁。ここからは、一九二八年の県会議員選挙と総選挙が一体のものとして捉えられていたことが読み取れる。
(2) 小畑伸一『政界一寸先は闇—ある川島担当記者の手記—』(黄帆社、一九七一年)一七二頁。
(3) 川島と母校専修大学との関わりについては、拙稿「専修大学と川島正次郎」(『専修大学史紀要』第五号、二〇一三年)。
(4) 前掲小畑『政界一寸先は闇』一七三頁。
(5) 『昭和初期政党政治関係資料』第一巻(不二出版、一九八八年)一二七〜一三一頁。
(6) 現在の貨幣価値に換算すると、川島の資産一万円は約五六八万円相当になる。算出方法は、以下の日本銀行HPに依拠した(https://www.boj.or.jp/announcements/education/oshiete/history/j12.htm/ 最終閲覧日は二〇一九年七月二日)。
(7) 『千葉県人国記』前篇(紫雲洞、一九五六年)二六一頁。
(8) 『房総 町村と人物』(多田屋書店、一九一八年)二九八頁。
(9) 『東日』一九二五年五月六日千葉版によると、この広瀬も次回総選挙に出馬の意思があったという。しかし管見では、それを裏づける史料が確認できなかった。
(10) 『東日』一九二六年一一月一六日千葉版。
(11) 以下、『川口為之助先生を偲ぶ』(川口為之助先生寿像建設委員会、一九六二年)六一〜六二頁。
(12) 京成電鉄を含む千葉県の労働運動に関しては、三浦茂一・高林直樹・長妻廣至・山村一成『千葉県の百年』(山川出版社、一九

九〇年）第七章（高林直樹執筆）、石井進・宇野俊一編『千葉県の歴史』（山川出版社、二〇〇〇年）三一〇頁（宇野俊一執筆）、『千葉県の歴史通史編　近現代二』（千葉県、二〇〇六年）三八〇～三九一頁（小川信雄執筆）が詳しい。

(13) しかし前掲注（6）で、本多から川島に手渡された金額を現在の貨幣価値に換算すると、一二万円にも満たず、あまりにも安い。少なくとも伝記の金額は、事実でなかろう。事実ならば、川島は大きく困窮していたことになる。

(14) 千葉郡選出の県会議員である島田彌久（民政党）は、「民政党支部を建設するに当り、初代民政党支部長に就任、創立発会式にはたつた一人で四千百九十円八十二銭といふ費用全部をぽんと投げ出し」たと回想した（『東日』一九三七年二月二八日千葉版）。

(15) 池田宏樹『大正・昭和期の地方政治と社会』（彩流社、二〇一四年）五一頁および六四頁。

(16) 内務省警保局「昭和二年七月末現在　貴族院多額納税者議員衆議院議員道府県会議員調」（学習院大学図書館蔵〈国立国会図書館憲政資料室蔵〉『山岡万之助関係文書』R二六）。

(17) 前掲「昭和二年七月現在末　貴族院多額納税者議員衆議院議員道府県会議員調」。

(18) 『野田』一九二七年一月一五日。

(19) 前掲『房総　町村と人物』二八三頁。

(20) 「一九二七年八月一二日付染谷亮作宛齋藤三郎書簡」（『千葉県の歴史資料編　近現代二（政治・行政二）』千葉県、二〇〇一年）四二二頁。

(21) 「一九二七年一一月二三日付染谷亮作宛齋藤三郎書簡」（野田市郷土博物館蔵『染谷静男家文書』A－二〇〇－四一）。

(22) 「一九二七年一二月八日付染谷亮作宛齋藤三郎書簡」（前掲『染谷静男家文書』A－二〇〇－四七）。

(23) 前掲『房総　町村と人物』二五三頁。

(24) 『読売』一九三二年一二月一六日千葉版。

(25) 前掲『山岡万之助関係文書』R二一。

(26) 前掲『山岡万之助関係文書』R二一。

(27) 『東日』一九二八年一月一四日房総版。

(28) 奥健太郎『昭和戦前期立憲政友会の研究―党内派閥の分析を中心に―』（慶應義塾大学出版会、二〇〇四年）二七六頁。

(29) 前掲『千葉県の歴史資料編　近現代二（政治・行政二）』四二七～四三三頁。

(30) 『野田市史資料編　近現代二』（野田市、二〇一九年）一六一～一六二頁。

(31) 『千葉県の歴史通史編　近現代二』（千葉県、二〇〇六年）一四九頁（中村政弘執筆）。

(32) 櫻井良樹「選挙分析から見た昭和初期における野田市域と東葛飾郡」(『野田市史研究』第一二号、二〇〇一年)一四二頁。
(33) 前掲『野田市史資料編　近現代二』七五~八〇頁。
(34) 専修大学大学史資料室蔵『川島正次郎先生を偲んで』(非売品、一九七六年)一三~一四頁。
(35) 『読売』一九二八年二月五日千葉版。
(36) 川島正次郎「政界刷新のため小選挙区制を主張す」(『政友』第三三八号、一九二九年一月)一八頁。
(37) 『千毎』一九二八年二月四日。
(38) 『東朝』一九二七年一二月二七日房総版。
(39) 「政友会の対選挙陣容―首相始め閣僚総出で正々堂々の戦術―」(『政友』第三二六号一九二八年二月)三七頁。なお前掲櫻井「選挙分析から見た昭和初期における野田市域と東葛飾郡」一四九頁によると、県会議員選挙での民政党票と社会民衆党票の合計票は、総選挙の民政党票と等しくなる傾向があったという。その意味で、前述の新聞報道に見る民政党と無産政党の連携はあったのかもしれない。
(40) 『東日』一九二八年一月三一日千葉版。
(41) 『東日』一九二八年二月二日房総版。
(42) 「一九二八年一月二三日付染谷亮作宛齋藤三郎書簡」(前掲『染谷静男家文書』A-二〇一-三九)。
(43) 加藤正造『政党の表裏』(批評社、一九二八年)一五五頁。
(44) 『東日』一九二八年二月三日房総版。
(45) 佐藤堅司「わが友両齋藤君―齋藤三郎君と故齋藤樹君―」(『房総展望』第九巻第三号、一九五五年)三三頁。
(46) 『房総日日』一九二九年一一月一四日。
(47) 『中島守利小伝―郷土の大先覚―』(中島守利先生謝恩会、一九五二年)五〇頁。
(48) 前掲『川島正次郎先生を偲んで』一四頁。
(49) 『東日』一九二八年二月三日千葉版。ただし「昭和三年衆議院議員総選挙情勢」(前掲『野田市史資料編　近現代二』一六七頁)によると、齋藤系列下の県会議員(高梨)の票が、そのまま全て川島に入ったわけではなく、各候補者に分散したという。
(50) 「一九二八年二月三日付染谷亮作宛齋藤三郎書簡」(前掲『染谷静男家文書』A-二〇一-三一)。
(51) ただし前掲「昭和三年衆議院議員総選挙情勢」を見ると、「野田の一幹部」が川島には前回で懲りたとも発言している。しかし表2-4が示すように、野田町での得票率は川島が最も高いことから、仮に川島を忌避する有力者がいたとしても、選挙運動を経て、最終的には彼に投票する有権者が増加したのであろう。
(52)『東日』一九二八年二月五日千葉版。
(53)升味準之輔『日本政党史論』第五巻（東京大学出版会、一九七九年）二九〇頁。
(54)「立憲政友会公認候補—二月七日までに発表の分—」（『政友』第三二七号、一九二八年二月）四五頁。
(55)季武嘉也「明治後期・大正期の『地域中央結合集団』としての政党」（有馬学・三谷博『近代日本の政治構造』吉川弘文館、一九九三年）一八〇頁。
(56)前掲加藤『政党の表裏』一五八頁。
(57)川島正次郎「私の政治歴」（学芸通信社編『人生この一番』文明社、一九五八年）一三四頁。
(58)前掲川島「私の政治歴」一三五頁。
(59)『田中義一伝』（田中義一伝編纂所、一九二九年）一〇六七頁。
(60)岡義武・林茂編『大正デモクラシー期の政治—松本剛吉政治日誌—』（岩波書店、一九五九年）三九一頁。
(61)平田奈良太郎『司法研究報告書第一九輯八　選挙犯罪の研究—特に買収犯罪に就て—』（司法省調査課、一九三五年）四九二頁。
(62)野村秀雄『政党の話』（朝日新聞社、一九三〇年）二三四〜二三五頁。
(63)「政友本党宣言政綱党則」（流山市立博物館蔵『柳澤家文書』〇〇一八-八〇）。
(64)「立憲民政党千葉支部創立に際した宣言書」（前掲『柳澤家文書』〇〇二三-一〇二）。
(65)「立憲民政党千葉県支部発会式順序」（前掲『柳澤家文書』〇〇二二-一〇四）。
(66)「各種議員党派別一覧表（昭和二年七月末日現在）」（前掲『山岡万之助関係文書』R二五）。
(67)「一九二八年一月三〇日付染谷亮作宛本多貞次郎書簡」（前掲『千葉県の歴史資料編　近現代一』四三三頁）。
(68)前掲『千葉県の歴史資料編　近現代二（政治・行政二）』四三三〜四三四頁。
(69)内務省警保局「政党員其ノ他有志者後援団体調」（前掲『山岡万之助関係文書』R二四）。
(70)前掲『山岡万之助関係文書』R二三。
(71)『東日』一九二八年二月四日千葉版。
(72)『東日』一九二八年二月五日付房総版。この文言は、「昭和三年衆議院議員総選挙川島正次郎挨拶」（前掲『野田市史資料編　近現代二』一六六頁）でも確認できる。
(73)川島正次郎先生追想録編集委員会『川島正次郎』（交友クラブ、一九七一年）三三一頁。

(74)『東朝』一九二八年二月一四日千葉版。
(75)『東日』一九二八年二月一六日千葉版によると、選挙事務長は「昔は『参謀』今は『選挙事務長』、名が違ふと同時に、新法によれば事務長は一切の責めに任ずる。事務員、選挙委員その任解から事務所の開閉、運動費の支出等みなその掌中」に収めた、選挙の現場責任者であった。
(76)『東日』一九二八年二月五日千葉版。
(77)坂本正道『選挙運動新戦術』（東漸社、一九二六年）四八～五〇頁。
(78)『東朝』一九二八年二月五日房総版。
(79)前掲「染谷静男家文書」A-〇一九九-二二。
(80)以上、『千毎』一九二八年二月一〇日。
(81)『東朝』一九二八年二月一四日千葉版。
(82)前掲拙稿「専修大学と川島正次郎」三〇～三一頁。
(83)牧原憲夫『客分と国民のあいだ―近代民衆の政治意識―』（吉川弘文館、一九九八年）九〇頁。
(84)前掲『川島正次郎』三二八～三三〇頁。
(85)季武嘉也「選挙区制度と期待された代議士像―戦前期日本の場合―」（『選挙研究』第二五巻第二号、二〇〇九年）六五頁。
(86)前掲升味『日本政党史論』第五巻二九二頁。
(87)『東日』一九二八年二月八日房総版。
(88)以上、『東日』一九二八年二月一〇日千葉版。
(89)『東朝』一九二八年二月一六日千葉版。
(90)『東日』一九二八年二月一六日千葉版。
(91)『千毎』一九二八年二月一三日。
(92)『東日』一九二八年二月一六日千葉版。
(93)『東日』一九二八年二月二一日房総版。
(94)『東日』一九二八年二月一六日千葉版。
(95)『東日』一九二八年二月八日千葉版。
(96)『千毎』一九二八年二月一三日。

(97)『読売』一九二八年二月一九日千葉版。
(98) 林正春『川島正次郎』（花園通信社、一九七一年）二〇四頁。
(99) 松本栄一「四十七年の縁」（前掲『川島正次郎』）二四三頁。
(100)『東朝』一九二八年三月一日全国版。
(101) 以上、前掲川島「私の政治歴」一三五頁。
(102) 黒川鍋太郎『川口先生悲吟帖』（千葉公報社、一九六八年）一八二頁によれば、川島は東京市吏員時代に福永と知り合ったという。
(103) 前掲川島「私の政治歴」一三五頁。
(104) 東京帝国大学法科卒業の福永は、高等文官試験合格後、内務省に入省。一九二四年六月四日付で福井県知事に就任したものの、政友会系の内務官僚だったため、すぐに更迭され、浪人生活を強いられていた。
(105) 前掲川島「私の政治歴」一三五頁。
(106) 前掲林『川島正次郎』一四一頁。
(107) 前掲黒川『川口先生悲吟帖』一八二頁。
(108) 林政春『国会議員の風雪二五年―自民党幹事長川島正次郎氏の政界コース―』（東京タイムズ千葉支局、一九五九年）七頁。
(109) 前掲林『国会議員の風雪二五年』七頁。
(110)『読売』一九三五年一二月一九日千葉版。
(111) 前掲平田『選挙犯罪の研究』四九四頁。
(112)『房日』一九三〇年二月一日。
(113) 前掲池田『大正・昭和期の地方政治と社会』八三頁。また前掲『千葉県の百年』第七章（高林直樹執筆）、前掲『千葉県の歴史』三〇五～三〇六頁（宇野俊一執筆）、前掲『千葉県の歴史通史編　近現代二』三六二～三七一頁（市原博・神田文人執筆）にも詳しい。なお前掲『野田市史資料編　近現代二』は、豊富な労働争議関係史料を収録している。
(114) 前掲『山岡万之助関係文書』R二二。
(115)『千毎』一九二八年二月一八日。
(116)『東朝』一九二八年二月二六日房総版。
(117) 鈴木隆『政界思い出百話』（千代田書房、一九六六年）一〇四～一〇五頁。
(118) 前掲奥『昭和戦前期立憲政友会の研究』第六～七章、上山和雄『陣笠代議士の研究―日記に見る日本型政治家の源流―』（日本経済評論社、一九八九年）第二〜五章。

(119) 前掲川島「政界刷新のため小選挙区制を主張す」一七頁。

(120) 前掲加藤『政党の表裏』一五九頁。

(121) 前掲加藤『政党の表裏』一六三頁。

(122) 前掲平田『選挙犯罪の研究』四九三頁。

(123) 前掲升味『日本政党史論』第五巻二九一頁。

(124) ただし、この回数では、前掲升味『日本政党史論』第五巻二九二頁で示した数値（一候補者平均八四回）の約半分程度にしかならない。これと比較すると、千葉県第一区の演説会の開催回数は少なかったようである。

(125) 司法省刑事局「昭和三・五・七年施行衆議院議員選挙事犯調査表」（岡山県立記録資料館〈国立国会図書館憲政資料室蔵〉『松本学関係文書』R一〇）。ただし前掲平田『選挙犯罪の研究』四九四頁とは、若干、その数値が異なる。

(126) 季武嘉也『選挙違反の歴史―ウラからみた日本の百年―』（吉川弘文館、二〇〇七年）九六〜一四一頁は、買収を含む当該期の選挙違反の全体像を描いている。

(127) 『東朝』一九二八年三月二日房総版。

(128) 『東朝』一九二八年三月一七日房総版。

(129) 『東朝』一九二八年三月九日房総版。

(130) 前掲川島「成果刷新のため小選挙区制を主張す」一七頁。

(131) 前掲「昭和三年衆議院議員総選挙情勢」一六七頁。

(132) 浅野和生「戦前選挙における町村単位の集団投票―第一六回〜二〇回総選挙における熊本一区の投票結果の分析―」・「戦前期における地方選出代議士の選挙区での活動―熊本第一区、大麻唯男の研究―」・「戦前期熊本における中央型政治家と地方型政治家」（大麻唯男伝記研究会編『大麻唯男　論文編』財団法人櫻田会、一九九六年）。

(133) 前掲櫻井「選挙分析から見た昭和初期における野田市域と東葛飾郡」一四九頁。

(134) 粟屋憲太郎『昭和の歴史⑥　昭和の政党』（小学館ライブラリー、一九八八年）二二六頁。

(135) 前掲櫻井「選挙分析から見た昭和初期における野田市域と東葛飾郡」一四一〜一四二頁。

(136) ただし「今般の県議選には地方青年団や在郷軍人、産業団体等の自治公共団体が政党政派に利用され、政争の具に供せられた傾向」を鑑みて、県は「県下六万人を抱擁する四百団体にたいし、四日、連合青年団長の名をもつて九鬼学務部長から夫々巨細にわたる注意書を発送して特に警告」していた（『東日』一九二八年二月五日千葉版）。青年団の選挙活動が報道されなかった理由の一つは、ここにあろう。

(137)　菅谷江南「川口為之助論」（『房総展望』一－二、一九四七年）一〇頁。

第三章　政党政治期

本章では、政党内閣期の一九三〇年第一七回総選挙、一九三二年県会議員選挙および第一八回総選挙を分析する。この三つの選挙に関して、かつて櫻井良樹は東葛飾郡野田地域の投票結果を分析したが[1]、本章はその成果を郡全域に敷衍させる中で、その適否を論じることにもなろう。

第一節　一九三〇年二月第一七回総選挙[2]

(一) 川島の政治活動

初当選直後の四月二七日、川島は妻の幸を亡くし、悲しみの中で代議士生活が幕を開けた。無所属代議士の鶴見祐輔（岡山県第一区）の調査によると[3]、川島は政友会の最大派閥「鈴木系（鳩山系を含む）」（一九二八年一〇月時点）に属し、党内の反鈴木運動を抑え込む昭和会の発起人に名を連ねていたという[4]。第二章で指摘したように、川島は田中義一首相の個人的政治資金に依拠して当選した。したがって党内主流派に所属することは、ある種、当然の帰結といえよう。選挙過程は、代議士の政治活動を規定したのである。

川島は初めて臨んだ第五五議会で院内幹事、議会終了後の臨時党大会で党幹事に就任した[5]。また第五六議会後の一九二九年五月九日の党大会では、広瀬為久（岩手県第二区）が部長を務める遊説部に配属され、その理事に就任した[6]。

表3－1　川島の議会報告演説会一覧（1928～29年）

日程	演説会場	弁士
1928/ 7/10	船橋町蓬莱座 中山町小栗原公会堂	川島、山口義一（大阪府第6区）、植原悦二郎（長野県第4区）
1928/ 7/12	松戸町常盤館 市川町三松館	川島、安藤正純（東京府第3区）、岡田忠彦（岡山県第1区）
1928/ 7/13	浦安町演技館 行徳町寿座	田子一民（岩手県第1区）、内野辰次郎（福岡県第4区）
1928/ 8/ 7	国分村安国寺 国分村清水寿三郎方	不明
1928/ 8/ 8	馬橋村小学校	不明
1929/ 3/19	浦安町浦安亭	川島、伊藤仁太郎（東京府第3区）、高橋熊次郎（山形県第1区）
1929/ 3/30	中山町小栗原公会堂	川島、安藤正純（東京府第3区）、西方利馬（山形県第1区）、土井権大（兵庫県第4区）
1929/ 5/ 8	柏町柏館 流山町赤城クラブ	川島、安藤正純（東京府第3区）

出典：『東朝』1928年7月10日房総版、『千毎』1928年8月5日、『千毎』1929年3月17日、『千毎』1929年3月30日、『東日』1929年5月8日千葉版より作成。

当選一回でありながら、川島は議会対策や遊説など、代議士としての研鑽を積む場に恵まれていた。特に遊説部への配属は、専修大学弁論部出身ということも背景にあったのかもしれない。

解散のある衆議院議員は、常に選挙に備えなければならない。だからこそ代議士は地盤涵養に励む。当選一回の頃の川島の特徴は、議会報告演説会による有権者との直接的結びつきであった。それらの議会報告演説会をまとめた表3－1を見ると、開催地域が地盤の東葛飾郡に限定されていること、応援弁士が必ずしも同じ派閥のメンバーだけではなかったことを読み取れる。前述した一九二八年一〇月時点の党内派閥で川島の応援弁士を分類すると[7]、川島と同じ鈴木喜三郎系一名（田子）、旧革新倶楽部系三名（岡田・植原・土井）、中立一名（山口）、「態度疑問のもの」五名（安藤・伊藤・高橋・西方・内野）となる。派閥が異なれども、代議士同士の関係性は柔軟なようで、川島は派閥色の薄い代議士や旧革新倶楽部系代議士と親しかったと考えられる。議会報告演説会を通して、代議士およびその応援弁士と有権者が政治的空間を共有するとともに、帝国議会での活動を伝えることで、国政と有権者を繋げようと企図していたのであろう。換言すれば、選挙という委任の回路を経て選ばれた代議士が、有権者に対して責任を果たす機会でもあった(8)。

この議会報告演説会の淵源こそ、帝国議会での活動に他ならない。そこで一九二八年から翌年にかけての川島のそれを確認しよう。一九二九年二月六日の競馬法中改正法律案第二回委員会では、競馬を「富籤」と位置づける司法省刑事局長の泉二新熊（政府委員）に対し、川島は「馬の能力を判定して買ふので」決して富籤ではないと発言したものの、大審院判事出身の泉二に反論され、結局、「富籤に近いものである」と前言撤回に追い込まれた(9)。これが初めての発言で、苦い議会デビューとなった。しかし二月一二日の第四回委員会では、民政党の佐藤啓（山形県第一区）が「或る政党が或る地方の人より巨額の金を貰ふ約束をしている」と暗に政友会を批判すると、川島は「明白に其事実を明にして戴きたいのであります、それが万一他人から聞いた噂に過ぎないものであると云ふものであるならば、此議論を御取消を願ひたい」と具体的な証拠の提出を求めて反論し、会場の拍手を浴びた。おそらく議会報告演説会では、このような議会の様子が有権者に伝えられていたのであろう。

一九二八年第一六回から一九三〇年一七回総選挙に至る期間を見ると、千葉県第一区で議会報告演説会を開催した代議士は、川島だけであった。しかし前回総選挙で高い得票率を誇った野田地域で、川島はそれを開催しなかった。そこで野田新聞記者は「大争議当時、表面には現はれず裏面に多少動いたとしても、其後失職した七百余名の喰ふ事の出来ない者の為に、職なきものの為に、一片の葉書か何かに依つてなり、将来の方法、否、当時の処すべき方針でも教へ示してやつたか」と川島を強く批判するとともに、「松戸、柏辺で議会報告演説会を催しながら、野田あつての彼れが何故来町せぬか」と川島を詰問した。すると川島は「野田はヤカマシイ処であるから考へてゐる」と開催を示唆したものの、結局、その機会を設定しなかった(10)。したがって野田醤油争議（一九二二〜一九二八年）での失職者に対する配慮を欠いたという批判だけでなく、「その場限り有権者をないものかしにする候補者」とのレッテルも貼られ、川島は厳しく責め立てられた(11)。一方で、川島は前回総選挙での野田地域の支持者を熱海に招き、慰労会を催し、その労をねぎらいもした。おそらく川島は、野田地域との距離感に悩んでいたのであろう。

（二）立候補過程

田中義一政友会内閣の退陣後、一九二九年七月二日、浜口雄幸民政党内閣が成立した。浜口内閣は第五七議会の休会中、翌年一月二一日からの金解禁および金本位制への復帰を決定。そして休会明けの一九三〇年一月二一日、少数与党の浜口内閣は議会を解散した。翌日に川島は「現在の選挙区で出馬することに決してゐます、選挙に当たつては誤れる現内閣の政策を打破して不景気転換のため及び農村経済政策の確立のために戦ひます」[12]と述べ、昭和恐慌に苦しむ経済と農村生活の再建を標榜し、千葉県第一区からの出馬を宣言した[13]。政治と生活を結びつける川島の政治信条は、ここでも変わっていない。むしろ恐慌時だからこそ、より一層、輝きを放つといえよう。

今回の立候補に際し、川島の最大の課題は、千葉市および千葉郡を地盤とする現職代議士の志村清右衛門との関係であった。志村は川島のライバルである本多同様、床次竹二郎の直系で[14]、一九二九年七月五日、田中義一の後継総裁を狙う床次に従い、民政党を離れ、本多とともに政友会に復党していた。その結果、千葉県第一区は定数四議席の現職全員が政友会代議士になっていた。

しかし一九二九年一〇月以降、志村は「肋膜炎で重態に陥り」[15]、「再起せず」[16]との憶測が流れ、党本部も「志村氏の後任を立てず」[17]との方針を決めた。したがって千葉県第一区からは、政友会から現職の鈴木隆・本多・川島、民政党から多田満長の合計四人が立候するはずだったが、政友会の鈴木と本多の当選は確実なものの、当選一回の川島と病床の志村が政友会から立候補すると、共倒れになるかもしれないという世論、川島も志村も現職のために調整が難しく、交渉が決裂した場合、彼らは非公認でも出馬するかもしれないという世論がある中[18]、志村本人も不出馬を諒解していなかった。つまり前回総選挙で齋藤三郎と政友会の公認を争った川島は、今回、志村と公認候補の座を争わなければならなかった。現職代議士といえども、当選一回の川島は、千葉県第一区で絶対的・圧倒的な存在ではない。政友会が川島を公認するか否かは確定していなかったが、彼は代理人の橋本四郎に松本栄一および梨本太兵衛を帯同させ、立候補を届け出るとともに[19]、配布文書や選挙資金を準備した[20]。

志村も宣言書や挨拶状の準備に入り、立候補を宣言した。[21]これを受けた政友会千葉県支部の下部組織である千葉郡市支会は、志村の「健康状態は世間伝へらるる程に悪化して居らず」と判断し、一月二九日に幹部会を開催。「多年市郡の為めに貢献された志村清右衛門氏にして、果たして再起の意志ありとせば、大義名分の上からも支会は一致結合」することを決め、立候補を承認した。いわば推薦会に相当しよう。これを受けて志村は「郷党のこの誠意に感激して熱涙滂汰」したものの、「起否の解答」は避けた。[22]志村の体調は万全ではなかったのである。

すると千葉郡市支会は、このままだと公認候補四名が共倒れしかねないと考え、志村と川島の一本化を政友会本部に打診したが、[23]一九三〇年一月二七日、党本部は県支部の吉植ら幹部に候補者の一本化を任せてしまった。一月二九日、志村は吉植と会見し、「倒れるまでやる」と告げたという。[24]第二章で示した川島と齋藤三郎の調整同様、政友会県支部は今回も候補者選定で主導権を発揮できなかった。

しかし志村は「狭少乍ら千葉市郡の地盤は堅いが病体、活動意に任せぬ」[25]状態で、結局、川島との立候補調整の必要性を感じ、「川島君は届出る場合僕と相談してやる事にしてゐた」ので、「川島君はあす大阪から帰つて僕のところにくるはずになつてゐるから、その時トクと相談して川島君が出るか、僕になるかをキメよう」[26]と述べた。志村は政友会から四人の候補者を出す訳にはいかないと考え、新聞記者に川島との直接会談を示唆した。一方、川島は「志村君がどうしてもやるといへば僕は先輩に対する儀礼として潔く辞退する、そして志村君が演説出来ないといへば僕が代つて演説して歩かうと決心してゐる、軍資金が足らなければおよばずながら僕がお手伝ひしてもいい」[27]と述べ、志村に公認が出た場合、彼を支持する意向を示した。ただし、この言葉は、逆に自分に公認が出た場合、志村に自身への支持を求めたものと読み取れる。

二月一日、両者は直接会談したが決裂し、志村は出馬を決意したものの、[28]翌二日、「主治医椎名博士、親友折原元代議士等により『生命が惜くばもう一期待て』と切に辞退を勧告されて遂に断念し、後輩川島正次郎氏のために地盤を譲」[29]る話が急浮上する。千葉県知事（一九一七～二二）を経て、政友本党代議士（旧兵庫県第一区）に転じた折原巳一郎の忠告を受け入れた志村は、「親戚その他とトクト協議の結果、からだあつてのもの種だ、といふので意をひるがえ」(30)したのである。志村は千葉郡市支会の幹部会座長の折原に対して、改めて立候補の辞退を伝えた後、(31)四月一〇日に死亡した。おそらく志村の体調はかなり悪化しており、周囲と本人の判断から、このように変化したのであろう。

志村の辞退・死去により、彼の地盤であった千葉市および千葉郡の票の行方が焦点となる。そこで千葉郡市支会は幹部会で協議を重ね、七日、「川島正次郎候補を支会公認候補」(32)に決定した。そして二月九日、千葉市の加納屋で会合を開催し、「市郡所属の代表的有力者七十余名といふ想像以上の大衆を迎へ」(33)、川島の推薦を決議したのである。第二章で示したように、前回総選挙の際、川島は県会議員の川口為之助を通じて千葉市および千葉郡から集票したが、加えて川島は志村票の取り込みにも成功したといえよう。ただし志村は政友会→政友本党→民政党→政友会と渡り歩いた人物だけに、その支持層は多様で、最終的に「従来の種種なる関係上、結局、政友派の主力は川島氏の有に帰し、其の一部は本多氏を擁護し、他の一部は鈴木氏との従来の離れ難い関係上、同士の傘下に馳せ参するの結果」(34)となったという。必ずしも志村支持者の全てが川島の傘下に入ったわけではなかった。

こうして投票日二週間を切った段階で、ようやく川島は志村を抑えた。党本部から公認が出るのはさらに時間がかかり、二月一二日となった。この日、党本部から「公認、総裁の決済済んだ、他との関係上少し遅れる、公認候補として行動せられ一向差支ない」(35)との電報が届き、翌一三日、党本部から公認通知が届いた。鈴木と本多に続き、川島は三人目の政友会公認候補の座を勝ち取り、ようやく宣言書を各有権者に発送した(36)。

以上を見ると、川島は今回も地域有力者の推薦会やボトムアップを受けていない。千葉郡市支会の川島支持は前述したが、それは志村の立候補辞退・死去を受けての緊急事態で、しかも同会の一部が川島を支持したに過ぎない。また東葛政友派が「二十五日、柏町に会合、同郡下選出の立候補について詮衡会を開く」(37)という報道があるものの、川島の名はなく、候補者が誰を指すか判然としない。前回総選挙同様、今回も川島の立候補そのものが流動的な状況からの出馬だったゆえに、推薦会やボトムアップする時間がなかったのかもしれないが、引き続き、これらがなくとも川島は立候補できたのである。

ここで他の候補者をまとめておこう。政友会からは、本多と鈴木も立候補した。特に本多は民政党から政友会に移った直後の選挙ゆえに批判も多く、誇張もあろうが「東葛反本多熱のかう騰をしつた郡民は、殆ど民政党に入党」[38]したという。この真偽は不明だが、だからこそ本多は「地盤関係で融和を欠」[39]いたと報じられたのであろう。

民政党からは、前回に引き続き多田満長の他、新たに篠原陸朗なる人物が立候補した。特に篠原は川島と同じ東葛飾郡を地盤とするので、少し詳述したい。東京帝国大学法科卒業・高等文官試験合格の大蔵官僚であった篠原は、元千葉県会議員（山武郡選挙区）の篠原蔵司の養子で、幼少期を千葉県山武郡東金町で過ごし、千葉県とは一定程度の地縁を持つ。当時の篠原は熊本税務監督局長を務めていたが、浜口内閣の安達謙造内務大臣が彼の立候補を主導したようである[40]。しかし東葛飾郡の民政党地方議員などは反発し、県会議員の成島勇の擁立を模索したが、最終的には県支部が篠原の立候補をまとめ、彼を多田に続く二人目の民政党候補として内定した[41]。県支部のこの対応は内紛を招きかねないため、地方議員の不満を緩和させる必要があった。そこで一月二六日、民政党支部長の鵜澤宇八の東京邸で会合が開催された。鵜澤、県会議員の島田彌久・前述の成島・宇賀山金次郎、千葉市会議員の大澤中・北澤春平、加藤太三郎・大川五兵衛など東葛飾郡選出の元県会議員、中山町長の中村勝五郎など一五名が参加するとともに、大蔵省の篠原の先輩で、郷里の福岡県第四区の民政党代議士に転身した勝正憲（浜口内閣大蔵省参与官）も同席した。これは、勝が篠原の身元保証人であることを示し、地方議員の了解を得るための対応策と考えられる。こうして地域有力者からのボトムアップのプロセスを経て、篠原の立候補が正式決定された[42]。それでも野田地域では篠原に対する反発が続き[43]、彼は「輸入候補[44]」と報じられ続けた。だからこそ一月二七日、民政党県支部は「篠原候補は東葛千葉郡市、多田候補は君津市原両郡を本拠として活動[45]」することを決め、両者の集票地域を棲み分けなければならなかった。この取り決めは一定程度の効果があったようで、表3－4（後掲）のように、篠原は野田地域からも多くの票を集めた。

当初の野田地域では篠原を忌避する雰囲気があったとしても、選挙運動を経て、最終的には彼に投票する有権者が増加したのであろう。こうして政友会と異なり、民政党県支部は地域有力者からのボトムアップや集票地域の棲み分けを試みた。ただし、それは民政党県支部の政治的影響力が強かったからではない。前述した篠原擁立の経緯を受けた民政党県支部の弥縫策に過ぎず、県支部はそれをしなければならない状況に置かれていたといえよう。第五章で示すように、成島勇は一九三七年第二〇回総選挙で国政に転身するが、その潮流は今回の総選挙の時から形成されていたのである。

最後に序章で紹介したが、千葉県第一区で無産政党に連なる人物としては最初で最後となる、全日本農民組合千葉県連委員長の石橋源四郎を取り上げる。一月二四日、一市三郡（千葉市・千葉郡・東葛飾郡・君津郡）の借地借家人組合・農民組合・小作人組合・漁民組合などが共同戦線を張り、無産団体協議会創立大会を開催し、この場で印旛郡白井村在住の石橋の擁立を決定した。大会参加者は約五、〇〇〇人を数えたという(46)。しかし表3－3（後掲）で石橋の総得票数を見ると、一、二一五票に留まった。その理由を示す史料は確認できなかったが、大会の参加者数の誇大報道、参加者の多くが有権者ではない可能性、他候補への票の散逸などが考えられる。いずれにせよ次回以降、この選挙区からは無産政党候補者が出ないため、石橋に集まった一、二一五票は棄権するか、もしくは他候補者に流れることになる。

(三) 選挙運動

前回総選挙同様、梨本太兵衛が川島の選挙事務長を務め、事務所本部も松戸町に設置した(47)。また前回と異なり、船橋・柏・野田・行徳・千葉市・千葉郡にも事務所を設置した(48)。以下、二つの選挙運動を見よう。

第一は、演説会である。表3－2は、その一覧である。東葛飾郡から徐々に千葉市および千葉郡にシフトし、東葛飾郡に戻るスケジュールが組まれた。前回総選挙が東葛飾郡中心だったのに対し、今回は千葉市および千葉郡にも拡

表3－2　1930年第17回総選挙での川島の演説会一覧

日程	演説会場
1930/ 2/ 7	中山町中山クラブ、葛飾村小学校、八幡町小学校、
1930/ 2/ 8	明村小学校、馬橋小学校、小金町小学校、高木村善光寺
1930/ 2/11	富勢村小学校、田中村小学校、梅郷小学校、新川村小学校、野田小学校、七福村小学校
1930/ 2/12	浦安町、大和田町、検見川町、都賀村、犢橋村、千葉市、
1930/ 2/14	更科村、千城村、白井村
1930/ 2/15	蘇我町、生濱町、椎名村、誉田村
1930/ 2/16	八木村、富勢村、田中村、新川村、梅郷村、七福村、野田町
1930/ 2/18	旭村、福田村、関宿町、二川村、川間村、木間ケ瀬村、浦安町
1930/ 2/19	松戸町、市川町、船橋町

出典：『東朝』1930年2月8日房総版、『東朝』1930年2月11日房総版、『千毎』1930年2月13日より作成。

大されている。理由としては、前回、千葉市郡から一定程度を集票できたこと、支持者である川口為之助の地盤地域であることなどが考えられる。「しん時代の代議士、普選時代の候補者たらんとするものが、演説一つ出来ぬものが、果して候補者としての資格があるであろうか」(49)と報じられたように、代議士には聴衆の面前で雄弁に語り得る能力が求められていたが、それは応援弁士も同じであった。例えば一二日の検見川町の場合、川口（県会議員）、軍司善次（文学士）、板倉源一郎（経済学士）、小林八郎（法学士）、矢田英夫（法学士）、下河原金平（政友会本部特派員）、一瀬房之助（弁護士）らが応援弁士として登壇し、「盛況で聴衆約七、八百名」(50)を数えたという(51)。また一三日の千葉市の場合、川島の母校専修大学弁論部の現役学生である杉本一夫と松井政吉が弁士に入った。杉本は川島の「人格論から説き起して熱弁を振」い、松井は「緊縮財政の生んだものは即ち大なる不景気で、其の為め農村は疲弊、農民は困憊の極に達し一日の生活費十五銭で暮らさねばならぬ。之を刑務所に収容されてゐる刑務者の十四銭の食費に比較して余りに其差が少な過ぎると実例を挙げて浜口内閣の無慈悲な政策をこき下ろし」(52)、約二、〇〇〇名の聴衆から拍手喝采を浴びたという(53)。特に川島の演説会では、母校専修大学の学生が大きな役割を果たしていた。一四名が「合宿」(54)で準備を整え、二班に分かれ、数少ない同窓の代議士川島のため、選挙運動に従事した(55)。例えば一六日の野田町興風会館では、「同窓の先輩川島氏」のために「獅子奮迅」の活躍を見せたという(56)。大物弁士はいなかったが、母校の学生に象徴される若い力を背景に、川島は選挙運動を展開した。「青年のするどい意気で押出された川島氏」[57]との報道は、それを物語る。

第二は、頒布を受けた有権者名簿にもとづき送付される、[58]選挙メディア（推薦状・挨拶状・依頼状など）である。例えば川島が染谷亮作（元川間村村長）に宛てた印刷物を二点、取り上げよう。一つは「立候補挨拶状」（一九三〇年二月付）である。[59]そこでは「金解禁の功を急いだがため今や世の中は不景気のドン底に陥り、国民は生活を脅かされ毎日不愉快な日を送っております」と浜口内閣の金解禁政策を批判し、「政界の英傑犬養」とともに「産業立国、不景気退治」を掲げて選挙に挑むと記されている。そして犬養毅（政友会総裁）と川島の二ショットの写真入り推薦状も同封されており、犬養との関係を前面に押し出した。もう一つは「投票依頼葉書」（一九三〇年二月一七日付）である。[60]そこには「偽善ノ面皮ヲ剥ゲ　虚喝ノ舌根ヲ抜ケ　犬養毅」、「川島を男にして下さい　そして犬養さんの下でうんと働かして下さい　お願ひです」と印刷された文言が写真入りで掲載されている。やはり、ここでも犬養との関係が強調されている。二つとも政策ではなく、野党第一党の党首、換言すれば、総理大臣候補との結びつきの強さを前面に押し出し、有権者の心情に訴える文面であった。

しかし前回総選挙と大きく異なるのは、野田醤油会社の動向であった。[61]「野田醤油関係の有権者は約二千名に達しているので、候補者にとつては重役連の意向が極めて重要視されてゐる、前回は大争議中で政友会が争議側を押へたといふので、上下こぞつて政友派の川島氏を応援したが、今回は民政党の多田、篠原両氏何れかに好意を有つて」[62]おり、野田醤油経営陣の意向が有権者の投票行動に大きな影響を与えていた。確かに前回の場合、第二章で示したように、野田醤油経営陣は恩義のある政友会の中でも、当時の福永尊介知事との親交の深い川島を支持した。しかし今回は川島からの恩義を受けていないことから、野田醤油経営陣は政権与党である民政党の多田と篠原に投票する方向に動き、最終的に篠原の支援を決定した。[63]

したがって、この地域の川島批判は鋭い。例えば川島は「代議士にならねば喰ふ事の出来ない人、即ち彼れを生かさんが為、人命救助的有様」と批判され、一方、篠原は「普選に現れた人物本位主義、世相にふさわしき人格の士、一票を加へて選びたき候補」と称賛される。(64)この他、野田町の肥料商組合・織物商組合・理髪組合・魚商組合は篠原支持、下駄商組合は本多支持を決めた。(65)つまり前回は川島の支持基盤であった野田地域が彼から離れたのである。だからこそ川島は、「東葛飾を本拠とするも、本多氏との同士討ちは免れぬところであり、しかも民政派篠原陸朗氏の出馬は確定的であるとされ、到底他郡からの力を借りなければその勝算は期し難(66)」い状況となり、東葛飾郡以外の地域からの集票に力を入れなければならなかった。

そこで前回総選挙同様、千葉市および千葉郡からの集票が大きな意味を持つ。第二章で示したように、この地域には県会議員の川口がいた。川島の信頼は厚く、代理人として彼を政友会本部に派遣し、選挙資金を受け取らせた。この時、三、〇〇〇円～七、〇〇〇円の公認料が渡されたようだが(67)、その際、党幹事長の森恪が(68)「こんどの川島はどうかね」と尋ねると、川口は「こんどの選挙は私がやるんですよ」と答えたという。(69)川口は、川島の選挙を自身の事柄として捉えていた。その川口は「前回志村氏を支持した旧本党系は鈴木前代議士を援助し、前回鈴木前代議士を支持した川口郡（県）議其他の純政友系は川島候補を援助する事となり、完全に鈴木、川島両派に分裂した、従つて最初から支会と別れて本多前代議士を援助する一派と千葉郡市政友は三つに分れた(70)」状況を見て、二月九日夜、千葉郡市支会幹部会を開催した。そこでは約七〇名の出席者と協議を重ね、川島支持を再確認し、陣営を引き締めた。(71)

また川口は次の推薦文書も配布した。

今回の衆議院議員総選挙に当たり、我立憲政友会の千葉支会は前代議士志村清右衛門氏を候補者として推薦仕り候処、同氏は已み難き支障の故を以て固辞せられ候に付、数次詮衡を重ねたる結果、候補者として前代議士川島正次郎氏を推薦することに決定致し候間、同氏の当選を期するため貴下の甚大なる御同情と御後援を仰ぎ度、此段得貴意候(72)

この推薦書の効果は定かではないが、「川島氏は政友三名の中で一番力が弱く見られていたが、千葉郡、市一万票の志村氏絶対地盤を継承しただけに、見方によっては或は鈴木氏より有望(73)」となり、「志村派との合流調つて、着々、千葉郡市への進出を計り、飛躍的戦術を続け[74]」、次第に有利な状況を築きつつあった。その結果、表3－3（後掲）のように、千葉市および千葉郡から川島は四、〇九八票を獲得した。同じ政友会候補と比べた場合、本多二、三一二票、鈴木八七九票を大きく引き離している。前回総選挙で志村が千葉市および千葉郡から獲得した九、七一七票の内、川島はその約四二％相当の票を集めたのである。川島はこの地を東葛飾郡に次ぐ、いわば「第二の地盤」とする第一歩を踏み出したといえよう。

この他、特筆すべきは、川島が君津郡進出の足掛かりを作ったことである。そもそも君津郡には、小選挙区制度の旧千葉県第八区の時代、木村政次郎（政友会）の政治団体である君津大正倶楽部があった。木村が引退したことで、君津大正倶楽部の行方が注目を浴びた。最終的に君津郡北部の一部が川島を支援するのだが[75]、この「大正系残党（旧君津大正倶楽部――引用者注）の自由投票が相当あるらしい[76]」との報道もあり、彼にとってもチャンスであった。ここで川島の母校専修大学の同期生である黒川鍋太郎が動く。前回総選挙で川島は君津郡から四六票を集めたが、実はその内の三八票が黒川の郷里である金谷村からのものだった。その黒川は、次の文書を金谷村で配布した。

みな様のお心もちただありがたいとおもひます。せんきょについて、私の方から。ごゑんりょしましたが『おまへのたすける候補者ならおれもたすけよう』といはれる人たちがいたるところにおり『えんりょしておるばあいでない』私の親友川島正次郎はいま金もち候補者のはさみうちにあつて非常な苦戦です。しかしこのたたかいは石にかぢりついてでも勝たなければならぬたたかいです。私をたすけると思つて川島を男にして下さい。さいごのおたのみをします[77]

ほぼ平仮名で書かれたこの文書の効果の程度は分からない。しかし最終的に表3－3（後掲）のとおり、川島は君津郡から一九九票を集めた。しかも、その内の約三五％相当の七〇票が金谷村からであった。川島の君津郡票一九九票は彼の全得票数のわずか二％だが、これが以降の君津郡進出の足がかりとなっていく。

終盤に入り、総括や票読みが報じられた。例えば「現在の所では多田氏、篠原氏安全、之れに次ぐは本多氏、鈴木氏、川島氏、以上の三候補は共に伯仲」(78)との報道は、総体的に与党民政党の有利と野党政友会の不利を反映したものであった。特に「絶対安固と伝へられる本多派は、背後に闘士川島派の奇襲を受け、正面には篠原派の猛撃に合ひ、相当苦戦を伝へられて来たが、殊にほとんど金城湯池とされる京成沿線中地元市川、船橋両町のグラつきと中山町議等の篠原応援とで突然形勢一変」(79)と報じられたように、川島と篠原に挟撃された本多は苦戦していた。実際、表3－4（後掲）で本多の得票率を見ると、市川町三〇・五％（前回五四・六％）、船橋町二七・八％（前回三七・一％）、中山町一四・〇％（前回三五・二％）で、大幅に得票率を減らした。民政党から政友会から移った直後の選挙とはいえ、本多は川島と篠原に切り崩され、苦戦を強いられていたのである。投票日前日、床次竹二郎が染谷亮作（元川間村村長）に対し、「ホンダクセンタノム」(80)との電報を打電したことは、それを物語る。ただし真逆の報道も確認できることから(81)、川島は最後、前述した苦戦する野田地域に的を絞り、「一と塊り四千票と言はれる野田醤油王国野田町をめがけて各候補の突撃振は物凄く、川島候補の如き野田を得ると否とに依つて当選の岐るる処と全主力を此方面に注い」(83)だ。櫻井良樹が指摘するように(82)、それまでの政党支持はあてにならず、まさにこの選挙は読めない展開になっていた。しかし劣勢は変わらず(84)、政友会千葉県支部の予想ですら、川島は「いま一息」(85)であり、当選は難しいと考えられていた。

こうして選挙運動は終了したが、投票後の総括記事を見てみよう。例えば本多は演説回数延べ約五〇回で、その結果、地盤である「金城湯池」の南北東葛一帯を固め、千葉郡市、市原郡にも進出した。特に東葛飾郡では篠原と対峙しつつ、川島とは松戸方面で「同士討ち」を繰り広げた。篠原は演説回数延べ約六〇回で、「千葉市の本居を出でて、東葛だけで一万三千票を稼がうと大童、小泉逓相、横山政務次官などの応援に気を良くして初舞台の割に度胸振りよく評判宜しい方だ、最終日の十九日は再び井上蔵相を千葉市に迎へて最後の奮闘」を見せた。川島は「苦戦また苦戦、時に自転車を走らせて東葛の奥地に奮闘の意気を見せてゐるが、これだけでは到底及ばぬと見たか、千葉郡市に猛然と戦線を開いた、本多、鈴木の同志と共に地盤の喰い止めに相当楽でない戦ひを続け」、やはり苦戦していた。(86)そこで川島は「何人も確実といふものなきに反し、何人も悲劇したる形勢でないと称されるのが川島氏で、全く逆賭し難い、氏も又十分これを知り、けふ投票締切りまで必死の努力を傾注し、十九日早朝、『善戦よく最後の言論戦にて必勝を期す、よろしく頼む』の長電を発し、氏独特のカクレたる票をこはんと」[87]したという。この「氏独特のカクレたる票」の内実は不明だが、買収の可能性も否定できない。いずれにせよ当落相半ばのまま[88]、川島は選挙運動を終えた。なお東葛飾郡での予想得票数は約九、〇〇〇票で[89]、実際の八、六三八票（表3－3）とほぼ同数であった。

(四) 選挙結果

表3－3が二月二〇日の投票結果である。鈴木（政友会）が連続四回目、川島（政友会）が連続二回目、君津郡を地盤とする多田（民政党）が三回目の挑戦で初当選、篠原（民政党）も初当選した。民政党から政友会に移った連続当選三回の本多は、初めて落選を経験したのである。その要因は、野田地域の篠原支持[90]、京成電鉄の千葉市乗り入れをめぐる疑獄事件[91]、同じ政友会候補である鈴木の浸食[92]、定数四名に対する三名の政友会候補の公認[93]、選挙ブローカーによる買収資金の中間搾取など[94]、多様であった。

千葉県第一区の投票率は八一・一%、棄権率は一七・二%で、前回総選挙に比べると投票率は上昇し、棄権率は下降した。全国的に見ると、投票率八〇・七%、棄権率一六・五%の中、無産政党が二議席減らした反面、二大政党の議席占有率が九五・九%（前回九三・一%）に到達した。有権者の政治的期待は、政民両党に収斂されつつあったといえよう。全四六六議席中、民政党二七三議席、政友会一七四議席、国民同志会六議席、無産政党五議席、革新党三議席、中立その他五議席となり、金解禁中の経済情勢でありながら、民政党が第一党として勝利した。本多の苦戦と落選は、この全国的な潮流と軌を一にする。

5位：本多貞次郎（政友会）		6位：石橋源四郎（無所属）	
9,679	75.5%	581	47.8%
507	4.0%	135	11.1%
1,805	14.1%	219	18.0%
477	3.7%	94	7.7%
345	2.7%	186	15.3%
12,813	100.0%	1,215	100.0%

表3－3　1930年2月第17回総選挙結果一覧

	1位：多田満長（民政党）		2位：篠原陸朗（民政党）		3位：川島正次郎（政友会）		4位：鈴木隆（政友会）	
東葛飾郡	5,988	16.0%	10,484	55.2%	8,638	66.2%	997	7.7%
千葉市	2,301	6.2%	1,986	10.5%	1,180	9.0%	242	1.9%
千葉郡	2,317	6.2%	4,526	23.9%	2,918	22.4%	637	4.9%
市原郡	7,261	19.5%	1,508	7.9%	104	0.8%	4,251	32.7%
君津郡	19,448	52.1%	472	2.5%	199	1.5%	6,856	52.8%
全体	37,315	100.0%	18,976	100.0%	13,039	100.0%	12,983	100.0%

出典：『第17回衆議院議員総選挙一覧』（衆議院事務局）より作成。

川島の当選は、「千葉郡市の援助が因を為すと雖も必死の努力が報ゐられた」(95)と報じられたように、前述の川口の支持や志村票の一部が大きかった。また川島の議会報告演説会については前述したが、ここで培われた有権者との結びつきがあったからこそ、落選した本多陣営幹部の一人は「川島涙の運動は上よりも寧ろ下にてつ底した為である」(96)と回想したのであろう。この他、「川島氏の戦さ上手には驚く外はない」(97)と報じられたように、「上手」な買収があったのかもしれない。いずれにせよ選挙後、川島陣営の岡田兼吉は「勝算の見込はなかつた、前回に応援してくれた郡下の有力者は殆ど本多氏を応援したためその苦心たらなかつた、金がないために応援者も少なく如何に馬力をかけても当選見込はなかつた」(98)と語り、喜びを隠さなかった。

そこで東葛飾郡の町村単位の得票率を見るため、表3－4を作成した。ここからは、次の三点が読み取れる。第一は、地盤協定の有無である。政友会の場合、本多と川島を比較すると、両者とも○票の町村が全くない。おそらく地盤協定が存在しない、または存在しても遵守されなかったのであろう。本多は政友会に復帰したが、以前から川島とライバル関係にあり、両者が地盤協定を締結することは難しい。競合する両陣営は、激しく票を奪い合ったのである。なお鈴木を見ると、○票の町村が五つある。それらは前回総選挙での○票町村とは全て異なることから、おそらく前回も今回も、川島と鈴木の間に東葛飾郡票に関する協定や移譲はなかったと考えられる。民政党の場合、櫻井良樹は篠原が東葛飾郡の北部、多田が南部という地盤協定の可能性を指摘するが(99)、史料からはそれを確認できない。ただし多田は東葛飾

表 3 - 4　1930 年第 17 回総選挙での候補者別東葛飾郡各町村得票数および得票率一覧

町村名	投票総数	本多（政友会）		川島（政友会）		篠原（民政党）		多田（民政党）		鈴木（政友会）	
		得票数	得票率（%）	得票数	得票率（%）	得票数	得票率（%）	得票数	得票率（%）	得票数	得票率（%）
船橋町	3,229	899	27.8	697	21.6	725	22.5	607	18.8	248	7.7
葛飾村	880	408	46.4	167	19.0	210	23.9	74	8.4	4	0.5
法典村	276	22	8.0	15	5.4	214	77.5	11	4.0	9	3.3
塚田村	175	63	36.0	17	9.7	94	53.7	1	0.6	0	0.0
八栄村	600	134	22.3	270	45.0	101	16.8	42	7.0	46	7.7
浦安町	1,895	132	7.0	350	18.5	31	1.6	1,374	72.5	2	0.1
行徳町	1,429	201	14.1	471	33.0	395	27.6	345	24.1	1	0.1
南行徳村	749	104	13.9	186	24.8	203	27.1	245	32.7	1	0.1
市川町	2,545	775	30.5	351	13.8	533	20.9	795	31.2	28	1.1
八幡町	816	221	27.1	166	20.3	323	39.6	88	10.8	6	0.7
中山町	1,006	141	14.0	296	29.4	525	52.2	25	2.5	8	0.8
国分村	486	157	32.3	185	38.1	38	7.8	93	19.1	0	0.0
大柏村	462	217	47.0	132	28.6	74	16.0	29	6.3	6	1.3
鎌ヶ谷村	638	256	40.1	126	19.7	160	25.1	54	8.5	2	0.3
松戸町	1,565	416	26.6	582	37.2	275	17.6	269	17.2	2	0.1
明村	797	195	24.5	231	29.0	81	10.2	283	35.5	1	0.1
八柱村	527	234	44.4	220	41.7	26	4.9	40	7.6	0	0.0
高木村	522	156	29.9	277	53.1	39	7.5	38	7.3	1	0.2
馬橋村	514	126	24.5	187	36.4	152	29.6	27	5.3	0	0.0
小金町	597	284	47.6	187	31.3	88	14.7	15	2.5	1	0.2
流山町	878	240	27.3	187	21.3	370	42.1	67	7.6	1	0.1
八木村	531	247	46.5	96	18.1	151	28.4	18	3.4	1	0.2
新川村	641	259	40.4	107	16.7	239	37.3	28	4.4	3	0.5
田中村	855	282	33.0	183	21.4	338	39.5	43	5.0	1	0.1
柏町	1,068	243	22.8	252	23.6	348	32.6	193	18.1	5	0.5
風早村	682	397	58.2	123	18.0	127	18.6	17	2.5	1	0.1
土村	513	203	39.6	119	23.2	131	25.5	43	8.4	5	1.0
手賀村	784	281	35.8	160	20.4	260	33.2	38	4.8	37	4.7
富勢村	609	64	10.5	27	4.4	501	82.3	16	2.6	0	0.0
我孫子町	777	172	22.1	115	14.8	272	35.0	174	22.4	34	4.4
湖北村	527	107	20.3	119	22.6	203	38.5	23	4.4	71	13.5
布佐町	551	84	15.2	54	9.8	307	55.7	9	1.6	82	14.9
旭村	494	185	37.4	147	29.8	123	24.9	30	6.1	4	0.8
野田町	3,048	393	12.9	837	27.5	1,109	36.4	575	18.9	66	2.2
梅郷村	644	116	18.0	97	15.1	342	53.1	72	11.2	11	1.7
福田村	689	150	21.8	249	36.1	226	32.8	33	4.8	26	3.8
七福村	496	171	34.5	104	21.0	115	23.2	46	9.3	57	11.5
川間村	845	360	42.6	103	12.2	308	36.4	39	4.6	29	3.4
木間ヶ瀬村	750	290	38.7	187	24.9	247	32.9	22	2.9	1	0.1
二川村	763	126	16.5	185	24.2	235	30.8	24	3.1	190	24.9
関宿町	514	165	32.1	74	14.4	234	45.5	24	4.7	6	1.2
合計	36,367	9,676	26.6	8,638	23.8	10,473	28.8	5,989	16.5	997	2.7

出典：『第 17 回衆議院議員総選挙一覧』（衆議院事務局）より作成。

郡全町村で一定程度の票を集めており、得票率を見ると、篠原と競合する町村も多かった。東葛飾郡全体という地域の中に、浅野和生の「集団投票」[100]の普遍性を見出すことは難しいといえよう。

第二は、前回総選挙と比較した場合、川島の地盤町村に変化があった。浦安町（四四％↓一八％）および野田地域（平均値五五％↓平均値二二％）の激減、松戸地域（平均値四六％↓平均値三八％）および行徳町（四五％↓三三％）の減少が目立つ。本節で示したように、票が激減した浦安町および野田地域は、川島の地盤町村とはいえない。野田地域の川島批判が選挙結果に直結し、彼は篠原の後塵を拝したのである。このように考えると、①二回以上連続して高い得票率、②前回の本多の得票率より高い、この二つで線を引くと、川島の場合、行徳町・八栄村・松戸町・高木村・福田村が該当する。したがって、これらの町村こそ川島の地盤町村といえるのではないだろうか。

第三は、特定の政党を支持する町村が読み取れる。例えば民政党候補の得票率が著しく高いのは、篠原の法典村七七・五％および富勢村八一・三％、多田の浦安町七二・五％である。これは前回総選挙も同様で、法典村で民政党六〇・八％（本多五〇・一％＋志村一〇・六％）、富勢村で民政党八三・六％（本多八三・二％＋志村〇・四％）を占めている。したがって特に富勢村での民政党候補者の得票率からは、同村の有権者の多くの投票基準が民政党の候補者か否かという点にあったと考えられる。東葛飾郡の中で見ると、とりわけ富勢村は総体的に政党（民政党）の影響力が強い、珍しい地域であった。

次に選挙費用の一端を確認するため、表3－5を作成した。選挙後に各候補者が県知事へ提出した公的な選挙費用の総額とその内訳であり、実際のものとは乖離するだろうが、どの項目に多く費用を割いていたかを読み取りたい。野党候補の川島と本多は、前回より選挙費用が減少傾向だが、表2－6（前掲）と比較すると、川島は印刷費用と雑費が減少した反面、通信費（一三・七％↓一九・五％）と集会場費が増加している。また、それまで支出のない傭人への報酬が確認できる。推測だが、立候補挨拶状や投票依頼葉書の郵送回数および対象に関する変化、演説会などの集会の強化、選挙スタッフの増加などが考えられる。

表3－5　1930年第17回総選挙での選挙運動費内訳一覧

項目		本多 費用（円）	本多 割合（％）	川島 費用（円）	川島 割合（％）	篠原 費用（円）	篠原 割合（％）
報酬	選挙事務員	40	0.5	30	0.4	50	0.6
	傭人	637	8.4	756	10.4	724	8.8
家屋費	選挙事務所	176	2.3	117	1.6	232	2.8
	集会会場	1,022	13.5	1,004	13.9	1,270	15.4
通信費		1,734	22.9	1,414	19.5	1,156	14.0
船車馬費		632	8.4	678	9.4	818	9.9
印刷費		2,301	30.4	1,477	20.4	2,368	28.7
広告費		371	4.9	238	3.3	382	4.6
筆墨紙費		88	1.2	40	0.6	119	1.4
休泊費		0	0.0	182	2.5	250	3.0
飲食物費		467	6.2	458	6.3	792	9.6
雑費		98	1.3	846	11.7	78	0.9
合計		7,566	100.0	7,240	100.0	8,239	100.0

出典：『千葉県報』号外（1930年3月8日付）より作成。
注：単位は円だが、銭と厘は切り捨てた。

では候補者たちは、どのように選挙資金を調達したのであろうか。例えば河原宏は「七勝五敗」（選挙費用七万円なら当選・五万円なら落選）を踏まえ、民政党は幣原喜重郎や仙石貢を通して三菱財閥から、政友会は三井財閥から、それぞれ政治資金を調達したという(101)。また政友会は、候補者の選挙費用平均金額が五万円にもかかわらず、党本部は公認候補に平均一万円程度しか支給していない。民政党も党本部から前職七千円（新人五千円）を支給し、投票日の二〜三日前、当選確実の候補者に二〜三千円を追加支給した(102)。いずれにせよ党本部からの資金援助は一万円前後に過ぎず、選挙費用の多くは候補者が自前で調達しなければならなかった。

川島の場合、前回総選挙と異なり、内実を物語る史料は少なく、管見では次のもののみであった。

東葛銀行のゴテゴテ問題中、某事業家と東葛銀行頭取とを引合せたと言ふ口実のもとに、下層者流の二十円三十円の預金者にすら支払の出来ぬ状態にある銀行より、二三千円と言ふ報酬を受け、昨年十月末、松戸検事局に呼び出され、その事実を自白した(103)

川島は経営難の東葛銀行から資金援助を受けたことで、司法から疑惑の目を向けられていた。川島はこのように企業から資金を調達し、選挙資金としていたのであろう。

最後に選挙違反について。司法省刑事局が作成した資料によると、千葉県の場合、三六七人逮捕中、起訴二九四人

（八〇・一％）・不起訴七三人（一九・九％）となっており、前回総選挙とは数値が逆転している[104]。前回の政友会知事の時代と異なり、おそらく民政党知事は確実な選挙違反容疑者を検挙したのであろう。起訴率の高さは、それを物語る。推測だが、当時の知事が警察行政を専門としない岡田周造知事ということも作用したのかもしれない。

買収に限定すると、川島陣営の場合、川口が買収容疑で起訴された件のみ、確認できる。すなわち千葉市吾妻町の川島の選挙事務所で、川口は鈴木智一なる人物に二〇〇円および謝礼二〇円を手渡し、この鈴木が三名の有権者を各一〇円で買収したという[105]。買収費用二〇〇円の内、三〇円しか使用されていないことから、鈴木は残りの一七〇円を懐に入れたのであろう。ここからは、やはり地方議員が代議士の集票回路であったことを読み取れる。

むしろ政友会の鈴木隆の買収は大問題に発展し、関与した三五人の名前・職業・年齢を報じられるが、町村会議員が多かった[106]。例えば海産物商の山﨑保光（船橋町会議員）は多田一郎（鈴木隆秘書）から合計四、〇〇〇円を受け取り、合計五九人を二、〇五一円で買収したという。元金四、〇〇〇円の内の約半分しか使われておらず、残りは前述の鈴木智一同様、おそらく山﨑が懐に入れたのであろう。したがって「大部分の買収費はブローカーの懐へ[107]」という報道は、正鵠を得ていた。鈴木隆は責任を取って政友会千葉県支部長を辞任し、後任には森矗昶（千葉県第三区）が就任する。なお一九三一年四月三〇日、鈴木は千葉県地方裁判所から禁固四か月（求刑一〇か月）の有罪判決を受けたが、即日控訴した[108]。

第二節　一九三二年一月県会議員選挙

（一）代議士二期生時代

連続当選後の川島の政治活動の特徴は、次の三つにまとめられる。第一は、他者の演説会で弁士を務めるようになった。例えば一九三〇年八月二五日、川島は神奈川公会堂（横浜市）で開催された横浜政友院外団主催の不景気打開演説会に弁士として参加し、浜口雄幸民政党内閣の経済政策を批判した。神奈川署員から中止命令を受けたが、演説を続け、後日の警察への出頭が命ぜられたものの、出頭しなかった。この結果、川島は治安警察法違反として告発されたという(109)。

第二は、一期目以上に議会活動を重視した。事例を二つ紹介しよう。一つは、初めての本会議（第五九議会）での発言である。川島は治安警察法改正をめぐる議論の中で登壇し、「現に現在の政府が行って居るが如き、少しでも内閣に不利益なる記事、若くは現内閣の施政を糾弾する言論は、直ちに中止するが如きは、甚だ怪し」と発言し、「現内閣政府の頭を改造することは賛成でありますけれども、法案を改造することには賛成致しませぬ」と法改正に反対し、浜口内閣を攻撃した(110)。もう一つは、第五九議会の中央卸売市場法中改正法律案委員会での発言である。すなわち法案提出者の民政党の藤田若水（広島県第一区）が「生産者消費者が不利益」だから「生産者から消費者に直接に行ける途があれば、直接に行った方が宜いぢゃないか」と卸売人・仲買人の存在を否定するのに対し、川島は実例を示せと激しく詰め寄った(111)。前々回および前回総選挙の際、この市場関係団体の明確な川島支持を物語る史料は残されていなかったが、一九二四年第一五回総選挙の際、川島の支持基盤として登場していたことは、すでに第一章で示した。仮に市場関係団体が川島の下を離れていたとするならば、彼は帝国議会での業界擁護発言を通して、自らの力で支持基盤を取り戻そうとし、強化する努力を怠らなかったといえよう(112)。

第三は、引き続き有権者と結びつくため、より一層、地元選挙区で議会報告演説会を数多く開催した。新聞報道を見る限り、千葉県県第一区の場合、これは川島だけの取り組みでもあった。国政の現状を地元有権者に提供する演説会は、川島と有権者を繋ぐ有効な回路といえよう。表3－6は、それらをまとめたものである。野田地域から始めたのは、本章第一節で示したように、前回総選挙で同地からの集票が振るわなかったからであろう。その反省を踏まえて、この地から演説会を設定したと考えられる。

特に注目すべきは、一九三〇年六月一一日、野田町興風館（一六時～一九時）と松戸町常盤館（二〇時～二三時）

表3-6　川島の議会報告演説会一覧（1930～31年）

日程	場所	タイトル	弁士
1930/ 4/26	野田町共栄館	不明	不明
1930/ 9/14	柏町柏館	不景気打破大演説会	田子一民（岩手県第1区）
	我孫子町我孫子倶楽部		中野寅吉（旧福島県第7区）
1930/ 9/15	八栄村三咲小学校	農村振興演説会	中野寅吉（旧福島県第7区）
1930/ 9/19	行徳町（会場不明）	不景気打破大演説会	井上孝哉（岐阜県第2区）
	中山町小栗原公会堂		大口喜六（愛知県第5区）
			加藤久米四郎（三重県第1区）
1931/ 6/ 8	津田沼町大久保演芸館	不明	川島
	二宮村櫛田館		安藤正純（東京府第3区）
			坂本一角（東京府第7区）
1931/ 6/20	船橋町蓬莱座	不明	川島
			高橋熊次郎（山形県第1区）
			田子一民（岩手県第1区）
			太田正孝（静岡県第3区）
			松本栄一（弁護士）
1931/ 7/ ?	松戸町常盤館	不明	不明
1931/ 7/ ?	流山町流山小学校	不明	不明

出典：『東朝』1930年4月24日房総版、『房総』1930年9月11日・13日・16日、『読売』1931年6月7日千葉版、『千毎』1931年6月19日、『東朝』1931年7月5・14日房総版より作成。

の二会場で開催された、政友会総裁の犬養毅を迎えての演説会である。犬養が「在野党の立場に於て」、川島が「総選挙より臨時議会へ」、愛知県第五区の大口喜六が「なぜ不景気になつたか」、兵庫県第一区の砂田重政が「景気はどうして直るか」で演説した。世界恐慌や昭和恐慌の最中だけに、経済政策に関する内容が目立つ。野田町の演説会を見ると、参加者が二、五〇〇人を越え、「後ろより続く殺到の聴取は収容し切れずして空しく場外に佇立する素晴らしい盛況」だったという。また松戸町の場合、「大雷雨」の悪天候ながらも、「無前の盛況成功裡」に終わったという。[113] 当選二回の一代議士に過ぎない川島だが、有権者に政友会総裁犬養との結びつきを示した瞬間でもあった。

一九二八年一〇月時点での党内派閥に基づき、[114] 表3-6での川島の応援弁士の派閥を見ると、鈴木喜三郎派の川島の下には、同じく鈴木派（田子）、久原房之助派（坂本）、水野錬太郎派（加藤）、旧革新倶楽部系（砂田・大口）、「態度疑問」（安藤・井上・髙橋）が馳せ参じた。旧革新倶楽部系の代議士と派閥色の薄い代議士に加えて、それ以外の派閥にも人間関係を広げたようである。演説会参加者数が判明しておらず、その効能は明らかでないが、いずれにせよ選挙区のライバル代議士と異なり、川島は演説会を頻繁に開催することで、有権者に議会で活躍する代議士としてのイメージを提供したのである。

さらに川島は衆議院派遣の欧米視察にも参加し、活動の幅を広げた。一九三一年八月中旬、政友会の本田義成（東京府第一区）ら三名と満州・モンゴル・シベリア・ロシア・フランス・ドイツを視察した上で、一〇月にルーマニアのブカレストで開催される第二七回列国議会同盟会議に参加し、[115]一二月に帰国するメンバーに選ばれた。[116]ただしベルリン滞在時に満州事変が勃発したため、予定を変更し、同盟会議には参加せず、スイスのジュネーヴで開催された国際連盟理事会を見学後、イタリアのナポリ発の船便で一一月二四日に帰国した。

連盟理事会を傍聴した日本人は、「本社特派員及び新聞記者の外に川島氏ただ一人」[117]ゆえに、彼の発言は新聞各紙で大きく報じられた。例えば川島は満州事変を「特定国家間の地方的係争」と捉え、したがって「国際連盟の問題」としてはふさわしくないと述べたが、[118]ここからは彼の保守的な政治思想が垣間見られる。[119]国際連盟理事会の唯一の傍聴者という肩書は、ある種、川島の箔となり、後述の選挙運動に活かされていく。

(二) 県会議員選挙と代議士

次の県会議員選挙は一九三二年一月だが、そこに至る補欠選挙を見ても、川島と本多は候補者擁立をめぐり、鋭く対立した。政党支部ではなく、代議士が候補者擁立の主体になっていたのである。例えば一九二九年一二月の県会議員補欠選挙（東葛飾郡）の際、候補者難の川島は妥協を模索した。[120]すなわち一二月一五日、川島は本多に面会し、自身の選挙事務長を務めた梨本太兵衛（松戸町会議員）の擁立を提案した。しかし本多が「承知せず」、「本多邸で本多川島両氏の大激論」の末、結局、川島が補欠選挙から手を引き、本多は自身の推す流山町会議員（民政党相談役）である天晴味醂合資会社社長の秋元三左衛門を擁立した。[121]しかし民政党は反発し、代議士の祖父および父を持つ榎本治郎右衛門（布佐町青年団長）を擁立し、政友会に勝負を挑んだ。[122]これを見た秋元は立候補を辞退し、結果、榎本は無競争で当選してしまった。[123] すると川島は「本多派があまり策を弄したからこんなもとになつたのである、どうせ妥協するなら何故梨本太兵衛氏で妥協しなかつたか、民政派は梨本氏なら結構だと言明してゐたのであるし、本多一派さへ承知すれば何等文句なしに妥協成立した」[124] と述べ、本多を批判した。同じ政友会であっても、川島と本多の対立は根深いものがあった。

一九三二年一月県会議員選挙の直前となる一九三一年一二月、犬養毅政友会内閣が成立し、川島は与党でそれを迎えた。[125] 政友会県支部の準備は早く、一九三一年一一月三日、支部事務所で県議選対策協議会を開催し、各選挙区の状況報告のうえ、公認候補数を決定した。[126] しかし具体的な候補者を調整したわけではない。一二月二八日、加納屋で県議総会を開催するも、選挙対策を「種々協議」[127] したに過ぎず、やはり公認を調整していない。印旛郡（千葉県第二区）や山武郡（千葉県第三区）では、政友会千葉県支部の下部組織的な支会が組織的に候補者の調整に当たったが、[128] 政党の影響力の小さい、そのような組織のない東葛飾郡の場合、候補者の調整は進まなかったといえよう。

だからこそ今までの県会議員選挙同様、代議士が候補者擁立の主体となった。まず前回総選挙で落選した本多は次回を睨み、積極的に関与する。例えば一九三一年一二月二三日、本多は「県議選候補の人選」[129] 会議、一二月二六日に「県議候補者推薦会」[130] を開催し、二人の候補者を擁立した。一人目が、新人の浮谷竹次郎（四五歳）である。[131] 一九二八年第一六回・一九三〇年一七回総選挙で本多の選挙事務長を務めた浮谷権兵衛（県会議員）の弟である竹次郎は、農科大学（現北海道大学農学部）卒業後に宮城県農林技師などを経て、本多が社長を務める京成電鉄に入社、そして市川町会議員を二期務めた後、一九三〇年二月に市川町長に就任していた。

二人目が、染谷正治（三一歳）である。我孫子町生まれの染谷は、在郷軍人会我孫子分会長や東部養蚕組合長などを歴任後、一九二七年三月に我孫子町長に就任（～一九四六年九月）、まさに我孫子を代表する名望家であった。ただし本多の染谷擁立の目的は、「政友本多系から我孫子町長染谷正治氏を盛り立て成島氏に対抗せん計画」[132] のためで、川島ではなく、民政党県会議員候補の成島勇への牽制という側面が強かった。

川島は三人の候補者を擁立した。一人目が、前述の梨本太兵衛（四八歳）である。「選挙費用全部も親分川島正次郎代議士が保證」しており、梨本は川島直系候補であった。年明け、「梨本太兵衛氏は六日同町有力者十余名と上京、川島代議士と会見、運動資金その他の打合せ」、準備を進めた。川島は梨本の当選に向けて、染谷亮作（元川間村村長）に「各町村有志諸氏の熱望に依り推薦候補として出馬致候、同君は候補者中最適任者として各方面の推賞多大なるものあり、同君を県会に送ることは我々同志の誇りなりと確信致候」との推薦状を送付し、支持を訴えた。また政友会総裁犬養毅の署名入り推薦状、松戸町・小金町・流山町・柏町・我孫子町・明村・八木村・田中村・土村・馬橋村・高木村・八柱村・富勢村・風早村・手賀村・湖北村・布佐町・新川村の各有志連名推薦状も有権者に送付した。梨本は政友会、地元選出代議士、地域有力者という三重の支持を調達した候補者であった。その結果、松戸町は「本多、川島両派の対立の甚だしい処」にもかかわらず、「梨本氏独り舞台となつて選挙熱上らず、相当棄権者を出した模様」と報道されるほど、梨本有利の情勢となった。

二人目が、船橋町の弁護士の松本栄一（三八歳）である。第二章で示したように、前回の県会議員選挙で落選した人物だが、その後、一九二九年に船橋町会議員となっていた。松本は和歌山県出身だが、地縁がなくとも、自らの力で地盤を開拓し、船橋町で一定の信頼を得るにまで成長していた。松本も「同じ政友でも川島系」・「川島代議士の直属」と評されたように、前述の梨本同様、川島系列下の候補者であった。松本は前述の浮谷竹次郎と船橋町対象の地盤協定を試みたが、失敗してしまい、以後、「南部浮谷氏は本多系を背景に市川町を中心として松本候補の地盤にまで進出、松本候補も浮谷候補の地盤にまで切り込」み、両者は票を奪い合った。一九二四年第一五回総選挙以来の川島と本多の対立が続く中、彼らが擁立した候補同士の妥協と調整は不可能であった。

三人目が、野田町で薬品店を経営する前県会議員の茂木林蔵（六〇歳）である。野田町の名望家は当初、現職の高梨忠八郎の再選を目指したが、立候補交渉は失敗し、前職の茂木にシフトした。第一章で示したように、茂木は一九二四年一月県会議員選挙で本多の支援を受けて当選した過去があるものの、今回は川島が支持しており、今はその結びつきが強かった。したがって川島は茂木のために動き、前述の染谷亮作には「投票依頼葉書」（一九三二年一月一七日付）を送付した[143]。しかし形式を比較すると、前述の梨本が書状で、茂木は葉書であった。おそらく川島と茂木の結びつきは緩やかで、彼は梨本のような直系候補ではなかったといえよう。この他に茂木は、千葉県薬剤師会の支持も調達していたようで、会長の国松真三郎（元千葉町会議員）の名で、東葛飾郡の全会員に投票依頼状を発送した[144]。なお県薬剤師会の後継団体となる県薬政会は、後年の一九五二年第二五回総選挙の際、千葉県第一区の伊能繁次郎（当選）と始関伊平（落選）の両者に選挙資金を寄付し、二股をかける[145]。薬品店経営者という茂木自身の出自もあろうが、千葉県薬剤師会は戦前期県会議員選挙レベルですら、利益団体化していたと考えられる。手塚雄太は医師団体が政友会の加藤鐐五郎（愛知県第一区）を支持した姿を描いたが[146]、地域を問わず、医療関係の利益団体は、政治との結びつきを志向する傾向があったのかもしれない。

この他、川島が君津郡選挙区に影響力を行使しようとしていたことも見逃せない。この地には「川島正次郎氏を輸入[147]」すべきという意見があり、それが県会議員選挙で発現した。すなわち「鈴木代議士に好感を持たぬ一派は候補者選考のことから一層反感を有し、東京の川島代議士を密に秘策を練つて居たもので、川島氏とても今議会の解散を見越し君津郡に新に地盤開拓を望んで居た際でもあり、渡りに船とばかり氏一流の智恵を授けて反鈴木一派のきう合[148]」と報じられたように、同じ政友会の鈴木との対立を覚悟で、川島は君津郡に影響力を広げようとしていた。ただし川島の擁立・支持した具体的な候補者は分からない。少なくとも彼は選挙区全体を視野に入れ始め、代議士としての器を広げつつあったといえよう。これは、第三節で示す一九三二年第一八回総選挙の際、君津郡での川島の集票力の強化に繋がっていくこととなる。

なお政友会には、川島も本多も関与しない候補者が二人いた。八幡町の高原正高と新川村長の柳澤清春である。第二章で示したように、前回県会議員選挙（落選）で川島の支持を受けていた高原だが、当時の彼は政友会の床次竹二郎と関係を持つ「床次系[149]」になっていた。また第一章で示したように、一九二四年時点では本多陣営にいた柳澤は、野田町の桝田定吉ら有志三七名の満場一致の推薦会を経て立候補した。[150] 高原も柳澤も、それぞれ川島と本多からの自立を目指し、今回の県会議員選挙に立候補したのであろう。

一方、民政党は、「東葛民政支部では二十三日我孫子町我孫子クラブで県議選挙対策を協議[151]」したという。この地での政党支部の設置は初めてだが、この民政党支部は「政事結社調[152]」（一九三四年一月）に記載がないことから、おそらく消滅したか、もしくは実態を伴わない組織であった。後述のように、政党支部ではなく、政友会同様、代議士が候補者選定を主導したのは、その証左といえよう。ただし、それは新聞報道を見る限り、東葛飾郡を地盤とする現職代議士の篠原陸朗ではなかった。確かに初当選後の篠原は、川島同様、議会報告演説会を開催し、有権者との直接的な結びつきを志向した。例えば六月九日一六時、野田町興風会館大講堂での演説会には、[153] 浜口民政党内閣の櫻内幸雄商工大臣（島根県第一区）が駆けつけた。その後、篠原が登壇し、「氏一流の経済論」を語った。最後に篠原の大蔵官僚時代の先輩である前大蔵省参与官の勝正憲（福岡県第四区）も登壇し、篠原を紹介した。しかし篠原の演説会は、管見でこれのみで、それを重ねる川島とは対照的であった。したがって篠原は、有権者との直接的な結びつきに失敗していたといえよう。しかも篠原は「任期中余りに選挙民と絶縁してゐた上に、今回の県議選で最高位を占めて当選した同派の成島県議と依然意思の疎通を欠いて[154]」いたため、県会議員の候補者擁立に関与することができなかった。

その代わりに、もう一人の民政党現職代議士の多田満長がこの地の候補者選定を主導した。この多田は、成島勇（四一歳）を支持した。[155] 富勢村出身の成島は県会議員および衆議院議員を務めた魏一郎の三男で、父の死後、富勢村長を務め、前回の県会議員選挙で初当選していた。成島は満場一致で「東葛飾郡東部民政党有志[156]」からの推薦も得ており、代議士という上からの支持に加えて、地域という下からのそれも調達したのである。また多田は、浦安町会議員兼衛生関係委員の渋谷司（五四歳）とも関係があったようである。具体的な報道は確認できないが、表3-4で前回総選挙での浦安町の多田の得票を見ると、七二・五％相当の一、三七四票を獲得していた。おそらく渋谷は多田と結びついていたと考えられる。

なお民政党の場合、政友会と異なり、前述した成島と同様、地域からボトムアップする形での候補者選定が確認できる。一九三二年一月四日、船橋町で開催された県議候補選考会は、大正初年から地元で味噌醸造業を営む中村勝五郎（中山町長）を候補に挙げた[157]。また船橋町長の宇賀山金次郎（元県会議員）は、船橋町会議員の大野善兵衛を推そうとした[158]。この中村も大野も結局は立候補しなかったが、民政党は政友会と異なり、県会議員選挙に関与した代議士が多田一人だったことから、同党の候補者選定は地域からのボトムアップを許容するゆとりがあったのかもしれない。

最後に無産政党の候補者擁立を見よう。一九三二年に結成されたばかりの社会大衆党からは、堀越梅男が立候補した。堀越は野田醬油株式会社醸造工の出身で、日本労働総同盟執行委員を経て、社会民衆党の千葉県支部長を務めていた。野田醬油は、周知のように、労働争議が盛んな企業の一つである[159]。弁護士で社会大衆党中央執行委員の片山哲（神奈川県第二区）が堀越の応援に入り、支持を訴えた[160]。

（三）選挙結果

前述した東葛飾郡の候補者の当落を見ると、本多系列下では浮谷と染谷、川島系列下では梨本と茂木、多田系列下では成島と渋谷が当選し、松本だけが落選した。では実際、候補者はどの町村でどれだけの票を集めたのであろうか。総選挙と異なり、不明なケースが多いが、『東朝』一九三二年一月二四日および二六日房総版に基づき、表３－７を作成した。ここからは、次の二点を読み取りたい。第一は、櫻井良樹の指摘の妥当性である。櫻井によると、民政党の野田地域各町村での投票は一人に集中しており、地盤協定がかなり厳格に実行されているという[161]。これを東葛飾郡全町村に敷衍すると、櫻井の指摘と同様の傾向が確認できた。地盤協定の締結主体は不明だが、得票率を見る限り、地盤協定が存在していた可能性は高い。今回の県会議員選挙を見る限り、同党候補者を支持する有権者は、地盤協定を理解し、遵守する傾向にあったといえよう。

第二は、政友会候補は多くの地域で票を奪い合っており、地盤協定は存在しない、または存在していたとしても全く機能していなかった。政友会候補者数の多さもあろうが、特に東葛飾郡の場合、川島と本多が長いライバル関係にあったことから、彼らが協定を結び、票を分け合う行為自体、極めて実現性に乏しい。仮に地盤協定が存在していたとしても、彼らを支持する有権者は、協定を理解し、遵守する傾向になかったといえよう。

最後に表3－7に見る各県会議員の得票数を合算し、次回総選挙での候補者基礎票を算出して、本節を閉じたい。政友会の本多の場合、浮谷四、〇二八票（当選）と染谷三、一七八票（当選）の合計七、二〇六票が基礎票となる。同じく川島の場合、梨本三、五四八票（当選）と松本三、一七五票（落選）の合計六、七二三票が基礎票となる。対する民政党の場合、成島四、四六三票（当選）と渋谷三、三五八票（当選）の合計七、八二一票が基礎票となり、ここから多田や篠原に割り振られていく。残りの茂木四、二〇〇票（当選）、高原二、四四五票（落選）、柳澤四、三二四票（当選）は系列先の代議士が明確でないため、各候補者に分散すると考えられる。

第三節　一九三二年二月第一八回総選挙

（一）立候補過程

県会議員選挙直後の一九三二年一月二一日、少数与党の犬養毅政友会内閣は第六〇議会を解散、二月二〇日が投票日となった。川島はこの二日後、有権者に礼状を送付する。

議会の演説に立ち委員会で民政党内閣に肉迫もして在野党の一員たる義務を尽しました。昨年は忝くも勲五等を拝受致しました。全く御後援の余光に外なりません。昨年は欧州に旅行して伯林、巴里、倫敦、羅馬等の各地を視察し、尚時恰も紛争中の国際連盟理事会の情勢を調査して政友会本部へ報告し、以て我党の連盟に対する態度決定に資した次第であります。茲に前回総選挙の御厚意を拝謝し併せて在任中の御芳情に対し御礼申上ます(162)

この礼状は、前回総選挙で有権者に委任された候補者が、果たすべき責任を報告したものに他ならない。川島は有権者に対して、議会活動を重視する、国際情勢に明るい代議士を自任したのである。

川島には、今まで同様、同じ政友会候補者との競合が待ち受けていた。特に前回総選挙で落選した本多は、派閥領袖の床次竹二郎鉄道大臣の全面的な支援を受けて[163]、捲土重来を期していく。今回は両者とも与党として総選挙を迎えるが、「両派の暗闘は政民の抗争より激烈となり、県議選にも亦町議改選に到るまで総てに本多川島の両派は競争[164]」する状況で、両者の対立は引き続き熾烈なものとして展開する。

そのような中、『東日』一九三二年一月二七日房総版は、興味深い記事を掲載した。要点は、三つにまとめられる。第一は、前述の県会議員選挙に関与していなかった民政党の篠原が、東葛飾郡選出の民政党県会議員二名にアプローチしたことである。総選挙で果たす県会議員の役割は大きいからこそ、篠原は県会議員に働きかけたのであろう。これは政友会も同様だった。「政友派川島正次郎、本多貞次郎氏のいづれに野田醬油が応援するかすこぶる重視されてゐるが、茂木、柳澤両県議が何人を応援するかが見ものである[165]」と報じられたが、茂木は前述の県会議員選挙で川島から支持されたものの、その系列に入らなかった。この茂木に加えて柳澤も最終的に本多を支持したため、本多は染谷と浮谷に加えて、この二名も支持基盤に組み入れたのである[166]。これで基礎票は一万五、七三〇票となった。

第二は、政友会党本部が政権与党の立場を活かした全議席独占を画策し、四人目の党公認候補として、川島の支持者である川口為之助の擁立を目指したことである。しかし川島の支持基盤に徹することを選んだ川口が断ったため、党本部は元千葉県知事の折原巳一郎（兵庫県一区元代議士）を俎上に乗せた。そもそも折原は本多同様、「床次の直参」[167]で、両者の関係は深かった。その折原が立候補することは自身の苦境を意味するため、川島は反対したのである[168]。この後、複数の立候補可能性が報じられたが[169]、県支部は特に目立った動きを見せないまま、結局、政友会候補は鈴木・本多・川島の三人に落ち着いた。この時の本多と鈴木の意向は不明だが、川島の強い反対を踏まえると、やはり候補者選定に関しては、特に本部や支部の影響力は限定的だったといえよう。

表3－7　1932年県会議員選挙での候補者別町村得票一覧

（上段：票、下段：%）

政党	政友							無産	民政		投票総数
候補者	高原	浮谷	柳澤	松本	茂木	染谷	梨本	堀越	成島	渋谷	
八柱村	14	123	6	8	0	34	236	7	2	0	430
	3.3	28.6	1.4	1.9	0.0	7.9	54.9	1.6	0.5	0.0	
松戸町	80	103	4	4	10	145	983	12	102	1	1,444
	5.5	7.1	0.3	0.3	0.7	10.0	68.1	0.8	7.1	0.1	
明村	6	27	11	0	1	59	372	6	208	0	690
	0.9	3.9	1.6	0.0	0.1	8.6	53.9	0.9	30.1	0.0	
高木村	3	46	4	2	0	145	172	2	20	0	394
	0.8	11.7	1.0	0.5	0.0	36.8	43.7	0.5	5.1	0.0	
小金町	27	0	2	3	0	238	167	1	121	0	559
	4.8	0.0	0.4	0.5	0.0	42.6	29.9	0.2	21.6	0.0	
馬橋村	12	23	30	0	3	3	163	2	241	1	478
	2.5	4.8	6.3	0.0	0.6	0.6	34.1	0.4	50.4	0.2	
流山町	21	1	407	0	27	90	141	7	129	0	823
	2.6	0.1	49.5	0.0	3.3	10.9	17.1	0.9	15.7	0.0	
八木村	15	0	112	0	25	113	119	0	140	1	525
	2.9	0.0	21.3	0.0	4.8	21.5	22.7	0.0	26.7	0.2	
田中村	10	7	211	4	2	239	49	0	364	0	886
	1.1	0.8	23.8	0.5	0.2	27.0	5.5	0.0	41.1	0.0	
新川村	0	0	513	0	111	1	19	9	71	1	725
	0.0	0.0	70.8	0.0	15.3	0.1	2.6	1.2	9.8	0.1	
梅郷村	0	0	329	4	223	2	7	21	57	0	643
	0.0	0.0	51.2	0.6	34.7	0.3	1.1	3.3	8.9	0.0	
福田村	0	0	291	1	202	0	7	6	187	0	694
	0.0	0.0	41.9	0.1	29.1	0.0	1.0	0.9	26.9	0.0	
野田町	1	0	868	62	1,792	9	3	350	65	0	3,150
	0.0	0.0	27.6	2.0	56.9	0.3	0.1	11.1	2.1	0.0	
旭村	0	0	176	0	236	3	3	13	16	0	447
	0.0	0.0	39.4	0.0	52.8	0.7	0.7	2.9	3.6	0.0	
七福村	0	0	233	0	207	4	0	8	35	0	487
	0.0	0.0	47.8	0.0	42.5	0.8	0.0	1.6	7.2	0.0	
川間村	0	0	189	0	503	0	5	7	112	0	816
	0.0	0.0	23.2	0.0	61.6	0.0	0.6	0.9	13.7	0.0	
木間ヶ瀬村	0	0	352	0	340	0	6	14	29	0	741
	0.0	0.0	47.5	0.0	45.9	0.0	0.8	1.9	3.9	0.0	
二川村	1	0	275	0	236	0	27	17	93	0	649
	0.2	0.0	42.4	0.0	36.4	0.0	4.2	2.6	14.3	0.0	
関宿町	0	0	214	0	122	0	0	17	128	0	481
	0.0	0.0	44.5	0.0	25.4	0.0	0.0	3.5	26.6	0.0	
布佐町	38	0	2	0	2	169	250	2	36	0	499
	7.6	0.0	0.4	0.0	0.4	33.9	50.1	0.4	7.2	0.0	
湖北村	23	4	0	0	1	64	115	0	150	0	357
	6.4	1.1	0.0	0.0	0.3	17.9	32.2	0.0	42.0	0.0	

政党	政友							無産	民政		投票総数
候補者	高原	浮谷	柳澤	松本	茂木	染谷	梨本	堀越	成島	渋谷	
我孫子町	2 0.2	0 0.0	0 0.0	0 0.0	0 0.0	512 56.8	57 6.3	0 0.0	330 36.6	0 0.0	901
富勢村	0 0.0	0 0.0	1 0.2	0 0.0	0 0.0	25 3.9	16 2.5	0 0.0	607 93.5	0 0.0	649
手賀村	3 0.4	1 0.1	0 0.0	16 2.1	0 0.0	357 46.9	164 21.6	0 0.0	220 28.9	0 0.0	761
船橋町	589 20.6	677 23.7	36 1.3	1,107 38.7	7 0.2	11 0.4	34 1.2	43 1.5	7 0.2	348 12.2	2,859
鎌ヶ谷村	95 19.9	96 20.1	0 0.0	130 27.3	6 1.3	31 6.5	29 6.1	3 0.6	6 1.3	81 17.0	477
法典村	37 15.9	63 27.0	0 0.0	85 36.5	0 0.0	0 0.0	1 0.4	2 0.9	0 0.0	45 19.3	233
塚田村	12 8.5	29 20.4	0 0.0	39 27.5	0 0.0	0 0.0	0 0.0	0 0.0	2 1.4	60 42.3	142
葛飾村	198 27.0	221 30.1	0 0.0	169 23.0	0 0.0	0 0.0	12 1.6	6 0.8	2 0.3	126 17.2	734
八栄村	63 17.6	59 16.5	0 0.0	146 40.8	13 3.6	1 0.3	47 13.1	1 0.3	11 3.1	17 4.7	358
市川町	97 4.6	1,328 62.9	8 0.4	130 6.2	26 1.2	0 0.0	8 0.4	301 14.3	3 0.1	209 9.9	2,110
八幡村	312 42.1	202 27.3	1 0.1	112 15.1	3 0.4	0 0.0	5 0.7	24 3.2	3 0.4	79 10.7	741
中山町	65 7.3	173 19.4	0 0.0	245 27.4	1 0.1	0 0.0	1 0.1	14 1.6	1 0.1	393 44.0	893
行徳町	305 23.6	313 24.2	37 2.9	285 22.0	20 1.5	0 0.0	4 0.3	40 3.1	2 0.2	288 22.3	1,294
浦安町	31 1.8	107 6.2	1 0.1	233 13.5	0 0.0	0 0.0	22 1.3	7 0.4	7 0.4	1313 76.3	1,721
国分村	30 6.6	211 46.1	0 0.0	86 18.8	2 0.4	2 0.4	48 10.5	31 6.8	28 6.1	20 4.4	458
大柏村	157 37.8	99 23.9	0 0.0	63 15.2	0 0.0	0 0.0	3 0.7	1 0.2	0 0.0	92 22.2	415
南行徳村	130 17.7	100 13.6	0 0.0	207 28.2	0 0.0	0 0.0	12 1.6	1 0.1	0 0.0	283 38.6	733
柏町	22 2.0	4 0.4	9 0.8	13 1.2	61 5.5	265 24.0	100 9.1	1 0.1	627 56.9	0 0.0	1102
土村	43 8.3	0 0.0	1 0.2	20 3.9	12 2.3	273 52.6	39 7.5	0 0.0	131 25.2	0 0.0	519
風早村	3 0.4	11 1.6	1 0.1	1 0.1	6 0.9	383 56.6	102 15.1	0 0.0	170 25.1	0 0.0	677
合計票数	2,445	4,028	4,324	3,175	4,200	3,178	3,548	976	4,463	3,358	

出典：『東朝』1932 年 1 月 24 日および 26 日房総版より作成。

第三は、本多系列下の浮谷権兵衛（前県会議員）が、高齢（七四歳）の本多不出馬の場合に備え、自身の立候補を模索していたことである。ただし本多は早々に立候補の準備を進めたため、以後、浮谷の動きは表面化しなかった。川島は立候補の準備を整え[170]、二月二日、立候補を届け出た。前回総選挙同様、松戸町に選挙本部事務所を設置し、事務長には県会議員に当選した松戸町の梨本太兵衛ではなく、落選した船橋町の松本栄一を初めて選任した[171]。松本は「定石通り著々進出すれば勝てますよ、うんと働いて県議選の雪辱をします」と語り、今回の総選挙を自身の「雪辱戦」とも位置づけていた[172]。

今回の立候補に際し、過去二回の普選と異なり、川島は誰とも競合することなく、初めてスムーズに政友会本部から公認を得た。正確な日時は不明だが、党機関誌『政友』を見ると、二月八日以前の段階で、川島に公認を出している[173]。小宮京が指摘するように[174]、当選回数に基づくキャリアパスのある政友会で、連続当選二回の川島の立候補や公認は自明のこととして認識されていたのであるならば、それが一つの分岐点なのかもしれない。加えて過去二回の普選同様、今回も川島は名望家による推薦会やボトムアップを経ていない。選挙区の中での川島の立ち位置は、大きく飛躍したものとなったといえよう。

一方、民政党からは多田と篠原が前回に引き続き立候補し[175]、合計五人で四議席を争うこととなる。

(二) 選挙運動

川島の本格的な選挙運動は、立候補挨拶状を選挙区の全有権者に発送して始まった[176]。例えば川島が染谷亮作（元川間村村長）に宛てた封書を見ると、次の三点が同封されている[177]。

一点目は、政友会本部からの推薦状である。そこには「我党の闘士　川島正次郎君を最適任と認め御推薦申上候」とあり、犬養毅・高橋是清・鈴木喜三郎・鳩山一郎・前田米蔵・秦豊助・森恪の署名もあった。二月四日、同じ政友会の本多も推薦状を有権者に一斉に発送したが[178]、これとは明確な違いがある。例えば本多のそれを見ると[179]、犬養・高橋・床次竹次郎・鈴木・中橋徳五郎・山本悌二郎・鳩山・三土忠造・前田・秦の名前がある。つまり川島のものには床次・中橋・山本・三土の名がないのに対して、本多のものには森の名がない。これは、本多と床次らの結びつきの強さを示す反面、川島の森との結びつきの強さを示す傍証となろう。川島と森の関係については第四章で示すが、政党本部からの推薦状には候補者の党内における人間関係が反映されており、史料的価値は高い。

二点目は、各市場問屋有志からの推薦状である。そこには川島が「予て御承知の如く東京市商工課長在任当時より我が食品業界の為め」尽力した人物であり、「物資配給問題の声全国に喧しき折同氏の如き斯界に理解ある士を議席に在らしめ度く」と推薦理由が記されており、併せて東京魚市場の問屋から四六人、神田青果市場の問屋から二七人、江東青果市場の問屋から一七人、京橋青果市場の問屋から一七人、千住青果市場から一三人の名が記載されていた。前回総選挙では史料が残されていなかったが、この史料からは、今回の総選挙で、市場関係団体が川島の支持基盤として機能していたことを読み取れる。第二節で示した川島の帝国議会での卸売問屋保護の発言と組み合わせると、市場関係団体はそれに応え、明確に川島支持を打ち出したものと考えられる。したがって川島は、自らの政治活動の結果、市場関係団体を支持基盤として組み込んだといえよう。

三点目は、新聞サイズの両面刷「立候補宣言書」である。表面には「曩に田中政友会総裁急逝されました際、私は後継総裁として犬養先生擁立の第一声をあげたのであります、今や未曾有の国難に際し犬養総裁は年来の主義政策を掲げて政治の衡に当つているのであります、此の時に際し私は犬養総裁の麾下に於て十分働いてみたい」とあり、前回総選挙同様、政友会総裁である犬養首相との近しさを強調している。また裏面には川島の帝国議会登壇や渡欧に関する写真、川島の議会での発言などを掲載しており、候補者パンフレット的な役割も担っていた。

次に演説会を見よう。表3‐8は、川島のそれをまとめたものである。東葛飾郡だけで、しかも複数回の実施が予定された町村もある。ただし一一日には野田町興風館、一四日以降は君津郡や千葉郡での演説会、一八日には浦安町での演説会が追加されている。(180) 演説会の日程と場所は流動的で、次第に東葛飾郡の周囲に拡大されていった。例えば

表3－8　1932年第18回総選挙での川島陣営演説会予定表

日程	場所
1932/ 2/ 6	松戸町、市川町、船橋町
1932/ 2/ 7	福田村、旭村、野田町、川間村、七福村、木間ケ瀬村
1932/ 2/ 8	新川村、梅郷村、八木村、田中村、土村、富勢村
1932/ 2/ 9	大柏村、塚田村、鎌ヶ谷村、行徳町、国分村
1932/ 2/10	八栄村、八幡町、中山町、葛飾村、法典村
1932/ 2/11	風早村、手賀村、柏町、我孫子町、湖北村、布佐町
1932/ 2/16	明村、八柱村、高木村、流山町、小金町
1932/ 2/19	野田町、二川村、七福村、松戸町、市川町、中山町、船橋町

出典：『千毎』1932年2月6日より作成。

前述の一一日の野田町興風館での演説会の場合、犬養内閣の鳩山一郎文部大臣が出席して熱弁を振るい、盛り上がりを見せたという(181)。この総選挙後、川島は鳩山派に所属するが(182)、やはり選挙過程は代議士の政治活動を規定したといえよう。また二月一七日の千葉市千葉劇場の場合、「政見発表演説会」と銘打たれ、川島本人の演説、応援弁士の山崎亀吉（貴族院議員）、峰田茂（専修大学教授）、政友会本部特派員の久家恒衛・大神田仁三郎・今仲薫、池田勝隆（法学士）、長原芳郎（経済学士）らが演壇に立った(183)。

最後に君津郡での選挙運動を分析する。序章で紹介した熊本県第一区の大麻唯男（民政党）の場合、地盤でのみ選挙運動に取り組んだようだが(184)、今回の千葉県第一区は、それと一線を画す。同一および対立政党の候補が入り混じった東葛飾郡を地盤とする川島・本多・篠原は、他の地域にも進出した。その中でも、君津郡では川島の動きが目立つ。すなわち「君津郡の選挙戦で鈴木派から分離した政友の一派は郡内に激を飛ばして同志をきう合し二十四日夜木更津町ラジューム鉱泉浴楼上に会合し、君津政友同志会を組織し、代議士戦に川島前代議士を極力後援することを申合せるはずだが、一方、清水、堀切正副支部長が川島派に走つたため最高幹部を失つた」結果、「政友支部には残つた幹部、藤代竹松、藤代金七、鶴岡長吉、竹内秀太郎諸氏が牛耳り、結束を固くして鈴木代議士を後援することになつたので、木更津の政友派は名実共に二分」した(185)。第二節で示したように、川島による君津郡県会議員選挙への関与を受け、木更津の政友派は鈴木隆グループと川島グループに分裂し、後者は「君津政友同志会」を名乗ったのである。ただし「政友の一部では本多元代議士を後援する」(186)動きもあったことから、結果的に君津郡の政友会は、君津政友倶楽部・君津政友同志会・君津政友革新会の三つに分かれ、それぞれ鈴木・川島・本多の支持基盤と化した[187]。しかも「本多を支持する君津政友革新会の幹部中には、かつて東葛地方の社民系の闘士が混じ[188]」っており、無産政党の支持者が政友会系政治団体に入り込んでいた。この「社民党系の闘士」は、本多個人を支持するため、君津政友革新会に参加したとするならば、やはり有権者は政党ではなく、候補者個人を見て、政治行動を取ったといえよう。

川島が君津郡にもその名を轟かせるようになった情勢下、『東日』一九三二年二月九日房総版を見ると、多田派は「県議選の際とガラリと変りスタート見事に一流戦術で人気と同情を得ている」、鈴木派は「与党に似合はず出足が鈍く、六日やつと事務所開きをしたのは確信あつてのことか」、本多派は「千票獲得は楽であらう、東部大正倶楽部系残党の活躍が目覚ましい」、川島派は「前回に運動もせず二百票を出た位で、今度は反鈴木派を率ゐて何処まで躍進するかが興味である」、篠原派は「上総銀行が消え足場がなくなり手を伸ばさない」と報じられた、この地で実績のある多田や鈴木を除くと、本多と川島の優勢、篠原の劣勢が読み取れる。特に川島の場合、第一節でも示したように、母校専修大学の同期生である黒川鍋太郎（君津郡金谷村出身）がいた。当時の黒川は君津郡の金谷漁業組合顧問を務めており、彼を介して、組合は組合長・理事・監事・顧問名を列記した推薦状を組合員に発送するが、まさに同組合は川島の支持基盤となった[189]。事実、表3－10（後掲）で実際の君津郡の得票を見ると、川島は前回の一九九票の六倍以上となる一、二二四票を獲得している。この伸びは、本多と篠原を遥かに凌ぐ。同一制度での総選挙の継続、川島の連続当選、黒川の存在、川島の取り組みなどを背景として、彼は君津郡への政治的影響力を手に入れたといえよう。

こうして支持基盤を充実させた川島は、次のように報じられた。

> 川島派は青年層をガッチリ抑へ、第一線の本多氏に肉迫してゐる、篠原派は殊に大蔵省縁故の野田が川島、本多、鈴木の三派に大部分を奪はれて収穫激減らしいが、南部は中村〔勝五郎――引用者注〕総参謀の勢力で却々崩壊しない様子、従つて北部の損失を補填し得るかも知れない[190]

川島は、引き続いて青年層の支持を得たこと、前回総選挙と異なり、野田醤油関連票は篠原から離れ、与党政友会候補に分散したこと、同じく篠原はその代わりに東葛飾郡南部からの集票で損失分を補いつつあることなどが確認できる。川島は連続三期当選に向け、手応えをつかみつつあった。なお野田地域票が篠原から離反した理由は不明だが、奇しくも今まで全て、同地の票は与党候補に流れる傾向が強かった。

(三) 地盤協定

今回の総選挙では、政友会による明確な地盤協定が確認できた[191]。二月二日、政友会県支部の下部組織である千葉郡市支会が加納屋で会合を開き、千葉市および千葉郡における川島・鈴木・本多三名の政友会候補の地盤協定を協議した[192]。これは、戦前期普選の千葉県第一区で見られた詳細な地盤協定として、唯一のケースとなった。

前回総選挙での川島と本多の「同士討ち」に対する川口為之助の反省がこの地盤協定の要因と報じられ、その結果、各町村単位で票を三人に割り振ることになった[193]。すなわち千葉市は「切取勝手の自由行動」地帯として協定の対象外とされ、郡部のみで協定が結ばれた。本多には幕張町・検見川町・津田沼町・犢橋村、川島には都村・都賀村・大和田町・睦村・豊富村・二宮村、鈴木には白井村・更科村・誉田村・椎名村・蘇我町・生濱村を割り振った[194]。しかし最後には、鈴木が「君津郡の得票ダブ付いてゐるからと放棄を申出た」ため、協定がやり直された。その結果、本多の票田には新たに生濱村・蘇我町・千城村が、川島の票田には新たに更科村・白井村・誉田村が追加された[195]。

これらの報道を裏づけるため、表3－9を作成した。概ね川島と本多は割り振られた町村で高い得票率であることから、この千葉郡市支会主導の地盤協定は一定程度、成功したといえよう。ただし注意すべきは、更科村と犢橋村の得票率である。まず川島に割り当てられた更科村を見ると、川島の得票率が鈴木のそれと拮抗している。当初、更科村は鈴木に割り振られていたが、前述のように、途中で川島に移譲された地域である。ここからは、千葉郡市支会の意向、すなわち鈴木から川島への投票先の変更が徹底・遵守されていなかった姿を読み取れる。次に本多に割り振られた犢橋村を見ると、本多ではなく、ほとんど川島に投票されている。つまり政友会千葉郡市支会の意向では、町村の有権者を縛りきれなかったのである。換言すれば、政友会県支部の下部組織である千葉郡市支会の有権者への影響力は、あまり強くなかったといえよう。わずかな事例だが、総選挙における有権者の投票基準が、政党よりも候補者個人に求められていた証左と考えられる。

一方、民政党は、多田と篠原の両者が千葉市および千葉郡で地盤協定を締結したようだが、「千葉郡市は大体篠原氏の地盤として多田氏は積極的の侵略をなさざる」(196)程度の抽象的な内容であった。これは、選挙戦が進む中でも変わらない。例えば千葉市は「篠原氏の地盤と認め、篠原氏で市原、君津両郡下に斬り込まぬ代りに、多田派では市内で演説会は開かぬが、一部有志が多田氏を推す事は自由である」(197)を見ても、多田が市原郡および君津郡、篠原が千葉市という郡単位の棲み分けに過ぎず、しかも例外も認められていた。したがって前述した政友会のように、具体的に町村を割り振る地盤協定は成立していなかったのであろう。推測だが、民政党は野党ゆえ、県支部が協定を主導する余裕、具体的に票を割り振る余裕がなかったのかもしれない。

表3-9　1932年第18回総選挙（千葉郡）での政友会候補の得票数および得票率

	川島		本多		鈴木		合計
	得票数	得票率（%）	得票数	得票率（%）	得票数	得票率（%）	
蘇我町	24	7.3	212	64.8	91	27.8	327
生濱村	65	16.2	272	67.8	64	16.0	401
椎名村	24	11.9	168	83.2	10	5.0	202
誉田村	312	81.0	52	13.5	21	5.5	385
白井村	250	63.1	70	17.7	76	19.2	396
更科村	255	54.8	10	2.2	200	43.0	465
千城村	81	27.6	191	65.0	22	7.5	294
都村	374	88.2	43	10.1	7	1.7	424
都賀村	353	78.8	85	19.0	10	2.2	448
犢橋村	399	93.9	19	4.5	7	1.6	425
検見川町	51	7.2	659	92.4	3	0.4	713
幕張町	112	11.7	790	82.5	55	5.7	957
津田沼町	127	13.6	800	85.8	5	0.5	932
二宮村	508	84.8	89	14.9	2	0.3	599
大和田町	341	90.9	32	8.5	2	0.5	375
睦村	315	66.3	160	33.7	0	0.0	475
豊富村	251	74.0	84	24.8	4	1.2	339
合計／平均	3,842	47.1	3,736	45.8	579	7.1	8,157

出典：『第18回衆議院議員総選挙一覧』（衆議院事務局）より作成。

（四）選挙結果

各紙最後の情勢予測を見ると、野党民政党

4位（政）：川島正次郎（政友会）		5位（民）：篠原陸朗（民政党）	
11,865	63.3%	10,033	57.9%
1,334	7.1%	1,950	11.3%
3,843	20.5%	3,796	21.9%
492	2.6%	949	5.5%
1,224	6.5%	591	3.4%
18,758	100.0%	17,319	100.0%

の苦戦は確かだが[198]、地盤を同じくする川島・本多・篠原の勝負の行方も最後まで分からなかった。三名の政友会候補の優勢と二名の民政党候補の苦戦を報じるもの[199]、最後の一議席を川島と篠原が争っていると報じるもの[200]、絶対的優勢とされていた本多の苦戦を報じるものなど[201]、多様であった。

『読売』一九三二年二月二〇日千葉版は、投票日に順位予想を報じた。すなわち鈴木の一位は揺るがず、二位本多、三位川島、四位多田、篠原落選を予想した。実際は表3－10のように、一位は鈴木、二位は多田、三位は本多、四位は川島で、特に多田の健闘が目立つ。篠原は一、四三九票差で涙を飲んだのである。本多の邸宅には犬養毅総理総裁と久原房之助幹事長からの祝電が、川島の選挙事務所には同じく犬養からの祝電が舞い込んだ[202]。こうして本多は返り咲き、川島は三期連続当選を果たした。特に千葉市および千葉郡を見ると、川島は前回総選挙以上の票を集めており、死去した志村清右衛門の支持基盤を引き続き組み込むことに成功したといえよう。

千葉県第一区の投票率は八二・九%、棄権率は一五・四%で、前者は上昇の一途、後者は下降の一途をたどっている。全国投票率は八〇・〇%・棄権率一八・二%の中、二大政党の議席占有率は九五・九%で、前回のそれとほぼ同一となった。有権者の政治意識は、一層、二大政党に収斂していたのであろう。すなわち全四六六議席中、政友会三〇一議席、民政党一四六議席、革新党二議席、無産政党五議席、諸派・無所属一二議席となり、与党政友会は圧勝した。したがって篠原の苦戦と落選の要因は、全国的な民政党の苦戦の影響もあろう[203]。

表3－10からはまた、第二節で示した代議士と県会議員の関係性も読み取れる。民政党では篠原の動向が不明なため、政友会に絞りたい。前述のように、本多の最終的な基礎票は、系列下の県会議員の合計得票数である一万五、七三〇票だが、表

表３－10　1932年第18回総選挙結果一覧

	1位（政）：鈴木隆（政友会）		2位（民）：多田満長（民政党）		3位（政）：本多貞次郎（政友会）	
東葛飾郡	1,570	7.1%	2,804	12.7%	13,103	63.1%
千葉市	707	3.2%	1,049	4.7%	1,903	9.2%
千葉郡	579	2.6%	1,006	4.5%	3,736	18.0%
市原郡	7,628	34.4%	4,294	19.4%	790	3.8%
君津郡	11,708	52.8%	13,004	58.7%	1,224	5.9%
全体	22,192	100.0%	22,157	100.0%	20,756	100.0%

出典：『第18回衆議院議員総選挙一覧』（衆議院事務局）より作成。

３－10を見ると、二、六二七票も増やしている。また川島の基礎票は、前述のように、系列下の県会議員の合計得票数である六、七二三票だが、表３－10を見ると、五、一四二票も増やしている。したがって櫻井良樹が指摘したように[204]、県会議員への支持票が必ずしも総選挙立候補者への投票数に繋がっていないだけでなく、逆にそれ以上の支持を集めることもあった。

そして東葛飾郡各町村の得票率をまとめた表３－11から、二点を読み取りたい。第一は、東葛飾郡での地盤協定の有無である。政友会の場合、川島と本多が依然として票を奪い合っており、両者の間では地盤協定が成立しなかった、もしくは成立していたとしても遵守されていなかったといえよう。長年のライバル関係の両者は、票を譲り合う妥協や協調が難しかったのである。また鈴木を見ると、前二回の普選同様、〇票が四町村あるものの、やはりそれらには継続性や統一性がほとんど見られない。したがって鈴木をめぐる協定の類は存在しなかったと考えられる。一方、民政党の場合、〇票の町村が全くないものの、明らかな得票数の片寄りがあり、データ上では多田と篠原の間で協定の類が存在していたともいえる。この点に関しては、それを裏づける史料によって、その適否が読み解き得るが、現時点では発見できていない。いずれにせよ第二章でも第一節でも示したように、繰り返しになるが、東葛飾郡の場合、浅野和生の「集団投票[205]」を普遍化することは難しいのではないだろうか。

第二は、前二回の普選の結果と合わせた場合、より一層、候補者の地盤が見える。東葛飾郡を地盤とする候補は三人いるので、仮に二回以上連続で三三％以上の得票率となった地域を列挙する。川島は八栄村・行徳町・国分村・松戸町・高木村・馬橋村・福田村となる。本多は葛飾村・大柏村・八柱村・小金町・八木村・新川村・田中村・風早村・川間村・木間ヶ瀬村となる。篠原は塚田村・中山町・富勢村・布佐町・関宿町となるが、落選したので全体的に減少傾向となる。ここで微増した中山町に注目したい。第一章で示したように、一九二四年第一五回総選挙で憲政会系地方議員に擁立された川島は、中山町を支持基盤としていた。しかし以降の総選挙を見ると、一九二八年第一六回総選挙（表2－4）では当時民政党の本多が三五・二％、同じく当時民政党の志村が二八・九％を占めており、川島は二〇・九％に過ぎない。また一九三〇年第一七回総選挙（表3－4）では民政党の篠原が五二・二％を獲得したのに対し、川島は二九・四％に留まっている。したがって中山町は、第二節で示した富勢村と同様、民政党の強い影響下に置かれた町村といえよう。

次に選挙費用の一端を探るため、表3－12を作成した。県知事に報告する数字のため、費用の実態を示していないだろうが、どの項目に重点が置かれていたかを読み取れる。前二回の普選で示した表2－6および表3－5と合わせると、次の三点が確認できる。第一は、三候補とも集会会場費が高い割合を示し、演説会の多さと軌を一にしている点である。ただし「普選の最大武器」と讃えられながらも演説会数は激減しており、千葉県第一区では川島六二回、篠原四四回、多田四一回、本多二九回、鈴木五回で、前回総選挙の約半数に過ぎない(206)。推測だが、集会会場経費の単価が高かったのかもしれないし、または買収などに力点が置かれていたのかもしれない。

第二は、三候補とも通信費を大幅に減らしている点である。川島・本多・篠原は全員、同じ傾向を示す。しかし同時に印刷費も減少するはずだが、川島のみ印刷費が激増している。推測だが、立候補挨拶状や推薦状を大量に印刷し、郵送せずに、個人宅に直接、投函した可能性もある。なお本多は印刷費減、篠原は印刷費微減だが、通信費の減少に比例している。

第三は、川島は横ばいだが、本多と篠原の船車馬費が増加しており、遠方での選挙運動に力を入れていた点である。川島にとっての遠方の票田は君津郡だが、そこには前述のように、専修大学同期生の黒川がいた。黒川にある程度の

表 3 - 11　1932 年第 18 回総選挙での候補者別東葛飾郡各町村の得票数および得票率一覧

		本多		川島		篠原		多田		鈴木	
町村名	投票総数	得票数	得票率（%）	得票数	得票率（%）	得票数	得票率（%）	得票数	得票率（%）	得票数	得票率（%）
船橋町	3,359	1,064	31.7	922	27.4	1,099	32.7	262	7.8	12	0.4
葛飾村	1,030	460	44.7	245	23.8	301	29.2	20	1.9	4	0.4
法典村	293	40	13.7	156	53.2	80	27.3	4	1.4	13	4.4
塚田村	213	58	27.2	48	22.5	102	47.9	5	2.3	0	0.0
八栄村	615	211	34.3	311	50.6	78	12.7	15	2.4	0	0.0
浦安町	2,028	393	19.4	573	28.3	414	20.4	746	36.8	2	0.1
行徳町	1,528	343	22.4	651	42.6	343	22.4	189	12.4	3	0.2
南行徳村	801	125	15.6	329	41.1	230	28.7	116	14.5	1	0.1
市川町	2,865	1,406	49.1	414	14.5	720	25.1	269	9.4	56	2.0
八幡町	914	335	36.7	276	30.2	257	28.1	36	3.9	10	1.1
中山町	1,076	171	15.9	304	28.3	565	52.5	10	0.9	26	2.4
国分村	575	259	45.0	203	35.3	81	14.1	27	4.7	5	0.9
大柏村	505	228	45.1	179	35.4	91	18.0	6	1.2	1	0.2
鎌ヶ谷村	701	324	46.2	177	25.2	169	24.1	23	3.3	8	1.1
松戸町	1,629	522	32.0	646	39.7	316	19.4	134	8.2	11	0.7
明村	891	256	28.7	317	35.6	215	24.1	99	11.1	4	0.4
八柱村	558	287	51.4	176	31.5	81	14.5	12	2.2	2	0.4
高木村	606	211	34.8	245	40.4	134	22.1	14	2.3	2	0.3
馬橋村	556	169	30.4	189	34.0	183	32.9	15	2.7	0	0.0
小金町	633	304	48.0	224	35.4	97	15.3	4	0.6	4	0.6
流山町	892	377	42.3	232	26.0	227	25.4	43	4.8	13	1.5
八木村	559	277	49.6	185	33.1	94	16.8	3	0.5	0	0.0
新川村	695	333	47.9	145	20.9	179	25.8	32	4.6	6	0.9
田中村	885	357	40.3	237	26.8	263	29.7	22	2.5	6	0.7
柏町	1,195	523	43.8	237	19.8	305	25.5	106	8.9	24	2.0
風早村	696	355	51.0	216	31.0	114	16.4	8	1.1	3	0.4
土村	626	274	43.8	245	39.1	79	12.6	18	2.9	10	1.6
手賀村	815	288	35.3	283	34.7	173	21.2	44	5.4	27	3.3
富勢村	622	112	18.0	78	12.5	391	62.9	40	6.4	1	0.2
我孫子町	892	346	38.8	170	19.1	204	22.9	170	19.1	2	0.2
湖北村	608	149	24.5	165	27.1	157	25.8	31	5.1	106	17.4
布佐町	576	110	19.1	106	18.4	227	39.4	5	0.9	128	22.2
旭村	548	163	29.7	243	44.3	104	19.0	21	3.8	17	3.1
野田町	3,369	842	25.0	1,239	36.8	851	25.3	198	5.9	239	7.1
梅郷村	686	185	27.0	265	38.6	182	26.5	24	3.5	30	4.4
福田村	725	214	29.5	333	45.9	146	20.1	7	1.0	25	3.4
七福村	557	97	17.4	195	35.0	90	16.2	10	1.8	165	29.6
川間村	893	364	40.8	149	16.7	267	29.9	4	0.4	109	12.2
木間ヶ瀬村	791	337	42.6	275	34.8	117	14.8	2	0.3	60	7.6
二川村	820	128	15.6	172	21.0	127	15.5	4	0.5	389	47.4
関宿町	549	207	37.7	110	20.0	180	32.8	6	1.1	46	8.4
合計	39,375	13,204	34.0	11,865	31.1	10,033	25.3	2,804	5.1	1,570	4.6

出典：『第 18 回衆議院議員総選挙一覧』（衆議院事務局）より作成。

表 3－12　1932 年第 18 回総選挙での選挙費用内訳

項目		本多		川島		篠原	
		費用	割合（%）	費用	割合（%）	費用	割合（%）
報酬	選挙事務員	108	1.5	0	0.0	97	1.8
	傭人	1,409	19.0	227	2.4	809	15.4
家屋費	選挙事務所	266	3.6	230	2.4	135	2.6
	集会会場	1,324	17.9	1,306	13.6	641	12.2
通信費		254	3.4	788	8.2	274	5.2
船車馬費		1,191	16.1	914	9.5	847	16.1
印刷費		1,922	25.9	4,659	48.7	1,342	25.5
広告費		219	3.0	70	0.7	49	0.9
筆墨紙費		80	1.1	23	0.2	69	1.3
休泊費		51	0.7	158	1.7	80	1.5
飲食物費		506	6.8	467	4.9	421	8.0
雑費		87	1.2	731	7.6	489	9.3
合計		7,417	100.0	9,573	100.0	5,253	100.0

出典：『千葉県報』号外（1932 年 3 月 15 日付）より作成。
注：単位は円で、銭および厘は切り捨てた。

集票を任せていたとするならば、その地に対する交通費の割合は減少する。地盤から遠く離れた地域での集票を任せ得る人物の有無で、選挙費用は大きく変わろう。

以上、費用の使途を分析したが、今回は川島ら候補者の選挙資金に関して、直接的な史料が見当たらなかった。例えば戦後の新井達夫による回想では、政友会候補が一人平均二万五、〇〇〇円、民政党候補が一人平均二万三、〇〇〇円という(207)。しかし、この金額は政友会候補は平均一万五〇〇〇円、民政党候補は平均七、五〇〇円と指摘した升味準之輔の数値と大きく異なる(208)。数値の真偽は定かではないが、いずれにせよ政権与党の方が潤沢な選挙資金を準備できたことは、間違いなかろう。

最後に選挙違反を見よう。司法省刑事局の資料によると、千葉県の場合、一四九人逮捕中、起訴八四人（五六・四％）・不起訴六五人（四三・六％）となっており、普選期で初めて両者の数値が拮抗した(209)。ただ逮捕者の絶対数は二八七人→三六七人→一四九人と大きく減少している。平田奈良太郎（大阪区裁判所判事）の指摘のように、今回の「買収は前回程度ではな(210)」く、減少傾向にあったものの、買収がなくなることはなかった。例えば篠原陣営の選挙参謀の一人の中村勝五郎（元中山町長）は千葉市吾妻町の安藤某と日暮清次郎に一五〇円を渡し、この両名は一票を一〇円で買収したという。両名が中抜きせず、真面目に同じ金額で買収していたとするならば、少なくとも一五人に金をバラ撒いたことになる。しかし安藤は典型的な選挙ブローカーで、本多の事務所も訪問し、買収金を貰っていた[212]。おそらく安藤は買収資金の中抜きに勤しみ、蓄財していたのであろう。また選挙後の報道も篠原陣営の選挙違反で占められたが[213]、それは彼の苦戦の裏返しでもあった。

ただし当時は与党政友会系知事であったことを忘れてはならない。知事の大久保留次郎は、警視庁警視として官僚生活をスタートさせ、台湾総督府警務局長などを務めた、いわば警察行政のプロパーであった。詳細は不明だが、事実、「吉植庄一郎、森、鈴木、川島、今井各代議士は大久保知事、鈴木内務部長を交へ秘策[214]」を立てたという。この大久保知事の下、民政党候補への選挙干渉は激しく、結果として、篠原の選挙違反が数多く報じられたのであろう。

小括

本章での分析の結果、以下の五点が確認できた。

第一は、川島が議会報告演説会を継続的に開催し、有権者との直接的な結びつきを志向するとともに、その源泉となる議会活動にも力を入れた点である。これは、選挙という委任の回路を経て選ばれた川島が、有権者に対して責任を果たすことを意味する。川島は議会活動を有権者に還元し続けることで、その信頼を得て、代議士として生き残る道を模索していたと考えられる。

第二は、地域有力者や政党支部からのボトムアップがない形での立候補、県会議員選挙で得た基礎票の大幅な積み増し[215]、川口為之助の存在、地盤を越えた千葉市・千葉郡・君津郡での集票力強化などを通して、連続三期当選の実績を手にした点である。特に一九三二年第一八回総選挙の立候補過程で、誰とも政友会の公認を争うことなく得た意義は、極めて大きい。また第四章で示すように、彼は政務ポストに就任し、さらなる飛躍への足がかりを作るが、これらを併せると、この段階から川島の選挙システムが循環し始めたといえよう。特に政党政治期の場合、与党であれば政務ポストは潤沢で、かつ利益誘導しやすい立場にあり、より一層、選挙システムは循環しやすい環境となる。

第三は、川島の支持基盤を見た場合、一九三二年第一八回総選挙の際、市場関係団体がそこに組み込まれていた点である。それは、一九二四年第一五回総選挙以来のことでもあった。一九二八年第一六回および一九三〇年第一九回総選挙でも市場関係団体が川島を支持した可能性はあるが、それを示す史料が残されていなかった。仮に市場関係団体が川島の下を離れていたとするならば、彼は帝国議会での業界擁護発言を通して、自らの力で支持基盤を取り戻したといえよう。

第四は、一九三二年第一八回総選挙の際、今までの総選挙の中で初めて、川島の政治と生活を結びつける発言が確認できなかった点である。無産政党系候補者がいないからこそ、また第一章で示したように、東葛飾郡町村間の経済格差が大きいからこそ、この言葉は大きな意味を持つはずである。史料的な問題なのか、川島の思考の変化なのかは分からないが、第五章では川島のこの発言が確認できるため、おそらく前者と考えられる。

第五は、政民両党とも、県支部の影響力が小さかった点である。政友会の場合、一九三〇年第一七回総選挙での立候補過程（川島と志村清右衛門の競合）、一九三二年第一八回総選挙での立候補過程（四人目の政友会候補をめぐる混乱）および地盤協定の効果の弱さは、それを物語る。民政党の場合、第一七回総選挙で篠原陸朗の立候補を主導するものの、反発を受けた。また第一七回および第一八回総選挙で篠原と多田満長の集票地域の棲み分けを主導したものの、抽象的な内容に過ぎなかった。ただし東葛飾郡各町村の得票率を見る限り、両者の間に地盤協定が成立した可能性はゼロではなかった。総じて政党政治期といえども、千葉県第一区の政民両党は選挙区を秩序づけるだけの政治的影響力が発揮できず、依然として代議士が選挙の主導権を握っていたのである。

注

（1）櫻井良樹「選挙分析から見た昭和初期における野田市域と東葛飾郡」（『野田市史研究』第一二号、二〇〇一年）。

（2）なお県知事は、第二章で論じた川島の盟友の福永尊介が在職中の一九二九年一月三〇日に病死した後、宮脇梅吉がその職にあった。しかし浜口雄幸民政党内閣になると、宮脇は休職に追い込まれ（七月五日）、以後、民政党政権下で後藤多喜蔵（一九二九年七月～三〇年八月）、石田馨（一九三〇年八月～三一年六月）、堀田鼎（一九三一年六月～一一月）、岡田周造（一九三一年一一月～一二月）と目まぐるしく交代させられた。そして犬養毅政友会内閣が成立して、後述する大久保留次郎が知事に就任した。

（3）「十月下旬における政友会の実情」（国立国会図書館憲政資料室蔵『鶴見祐輔関係文書』R三九）。

（4）前掲「十月下旬における政友会の実情」。

（5）山本四郎校訂『立憲政友会史』第六巻（日本図書センター、一九九〇年）四六一頁および四九二頁。なお戦前期政党の幹事は、野村秀雄『政党の話』（朝日新聞社、一九三〇年）二一八頁によると、「大小の党務は幹事長が掌握し、幹事数名は幹事長の命をうけ大小の党務中小の党務について小走り的に動いてゐるが、その働き振りによつては他日出世の途となるから案外真面目に働いて居る」という。党務に関する実務経験が積める、貴重な役職でもあった。

（6）前掲『立憲政友会史』第六巻五八七頁。

（7）前掲「十月下旬における政友会の実情」。

（8）待鳥聡史『代議制民主主義―「民意」と「政治家」を問い直す―』（中公新書、二〇一五年）一二四頁によると、代議制民主主義を安定させるためには、委任と責任の連鎖関係を適切に構築する必要があるという。

（9）帝国議会会議録検索システム「競馬法中改正法律案委員会　第二回　昭和四年二月六日」一二頁。

（10）以上、『野田』一九二九年四月一三日。

（11）以上、『野田』一九三〇年二月一日。

（12）『東日』一九三〇年一月二二日房総版。

（13）『東日』一九二九年七月五日千葉版は、川島が自身の選挙事務長だった梨本太兵衛、県会議員の大久保一朗とともに「東京において何事か画策」したという。詳細は不明だが、田中内閣の退陣を見越して、かなり早い段階から次回総選挙を警戒していたのであろう。

（14）『房日』一九三〇年一月三〇日。

（15）『東日』一九三〇年一月二二日千葉版。

（16）『千毎』一九三〇年一月二五日。

（17）『東朝』一九三〇年一月一六日房総版。

（18）『読売』一九三〇年一月一八日千葉版。

(19)『千毎』一九三〇年一月二九日。
(20)『東朝』一九三〇年二月一日房総版。
(21)以上、『東朝』一九三〇年一月二四日房総版。
(22)以上、『千毎』一九三〇年一月三一日。
(23)『読売』一九三〇年一月三一日千葉版。
(24)以上、『東朝』一九三〇年二月二日房総版。
(25)『読売』一九三〇年二月二日千葉版。
(26)『東朝』一九三〇年二月一日房総版。
(27)『東朝』一九三〇年二月二日房総版。
(28)『東朝』一九三〇年二月二日房総版。
(29)『東日』一九三〇年四月一二日房総版。
(30)『東朝』一九三〇年二月五日房総版。
(31)『千毎』一九三〇年二月五日。
(32)『千毎』一九三〇年二月九日。
(33)『千毎』一九三〇年二月一一日。
(34)『千毎』一九三〇年二月一一日。
(35)『読売』一九三〇年二月一三日千葉版。
(36)『読売』一九三〇年二月一五日千葉版。
(37)『千毎』一九三〇年一月二六日。
(38)『房日』一九三〇年一月三一日。
(39)『読売』一九三〇年一月一一日千葉版。
(40)『東朝』一九三〇年一月二八日房総版。
(41)『読売』一九三〇年一月二四日千葉版。
(42)以上、『東日』一九三〇年一月二六日房総版。なお『野田市史資料編　近現代二』(野田市、二〇一九年)一七〇頁には、七三名の推薦者の氏名を掲載した篠原の推薦状が採録されている。

(43)「野田町の地元候補擁護熱」（前掲『野田市史資料編　近現代二』一七〇～一七一頁）。
(44)『東日』一九三〇年一月二一日房総版。
(45)『東日』一九三〇年一月二九日房総版。
(46)『東朝』一九三〇年一月二五日房総版。
(47)『東日』一九三〇年一月三〇日房総版。
(48)『東日』一九三〇年一月三一日千葉版。
(49)社説「雄弁部組織と選挙革正団」（『房総日日新聞』一九三〇年一月二四日）。
(50)『千毎』一九三〇年二月一四日。
(51)例えば一瀬は千葉市会議員（副議長）で、千葉郡千葉町に事務所を構えるとともに、匝瑳郡八日市場町・君津郡木更津町・香取郡佐原町・安房郡北條町にも出張所を設置した、県下に名を馳せた弁護士という（『房総　町村と人物』多田屋書店、一九一八年、五九頁）。
(52)『千毎』一九三〇年二月一五日。
(53)母校専修大学の学生と川島との関係については、拙稿「専修大学と川島正次郎」（『専修大学史紀要』第五号、二〇一三年）三〇～三一頁。
(54)『房日』一九三〇年二月一三日。
(55)この他、川島と同じく第一六回に当選した専修大学卒の代議士としては、政友会の岩﨑一高（愛媛県第一区）、民政党の本田恒之（長崎県第二区）がいた。
(56)『房日』一九三〇年二月一九日。
(57)『房日』一九三〇年一月二一日。
(58)内務省地方局「昭和五年二月執行　衆議院議員選挙調」（国立国会図書館憲政資料室蔵『大野緑一郎関係文書』R二五）。
(59)野田市郷土博物館蔵『染谷静男家文書』A－〇二〇一－一二一。
(60)前掲『染谷静男家文書』A－〇二〇一－一三。
(61)一九二七年～一九二八年の労働争議で組合側は敗れ、「労働組合は全く影を没して明朗な労使協調が成立した」という（『野田醤油株式会社三十五年史』一九六二年、一三五頁）。この時、与党政友会が関与したと考えられる。
(62)『東朝』一九三〇年一月二八日房総版。

(63)『東朝』一九三〇年二月一日房総版。
(64)『野田』一九三〇年二月一七日。
(65)『東日』一九三〇年二月一一日房総版。
(66)『東日』一九三〇年一月一九日房総版。
(67)升味準之輔『日本政党史論』第五巻（東京大学出版会、一九七九年）二六七頁。
(68)小山俊樹『評伝森恪—日中対立の焦点—』（ウエッジ、二〇一七年）は、最新の研究で紹介された史料や視点を取り入れ、森の事蹟を捉え直した伝記である。
(69)黒川鍋太郎『川口先生悲吟帖』（千葉公報社、一九六八年）一九五頁。
(70)『読売』一九三〇年二月一一日千葉版。
(71)以上、『東朝』一九三〇年二月一一日房総版。
(72)『千毎』一九三〇年二月一四日。
(73)『東日』一九三〇年二月一二日房総版。
(74)『東朝』一九三〇年二月一四日房総版。
(75)『千毎』一九三〇年一月二八日。
(76)『東日』一九三〇年二月一九日房総版。
(77)『千毎』一九三〇年二月一八日。
(78)『千毎』一九三〇年二月一八日。
(79)『東朝』一九三〇年二月一七日房総版。
(80)「一九三〇年二月一七日付染谷亮作宛床次竹二郎電報」（前掲『染谷静男家文書』A－〇二〇一－〇三）。
(81)『房日』一九三〇年二月一五日および一九日。
(82)前掲櫻井「選挙分析から見た昭和初期における野田市域と東葛飾郡」一四三頁。
(83)『読売』一九三〇年二月二〇日千葉版。
(84)『読売』一九三〇年二月一六日千葉版。
(85)『東日』一九三〇年二月一九日房総版。
(86)以上、『東日』一九三〇年二月二〇日房総版。

(87)『東朝』一九三〇年二月二〇日房総版。
(88)『房日』一九三〇年二月二一日。
(89)『東朝』一九三〇年二月二二日房総版。
(90)『千毎』一九三〇年二月二三日。
(91)『東日』一九二八年九月一八日千葉版。
(92)『東日』一九三〇年二月二三日房総版。
(93)『読売』一九三〇年二月二三日千葉版。
(94)『房日』一九三〇年二月二六日。
(95)『読売』一九三〇年二月二三日千葉版。
(96)『房日』一九三〇年二月二六日。
(97)『東日』一九三〇年二月二三日房総版。
(98)『東日』一九三〇年二月二二日房総版。
(99)前掲櫻井「選挙分析から見た昭和初期における野田市域と東葛飾郡」一三五頁。
(100)浅野和生「戦前選挙における町村単位の集団投票―第十六回～二十回総選挙における熊本一区の投票結果の分析―」・「戦前期における地方選出代議士の選挙区での活動―熊本第一区、大麻唯男の研究―」・「戦前期熊本における中央型政治家と地方型政治家」（大麻唯男伝記研究会編『大麻唯男　論文編』財団法人櫻田会、一九九六年）。
(101)河原宏「第二七代　浜口内閣」（林茂・辻清明編『日本内閣史録』第三巻、一九八一年、第一法規）一九一頁。
(102)以上、前掲野村『政党の話』二三四～二三五頁。
(103)『野田』一九三〇年二月一七日。
(104)司法省刑事局「昭和三・五・七年施行衆議院議員選挙事犯調査表」（岡山県立記録資料館〈国立国会図書館憲政資料室蔵〉『松本学関係文書』R一〇）。
(105)以上、『東朝』一九三〇年三月二一日房総版。
(106)以下、『東朝』一九三〇年五月四日房総版。
(107)『東朝』一九三〇年五月六日房総版。
(108)『読売』一九三一年五月一日千葉版。

(109) 以上、『東日』一九三〇年九月一四日千葉版。ただし告発後の顛末は分からない。
(110) 帝国議会会議録検索システム「昭和六年二月十三日　衆議院議事速記録第十二号　治安警察法中改正法律案外二件　第一読会」二六四～二六五頁。
(111) 帝国議会会議録検索システム「中央卸売市場法中改正法律案（藤田若水君外四名提出）委員会議録　第二回　昭和六年三月二十三日」四頁。
(112) この他、山本四郎校訂『立憲政友会史補訂版』第七巻（日本図書センター、一九九〇年）三五六頁および六二二頁によると、川島は第五八議会後の一九三〇年五月一八日党大会で政務調査会理事、第五九議会後の一九三一年三月二九日党大会で引き続きその職に留まった。当選二回でありながら、党内主流派（鈴木喜三郎派）の一員として、着実に党務のキャリアを積んでいた。
(113) 以上、『千毎』一九三〇年六月一〇日。
(114) 前掲「十月下旬における政友会の実情」。
(115) 伊東かおり「第一次世界大戦前における議員外交の萌芽と帝国議会―列国議会同盟（ＩＰＵ）日本議員団に関する基礎研究―」（『九州史学』一七三、二〇一六年）二四頁および四四頁によると、列国議会同盟は、一八八九年に設立された主権国家の国会有志議員の国際組織で、議員各個人の自主性を重んじ、議員個人の政治的意見による討論が行われたという。伊東によると、この同盟に日本が参加したことで、議員の活動の幅が広がるとともに、彼らに国際ネットワークや政策についてのグローバルな視点が提供されていく契機となったという。
(116) 『読売』一九三一年七月二八日千葉版。
(117) 『東朝』一九三一年一二月九日房総版。
(118) 以上、『読売』一九三一年一二月三日千葉版および『千毎』一九三一年一二月三日。
(119) なお川島は同じ場で、「日本は公使館費といつたものを削つてもオリムピック派遣費の七万円をうんと増額してやりたい――と、そしてせめてもスポーツを通じて日本の存在を彼等に知らせてやりたい」とも述べ（『東朝』一九三一年一二月九日房総版）、スポーツによる国際社会へのアピールを提唱した。戦後の川島は東京五輪担当大臣（池田勇人内閣）に就任するが、政治とスポーツを結びつける発想は、すでにこの時から確認できる。
(120) 例えば『読売新聞』一九二九年一二月一三日千葉版によると、第二章で川島と総選挙の立候補を争った齋藤三郎を説得するが、承諾を得られなかった。
(121) 以上、『読売』一九二九年一二月二四日千葉版。

(122)『東朝』一九二九年一二月一八日房総版。
(123)『東日』一九二九年一二月二四日千葉版。
(124)『東日』一九二九年一二月二四日千葉版。
(125)犬養内閣で前田米蔵（東京府第六区）が商工大臣に就任するが、佐藤剛「川島正次郎論」（林政春『国会議員の風雪二五年―自民党幹事長川島正次郎氏の政界コース―』東京タイムズ千葉支局、一九五九年所収）三七頁によると、その前田と出会ったのはこの時期であったという。しかし筆者は、両者が交差するのはもう少し先と考えている。詳しくは第六章で指摘する。
(126)『千毎』一九三一年一一月三日。
(127)『読売』一九三一年一二月二五日千葉版。
(128)『千毎』一九三一年一二月一二日。
(129)『読売』一九三一年一二月二四日千葉版。
(130)『読売』一九三一年一二月二七日千葉版。
(131)『読売』一九三二年一月一四日千葉版。
(132)『読売』一九三二年一月八日千葉版。
(133)『読売』一九三一年一二月二七日千葉版。
(134)『東朝』一九三二年一月七日房総版。
(135)前掲『染谷静男家文書』Ａ‐〇二〇三‐二九。
(136)「河村源内宛犬養毅他有志書状」（我孫子市教育委員会蔵『河村貞喜家文書』四三五）。
(137)『読売』一九三二年一月二一日千葉版。
(138)『読売』一九三二年一月一七日千葉版。
(139)『東日』一九三二年一月一五日千葉版。
(140)『千毎』一九三一年一一月三日。
(141)『東朝』一九三一年一二月一三日房総版。
(142)『東日』一九三二年一月一四日房総版。
(143)前掲『染谷静男家文書』Ａ‐〇二〇三‐一七。
(144)『千毎』一九三二年一月一七日。

(145)『千葉県報』号外（一九五二年一〇月三〇日）一～四頁。
(146)手塚雄太『近現代日本における政党支持基盤の形成と変容―「憲政常道」から「五五年体制」へ―』（ミネルヴァ書房、二〇一七年）II部。
(147)『読売』一九三二年一月一八日千葉版。
(148)『東朝』一九三二年一月一四日房総版。
(149)『読売』一九三二年一月一七日千葉版。
(150)『東朝』一九三二年一月六日房総版。
(151)『東朝』一九三一年一二月二二日房総版。
(152)昭和九年一月「政事結社調」（前掲『松本学関係文書』R一三）。ただし、この史料で登場する結社は、「政党本部支部又ハ後援団体等ニシテ届出アリタルモノ」に限定されている。
(153)『野田』一九三一年六月二八日。
(154)『読売』一九三二年一月二四日千葉版。
(155)『東日』一九三二年一月一四日房総版。
(156)『読売』一九三一年一二月二三日千葉版。
(157)『東朝』一九三二年一月六日房総版、市制施行八〇周年記念・企画展展示図録『松井天山の鳥瞰図と市川市域』（市立市川歴史博物館、二〇一五年）二五頁。
(158)『東日』一九三二年一月一〇日千葉版。
(159)『千葉県の歴史通史編　近現代二』（千葉県、二〇〇六年）三六二～三七一頁。
(160)『東朝』一九三二年一月一二日房総版。
(161)前掲櫻井「選挙分析から見た昭和初期における野田市域と東葛飾郡」一三九頁および一四四～一四六頁。
(162)「河村源内宛川島正次郎葉書」（前掲『河村貞喜家文書』四三二）。
(163)『東日』一九三二年一月二三日房総版および二七日千葉版。
(164)『読売』一九三二年一月二六日千葉版。
(165)『東朝』一九三二年一月二七日房総版。
(166)『読売』一九三二年二月一二日千葉版。

(167)『房日』一九三三年一一月一五日。
(168)『東日』一九三二年二月五日房総版。
(169)『東朝』一九三二年一月三〇日房総版によると、前述の県会議員選挙で落選した高原正高が立候補に意欲を見せたという。しかし『東日』一九三二年二月六日房総版によると、床次竹二郎鉄道大臣と代議士の津崎尚武（鹿児島県第三区）に反対され、断念した。すると『東日』一九三二年二月一四日千葉版には、高原は政友会候補ではなく、民政党の篠原支持を明言したとある。これは、高原による一種の意趣返しといえよう。この他、『読売』一九三二年二月五日千葉版を見ると、一九二八年第一六回総選挙に実業同志会から立候補したものの、最下位の七位で落選した君津郡出身の富田照も鈴木喜三郎司法大臣および鳩山一郎文部大臣の「内意」を得て、立候補に意欲を見せたが、結局は取り止めた。
(170)『千毎』一九三二年二月二日。
(171)『千毎』一九三二年二月四日。
(172)以上、『東日』一九三二年二月一〇日房総版。
(173)「立憲政友会公認候補」（『政友』第三七八号、一九三二年二月）五一頁。
(174)小宮京『自由民主党の誕生―総裁公選と組織政党論―』（木鐸社、二〇一〇年）五六頁。
(175)ただし前述の県会議員選挙の対応も含めて、篠原に対する評価は芳しくなかった。実現はしなかったものの、「篠原氏の身代りに、前蔵相井上〔準之助〕氏を輸入で担ぎ込み策を講じてゐる向がある」（『読売新聞』一九三二年一月二八日千葉版）との報道は、それを物語る。
(176)『千毎』一九三二年二月六日。
(177)前掲『染谷静男家文書』A-〇二〇-一四。
(178)『東日』一九三二年二月六日房総版。
(179)前掲『染谷静男家文書』A-〇二〇二-一五。
(180)『千毎』一九三二年二月一三日。
(181)『千毎』一九三二年二月一三日。
(182)「昭和七年立憲政友会所属議員派閥調べ」（前掲『松本学関係文書』R一三）。
(183)『千毎』一九三二年二月一八日付。
(184)前掲浅野「戦前期における地方選出代議士の選挙区での活動」七七頁は、大麻の演説会の場所が地盤地域に限定されていると指摘した。

(185) 以上、『東朝』一九三二年一月二四日房総版。
(186) 『東朝』壱九三二年一月二九日房総版。
(187) 『読売』一九三二年二月三日千葉版。
(188) 『読売』一九三二年二月五日千葉版。
(189) 『千毎』一九三二年二月一一日。
(190) 『読売』一九三二年二月一五日千葉版。
(191) 前掲櫻井「選挙分析から見た昭和初期における野田市域と東葛飾郡」一四六頁も同様に指摘する。
(192) 『東日』一九三二年二月二日千葉版。
(193) 『東日』一九三二年二月三日房総版および『読売』一九三二年一月三〇日千葉版。
(194) 以上、『読売』一九三二年二月七日千葉版。
(195) 『読売』一九三二年二月一五日千葉版。
(196) 『東日』一九三二年二月二日千葉版。
(197) 『東朝』一九三二年二月一〇日房総版。
(198) 井上準之助（前大蔵大臣）の「直参」（『東日』一九三二年二月一一日房総版）であった篠原にとって、血盟団事件で彼を失ったのは大きな痛手であった。
(199) 『千毎』一九三二年二月一七日。
(200) 『東日』一九三二年二月一八日房総版。
(201) 『読売』一九三二年二月一九日千葉版。
(202) 『東日』一九三二年二月二二日房総版。
(203) この他、篠原の演説下手も挙げられよう。例えば「演説も相当やるが只長い官吏生活から官僚臭が少し強過ぎる様な気がする」（『読売』一九三二年一月二九日千葉版）との報道は、それを物語る。
(204) 前掲櫻井「選挙分析から見た昭和初期における野田市域と東葛飾郡」一三九頁および一四四〜一四六頁。
(205) 前掲浅野「戦前選挙における町村単位の集団投票」・「戦前期における地方選出代議士の選挙区での活動」・「戦前期熊本における中央型政治家と地方型政治家」。

(206)『東朝』一九三二年二月一八日房総版。
(207)新井達夫「昔の選挙と今の選挙」（『再建』一九五〇年五月号）四二頁。
(208)前掲升味『日本政党史論』第五巻二六八頁。
(209)司法省刑事局「昭和三・五・七年施行衆議院議員選挙事犯調査表」（前掲『松本学関係文書』R一〇）。
(210)平田奈良太郎『司法省研究報告第一九輯八　選挙犯罪の研究―特に買収犯罪について―』（司法省調査課　一九三五年）六八二頁。
(211)『読売』一九三二年二月六日千葉版。
(212)『東朝』一九三二年二月一七日房総版。
(213)例えば『東朝』一九三二年三月一日および五日房総版。
(214)『東日』一九三二年一月二三日房総版。
(215)前掲櫻井「選挙分析から見た昭和初期における野田市域と東葛飾郡」一四五頁は、代議士から県会議員、そして各町村議員へと下降する集票システムが存在したと指摘する。これは、川間村の村会議員選挙を分析したからこその成果である。本来であれば、このような集票回路のありようを分析すべきだが、本書は地方選挙を県会議員選挙に限定している。本章はしばしば櫻井の研究を引用したが、ここでの分析の結果、その妥当性は裏づけられたといえよう。

第四章　代議士個人後援会の誕生

本章では、選挙システムの中で形成される支持基盤の内、先行研究の少ない戦前期普選の後援会の分析を試みる。序章で紹介したように、手塚雄太による加藤鐐五郎の後援会五月会の分析は[1]、加藤日記や後援会に関する一次史料から導き出された、現時点の定点観測的研究の到達点を示すといえよう。これに対して本章では、比較史的分析という枠組み、選挙過程の中に後援会誕生を位置づける視点が特徴となる。

第一節　前提条件の整理

(一)　全国的傾向の鳥瞰

かつて筆者は関東各府県の後援会（ただし個人名が冠されたもの）の数、設立時期、候補者年齢および当選回数、候補者の競合形態、設立地域などの特徴をまとめるとともに、注目すべき後援会を分析した[2]。その成果は以下の五点にまとめられる。

第一に後援会は、原則、政党内閣期（一九二五～三二）、その多くが第一回普選を経験して（四八・四％）、候補者の出生地とその周辺、地盤地域とその周辺に町村単位で設立された。これらの後援会は当選回数の少ない候補者によるものが多く、票固めを主な目的とした。ただし消滅・吸収・再編・解散のケースもあり、永続的な組織ではなかった。また政民両党を比較すると、政友会候補者の後援会が圧倒的に多い。そして政民両党系の政治団体から派生したものは少なかった。

第二に後援会は、政党本部への公認申請、選挙運動、演説会の開催、候補者擁立、県会議員選挙への関与、政府高官就任時の祝賀会、叙勲時の祝賀会、演説会よりも小規模なミニ集会（座談会）、上京した選挙区の有権者に対する宿泊場所の提供などに取り組んだ。これらの活動によって候補者と後援会員は絆を深め、一体感を醸成する。もちろん後援会に加入せずとも、候補者の選挙を支えられるが、後援会に加入することで、加入者の政治活動は正当性を付与される。

第三に後援会は、地域利益や支持者の団結などを通して、候補者個人と有権者を架橋した。したがって後援会は普選段階における候補者の支持基盤として、また有権者の組織化の一形態として位置づけられる。これは政党の地盤を相対化することになり、特定の代議士を支持する有権者や町村の存在に繋がる。特に町村での得票率を見た場合、総体的には序章で紹介した「ナショナル・スウィング」が該当したとしても、後援会を軸に捉え直すと、有権者のスウィングは普遍的現象ではない。スウィングの大小や有無は、その事例毎に異なるため、選挙区の分析と併せて考察しなければならない。

第四に後援会は、限界を抱えていた。結成後に苦戦・落選する候補者もいることから、普選に伴う二つの新たな政治環境（有権者数の激増および中選挙区制度）への適合という視点から見ると、後援会は万能の処方箋ではなかった。だからこそ候補者は支持基盤の複線化を志向し、後援会だけでなく、利益団体とも結びつくようになった。

第五に戦前期普選と戦後の後援会の連続性を見た場合、候補者の当落状況にもよろうが、それは薄い事例が多い。一方、戦前期普選では代議士の死後、別の候補者を支持してその存続を模索していた事例もあり、戦後的現象の先取りも見られた。後援会は、決して戦後政治史の産物ではなかった。(3)

以上を踏まえ、本章ではまず表4－1にもとづき、全国的な後援会の動向を鳥瞰することから始めたい。表の原史料「政党員其ノ他有志者後援団体調」は団体の目的を明記しており、確実に後援会か否かが識別できる。これに依拠して後援会を算出したのが、表4-1の各道府県での上段の数値である。ただし党首後援会や候補者の選挙区が異なる後援会は除外したため、史料に添付された一覧表の数より少ない。表4-1の数値こそ、個人後援会数の実態を示すといえよう。ただし地方議員などの後援会も含んでおり、代議士に限定すると、さらに少なくなる。

もう一つの原史料「政事結社調」は政党本部・支部・既成政党系などの政治団体をリストアップするものの、団体の目的を明記していない。したがって政治結社の総数は多い反面、後援会か否かの識別は難しい。ここでは、団体名に個人名（号）や後援会という言葉が冠されたもの、前掲「政党員其ノ他有志者後援団体調」で後援会として認識できるものを抽出した。これに依拠して算出したのが、表4-1の各道府県での下段の数値である。やはり党首後援会や候補者の選挙区が異なる後援会は除外したが、団体名からは後援会として分かりにくいものもある。したがって表の数値は最低値を示す。

この結果、次の二つを指摘したい。第一は、一九二七年時点の後援会数を見た場合、茨城県四三、愛知県五三、大阪府三四が特筆に値する。茨城県の四三後援会中、三三は内田信也（政友会）のものである。内田は内田汽船の創業者（船成金）だが、その資金力が反映されたのであろう。しかし愛知県と大阪府は、茨城県のように、一人の代議士が圧倒的な数の後援会を持つ状況ではなかった。愛知県の後援会で複数のものを挙げると、第一区では小山松寿（民政党）の三、田中善立（民政党）の四、第二区では西脇晋（民政党）の二、第三区では瀧正雄（民政党）の六、加藤鯛一（民政党）の二、三輪市太郎（政友会）の五、第四区では武富済（民政党）の四、第五区では大口喜六（政友会）の六、杉浦武雄（民政党）の二となる。また大阪府の後援会で複数のものを挙げると、第一区では平賀周（政友会）の三、第二区では紫安新九郎（民政党）の五、第三区では広瀬徳蔵（民政党）の五しかなく、残りは全て単数である。おそらく茨城県が例外で、愛知県や大阪府のように、代議士が他候補者と競争する中、それぞれ後援会を設立する状況が一般的なのであろう。

表 4－1　道府県別後援会数の変化

	政事結社	内、後援会	後援会割合（%）		政事結社	内、後援会	後援会割合（%）
北海道	53	5	9.4	滋賀県	9	2	22.2
	275	23	8.4		17	7	41.2
青森県	7	7	100.0	京都府	9	9	100.0
	20	4	20.0		105	1	1.0
岩手県	1	1	100.0	大阪府	34	34	100.0
	44	3	6.8		205	6	2.9
宮城県	4	4	100.0	兵庫県	4	4	100.0
	57	8	14.0		142	8	5.6
秋田県	7	7	100.0	奈良県	1	0	100.0
	40	2	5.0		4	0	0.0
山形県	0	0	0.0	和歌山県	0	0	0.0
	10	2	20.0		15	2	13.3
福島県	1	1	100.0	鳥取県	0	0	0.0
	69	5	7.2		7	2	28.6
茨城県	43	43	100.0	島根県	7	7	100.0
	22	5	22.7		25	9	36.0
栃木県	1	1	100.0	岡山県	5	3	60.0
	61	19	31.1		35	8	22.9
群馬県	18	16	88.9	広島県	8	8	100.0
	148	32	21.6		39	12	30.8
埼玉県	1	1	100.0	山口県	25	0	0.0
	67	4	6.0		21	3	14.3
千葉県	3	3	100.0	徳島県	11	1	9.1
	76	28	36.8		24	8	33.3
東京府	10	5	50.0	香川県	0	0	0.0
	185	17	9.2		7	3	42.9
新潟県	8	8	100.0	愛媛県	8	8	100.0
	14	2	14.3		19	11	57.9
神奈川県	1	0	0.0	高知県	11	11	100.0
	15	0	0.0		24	5	20.8
富山県	2	2	100.0	福岡県	5	5	100.0
	9	3	33.3		175	7	4.0
石川県	4	4	100.0	佐賀県	0	0	0.0
	40	12	30.0		8	3	37.5
福井県	2	2	100.0	長崎県	1	1	100.0
	12	5	41.7		22	1	4.5
山梨県	1	1	100.0	熊本県	7	0	0.0
	9	0	0.0		37	0	0.0
長野県	1	1	100.0	大分県	4	4	100.0
	29	5	17.2		7	0	0.0
岐阜県	11	2	18.2	宮崎県	1	0	0.0
	107	37	34.6		14	10	71.4
静岡県	11	11	100.0	鹿児島県	3	0	0.0
	166	6	3.6		24	5	20.8
愛知県	54	53	98.1	沖縄県	0	0	0.0
	108	10	9.3		3	0	0.0
三重県	26	26	100.0	合計	423	301	71.4
	85	18	21.2		2,647	361	13.6

出典：「政党員其ノ他有志者後援団体調（昭和 2 年 11 月現在）」（学習院大学図書館〈国立国会図書館憲政資料室蔵〉『山岡万之助関係文書』R 24）および「政事結社調（昭和 9 年 1 月現在）」（岡山県立記録資料館蔵〈国立国会図書館憲政資料室蔵〉『松本学関係文書』R 13）より作成。

注：各府県の表上段は 1927 年時点、下段は 1934 年時点の数値。

反面、後援会がないのは、山形県、神奈川県、山梨県、奈良県、和歌山県、鳥取県、山口県、香川県、佐賀県、熊本県、大分県、鹿児島県、沖縄県の一三県で、九州を中心とする西日本に多い。これらの地域での代議士の支持基盤は、後援会ではない別の組織、例えば政党支部・既成政党系政治団体・利益団体などが想定される。推測だが、そのような組織の影響力が強く、後援会の必要性があまり認識されていなかったのではないだろうか。

第二は、一九二七年と一九三四年時点での後援会数を単純に比較すると、増加が読み取れる。候補者は普選に備えた結果、または普選を経験した結果、後援会を設立したのである。事実、前述した神奈川県、奈良県、山梨県、大分県、熊本県、沖縄県の六府県を除き、後援会が確認できる。ただし前述のように、一九三四年時点での後援会数は最低値でしかないため、実際の後援会数はもう少し増加する。戦前期後援会は、普選に誘発された産物であった。

それでも後援会が設立されなかった前述の六府県のうち、序章の先行研究の整理で触れた神奈川県と熊本県を見よう。神奈川県の場合、政友会の県支部、民政党の県支部および横浜支部、国民同盟（一九三二年に民政党から分離）の県支部、社会大衆党の横浜支部・川崎支部・鎌倉支部・中平支部・横須賀支部、日本国家社会党の横浜支部および川崎支部の他、立憲養生会の横浜連合支部、教友会およびその橘樹支部と都築支部のみである。また熊本県の場合、政友会の県支部および一三の郡支部、民政党の県支部および五の郡支部、国民同盟の県支部および一四の支部、社会大衆党の県支部、国家社会党の県支部のみである。両県は、既成政党を中心とする支部組織が充実しており、後援会結成の必要性を欠いていたと考えられる。推測だが、政党支部が候補者選定、公認、選挙運動の主体として機能していたのかもしれない。また一九〇三〜一九一五年の神奈川県会議員選挙を分析した吉良芳恵は（4）、政党支部の力が地域に浸透し始めたと指摘するが、この吉良の指摘と神奈川県で後援会が存在しないことは、相関関係があるのかもしれない。

しかし後援会数が減少する府県もある。例えば前述の茨城県の場合、三三の内田後援会は二に激減した。内田は一九二四年第一五回〜一九四二年第二一回総選挙で連続七回当選を誇るが、おそらく後援会以外の支持基盤も安定・充実し、相対的にその果たす役割が低下したために、整理・統合されたのであろう。この他、激減した府県としては、三四→六の大阪府、五三→一〇の愛知県、九→一の京都府などがある。いずれも理由は不明だが、試みに一九三四年に直近の一九三六年第一九回総選挙を見ると、大阪府と京都府では社会大衆党が躍進している。例えば大阪府第一区では田万清臣、第三区では塚本重蔵、第四区では川村保太郎、第五区では杉山元治郎が、京都府第一区では水谷長三郎がそれぞれ議席を獲得しており、愛知県を除き、無産政党が躍進した地域では、確かに後援会が激減している。大阪府と京都府の場合、無産政党の躍進と後援会数の激減は、何かしらの相関関係があるのだろうか。

(二) 千葉県第一区の状況

ここでは前述の成果を本書のフィールドである千葉県第一区に落とし込み、選挙過程の中に後援会結成の足跡を位置づける。

本書が今まで論じたように、戦前期普選以前の千葉県第一区を見た場合、東葛飾郡では本多の東葛倶楽部を除き、政党支部や地域政治団体などの存続が確認できなかった。しかし千葉県の他の選挙区では、一九二四年二月創立の山武郡土屋清三郎代議士後援会（創立時会員九四名）、一九二六年四月創立の小高長三郎後援会（創立時会員二六八名）という二つの後援会が存在した。[5]

土屋は東京慈恵医院医学専門学校卒業後、内務省伝染病研究所嘱託、警視庁検視官、岐阜県衛生技師を経て、開業医となった。また一九一六年に牛込区会議員に当選し、一九一七年第一三回総選挙（旧千葉県第一〇区）では無所属で初当選した。しかし次の一九二〇年第一四回総選挙で落選し、このタイミングで後援会を結成する。そして一九二四年第一五回総選挙（政友会）で雪辱を晴らした。以降は民政党に移り、一九三七年第二〇回総選挙（千葉県第三区）まで連続当選した。一方、小高は大倉商業高等学校卒業後、自由通信社に入社し、外交部長を経て、社長に就任。そして政友会に入り、千葉県第三区の総選挙に挑むため、後援会を結成した。しかし一九二八年第一六回および一九三〇年一七回総選挙は落選してしまい、一九三二年第一八回総選挙でようやく初当選した。つまり土屋も小高も自身の落選を契機に、または自身の立候補を契機に、後援会結成に舵を切ったのである。後援会結成と選挙過程は、密接不可分な関係といえよう(6)。

第二章で示した第一回普選の結果が契機となり、千葉県第一区でも後援会が結成されていく。表4-1を見ると、千葉県全体では約九倍増となっており、後述のように、第一区はその中心であった。この増加率は、栃木県一九倍、岐阜県一八・五倍、宮崎県一〇倍に次ぎ、全国四位の高さを誇る。千葉県第一区は、後援会が花開いた地域でもあった。

第一回普選で本多は一万六、一二八票で二位当選したが、その内、地盤の東葛飾郡では一万二、七二三票しか獲得できなかった。ライバルの川島は一万四、三一六票で三位当選を果たし、しかも、そのうちの八九％に相当する一万二、七八一票を地盤の東葛飾郡から獲得した。川島は地盤の東葛飾郡で本多を凌駕したのである。これは、本多に大きな危機感を抱かせた。だからこそ本多は次に備え、第二節で示すように、後援会結成を通して、新たな支持基盤の構築に取り組んでいく。

事実、この時期の本多を取り巻く政治状況は、大きく変動していた。一九二八年八月一日、派閥領袖の床次竹二郎は民政党を離党し、新たに新党倶楽部を立ち上げた。本多および第二章で登場した志村清右衛門は、床次に同調して民政党を離党し、新党倶楽部に参加した(7)。「その政治生活を床次氏の政界遍路と終始倶にし」た本多にとって、これはある種、当然の決断だった。しかし同時に本多は、有持者の支持と合意を取りつけることも忘れなかった。例えば選挙区の町村有志約二〇〇名を東京上野精養軒に招待し、移籍に理解を求めた(8)。また千葉市の加納屋で千葉市会議員や支持者を集め、同じく理解を求めた(9)。本多は当選三回の代議士だったが、選挙区の支持者の理解を得るよう、丁寧な説明を心掛けていた。

この床次率いる新党倶楽部は、一九二九年七月五日、政友会に合流した。本多および志村も合流し、第二章で示したように、第一区選出の代議士が全て政友会となった。これを受けて、一九二九年時点の内務省警保局は次の認識を示す。

前回選挙ノ際立候補シテ僅カ三十票ノ差ヲ以テ落選シタル民政党多田満長ハ其後鋭意後援会等ヲ作リテ地盤ノ開拓ニ努メツツアルヲ以テ来ルヘキ選挙ノ際ハ当選ノ可能性アリ、又千葉市、千葉郡及東葛飾郡方面ハ前回選挙ノ際旧本党及憲政会カ民政党旗幟ノ下ニ共同戦線ヲ張リタル結果、本多貞次郎、志村清右衛門ノ当選ヲ見タルモノニシテ、今回ノ分解作用ニ依リテ旧本党系（即チ新党倶楽部）カ政友会ニ走リタリト雖、事実選挙地盤其他ノ関係上、果シテ旧来ノ政友会ト一致ノ行動ヲ取ルコトヲ得ルヤ否頗ル疑問ナリ情勢ニ在リ、既ニ本多貞次郎ノ如キハ政友会ト別派ニ所謂本多後援会ナルモノヲ組織シ、旧新党系ノ結束ニ努メツツアル(10)

ここからは、次の二点が読み取れる。第一は、一九二四年第一五回〜一九二八年第一六回総選挙で連続次点落選の多田満長（民政党）が後援会を結成した点である。多田は第一五回総選挙（旧千葉県第八区）での落選に引き続き、第一六回も三〇〇票差の五位で落選し、苦境に立たされていた。だからこそ多田は第二節で示すように、第一区の候補者の誰よりも早く後援会を結成した。第二は、政友会入党により、ライバル川島と同一政党となった本多が後援会を結成した点である。前述のように、地盤である東葛飾郡で川島の後塵を拝した本多は、政党の移籍を経て、川島に伍していくため、後援会を結成していく。警保局が「政友会ト別派」と認識したように、本多後援会は政党系政治団体ではなく、彼を代議士に押し出すための組織に他ならなかった。

第二節　後援会の誕生

（一）多田満長

千葉県第一区での後援会結成の嚆矢は、民政党の多田である。本多・川島・鈴木という三人の現職代議士と選挙区を同じくする多田は、一九二八年四月八日、新しく君津郡楢葉村で後援会を結成した。その後、神納村・金田村・長浦村・木更津町でもそれぞれ新しく町村単位で後援会を組織していく[11]。東京市を事例とした櫻井良樹の指摘と異なり[12]、多田後援会は制限選挙期の政治団体が後援会に変質したものではなく、多田を代議士へと押し出すため、新たに結成された組織であった。

多田後援会の目的は、「会費を以て維持し多田氏の事業を援けて活動[13]」することであった。会費制で、支援者を薄く広く組織した多田後援会の役員は、会長に内藤繁須、副会長に藤井松五郎、顧問に鈴木彰なる人物が名を連ねた[14]。鈴木は君津郡役所の書記を務めていた[15]。また内藤は後年、一九四〇年県会議員選挙の時でも後援会長を務めていた。なお、この内藤は「多田氏の説得[16]」を聞かずに君津郡選挙区（定数四名）からその県会議員選挙に立候補（民政党）したものの、二、〇九八票の七位で落選する。おそらく内藤のような県会議員選挙に立候補し得るだけの地域有力者が、後援会の役員に就任したのであろう。この傾向は、千葉県の他の選挙区でも確認できる。例えば一九二九年七月発足の山武郡（千葉県第三区）の北田正平後援会（民政党）で副会長を務めた伊藤博愛（片貝町会議員）[17]は、一九三二年一月、一九三六年一月、一九四〇年一月県会議員選挙に立候補し、連続当選している[18]。

多田後援会は、約一年経過後の一九二九年七月時点で、「木更津外七町村に設立され会員卅名《ママ》[19]」規模まで拡大された。会員数には検討の余地があるものの、少なくとも合計八町村で後援会は確かに存在していた。ただし、これらの後援会同士の関係性は判然としない。例えば、戦後政治での橋本登美三郎後援会（西湖会）を分析した山田真裕によれば、各市町村単位の後援会はそれぞれ独立しており、相互のコミュニケーションチャネルを持っていなかったという[20]。ここに、当時の内務省警保局長の松本学が残した前掲「政事結社調（昭和九年一月現在）」などにより作成した表4－2を加えると、より詳細な多田後援会像が見えてくる。それらを六点にまとめたい。

第一は、後援会の結成時期が一九二八年から三〇年初頭に集中している点である。多田は一九三〇年第一七回〜一九四二年第二一回総選挙で連続当選するが、後援会結成時期は限定されている。第二は、多田の地盤である君津郡の町村でのみ後援会が結成されている点である。後援会は票を掘り起こすためではなく、地盤の票を固めるための組織

表 4－2　多田満長後援会一覧（1934 年 1 月現在）

名称	届出年月日	主幹者氏名	主幹者経歴	事務所所在地
多田満長後援同志会	1929 年 12 月 13 日	鈴木幸一	不明	君津郡吉野村
多田満長後援会	1928 年 3 月 18 日	鵜飼吉賢	不明	君津郡昭和町
多田満長後援会	1928 年 4 月 7 日	内藤繁須	1940 年 1 月県会議員選挙で落選	君津郡昭和町
金田村多田満長後援会	1928 年 4 月 16 日	竹内辰之助	郡会議員 金田村長	君津郡金田村
根形村多田満長後援会	1928 年 5 月 5 日	髙橋金次郎	不明	君津郡根形村
巌根村多田満長後援会	1928 年 5 月 11 日	安藤治郎吉	不明	君津郡巌根無
中郷村多田満長後援会	1928 年 5 月 12 日	鳥海敏	不明	君津郡中郷村
木更津町多田満長後援会	1928 年 5 月 20 日	石川善之助	木更津町会議員 木更津町長 県会議員	君津郡木更津町
木更津町真舟多田満長後援会	1930 年 1 月 3 日	石渡悦三	不明	君津郡木更津町真舟
清川村多田満長後援会	1929 年 11 月 15 日	木野敬治	不明	君津郡清川村
富津町多田満長後援会	1929 年 4 月 3 日	勝俣一郎	不明	君津郡富津町

出典：昭和 9 年 1 月「政事結社調」（前掲『松本学関係文書』）、『房総　町村と人物』（多田屋書店、1919 年）、『千葉県議会史　議員名鑑』（千葉県議会、1985 年）より作成。

として位置づけられていたといえよう。第三は、同一町村内で複数の後援会が結成されている点である。一つの町村の中で同じく多田を支持していても、そのグループは決して一つではなかったようである。第四は、地方議員（それに相当する人物）が代表者を務めている後援会が複数存在していた点である。ただ役員はこの他にもいるであろうし、それも含めると、より多くの地方議員がもう少し役員を務めていた可能性が考えられる。第五は、事業所があることから、後援会は名前だけではなく、実態ある組織として存在していた点である。この事業所で会費徴収や名簿管理などが行われていたのであろう。第六が、他の史料との相違点である。例えば前述の新聞報道でその存在が確認できた楢葉村と長浦村の多田後援会は、この史料で登場していない。解散したか、それとも他の後援会に吸収・合流したと考えられる。

以上、千葉県第一区の候補者の中で、多田は誰よりも早く後援会を組織した。一九二四年と二八年の総選挙で二度の落選を経験した多田の回答こそ、個人後援会の結成であった。しかも、それは一一を数える。後援会は特定個人の当選のための組織である以上、前述の会費制であったとしても、その特定個人も維持費や活動費の多くを負担するはずである。詳細は不明だが、大日本通信社の社長を務める多田は、相応の政治資金の調達回路を持っていたのかもしれない。そして、この多田後援会は前述したように、一九四〇年の県会議員選挙時点で確かに存在していた。したがって多田後援会は、戦前期普選の時代をほぼ生き抜き、少なくとも翼賛選挙の直前まで、彼の支持基盤として機能し続けたのである。

表4-3　1928年第16回～1936年第19回総選挙での得票率の推移

	1928年第16回		1930年第17回		1932年第18回		1936年第19回	
	川島	本多	川島	本多	川島	本多	川島	本多
松戸町	51%	37%	37%	27%	40%	32%	34%	21%
船橋町	20%	37%	22%	28%	27%	32%	23%	24%
鎌ヶ谷村	33%	53%	20%	40%	25%	46%	32%	33%

出典：各回『衆議院議員総選挙一覧』（衆議院事務局）より作成。

（二）本多貞次郎

本多の後援会結成は、多田より一年遅れた一九二九年八月初旬からで、松戸町から始まった[21]。表4-3のように、一九二八年第一六回総選挙での松戸町得票率を見ると、本多は川島に負けていた。したがって松戸町は、梃入れが必要な町村の一つであった。一九二九年一二月一〇日一八時、松戸小学校で後援会発会式が開催されたが、議長の小林善作（松戸町会議員）は本多の「大成」のために後援会を設立したと述べた後、坂巻林之助（一九二八年一月県会議員選挙で落選）を会長に、小島彦衛および松山藤三なる人物を副会長に指名した。また他の役員は後日、会長から発表されることとなった。そして九八〇名の会員名簿の本多への贈呈、本多の謝辞演説、宮脇梅吉（前千葉県知事）の祝辞演説を経て、二一時三〇分に閉会した。

この他、四〇〇名の会員を誇る本多代議士後援会船橋支部[22]、鎌ヶ谷村本多貞次郎後援会の存在も確認できることから[23]、多田同様、本多後援会は町村単位で組織されたようである。同時に表4-3は、後援会の結成が必ずしも集票に繋がらなかったことも示す。本多は後援会を組織したが、結局、松戸町では川島を崩せなかった。

以上の本多後援会の実態を示す史料の一つとして、柏市沼南町で発見した「昭和四年七月　東葛本多後援会会員芳名簿」[24]を紹介したい。しかし名簿は欠落しており、個人名や会員数を特定できなかった。その反面、後援会会則が同封されていた。

第一条　本会ハ東葛本多後援会ト称ス
第二条　本会ハ本多貞次郎氏ノ社会的活動ヲ援助スルヲ以テ目的トス
第三条　本会ハ千葉県東葛飾郡ニ関係アル有志者ヲ以テ組織ス
第四条　本会ニ左ノ役員ヲ置ク
一．会長　一名
二．副会長　五名
三．相談役　若干名
四．評議員　若干名
五．幹事　若干名（内一名ヲ幹事長トシ四名を常任幹事トス）
本会ニ顧問若干名ヲ置キ会長之ヲ推薦ス
第五条　会長、副会長ハ選挙ニ依リ相談役、評議員、幹事ハ会長之ヲ委嘱ス
第七条　会長ハ会務ヲ統べ、副会長ハ会長ヲ補佐スルト共ニ各分担方面ノ会務ヲ掌ル
第八条　本会ノ経費ハ有志ノ寄附ニ依ル
第九条　本会ハ年一回総会ヲ開ク但緊急ノ場合ニハ臨時総会ヲ開クコトアルベシ
第十条　本会ニ入会セムトスル者ハ本会役員ノ紹介ニ依ル

この史料からは、次の二点を指摘する。第一は、本多後援会の運営経費が有志の寄附で賄われている点である。前述の多田後援会の会費制とは対照的である。多田が薄く広い形で支持されていた反面、本多は厚く狭い形で支持されていたようである。第二は、入会に役員の紹介を必要とした点である。本多後援会は、本多個人と有権者が直接的に結びつく組織ではなく、役員を介在させなければならなかった。しかも役員は、例えば前述の鎌ヶ谷村本多後援会の

場合、村会議員が副会長に就任しており、地方議員が多かったと考えられる。[25] では、なぜ本多後援会は地方議員を介在させようとしたのであろうか。例えば伊藤隆は、一人の政治家の直接掌握できる人数が五〜一〇人であると指摘した。[26] また民政党代議士の野中徹也（埼玉県第三区）は、支持者一人が三人を把握し、その三人がそれぞれ三人ずつ新たに把握することで、支持基盤は拡大できると指摘した。[27] これを踏まえると、本多後援会は地方議員が有権者を把握する介在型の後援会であった。

さらに前掲「政事結社調（昭和九年一月現在）」から作成した表４－４を加えると、より詳細な本多後援会像が読み取れる。つまり結成時期・設立地域・役員・組織の実態は、多田後援会の特徴と軌を一にする。確かに「後援会は氏の選挙根拠地東葛飾郡を中心として着々成功を収めつつあるが、更に千葉郡内に於ける氏と関係深き人々の間にも後援会組織につき協議を進められ、前千葉市議会議員高橋芳太郎氏の専ら其衝に当り各方面有力家に向つて諒解を求めつつ奔走」[28] と報じられており、地盤地域以外での後援会結成の可能性は残る。しかし、これ以上、千葉郡の本多後援会をめぐる報道は確認できない。また同じく表４－４を見ても、これ以上、後援会は結成されていない。したがって本多も多田同様、地盤を越えて後援会を結成することはなかったと考えられる。

この他、本多後援会の特徴を三つにまとめたい。第一は、後援会の数の多さである。本多後援会は一二を数え、前述の多田を凌ぐ。後援会は特定個人の当選のための組織である以上、前述の「有志ノ寄附」があったとしても、その特定個人も維持費や活動費の多くを負担するはずである。京成電鉄の経営者である本多だからこそ、相応の政治資金が調達できたのであろう。第二は、八つもの分会を持つ東葛本多後援会（流山町）が最も規模の大きい後援会組織だった点である。東葛本多後援会と八つの分会の組織上の関係性は不明だが、分会という名称から判断すれば、それは束ねられる存在（支部）であったと考えられる。第三が、他の史料との相違点である。例えば鎌ヶ谷村本多貞次郎後援会の存在は前述したが、それは前掲「政事結社調（昭和九年一月現在）」では確認できない。解散したか、それとも他の後援会に吸収・合流したのであろう。後援会の存在は、決して永続的なものではなかった。

表4－4　本多貞次郎後援会一覧（1934年1月現在）

名称	届出年月日	主幹者	主幹者経歴	事務所所在地
塚田村本多後援会	1929年11月15日	森田要之助	不明	東葛飾郡塚田村
葛飾町本多後援会	1929年11月 2日	大塚不績	不明	東葛飾郡葛飾町
船橋町本多後援会	1929年12月12日	杉崎信次郎	不明	東葛飾郡船橋町
東葛本多後援会	1929年12月 3日	加藤弥平治	不明	東葛飾郡流山町
東葛本多後援会八木村分会	1929年12月13日	鏑木佐忠	不明	東葛飾郡八木村
東葛本多後援会松戸町分会	1929年12月15日	坂巻林之助	松戸町会議員 戦後県会議員 戦後松戸市長	東葛飾郡松戸町
東葛本多後援会柏町分会	1929年12月15日	須藤進	不明	東葛飾郡柏町
東葛本多後援会風早村分会	1929年12月15日	渡末高五郎	不明	東葛飾郡風早村
東葛本多後援会手賀村分会	1929年12月16日	江口七	在郷軍人会分会長 戦後手賀村長 戦後県会議員	東葛飾郡手賀村
東葛本多後援会小金町分会	1929年12月17日	丸山鉄五郎	小金町長	東葛飾郡小金町
東葛本多後援会我孫子町分会	1929年12月17日	根本正之	不明	東葛飾郡我孫子町
東葛本多後援会松戸町明分会	1929年12月18日	大塚一郎	不明	東葛飾郡松戸町

出典：「政事結社調（昭和9年1月現在）」（岡山県立記録資料館蔵〈国立国会図書館憲政資料室蔵〉『松本学関係文書』R13）、『房総　町村と人物』（多田屋書店、1919年）、『千葉県議会史　議員名鑑』（千葉県議会、1985年）より作成。

一方で、本多が後援会以外の支持基盤を持つことも見逃せない。その一つは、本多が社長を務める京成電鉄である。例えば「解散総選挙を見越して京成関係者発起のもとに本多氏後援会を組織し、各町村へ支部が設置[29]」したという。この組織が表4－4のものと同一か否かは定かではないが、京成従業員の選挙区内の居住義務[30]および選挙への動員を踏まえると、京成電鉄が後援会の組織主体か否かを問わず、同社そのものが本多の支持基盤であった。もう一つが、第一章でも登場した東葛倶楽部である。後年、一九四〇年九月の時点で、すでに本多が一九三七年二月に逝去しているにもかかわらず、東葛倶楽部は会長の山下寅吉なる人物の下、本部を市川市に置き、会員三、五〇〇名を擁していた[31]。前掲「政事結社調（昭和九年一月現在）」では記載されていない東葛倶楽部が、この段階で再び登場する。会員数が事実であるならば、推測だが、後援会が誕生したことで東葛倶楽部は活動を停止し、本多の死後、表4－4の諸々の本多後援会は凝集点を失い、やがて合流して東葛倶楽部を名乗ったと考えられる。事実、第五章で示すように、本多死後すぐの総選挙ではその直系後継候補が立候補しなかったので、本多の積み上げた政治力を継承する人物がいなくなる。だからこそ旧本多後援会は、東葛倶楽部として一つにまとまるのではないだろうか。

表４－５　戦前期普選（千葉県第１区東葛飾郡）での本多の得票率の推移

	1928 年第 16 回	1930 年第 17 回	1932 年第 18 回	1936 年第 19 回
状況および当落	野党・当選	与党・落選	野党・当選	野党・当選
東葛飾郡得票率	38.2%	26.6%	33.3%	22.9%

出典：各回『衆議員議員総選挙一覧』（衆議院事務局）より作成。

　ところで本多の後援会は、彼の当選の原動力となったのであろうか。後援会結成直後の一九三〇年第一七回総選挙では、電車の敷設、瓦斯会社の新設、水道の敷設などの「空手形」[32]を組み合わせたにもかかわらず、表４－５のように、また第三章で示したように、大きく得票率を下げ、落選した。要因として、二つの理由が考えられる。一つは、本多と支持基盤であるはずの京成電鉄従業員の関係である。実は京成は一九二六年四月と一九三〇年四月に激しい労働争議を経験しており[33]、従業員は必ずしも本多に投票しなかった可能性が高い。二つは、本多の政党遍歴である。元来、本多は政友会の代議士だったが、派閥領袖の床次竹二郎に従い、政友本党（一九二四年一月）→民政党（一九二七年六月）→政友会（一九二九年七月）に移る。本多の政治行動に対して、東葛飾郡の有権者は厳しい判断を下したともいえる。本多による後援会の設立は、その不安の裏返しだったのかもしれない。

　なお本多は落選後、「京成電車社長を辞すると共に、公私一切の職を捨て、市川町の自邸をたたんで東京市に引揚ぐるとの決意」[34]を示し、その自邸は「別荘」にすると報じられた[35]。すると市川町会議員の一部は引き止めたという[36]。一度は政界引退を決意した本多だが、このような系列下の地方議員からの慰留を受けて、再起に向けて歩み出し、返り咲きを果たすことは、第三章で示した通りである。

　後援会を結成した本多だが、以後、管見では、その活動を確認できなかった。例えば選挙での各種印刷物を見ても、後援会の名は登場しない。これは、本多最後の選挙となる一九三六年第一九回総選挙まで変わらなかった。唯一の事例は、一九三〇年第一七回総選挙の候補者詮衡の時、

「船橋、柏、市川、野田、二川の五ケ所に於ける東葛本多氏後援会は一斉に詮衡会を開き、五ケ所を通じたる約千六百の出席会員は、一致結束して本多氏を候補に推薦」[37]の報道のみである。この報道が事実ならば、本多は表4‐4に記載のない柏町・市川町・野田町・二川村でも後援会を組織し、会員数が最低一、六〇〇名を超えていたことになる。神山知徳が指摘するように、制限選挙期は地域有力者からの推薦会が必須であったが[38]、これはその名残、もしくは対外的なアピールの一つなのかもしれない。しかし候補者推薦会はこれ以降、影を潜める。一九三二年第一八回総選挙の最中の一九三二年一月二六日、市川町の政友会員は幹部会を開き、「満場一致」[39]で本多を推薦するが、後援会のものではない。なお、この推薦会が東葛飾郡での最後の事例となった。

したがって新聞報道上、本多後援会は「見える」選挙運動に従事していない。しかし第三章の通り、買収などの選挙違反の横行を踏まえると、おそらく後援会は第三節で示す川島後援会のように、「見えない」選挙運動に従事し、戸別訪問などの違法行為の主体として機能していたと考えられる。候補者個人を中核とする支持基盤だからこそ、凝集力が高く、逆に違法行為に携わることができるのではないだろうか。

(三) 鈴木隆と篠原陸朗

鈴木は市原郡の他、隣接する君津郡でも影響力を持っていた。鈴木は政友会内で反鈴木喜三郎系、次いで本多同様、復党した床次の派閥に所属しており[40]、最終的に連続当選五回の実績を誇った。しかし党務や政務との関わりは少ない。例えば一九二七年五月一八日党大会で政友会本部の会計監督、一九二八年臨時党大会で千葉県選出の常議員および本部の会計監督、一九二九年四月二八日党大会で千葉県選出の常議員、第五七議会院内総務(一九二九～一九三〇年)の他[41]、第三代政友会千葉県支部長を務めたに過ぎない。また帝国議会での発言回数だけを見ても、在職期間中二四回に留まり、千葉県第一区の代議士の中で最も少ない。総じて鈴木は、議会活動に重きを置かない代議士であった。その鈴木も普選を経て集票力の強化を目指し、多田や本多と同様、後援会結成に着手した。それが「千葉郡津田沼町政友派鈴木隆後援会」である[42]。鈴木は地盤でない千葉郡からの集票力を強化するため、この地で後援会を結成したのであろう。後援会長には伊藤松治郎、副会長には齋藤林作および張替一郎が就任した。彼ら三名は一九二九年五月の津田沼町会議員選挙に出馬し、伊藤と張替が当選することから[43]、やはり鈴木後援会も多田や本多の後援会同様、地方議員が役員を務めていることになる。しかし前掲「政事結社調（昭和九年一月現在）」を見ると、鈴木後援会の記載がない。鈴木後援会は消滅してしまったか、もしくは事業所を持たない実態のない組織だったと考えられる。事実、津田沼町の得票は、後援会結成直後の一九二八年第一六回総選挙では二五八票を獲得したが、一九三〇年第一七回総選挙では七票に激減しており、支持基盤として全く機能していない。代議士が地盤地域以外で後援会を維持することは、難しかったといえよう

鈴木の地盤の市原郡と君津郡を見ても、後援会が確認できない。しかし政治団体の君津政友倶楽部（君津郡木更津町・一九三〇年二月二三日届出）および市原政友会（市原郡八幡町・一九三二年一月四日届出）が存在し、鈴木が両団体の責任者を務めている。この両団体は「政友」を冠していることから、鈴木の支持基盤というよりも、政友会千葉県支部の下部組織だったのではないだろうか。

一方、千葉県第一区の代議士で、唯一、後援会が確認できなかったのが篠原である。戦後、篠原会という政治グループの存在が回想されるが[44]、後援会として位置づけられていない。また戦前期にはその存在が確認できない。したがって詳細不明の民政更新クラブや東葛南部民政同志会など、東葛飾郡の民政党系政治団体が篠原の支持基盤に相当するのであろう[45]。この他、「民政たう《ママ》第一区こう認候補」である篠原を応援するため、津田沼町の齋藤林作・織戸一郎・田久保節造・岩崎義孝らが津田沼倶楽部（会員三八〇名）を結成したという[46]。ただし名称を見る限り、篠原の後援会というよりも、民政党系政治団体の色彩が濃い。篠原が後援会を持たなかった理由は判然としないが、本人の資質もあろうが、第三章で示したように、篠原自身が輸入候補で、東葛飾郡の地方議員との関係があまり良好でなかったからと考えられる。

第三節　川島正次郎後援会

(一) 川島の成長

川島後援会は、前述の多田・本多・鈴木と比べて、結成が遅い。例えば第一章で示した「正交会」の場合、存続や活動の形跡は一切、確認できない。そのような中、次の報道に注目したい。

松戸町の川島正次郎氏後援会同志会の幹部十八名は、先の梨本太兵衛氏の県議選当時暴露した川島氏直系の某幹部の選挙費着服事件に端を発し、同氏をボイコット(47)

ここからは、川島の個人後援会が松戸町に存在していたことを読み取れる。松戸町には川島個人後援会同志会が一九三二年一月県会議員選挙以前から存在していたが、幹部による選挙費用着服問題で、内紛状態にあったようである。しかし前掲「政事結社調（昭和九年一月現在）」を見ると、同志会は一九三四年時点で存在が確認できない。おそらく一九三二年から一九三四年までの間に消滅してしまったのであろう。推測だが、内紛に加えて、企業経営者ではない川島には、後援会を維持するだけの資金力がなかったのではないだろうか。だからこそ川島は、第二章および第三章で示したように、川口為之助を中心とする地方議員、市場関係団体などを支持基盤にしたのであろう。

その川島は一九三二年第一八回総選挙に当選後、次第に「鳩山系(48)」から離れ(49)、政友会での立ち位置を大きく変えていった。すなわち犬養毅総裁の下で党幹事長を務めた森恪に接近し(50)、その直系代議士となっていく(51)。この理由は判然としないが、小山俊樹の指摘するように、森が鳩山と対立して自派を立ち上げたのではなく、同じ政友会内で対立を深めた久原房之助に対抗するための派閥結成であるならば(52)、川島も鳩山と対立して森に接近したというよりも、森派立ち上げの目的や森の個性に魅かれて(53)、その派閥に身を投じたものと考えられる。なお森は軍部統制の視点から軍部と結合した政友会政権を構想するが(54)、川島も後年、「革新意識(55)」を持つと評されており、多少なりとも、森の政治思想にシンパシーを抱いていたのかもしれない。

さて第三章で示したように、連続当選三回の実績を持つ川島は、この後、大きく成長していく。一つは齋藤実内閣での海軍省参与官就任（岡田啓介海軍大臣）で、もう一つは選挙区のための政治活動であった。

まず参与官だが、当時、当選四〜五回で政務次官、当選三回での就任が通例だったことを踏まえると[56]、順当な人事であった。ただし省庁に関しては、農林省または商工省[57]、文部省[58]、司法省などと報じられ[59]、流動的だった。なかでも文部省が有力視されており、川島も「実は二、三日前に鳩山さんから君に来てもらふからといふお話はあつた（中略）第一はスポーツは大いにやらねばいかんな、昨年僕が海外に行つて来た時、一番痛感した」[60]と抱負を述べ、意欲を見せた。しかし実際は、全く報じられていなかった海軍省であった[61]。

こうして齋藤内閣の末席に名を連ね、川島は自身の政務キャリアの第一歩を歩み始めた[62]。事実、川島の盟友である川口は「川島氏はいつの総選挙にも苦戦を伝へられながら、蓋を開けて見ると予想外の投票で、しかも危な所で当選してゐる、後援者の大物が少い代りに隠れた同情者のあるためでせう、これは選挙区民のために不断の努力を払ふと云ふので、選挙区の人気は素晴らしいものだ、我党代議士中で、若くして前途春秋に富む同君の参与官は、政治家としての第一階梯に達した」[63]と彼を評した。川島は当選を積み重ね、また政務キャリアを積み始め、一層、その存在感を増しつつあった[64]。

次に選挙区のための政治活動だが。これまでは選挙で選ばれた責任を果たすべく、継続的に議会報告演説会を開催し、有権者の信頼を得ようとした。しかし結論を先取りすれば、川島は利益誘導や陳情処理に力を入れるようになり、代議士としての裾野を広げていった。この事例は、新規乗合自動車の営業許可に対する既存業者の抵抗[65]、県主導の新営業規則に対する千葉市カフェ組合の陳情の仲介[66]、県営水道許認可に関する県庁への情報提供など[67]、多岐にわたる。こうして川島「かゆいところへ手の届くように面倒を見る[68]」人物として認識されるようになり、選挙区の中での政治的影響力を強めていった。

（二）君津郡後援会

川島は東葛飾郡での後援会結成を進められなかったが、多田・本多・篠原・鈴木らライバル代議士と異なり、地盤を飛び出し、君津郡で後援会を結成した。その契機は、一九三四年四月県会議員補欠選挙（君津郡選挙区）に求められる。

当時の君津郡には主に鈴木系の君津政友倶楽部、多田系の君津民政同志会、川島系の君津政友同志会という三つの政治団体が存在したが[69]、三団体とも各々、補欠選挙の候補者擁立を目指した。その結果、川島は本人の了承を得ないまま、前木更津町長の伊藤勇吉の立候補を既成事実化した[70]。一方、多田は現職木更津町長の石川善之助を擁立した[71]。鈴木の候補者擁立が難航したことで、新旧町長同士の一騎打ちの様相を呈し、選挙戦は川島と多田の代理戦争となった。川島は髙橋熊次郎（山形県第一区）・伊藤仁太郎（東京府第三区）を、多田は松田源治（大分県第一区）・田島勝太郎（福岡県第二区）・高田耘平（栃木県第一区）・小川郷太郎（岡山県第二区）を弁士に立てて、演説会を繰り広げた[72]。

この事態を受け、木更津町の青年有志で組織する暁鐘会は、新旧町長同士の争いは将来に禍根を残すと考え、両候補に立候補辞退を勧告した[73]。その結果、伊藤は暁鐘会の要請、さらには自身の親族からの出馬再考要求を受けて、九日朝、立候補を辞退したのである。候補者難の鈴木率いる君津政倶楽部も川島系候補の辞退を受け、候補者擁立を断念。ここに多田の推す石川だけが立候補し[74]、川島の候補者擁立は振り出しに戻った。

以上の事態は、思わぬ副産物を生み出す。すなわち君津政友同志会は幹部全員の決議を経て、川島後援会に改組・移行したのである。これは、代議士が地域の既成政党系政治団体を呑み込み、自身の支持基盤としたことを意味する。この時、前述の伊藤勇吉は後援会幹事長に推されたが[75]、同会の前身が政友会系政治団体であったことから、「政党入りはしたくない」との意向を示し、顧問に就任した。千葉県第一区の中で、初めて地盤を飛び出し、後援会が組織された瞬間でもあった。川島は後援会を足場に新たな候補者を模索するが、うまくいかず、最終的には東京から「今回は断念せよ」と電話をかけ、断念した。多田の推す民政党の石川が無投票で当選した[76]。

候補者擁立には失敗したが、川島は地盤以外の地で、新たな支持基盤としての後援会を手に入れたのである。これは櫻井良樹の指摘[77]、すなわち制限選挙期の政治団体が後援会に変質したという東京市での実態に合致する。ただし契機は普選ではなく、一九三四年四月県会議員補欠選挙での候補者擁立をめぐる相克であった。しかも川島後援会は彼の地盤である東葛飾郡ではなく、君津郡で組織された。第一節で示したように、多田および本多の後援会は、地盤だけで結成されており、目的は票の掘り起しではなく、地盤の票固めであった。一方、君津郡は川島の地盤ではないことから、逆に票固めではなく、票の掘り起しのための後援会結成と考えられる。だからこそ表4－6のように、君津郡での川島の得票数は伸びていく。君津郡は東葛飾郡、さらには千葉市および千葉郡に引き続き、川島の「第三の地盤」化しつつあったといえよう。

表4－6　戦前期普選（千葉県第1区君津郡）での川島の得票率の推移

（単位：％）

	1928年第16回	1930年第17回	1932年第18回
状況・当落	与党・当選	野党・当選	与党・当選
君津郡得票率	0.2	0.7	4.4
	1936年第19回	1937年第20回	1942年第21回
状況・当落	野党・当選	野党・当選	非推薦・当選
君津郡得票率	4.7	3.1	1.8

出典：各回『衆議院議員総選挙一覧』（衆議院事務局）より作成。

(三)　千葉郡後援会

君津郡に引き続き、川島は千葉郡にも後援会を設立した。すなわち一九三五年一月一一日、大和田町の萱田飯綱神社で二宮町・大和田町・睦村・豊富村の四町村の有志が川島正次郎後援会を結成したのである。そもそも表4－7のように、この四町村では川島の得票率は上昇しており、彼を支持する有権者が多かった。特に一九三二年第一八回総選挙の時点では、豊富村四四％を除き、残り三町村全てで五〇％以上の得票率を占め、平均値でも五一％を記録する。この地域で圧倒的な強さを誇る川島だからこそ、第一節で示した多田や本多と異なり、町村の垣根を越えた後援会を持つに至ったのであろう。

次の史料は、後援会結成の背景を報じたものである。

従来、選挙区民と選出代議士とは一旦選挙を終るや、別人の如く没交渉とな

推移一覧

（単位：%）

1936年第19回			
川島	多田	篠原	本多
46	8	23	9
43	3	37	9
58	0	26	5
30	29	25	9
44	10	28	8

るのは、全然選挙の意味を没却するものにして、代議士にして常にその地方の実情を確認せざれば、最もよく民情に徹底せる政策の実現に難く、常にこれを鞭撻し支援することで真の選挙の意義を一層効果あらしむる(78)

ここからは、選挙後も代議士と有権者の結びつきを維持するための組織として、後援会が捉えられている。前述した本多後援会と異なり、千葉郡川島後援会は代議士と有権者を直接的に結びつけようとした、直結型の組織といえよう。結成大会には五〇〇人が参加し、当日、会長に就任する君塚東一郎が結成の趣旨を述べるとともに、川島に後援会名簿を贈呈した。そして川島の謝辞の後、時局問題講演会が開催された。ただし残念ながら、これ以上、千葉郡後援会の実態を示す史料を確認できなかった。

では千葉郡後援会が結成された結果、前述の四町村の得票率はどのような変化を見せたのであろうか。同じく表4-7を見ると、後援会結成以前と以後の総選挙で得票率を比べた場合、睦村を除く三町村で、全て数値を下げている。しかし第三章で示したように、一九三二年第一八回総選挙の際、これら四町村は政友会候補の地盤協定対象地域でもあった。つまり第一八回総選挙での四町村の得票率は地盤協定の産物で、川島の本来の支持者以外も含まれていたことになる。したがって比較すべきは、それより前の一九三〇年第一七回総選挙でなければならない。つまり第一七回総選挙と比較した場合、四町村での川島の得票率は大きく伸びたといえよう。したがって、第三章でも示したように、やはり千葉郡は東葛飾郡に次ぐ川島の「第二の地盤」として位置づけられる。

以上のように、川島は千葉県第一区の代議士の中で、地盤外の地域に、支持基盤である後援会を二つ持ち、組織型集票回路を構築した。しかし、これ以上、後援会は拡大されなかった。理由は不明だが、仮に後援会の維持や拡大に多大な資金が必要とするならば、川島の置かれていた状況は厳しかった。例えば川島の君津郡での支持者である黒川鍋太郎（専修大学同期生）によると、「選挙費を高利貸から借りたために債鬼から参与官の俸給を差し押へられたのである。川島への

表4－7　戦前期普選での得票率（二宮町・大和田町・睦村・豊富村）

	1928年第16回				1930年第17回				1932年第18回			
	川島	鈴木	本多	志村	川島	多田	篠原	鈴木	川島	鈴木	多田	本多
二宮町	10	31	6	49	21	38	13	12	55	0	5	9
大和田町	4	23	5	58	35	10	45	0	54	0	3	5
睦村	17	29	1	43	10	3	48	29	51	0	4	25
豊富村	14	26	13	42	18	8	42	9	44	0	6	14
4町村平均	11	27	6	48	21	15	37	13	51	0	5	13

出典：各回『衆議院議員総選挙一覧』（衆議院事務局）より作成。
注：各回当選者のみに限定した。

俸給袋は赤紙が貼られ、詳細な計算書がついていて最低生活費だけが差押へから免れて渡された」という。(79) 川島は相当、資金繰りに苦しんでいた。また資金をめぐる様々な疑惑は、その裏返しでもある。(80) 事実、『読売』一九四〇年九月三日千葉版を見ても、この時点で存続している千葉県内政治団体の中に、川島の後援会は挙げられていない。戦前期の二つの川島後援会は、支持基盤の主力ではなかったといえよう。

（四）川島後援会の活動

前述の本多後援会同様、戦前期最後の一九四二年第二一回総選挙までの新聞報道を見ても、川島後援会の活動は確認できなかった。しかし唯一の事例が、君津郡後援会でのみ読み取れた。すなわち一九三六年一月に県会議員選挙、二月に衆議院が任期満了を迎える状況下の前年一二月、君津郡後援会長の黒川鍋太郎は、平島栄・楠木齋・鈴木徳松の三人を妹の経営する君津郡金谷村の鍛冶屋旅館に招き、「来春の県議選には沿岸漁業者から代表者を出さねばならぬ」として饗応するとともに、「人格者で、官職を去る時も岡田首相に慰留された」川島紹介パンフレットを作成および配布した。(81) なお黒川は逮捕され、木更津刑務所支所に収容後、書類送検となった。(82) そして木更津区裁判所から禁固二か月を言い渡された。(83)

この事件からは、後援会の「見えない」活動の内実が考察できる。一つは、後援会が県会議員選挙の候補者擁立に関与していた点である。地域の有力者を饗応しているに過ぎないが、加藤鐐五郎の後援会五月会と同様、(84) 君津郡川島後援会も地方選挙に関与していたことになる。二つは、後援会が選挙運動解禁以前の段階で、違法行為にもかかわらず、文書発送などの政治活動に従事していた点である。公的に選挙運動ができない期間であっても、後援会はこのような「見えない」活動を通して、代議士を恒常的に支援していたと考えられる。つまり後援会の「見えない」活動とは、違法性というリスクを抱えながらも、総選挙や地方選挙に直結する恒常的な集票行為に他ならなかった。

小括

第三章と重複した叙述もあるが、本章での分析の結果、以下の三点が確認できた。

第一に、一九二七年時点と一九三四年時点を比較する形で、全国の後援会数を鳥瞰した場合、それは確実に増加していた点である。候補者（代議士）は普選に備えたからこそ、または普選を経験したからこそ、後援会を設立した。戦前期の後援会は、戦前期普選に誘発された産物といえよう。ただし依然として後援会が確認できない府県も六つ（神奈川県・奈良県・山梨県・大分県・熊本県・沖縄県）あった。それらでは政党支部・既成政党系政治団体・利益団体などが支持基盤として機能していたのであろう。ただし本章では、原則、個人名が冠された組織を後援会として扱ったので、手塚雄太が分析した政友会の加藤鐐五郎（愛知県第一区）後援会五月会のように[85]、個人名が冠されていない後援会も含めると、今後、本章の結論は修正されるかもしれない。

第二に、千葉県第一区の後援会結成状況を見ると、多田満長および本多貞次郎の後援会数は非常に多く、それらは地盤である君津郡または東葛飾郡に限定されていた点である。本多の場合、後援会結成後も落選しているため、それは決して万能の処方箋ではなかったが、多田後援会の場合、少なくとも一九四〇年県会議員選挙の時代まで存続し続けた。また多田後援会と異なり、本多後援会の入会には役員の紹介が必要であったことから、それは介在型の後援会といえよう。一方、川島は地盤でない君津郡と千葉郡に後援会を組織しており、極めて珍しい。川島は支持基盤の裾野を空間的に拡大させ、二つの組織型集票回路を手にしたのである。加えて千葉郡川島後援会の場合、本多のような介在型ではなく、直結型であった。

第三に、千葉県第一区の後援会は、「見える」選挙運動に従事していなかった点である。裏を返せば、後援会が「見えない」選挙運動に従事していた可能性を示す。君津郡川島後援会が関与した饗応や解禁前の選挙運動、さらには県会議員選挙候補者擁立への関与は、その事例に他ならない。したがって千葉県第一区の中では、君津郡川島後援会の取り組みは先駆的・先進的であった。しかし前述の愛知県の加藤鐐五郎後援会や群馬県の清水留三郎後援会（民政党）などと異なり[86]、千葉郡および君津郡川島後援会を含む千葉県第一区の場合、管見では、懇親会などの日常活動は確認できなかった[87]。この地での後援会の役割は、まだ限定的だったといえよう。

注

（1）手塚雄太『近現代日本における政党支持基盤の形成と変容―「憲政常道」から「五十五年体制」へ―』（ミネルヴァ書房、二〇一七年）第Ⅱ部。

（2）拙稿「戦前期中選挙区制度における代議士個人後援会の基礎的研究―関東各府県を事例に―」（『専修史学』第六一号、二〇一六年）。特に断りのない場合、戦前期後援会に関する叙述は、これに依拠している。

（3）「政党員其ノ他有志者後援団体調（昭和二年十一月現在）」（学習院大学図書館〈国立国会図書館憲政資料室蔵〉『山岡万之助関係文書』R二四）および「政事結社調（昭和九年一月現在）」（岡山県立記録資料館蔵〈国立国会図書館憲政資料室蔵〉『松本学関係文書』R一三）。

（4）吉良芳恵「日露戦争前後の神奈川県の政治動向―一九〇三～一九一五年の県会議員選挙の分析をとおして―」（櫻井良樹編『地域政治と近代日本―関東各府県における歴史的展開―』日本経済評論社、二〇〇一年）一八七頁。

（5）「昭和二年七月末現在　政党本部支部名簿」（前掲『山岡万之助関係文書』R二四）。

（6）なお前掲「政事結社調（昭和九年一月現在）」を見ると、県会議員の後援会も確認できる。例えば本多に従い民政党から政友会に入党した長島義三（長生郡選挙区）は、長生郡関村に一九三〇年一月三日届出の「県議長島義三後援会」（主幹者牧野道彦）、長生郡豊岡村に同じ名称で一九三〇年一月二〇日届出の「県議長島義三後援会」（主幹者川戸良夫）を持つ。この中でも牧野道彦なる人物は、関村の村会議員（一九三三～一九四七年）や村長（一九三四～一九三八年）を務めた地域有力者であった。二つの長島後援会は、結成時期を考えると、おそらく一九三二年一月県会議員選挙を見据えてのものであろう。長島はこの選挙で定数三中二位当選するが、次回一九三六年一月県会議員選挙では四位（三位と九七票差）で落選してしまった。また政友会の押元才司（安房郡選挙区）は、安房郡千倉町に「押元才司後援会」（主幹者伊藤健治）を持つ。押元は一九二四年一月県会議員選挙で当選したものの、続く一九二八年一月県会議員選挙で落選しており、やはり危機感を抱いていたからこそ、このタイミングで後援会を組織したのであろう。

（7）『東朝』一九三四年七月八日千葉版および一九三五年九月一〇日房総版。
（8）『千毎』一九二八年八月一五日。
（9）『東日』一九二八年八月一五日千葉版。
（10）『昭和初期政党政治関係資料』第三巻（不二出版　一九八八年）三二五～三二六頁。この史料は、上山和雄『陣笠代議士の誕生―日記にみる日本型政治家の源流―』（日本経済評論社、一九八九年）三〇六頁でも引用されている。
（11）『東朝』一九二八年四月一〇日および一四日、五月一九日房総版。
（12）櫻井良樹『帝都東京の近代政治史―市政運営と地域政治―』（日本経済評論社、二〇〇三年）第六章第三節。
（13）『読売』一九二八年三月一八日千葉版。
（14）『東朝』一九二八年四月一〇日房総版。
（15）『房総人名辞書』（千葉毎日新聞社、一九〇九年）五九五頁。
（16）『東朝』一九四〇年一月二六日千葉版。
（17）『千毎』一九二九年七月二三日。
（18）北田は一九二八年第一六回総選挙で政友会から立候補するものの、最下位で落選した。その後は民政党に移るなど、当選に向けて苦しんでいた。そこで北田正平後援会を結成したのであろう。この成果もあり、北田は一九三〇年第一七回総選挙で初当選した。北田は長生郡豊田村にも「北田会」（主幹者岡澤與四郎・一九三一年七月一二日届出）なる名称の後援会を持つ（前掲「政事結社調〈昭和九年一月現在〉」）。しかし直後の一九三二年第一八回～一九三六年第一九回総選挙で落選してしまい、政界を引退、一九三九年二月二七日に鬼籍に入る。前掲「政事結社調（昭和九年一月現在）」で北田正平後援会の記載がなく、北田会のみ確認できるのは、北田の支持基盤が衰退していたことを意味する。
（19）『読売』一九二九年七月九日千葉版。

(20) 山田真裕『自民党代議士の集票システム—橋本登美三郎後援会・額賀福志郎後援会の事例研究—』（一九九二年度筑波大学大学院博士課程社会科学研究科博士学位論文）第二部第三章三七頁。
(21) 以下、『房日』一九二九年一〇月四日。
(22) 『東日』一九二九年一二月一三日房総版。
(23) 「鎌ヶ谷村本多後援会副会長推薦状」（鎌ヶ谷市郷土資料館蔵『石井久家文書』一二三三）。
(24) 前掲『石原治家文書』A三一。
(25) 前掲「鎌ヶ谷村本多後援会副会長推薦状」によると、鎌ヶ谷村会議員の石井福太郎が後援会副会長を務めた。
(26) 伊藤隆「戦後千葉県における選挙と政党」（同『昭和期の政治』山川出版社、一九八三年）三二一～三二五頁。
(27) 野中徹也『政治家を志す人のために』（現人社、一九三三年）二一七～二一八頁。『東日』一九二七年一一月一三日埼玉版によると、野中は一九二九年一一月一〇日、地元の北埼玉郡加須町で後援会野中会を設立したが、その演説会には約三、〇〇〇名が参加し、「頗る盛会」だったという。
(28) 『千毎』一九二九年一一月二九日。
(29) 『東日』一九二九年一二月二五日千葉版。
(30) 『東日』一九三〇年二月七日房総版。
(31) 『読売』一九四〇年九月三日千葉版。
(32) 『野田』一九三〇年二月一七日。
(33) 京成電鉄を含む千葉県の労働運動に関しては、三浦茂一・高林直樹・長妻廣至・山村一成『千葉県の百年』（山川出版社、一九九〇年）第七章（高林直樹執筆）、石井進・宇野俊一編『千葉県の歴史』（山川出版社、二〇〇〇年）三一〇頁（宇野俊一執筆）、『千葉県の歴史通史編　近現代二』（千葉県、二〇〇六年）三八〇～三九一頁（小川信雄執筆）が詳しい。
(34) 『読売』一九三〇年二月二五日千葉版。
(35) 『房日』一九三〇年二月二六日。
(36) 『房日』一九三〇年二月二八日。
(37) 『千毎』一九三〇年一月二八日。
(38) 神山知徳「明治後期・大正期の千葉県の政治状況—県会議員選挙・衆議院義議員選挙の分析を中心に—」（前掲櫻井編『地域政治と近代日本』）。

(39)『東日』一九三二年一月二七日千葉版。
(40)「十月下旬における政友会の実情」(国立国会図書館憲政資料室蔵『鶴見祐輔関係文書』R三九)。
(41)山本四郎校訂『立憲政友会史　補訂版』第六巻(日本図書センター、一九九〇年)三三一頁・四九二頁・五八四頁、同七巻三八頁。
(42)『千毎』一九二九年二月五日。
(43)『習志野市史』第四巻史料編Ⅲ(一九九四年)八八頁。
(44)拙稿「一九五二年第二五回総選挙に見る戦前派代議士の政界復帰と支持基盤―千葉県第一区と川島正次郎を中心に―」(千葉歴史学会第三八回大会報告、二〇一九年五月一九日)。
(45)『東朝』一九二九年一二月一三日および房総版『読売』一九三〇年一月一一日千葉版。
(46)『房日』一九三〇年二月七日。
(47)『読売』一九三二年二月二日千葉版。
(48)『東日』一九三二年六月一日房総版。
(49)「立憲政友会所属議員派閥調　昭和七年」(前掲『松本学関係文書』R一三)を見ると、一九三二年七月時点で、確かに川島は鳩山派に身を置いていた。
(50)「政友会系統別」(前掲『松本学関係文書』R一二)。
(51)林政春『川島正次郎』(花園通信社、一九七一年)一五八頁。
(52)小山俊樹『森恪―日中対立の焦点―』(株式会社ウェッジ、二〇一七年)三三九頁。
(53)前掲小山『森恪』四二四～四二五頁によると、森は仲間の代議士に対して、資金や生活の手当を含む特別な報酬を与えたり、繊細な気配りを施したという。
(54)前掲小山『森恪』三八五頁。
(55)『房総』一九三九年六月一〇日。
(56)小畑伸一『政界一寸先は闇―ある川島担当記者の手記―』(黄帆社、一九七二年)一八一頁。
(57)『千毎』一九三二年五月三一日。
(58)『読売』一九三二年五月三一日千葉版。
(59)『東朝』一九三二年六月一日房総版。

(60)『東日』一九三二年六月一日房総版。
(61)ただし川島正次郎「春縁放談」（林政春『国会議員の風雪二五年—自民党幹事長川島正次郎氏の政界コース—』東京タイムズ千葉支局、一九五九年）二九頁によると、川島は自ら海軍省を志願したと回想するが、その真偽は不明である。
(62)参与官としての活動は、一九三二年八月一三日の連合艦隊戦技演習見学（『東日』一九三二年八月一六日房総版）、一九三二年一一月七日の岡田海相の鴨猟への同伴（『東朝』一九三二年一一月六日房総版）などが報じられた。なお後年、岡田啓介内閣の大角岑生海軍大臣から参与官留任を懇請された時、川島は拒絶したという（『朝日』一九三四年七月一九日朝刊）。
(63)『読売』一九三二年六月一日千葉版。
(64)前掲川島「春縁放談」二九頁によると、後年、川島は「私は齋藤、岡田両海軍大将と鈴木政友会総裁との間をあっせんし、再び政党内閣が出来るように両者の秘密会談も試み、一時は海軍もその決意をした」と回想する。ここからは、川島が政党内閣の復活に関わっていた姿を読み取れる。しかし齋藤内閣の崩壊により、実現しなかった。山浦貫一『森恪　改訂版』（森恪伝記編纂会、一九四一年）八三五～八三六頁にも同様の記述があることから、信憑性は高い。
(65)『東朝』一九三二年五月二九日および三一日房総版。
(66)『千毎』一九三二年六月三日および一六日。
(67)『東朝』一九三四年四月一〇日千葉版。
(68)『東日』一九三二年三月一九日房総版。
(69)『東朝』一九三四年三月一三日千葉版。第三章では君津政友革新会という本多系の政治団体が登場したが、ここでは確認できない。推測だが、君津政友革新会の勢力は衰退、または同じ政友会の鈴木や川島に吸収されたのではないだろうか。
(70)『東朝』一九三四年三月一七日千葉版。
(71)『東朝』一九三四年四月五日千葉版。この石川は、表4－2の通り、多田後援会の主幹者であった。
(72)『東日』一九三四年四月七日千葉版。
(73)『東朝』一九三四年四月八日千葉版。
(74)以上、『東朝』一九三四年四月一〇日千葉版。
(75)以上、『東日』一九三四年四月一〇日千葉版。
(76)以上、『千毎』一九三四年四月一二日および一四日。
(77)前掲櫻井『帝都東京の近代政治史』第六章第三節。

(78) 以下、『千毎』一九三五年一月五日。
(79) 黒川鍋太郎『川口先生悲吟帖』(千葉公報社、一九六八年)二〇〇頁。
(80) 例えば『読売』一九三二年一二月一五日を見ると、東京市の墓地移動の際、東葛飾郡八柱村を売り込むために、多額の運動費がばら撒かれたという。元県会議員の齋藤三郎、彼の政治資金の調達者でもある田中村の大地主の吉田甚左衛門らが警視庁に召喚され、事情聴取を受けた。かつて東京市秘書課長および商工課長を務めていた川島は、事情聴取を受けてはいないが、東京市会に多くの知己がいたため、墓地移動にも関係していたという。
(81) 『東日』一九三五年一二月二一日千葉版。
(82) 『東日』一九三五年一二月一二日千葉版。
(83) 『読売』一九三五年一二月二八日千葉版。
(84) 前掲手塚『近現代日本における政党支持基盤の形成と変容』一二八頁。
(85) 前掲手塚『近現代日本における政党支持基盤の形成と変容』第II部。
(86) 加藤に関しては、前掲手塚『近現代日本における政党支持基盤の形成と変容』第II部。清水に関しては、清水留三郎『選挙秘話』(煥乎堂、一九五二年)一〇四頁・二〇八頁。
(87) 杉本仁『選挙の民俗誌―日本的政治風土の基層―』(梟社、二〇〇七年)一六九頁によれば、後援会はムラの民俗やその装置を収奪し、その機能を遺憾なく活用した組織として位置づけられた。具体的には、機関誌の発行、パーティーやイベントの開催、支持者・会員との交流などを挙げている。

第五章　選挙粛正期

本章は、一九三六年県会議員選挙および同年第一九回総選挙、さらには一九三七年第二〇回総選挙を分析する。これらの時期の選挙は政党内閣崩壊後のもので、代議士の政務ポストが減少するなど、中央政治での政党の影響力が衰退しつつあった。また地方を見ても、粟屋憲太郎が示したように[1]、県政レベルでは知事の政党離れ、地域レベルでは行政補助機関としての町内会・部落会の重視などが進み、代議士の選挙システムの循環性が滞りかねない状況となった。さらに選挙粛正が声高に叫ばれたことで[2]、各候補者は一層、厳しい選挙となっていた。

第一節　一九三六年一月県会議員選挙

(一)　川島の政治活動

一九三二年の五・一五事件で政党内閣は終焉を迎え、海軍出身の斎藤実および岡田啓介が「挙国一致内閣」を率いた。しかし岡田内閣の時代、政友会は党議（鈴木喜三郎が組閣しない場合は入閣しない）を無視した山崎達之輔（農林大臣）、床次竹二郎（逓信大臣）、内田信也（鉄道大臣）を除名し、以降は野党の立ち位置を取った。一方、民政党は与党であり続けたが、重要閣僚（内務大臣や大蔵大臣など）に自党代議士を充てられなかった。政党に陰りが見え始める中、天皇機関説事件や二・二六事件が象徴するように、次第に軍部、さらには新官僚や革新官僚が台頭したのである。

第四章で示したように、この時期、川島は鳩山一郎の下を離れ、森恪に接近した。しかし一九三二年一二月、この森が五〇歳の若さで死去すると、一九三三年、旧森系の代議士グループは一々会を形成した。(3) しかし一九三五年にはそのグループも消滅したようで、川島は鳩山派に戻ることなく、「中立その他」となった。(4) 数年前まで党内主流派である総裁の鈴木喜三郎派やその義弟鳩山一郎派にいた川島は、大きな岐路に立たされていた。

また川島は、母校専修大学弁論部の支持も失いつつあった。(5) 例えば同大学弁論部は「最近の政治家としての行動に選挙民を裏切る行為あり」との理由で、「行動批判演説会」開催ビラを船橋で数千枚配布した。船橋は川島の「多年の金城湯池」ゆえに、「応援者が糾弾するといふのが異常の衝動を与え」たと報じられた。すると一二月二二日一八時、政友会院外団が弁論部の演説会楽屋に押しかけ、「同志川島の糾弾を、しかも船橋で開くとは如何なる理由か」と詰め寄ると、主催者の森口某は「学園内における川島氏の不信行為を忠告するためだ」と反論。院外団が「学園のことなら学園内でやるべきだ、演説をやるならやつて見ろ」と切り返すと、演説会は中止されたという。

だからこそ川島は、議会活動に励むとともに、選挙区のために汗をかいた。議会活動を見ると、例えば営業収益税法中改正法律案委員会（一九三五年三月一三日）で「兎に角経済界の状況に適応して、臨時部分的にも関税の改正」をすべきだと発言した。(6) また衛生組合法案外四件委員会（一九三五年二月二一日）では衛生組合法案に反対する政府委員に対し、行政単位毎に活動する衛生組合を「統一」し、政府がその活動を「奨励」および「補助」すべきであると主張した。(7) 引き続き川島の帝国議会での活動は、千葉県第一区の代議士の中で、群を抜いていたのである。選挙区を見ると、常磐線上野・松戸間の鉄道電化への尽力、(8) 東京電力千葉支社から京成電鉄への区域内電気事業譲渡をめぐる反対運動に協力した。(9) このように川島は、有権者に対して、利益誘導の調達者（媒介者）であることを示していた。

しかし選挙前年の一九三五年は、川島にとって試練の年でもあった。一つは、多摩川水力電気株式会社関連の疑獄（通称「玉水事件」）(10) に巻き込まれたことである。第一章で示したように、一九二四年第一五回総選挙の立候補直前まで、川島は同社常務取締役を務めていたが、退職後、同社の顧問の地位にあった。この年、同社が東京市に身売りを働きかけた際、川島は会社の資金で東京市会議員を饗応したらしく、警視庁に召喚され、取り調べを受けたという。後年、川島は饗応を否定したが、[11]最終的には罰金三〇〇円で不起訴処分となった。[12]起訴され、裁判が長引けば、翌年一月の県会議員選挙への関与は制限されかねない。川島は首の皮一枚で踏みとどまりはしたが、後述のように、この疑惑で選挙は苦戦する。

もう一つは、前述に続く、母校専修大学の学生とのトラブルであった。[13]一九三五年春頃、専修大学の学生約一〇人が千葉県庁の新聞記者室に押しかけてきた。学生は、川島の演説会に参加したものの、約束した手当が支払われないと述べ、川島に反省を促すために開催する演説会を記事にして欲しいという。各新聞社は、川島と学生の「プライベート」な問題なので、記事に相応しくないと判断して拒否したが、この裏には、専修大学から川島の影響力を排除しようとした経済学部長の道家斎一郎がいた。道家は学生を扇動し、川島の追い落としを画策していたようである。実際に演説会が開催されたか否かは不明だが、後述のように、本章で取り上げる二つの総選挙を見る限り、専修大学の学生は支持基盤として確認できない。川島の専修大学での影響力は、確かに低下していた。

(二) 本多と篠原

川島のライバル本多は、派閥領袖の床次竹二郎の政友会再離党問題に直面していた。しかし床次の「大勢を静かに注視して自重せられたいとの意向」[14]を踏まえ、彼は離党したものの、本多は政友会に残留した。だからこそ本多は上野精養軒で「一族郎党」を招いた宴会を開き、「本多党の結束振り」をアピールした。[15]

本多は党本部で千葉県選出の常議員、[16]第六代政友会千葉県支部長を務めた以外、ほとんど党務や政務に携わってこなかったが、選挙を見越した政治活動には意欲的だった。それは、大きく三つに類型化できる。第一は、千葉県政への関与である。例えば地元選出の政友会県会議員が反対する木更津築港問題への協力、[17]県営水道事業に反対する県会議員の慰撫など、[18][19]枚挙に暇がない。本多もまた川島同様、有権者に対して、利益誘導の調達者（媒介者）であることを示した。第二は、会社定款にも反映されているように、[20]京成電鉄の多角経営化である。すでにバス事業・電気・不動産業・娯楽業などに取り組んでいたが、[21]さらに本多は満州での鉄道事業や電燈事業を構想し、系列下の県会議員である浮谷竹次郎を調査のために満州へ派遣した。[22]その結果、満州開拓には鉄道網と道路網の整備が必要として、事業開発願書を拓務省に提出した。[23]本多は実業家として、裾野を広げつつあったといえよう。[24]第三は、選挙区の地域政治への影響力を強化させていった。例えば一九三四年一一月三日、市川町・中山町・八幡町・国分村の合併で市川市が誕生すると、最終的に前述の浮谷が初代市長に就任した。[25]これにより本多の市政への影響力は、一定程度、担保される環境となった。この他、千葉市会議員の財部実秀による千葉市長排斥運動に対し、本多はその中心人物の寺尾永吉と小柴正義に面会し、「転向勧奨」[26]を促すこともあった。その結果、市会議員の多くが運動を「自重」[27]するようになったという。一八五八年生まれで高齢の本多であったが、その政治的影響力は、地盤を飛び越えつつあった。

そのような中、かつての本多の派閥領袖であった床次は病床に臥し、[28]約二か月後の九月八日、逓信大臣在職中のまま死亡してしまった。床次が政友会を離党したことは前述したが、その死は本多にとって痛手であり、彼の「落日の哀れ」の始まりと報じられた。[29]それだけ床次の死は、本多にとって大きかったといえよう。

一方、前回総選挙で落選した篠原は、一九三六年一月県会議員選挙と次を見据えて、政治活動を重ねた。その一つが海外視察（一九三二年一〇月〜一九三三年八月）で、[30]民政党本部に委嘱され、スイスのジュネーヴに渡った。また現地では、古巣の大蔵省から国際会議への参加も委嘱された。さらにドイツ・フランス・アメリカ各国の経済事情および政治状況も視察した。この成果は、有権者にも還元される。すなわち一九三三年一一月二八日、野田町興風会館で開催された「世界一周帰朝記念講演会」[31]である。海外渡航が珍しかったこの時代、[32]篠原はその体験を開陳することで、有権者に対して、海外事情に通じた開明的な人物であることをアピールした。[33]ただし選挙区への利益誘導を見ると、「千葉県の為めには各方面に代議士諸氏と協同貢献する処は、枚挙に暇なき」[34]と報じられたが、落選中でもあり、事例が少ない。総武線本八幡駅新設の際、篠原が「努力」[35]した程度である。したがって前述の川島や本多と比較すると、有権者に対して、利益誘導の調達者（媒介者）であることを示しきれなかったといえよう。

(三) 候補者擁立

「県議はいはば代議士の『足』であり、県議の地盤即ち代議士の地盤となる」[36]からこそ、各代議士は系列下の人物を候補者として擁立する。ただし「我が畑の瓜と思つた県議や有力者が、知らぬ間に他の畑の持主とランデブー」[37]することも多く、代議士と地域有力者の系列関係は決して固定的でなかった。事実、第一章～第三章で示したように、例えば県会議員の齋藤三郎や茂木林蔵などはその都度、支持する代議士を変えていた。以下、代議士による候補者擁立を確認する。

例えば東葛飾郡選挙区を見ると、川島は「乱立主義」を防ぐため、現職の梨本太兵衛（松戸町）と前回落選した松本栄一（船橋町）の確実な当選を目指した。[38]特に松本の選挙運動には力を入れており、有権者に「真面目な若手弁護士であります同君の如き法律家を県会に送ることは、県政の現状に照らして極めて必要なこと」[39]と推薦状を送付した。また本多は、当初、現職の染谷正治（我孫子町長）および柳澤清春（新川村長）、新人の丸山鐵五郎（小金町長）の三人の他、追加で二名も擁立しようとした。しかし乱立と同士討ちを警戒し、染谷・柳澤にプラス一名の計三名の「堅実作戦」に変更した。そして篠原は、前回県会議員選挙と異なり、富勢村長で現職の成島勇、野田町会議員の戸辺五右衛門、現職の渋谷司の擁立を試みた。[40]前回総選挙で落選を経験したからこそ、篠原は集票回路としての県会議員の存在を重視し、彼らの擁立に関与したのである。この篠原の変化は、ライバルを警戒せしめるのに十分であった。[41]次に君津郡選挙区を見ると、まず鈴木隆率いる君津政友倶楽部が候補者調整を試みたものの、松崎長治（小糸村長）、貞元村の酒造業者の原徳治、現職の高野伴蔵および川俣義郎が立候補の意向を示したため、詮衡委員会を経ても、まとめられなかった。[42]また多田満長の系列下の近藤彌三郎（元県会議員）率いる君津民政同志会は、現職の石川善之助と平岡村長の吉堀正雄を対象として、[43]候補者調整のための詮衡委員会を開催した。[44]そして篠原は自ら候補者をリクルートし、鈴木一（吉野村長）の擁立を模索した。[45]最後に市原郡選挙区を見ると、地盤を持つ鈴木の動きが目立つ。一九三五年一二月二五日一三時、鈴木率いる市原政友会が東屋旅館で候補者詮衡会を開催し、鈴木と県会議員の星野懿吉以下役員二六名の参加の下、現職星野および新人の新藤退蔵の二名の推薦を決定した。[46]君津郡に比べてスムーズに運んだのは、市原郡が鈴木の出身地で、彼最大の地盤だったからであろう。その反面、君津郡での鈴木の影響力に陰りが見え始めていたといえよう。

　では、政党支部はどのように動いたのであろうか。結論を先取りすると、政民両党支部の対応は対照的であった。政友会県支部は、まず一九三六年一月六日、東葛飾郡選挙区の柳澤と染谷、市川市選挙区の浮谷を公認した。[47]また一月九日には市原郡選挙の星野、東葛飾郡選挙の梨本、君津郡選挙区の高野・川俣・松崎・野村恵一郎（新人）の公認、一月一一日には東葛飾郡選挙区の松本と齋藤専之助（しかし立候補せず）の公認を決定した。[48]つまり政友会県支部は、組織として候補者を擁立するのではなく、前述の代議士および地域政治団体が擁立（申請）した候補者を公認するレベルだったのである。

　これに対して民政党県支部は、支部長の土屋清三郎（千葉県第三区）が候補者の基準を示した。すなわち「信頼を博し得る」とともに「地盤の統制」できる候補者で、かつ政党本部からの資金援助の必要がなく、自身で用意（または有志からの献金）できる人物とした。[49]この基準にもとづき、前述の政友会と異なり、民政党県支部は主体的に候補者擁立に取り組んだ。例えば東葛飾郡選挙区では、松戸町助役の門六郎、弁護士の田中丑蔵などの擁立を模索したが、[50]門が立候補を拒否したため、県支部は田中に絞り、交渉を進めた。[51]しかし田中の

演説会一覧

1月16日	1月17日	1月18日	1月19日
小金村 馬橋村	高木村 八柱村 松戸町	関宿町 二川村 木間ケ瀬村	梅郷村 七福村 野田町
田中村 湖北村 我孫子町		松戸町 馬橋村	柏町 我孫子町
	八木村 小金町		

表5－1　1936年県会議員選挙での東葛飾郡選挙区候補者

	1月10日	1月11日	1月12日	1月13日	1月14日	1月15日
成島	福田村 旭村 富勢村	布佐町 湖北村	手賀村 柏町 八木村	風早村	田中村 我孫子町	流山町 八木村 土村
松本				葛飾村（原木） 葛飾村（小栗原）		鎌ヶ谷村八栄村 （高根・金杉・瀧）
染谷					手賀村（東部） 手賀村（西部）	高木村 高木村

出典：『東朝』および『東日』1936年1月10日千葉版、『東朝』1936年1月14日千葉版より作成。

立候補も実現しなかった。おそらく前述の候補者基準、例えば資金の面で問題を抱えていたのかもしれない。史料がなく、県支部による候補者のリクルート作業の顛末は分からないが、最終的に市川市選挙区からは福地新作（市川市会議員）、千葉市選挙区からは西川測吉（千葉市会議員）、東葛飾郡選挙区からは成島勇（県会議員）と宇賀山金次郎（元県会議員）、千葉郡選挙区からは島田彌久（県会議員）などが立候補し、支部は彼らに公認を出した。[52] 戦前期普選の千葉県第一区の場合、このような支部の取り組みは今までに例がなく、特筆に値するといえよう。

（四）選挙運動と結果

まず表5－1は、東葛飾郡選挙区での候補者演説会をまとめたものである。ここからは、例えば成島[53]・松本・染谷の場合、全員、選挙区を万遍なく回るのではなく、地元およびその周辺地域を重視していたことが読み取れる。彼らは地元地域の票固めを優先していた。次に表5－2は、基礎票の観点から、各代議士などが東葛飾郡選挙区で系列下に置いた各候補者の当落をまとめたものである。ここからは、泡沫候補の高原正高を除き、他代議士と比べた場合、川島の合計基礎票が最も少ない。また川島のライバルである本多は、当初、鈴木隆の下にいた高野および川俣を系列下に組み込んだ。おそらく前述の鈴木による候補者調整に不満を抱き、本多の系列下に走ったのであろう。また民政党系候補が多くの票を集めたのは、民政党が岡田啓介内閣の与党的立ち位置にあるか

表5－2　1936年1月県会議員選挙当落一覧表

系列先	選挙区	候補者名	政党	票数	基礎票	合計基礎票	当落
川島（政友会）	東葛飾郡（含市川市）	松本栄一	政友会	3,676	6,230	10,663	当選
		梨本太兵衛	政友会	2,554			落選
	君津郡	原徳治	政友会	2,595	2,595		当選
	千葉市	一瀬房之助	政友会	1,838	1,838		落選
本多（政友会）	東葛飾郡（含市川市）	柳澤清春	政友会	3,050	7,980	11,142	当選
		染谷正治	政友会	2,848			落選
		浮谷竹次郎	政友会	2,082			落選
	君津郡	高野伴蔵	政友会	1,995	3,162		落選
		川俣義郎	政友会	1,167			落選
鈴木（政友会）	市原郡	星野懿吉	政友会	4,087	8,360	13,354	当選
		藤田昌邦	政友会	4,273			当選
	君津郡	野村恵一郎	政友会	2,711	4,994		当選
		松崎長治	政友会	2,283			落選
高原（中立）	千葉郡	大澤中	政友会	1,852	1,852	1,852	落選
篠原（民政党）	東葛飾郡（含市川市）	成島勇	民政党	7,687	18,841	25,632	当選
		宇賀山金次郎	民政党	2,961			当選
		福地新作	無所属	2,394			当選
		戸辺五右衛門	無所属	5,799			当選
	千葉郡	西川測吉	民政党	2,453	2,453		当選
	君津郡	鈴木一	無所属	2,063	4,338		落選
		小安嘉六	無所属	2,275			落選
多田（民政党）	東葛飾郡（含市川市）	渋谷司	民政党	2,931	2,931	18,964	当選
	君津郡	石川善之助	民政党	5,491	12,123		当選
		吉堀正雄	民政党	4,357			当選
		小安嘉六	無所属	2,275			落選
	市原郡	中村満	民政党	3,910	3,910		落選

出典：『東日』1936年2月5日千葉版、櫻井良樹「戦前期千葉県・神奈川県における県議会議員総選挙について」（『麗澤大学論叢』第10号、1999年）より作成。

らだと考えられる。ただし民政党候補の小安嘉六は篠原と多田の両方を支援しており、彼の二、二七五票は両者に分配されるのであろう。なお個別の候補者を見ると、篠原が支持した成島の七、六八七票は群を抜く。県会議員の中でも、成島は頭一つ飛び出た存在だった。だからこそ第三節で示すように、成島は国政を狙う。

今回の選挙結果で最も驚きをもって受け止められたのが、本多系列下の浮谷の落選、篠原系列下の福地の当選である。新聞はこれを本多の「惨敗」、篠原の「破竹の勢い」の象徴と捉えたが[54]、とりわけ篠原を「前回落選の雪辱を期した四年間の努力による躍進」[55]と高く評価した。これは、次回総選挙での篠原の復活を予想させるのに十分であった。なお棄権率を見ると、約三〇％（前回約二二％）と上昇している。宇野俊一によると、厳しい選挙の制約と官製の選挙粛正に対する有権者の無言の反発の結果だという[56]。このような潮流は、第二節で示す総選挙にも流れ込むこととなる。

最後に選挙違反だが、内務省警保局が一九四二年三月一四日の警察部長会議で配布した「選挙犯罪調」[57]を見ると、統計処理された各府県の選挙犯罪の概況が分かる。全国選挙犯罪件数は一万三、〇四〇件二万二、三六三人を数え、この内、一万四、六六二人が買収に関与した。全国平均で見ると、全選挙犯罪者中、約六五％が買収で検挙されている。その中でも千葉県を取り上げると、一一六件五九六人を数え、この内、五二三人が買収に関与していた。つまり県全体の選挙犯罪中、約八七％が買収で検挙されていたことになる。千葉県の選挙犯罪件数は全国平均二七七件の半分以下だが、買収に関与した数は全国平均を大きく上回っていたのである。個別に見ても、千葉市、鎌ヶ谷村、風早村で戸別訪問・買収・饗応が行われ、容疑者が取り調べられた[58]。このような報道は続き、川島の側近で落選した梨本陣営の場合、関宿町での戸別訪問や買収が発覚し、容疑者が取り調べを受けた[59]。また県会議員の渋谷司は自ら行徳町内の有権者に「実弾」[60]をばら撒き、一票五〇銭から一円で買収を試みた。選挙粛正が叫ばれたにもかかわらず、買収が大きな集票ツールであることは、変わりがなかったといえよう。

第二節　一九三六年二月第一九回総選挙

（一）立候補過程

県会議員選挙投票日翌日の一九三六年一月二一日、第一党の野党政友会が岡田啓介内閣不信任案を提出した。対する岡田内閣は第六八議会を解散し、二月二〇日が投票日となった。この総選挙も前述の県会議員選挙同様、政府、特に内務官僚出身の後藤文夫が内務大臣として推し進めた選挙粛正の影響を受けた。(61)

川島にすれば、やはり本多との競合が焦点となる。そこで興味深い噂話が報じられた。すなわち昨年末、川島と本多のどちらかが「一区が君の方と僕の方と二人宛しか立候補出来ないやうになると良いんだがね」と民政党の「某君」に茶飲み話をしたという。(62) 事実であるならば、川島と本多は政友会の鈴木を排除し、千葉県第一区の政友会公認権の独占を考えていたことになる。鈴木は前回総選挙でトップ当選したにもかかわらず、選挙違反の噂が絶えなかった。仮に自身の被選挙権に問題がある場合は、系列下の県会議員である星野懿吉を「身代り」に立て、「万一の僥倖と地盤擁護の一戦」を挑み、地盤死守のために落選覚悟で戦うと報じられていた。(63)

しかし政友会千葉県支部は、党本部に候補者調整を一任した。(64) 依然として政友会支部の選挙への影響力は、限定的だったといえよう。そこで党本部が前代議士に優先権を与えた結果、(65) 県支部は第一区公認候補者として現職の本多・川島・鈴木を党本部に申請した。(66) ここからは、前回総選挙に引き続き、川島が他者に牽制されることなく、また地域からの推薦プロセスもなく、立候補したことを読み取れる。連続三期当選という実績が、川島の立候補を所与の前提として導いたといえよう。その川島には「新しい支持者」(67) がいたと報じられたが、おそらく第四章で示した君津郡および千葉郡の後援会を指すと考えられる。

ただし川島には不安材料があった。前回総選挙同様、支持基盤の川口為之助（県会議員）の立候補をめぐる噂である。例えば川島君津郡後援会長を務めていた黒川鍋太郎（専修大学同期生）が「一部有志がしきりに衆議院への立候補をすすめ、千葉市郡を根拠として充分成算があるを力説した」[68]と回想するように、川口の一部の支援者が彼の国政転身を模索していた。しかし川口にはその意思がなかった。同じく黒川が「『国政には川島がある。自分は生涯を地方政に捧げるのだ』と断って極力川島の選挙につくした」[69]と回想するように、川口は地方議員として、川島の支持基盤として生きる道を選択したといえよう。後年、川島は川口の告別式の際、弔辞で「川口さんの政治経歴は、そのまま私の政治経歴でもあります」[70]と述べるが、まさに両者は不即不離の関係だった。こうして川口に立候補の意思がないことから、川島は千葉郡市支会の支持も取り付けた。[71]

対する本多も立候補の意思を固め、二月一日、有権者に対して「過去四回に亘り貴下の深甚なる御仁侠と御援助とに依り衆議院に議席を有、各位の御寄託に副ふべく国家の為、地方開発のため及ぶ限りの努力を尽した次第でありますす」と今までの支持に謝辞を述べ、「卑見に関しては演説会と選挙公報とを以て申上ぐる次第」と記した立候補挨拶状を送付した。[72]ただし「県会戦では御膝元で敗戦、其他氏直系の不振」[73]と報じられたように、苦戦は織り込み済みであった。

一方、民政党は一月二二日、支部長の土屋清三郎（千葉県第三区）と新旧県会議員二三名などが参加した支部幹部会を開いた。[74]幹事長の石橋保（香取郡選挙区県会議員）ら七名が詮衡委員となり、協議の結果、第一区では篠原と多田を公認候補として決定し、本部に公認を申請した。そして党本部から県支部に対して、両者の公認通知が届けられた。[75]この一連の流れは、党本部に丸投げした政友会支部と対照的である。これを受けて篠原は、有権者に立候補挨拶状を送付した。そこでは「不断忙しく財政経済並に関税政策等の調査視察の為め御無沙汰仕りました事は深く御詫び申上げ」[76]たうえで、日本民族生存権の確保、国際的共存共栄の提唱、国防財政の総合強化、総合的経済政策の確立、農漁山村並中小商工業更生対策、社会政策に関する基本政策確立、教育に関する根本方針確立を掲げ、総選挙に挑んだ。

（二）各陣営の基礎構造

一月県会議員選挙で当選した松本の船橋町事務所をそのまま借り受け(77)、川島は本部とした。選挙事務長は松本ではなく、落選した梨本太兵衛が務めた(78)。三度目の事務長となる梨本は、次のコメントを寄せた。

以前は事務所を開くと町の有志連が一日四五十人も押掛けて来て、其の面接応待で潰れて了ひ、情報の蒐集や事務の統制に一通りならぬ難渋をしたが、それを思へば今度の粛選は面接が委員と労務者だけで大変やり好い、代議士選挙は当選三、四回目頃が最も危険期で、其所を通り越すと大分楽ださうだ、川島の選挙も今が大切な峠ですよ(79)

選挙期間中、今までと異なり、支持者が選挙事務所に押しかけることは少なかったという。選挙粛正という潮流は、支持者の表向きの動きを見えにくくしたようである。梨本は川島の四期連続当選を目指し、陣営を取り仕切っていく。川島陣営は両面刷の宣伝ビラを作成し、有権者に送付した(80)。表面には、海軍省参与官時に撮影された七点の写真を掲載した。裏面には、川島の経歴、海軍省参与官としての活動、前述の「玉水事件」への弁明をまとめた。特に「玉水事件」に関しては、「不注意なる一言」があっただけで、「断じて金銭の関係のなかった」からこそ罰金刑で終わり、「代議士の資格、位階勲等などには何の障りもない」と弁明する。写真を中心とした戦術は川島だけのものだが、それゆえに選挙運動が「役者の人気宣伝見たいな彼氏一流の運動(81)」と報じられた。

支持基盤を見ると、前回総選挙同様、東京市中央市場の東京魚市場株式会社および東京中央青果株式会社の存在が確認できた。両社は「千葉県と我々の市場とは特に密接な関係があり、市場の発展と御地農村漁村の繁栄とは車の両輪の如きものであります(82)」との推薦文を有権者に送付した。両社は川島が市場に大きな影響力のある候補者であることを示し、支援を呼び掛けた。

対する本多は、事務所を市川市真間に設置した(83)。選挙事務長には、千葉県刑事課長を経て、京成電鉄の本多秘書であった県会議員（安房郡選挙区）の青木泰助を充てた。青木は「演説会の数もベラ棒に多(84)」いと語り、演説会中心の選挙運動を取り仕切った。

一方、落選中の民政党の篠原は選挙事務所を千葉市に置いたが、選挙事務長には県会議員（東葛飾郡選挙区）の成島勇（富勢村長）を据えた。今まで篠原陣営の事務長は、県会議員（千葉郡選挙区）の島田彌久が務めていたが[85]、三回目の選挙で初めて、地盤の議員を登用できたのである[86]。成島は篠原を「大蔵省畑で育つた人だけに財政には明るい」と評し、その篠原のために「自分の県会のときよりも一生懸命」選挙運動に従事すると述べた。成島は有権者に送付した推薦状の中でも、篠原を「大蔵省畑の育ちたる財政通にして国家有用の材[87]」と賞賛し、経歴を反映させた文言を並べ立てた。これにより、有権者から「財政経済に於ける手腕は国家的器材[88]」との評価を得ようとした。この他、東葛飾郡選挙区の四名の県会議員（戸辺五右衛門・宇賀山金次郎・渋谷司・福地新作）、市川市会議員や中山町長などを歴任した「東葛に於ける民政派の巨頭[89]」中村勝五郎も篠原陣営に名を連ねた[90]。篠原は三回目の選挙で初めて、地盤の地方議員や有力者を数多く支持基盤に取り組み、輸入候補から脱皮できたといえよう。

（三）選挙公報の比較分析

選挙粛正の下、初めて公費で選挙公報が作成および配布された。これは、一九三四年の選挙法改正で導入されたもので、選挙運動の制限強化と公営化を特徴とする[91]。千葉県では二三万部の選挙公報が作成され、内二一万部が六、八〇〇円の費用をかけて、全有権者に発送された[92]。また選挙公報以外にも、新しく無料で二回の郵便物の送付（含選挙公報）、公営演説会の開催が認められた[93]。

そこで各候補者の政策を探るため、選挙公報を比較した[94]。表5-3はそれをまとめたものである。本多は政党政治の再生を訴えるが、内容としては総花的な印象が否めない。篠原は政党政治の再生には触れないが、経済・財政・産業を重視している。篠原の大蔵官僚出身という出自が政策に反映されたのであろう。しかし川島は、本多および篠原と大きく異なっていた。すなわち抽象的ながらも簡単で、かつ短い話し言葉的なフレーズを用いるなど、有権者の生

表5－3　1936年第19回総選挙での千葉県第1区候補者選挙公報

候補者名	所属	政策
本多	政友会	立憲責任政治の確立 自主外交とその経済化 国防産業両全主義 国内対策一般 ・原始産業の救済および振興 ・産業組合運動と商権擁護運動の協和 ・農村漁村中小工業匡救対策 ・地方財政補整金制度の確立と庶民金融機関の整備達成 ・水産並びに貿易発展 ・現行負債整理制度の拡充 ・地方分権の実現と政務の単純化 ・教育制度の総合的改革 ・交通政策の普遍化 ・国民の保健衛生制度の整備
篠原	民政党	日本民族生存権の確保 国防、産業、財政の総合強化 総合的経済政策の確立 農漁山村中小商工業者の更生対策および金融改善方策 社会政策に関する基本政策の樹立 教育に関する根本方針の確立
川島	政友会	「話せばわかる」犬養さんの一言を生かせ 不平不安のない世の中は政党政治から生まれる 兵農両全主義ー国防と産業は車の両輪ー 公債積極政策の必要ー増税の時機ではないー 農漁村、中小商工業の税金と借金の苦を除け 低金利は私の主要政策ー景気も直り生活も楽になるー

出典：「衆議院議員選挙公報」（前掲『染谷静男家文書』B-014-31）より作成。

活と政治を直結させたことが特徴であった。川島が有権者を引きつけ続けた魅力の一つは、このような平明さ、簡潔さ、政治と生活の関連づけなどに求められるといえよう。これを象徴するのが、同じ政友会の本多と一緒に掲げた「両全主義」という語句の扱いである。両全主義とは、政友会の島田俊雄が「現下の国際趨勢に徴し国防の充実が緊要であればある程、国民経済の涵養と振興とは一層焦眉」[95]と述べるように、国民の経済力と国防の充実を両義的なものとして捉える考え方である。本多が単に語句を羅列したのに対し、川島は「車の両輪」という表現を用いて、分かりやすく伝えようとしている。あえて川島は平易な言葉を使い、有権者と同じ目線に立とうとしたのである。

（四）演説会の展開

当時も新聞に演説会の広告を出すことがあり、川島の場合、二月六日一三時の君津郡中郷小学校と根形小学校、同日一八時三〇分の君津郡中島公会堂と青堀小学校、七日一八時三〇分の市原郡姉ヶ崎町の姉ヶ崎倶楽部・五井町の五井市場・八幡町の八幡倶楽部[96]、八日一四時の君津郡貞元村小学校と八重原小学校、同日一八時の飯野村小学校と周西村小学校、九日一五時の君津郡竹岡村小学校と金谷村岩波館、同日一八時の佐貫町小学校・大貫町吾嬬座・湊町松座などが確認できる[97]。川島の演説会対象地域は、選挙を重ね、確実に拡大していた。投票日前日、川島は「犬養首相の気持ちをうけついだ我々は、茲に官僚政治を打破し、立憲政治を確立するための重大な選挙に直面してゐる[98]」と述べ、五・一五事件で殺害された犬養の弔い選挙であることを強調しつつ、運動を締めくくった。

本多の演説会は東葛飾郡から始まり、市原郡と君津郡を経て再び東葛飾郡、そして千葉市に移り、最後に東葛飾郡に戻った[99]。しかし君津郡の場合、一三〜一四日の二日間しか設定されていない。これは、君津郡に後援会を持つ川島と持たない本多の違いと考えられる。また本多の演説会の応援弁士は、例えば鳩山一郎（東京府第二区）、前田米蔵（東京府第六区）、貴族院議員の三橋彌（千葉県選挙区）が名を連ねている。特に前田は一九二三年六月〜一九四四年七月の長期間、本多の経営する京成電鉄の取締役（大臣在任時は辞任）を務めており[100]、関係は深い。三橋は前回総選挙で本多の選挙事務長を務めた関係もあり[101]、今回も本多を支持した。こうして「政党内閣制が如実に確立せられ、政党を通じて国民の創意が徹底して初めて憲政の円滑なる運用を期する事が出来る[102]」と述べた本多は、川島同様、政党政治の再生に向けた意気込みを語り、運動を締めくくった。

篠原の演説会の応援弁士や開催場所は不明だが、演説会のスケジュールが読み取れる[103]。川島や本多と異なり、篠原は市原郡と君津郡では演説会を開催せず、東葛飾郡とその近隣の千葉市および千葉郡に的を絞った。ただしスケジュールは流動的で、異なる日時の演説会も確認できる[104]。例えば二月一七日一三時の野田町興風会館演説会がそれだが、ここには元逓信大臣（浜口雄幸および第二次若槻礼次郎内閣）の小泉又次郎、玉川学園校長の小原國芳、県会議員の

表5－4　1936年第19回総選挙での千葉県第1区各候補者演説会回数

候補者	所属	演説会回数	参加者	1回参加者平均
多田	民政党	79	12,859	162
篠原	民政党	122	12,068	98
川島	政友会	86	10,243	119
本多	政友会	91	6,327	69
鈴木	政友会	58	5,056	87
高原	無所属	80	6,671	83

出典：『東日』1936年2月25日千葉版より作成。

成島勇が応援弁士として名を連ねた。

なお今回の選挙の場合、新聞各紙が各候補者の演説会回数を集計した。表5－4は、各候補者が県に報告した数値をまとめたものだが、これを見ると、本多を除き、一回約一〇〇人前後の規模となる。ただし一回の最大参加者数三、〇〇〇人、最少参加者数四名との報道もあることから、(105)あくまで平均値に過ぎない。いずれにせよ一回平均一〇〇人前後の人々と候補者本人または縁ある人物が、演説会という政治的空間を共有していたといえよう。

(五)　選挙結果

選挙粛正や非政党内閣下の初めての普選という中、千葉県第一区の場合、投票率七五・一％（全国七六・九％）、棄権率二三・二％（全国二一・一％）となった。戦前期普選で初めて投票率が下降し、棄権率が上昇したのである。しかも二大政党の議席占有率も八一・五％（前回九五・九％）に激減した。これは、政友会から昭和会（一九三五年一二月）が、民政党から国民同盟（一九三二年一二月）が分離したこと、社会大衆党が躍進したこと（一八議席）によろう。満州事変、五・一五事件と政党内閣の崩壊、さらには選挙粛正も加わり、有権者の政治意識は必ずしも二大政党に収斂されなくなりつつあった。ただし二大政党の議席占有率はなお八割を越え、投票率も七割を大きく超えている。まだ有権者の大多数は、二大政党や政党政治にシンパシーを感じていたのであろう。選挙粛正に耐えたことで、二大政党は一定程度の統治主体としての存在感を発揮したのである。

表5－5から選挙結果をまとめよう。(106)一位は民政党の多田満長で連続三回目、二位は同じく民政党の篠原陸朗で通算二回目、三位は政友会の川島で連続四回目、四位は同じく政友会の本多で通算五回目の当選を果たした。「下層階

級を手なづけることと青年を引きつけることに手腕」があり、加えて鈴木の地盤である君津郡を「かき廻」した川島は、[107]東葛飾郡では表5－2で示した基礎票より七、〇〇〇票以上も積み増すだけでなく、千葉郡および君津郡でも票を伸ばした。第四章で示した君津郡後援会は、選挙運動の中では確認できないが、得票率を見る限り、支持基盤として機能していたのであろう。川島の選挙公報の言葉と内容の平易さは前述したが、無産政党系の候補がいない中、政治と生活を結びつけた川島は、票を大きく伸ばした。投票者の階層は不明だが、仮に低所得者層を含むとするならば、政治と生活を結びつける川島の政治姿勢は、彼らに大きな影響を与えたと考えられる。

本多の最下位当選の要因に関しては、前述の電気事業譲渡問題での有権者の反感などが挙げられる。[108]本多は表5－2で示した基礎票より四、〇〇〇票積み増して当選したものの、川島に競り負けたのである。

同じ政友会で連続五回当選の実績を持つ鈴木は五位に終わり、初めて落選した。前述した一月県会議員選挙の候補者調整に鈴木が失敗して以降、多くの地方議員が「二股も三股もかけて洞ケ峠」[109]を決め込んでいた。鈴木は前述した基礎票一万三、五四五票を割り込んでおり、集票回路たる地方議員の動きは鈍く、支持基盤が機能しなかったと考えられる。鈴木も苦戦を認識していたからこそ、川島の支持基盤である川口為之助にすら買収資金を渡し、集票を依頼したのである。[110]

前回総選挙で落選した篠原だったが、順調に選挙運動を展開し、[111]「人気は素晴らしいもので、戦はざるに既に当選の観」[112]を見せ、二位で当選した。ただし表5－2で示した基礎票を踏まえると、ほとんど積み増しがなかった。したがって篠原の当選は、支持基盤を手堅く束ねた産物であった。[113]

代議士の地盤については、すでに第三章までの得票率分析を通して確定したので、ここでは新たに三つの記事を紹介したい。

党に投ずるのではなく、人に投ずる票の多いことは今更のことでない、真に党的意識をもつて投ずるものは、党関係者とその党のファンだけで、大多数は候補者の好き嫌ひによる（中略）。有権者はレツテル（政党名）なん

> かどうでもよいので、その中のビールの味（候補者のよしあし）に投票する[114]

> 党を基幹とした争ひよりも各候補任せの選挙であり、両支部がありながら全区を統制するが如き最高の参謀部がなく、現に地盤協定が無視されてゐるやうに戦線の統制もなく、従つて候補者の整理（非公認に対して）もなく、立候補届そのままの形勢[115]

> もともと協定といふ厳格なものでないが、凡そ候補者間の主力地帯が知れてゐるので同士間の選挙道徳から侵さぬ不文律であるのに、形勢非なりと見るや、各所に足溜りを見つけて闖入するのみが、同士を非難することに急で、共に相援けて栄冠を得ようとの党を建前とした一戦といふ点がないことだ、特に第一区某派の如きは党よりも個人観念が強く、寧ろ聞くに堪へない中傷が行はれてゐる[116]

ここからは、同時代人の目から見た場合、千葉県第一区有権者の投票基準が党よりも候補者個人にあったことを読み取れる。だからこそ第四章で示したように、この選挙区には多くの後援会が設立されたのである。それは同時に、政党の地盤という存在が自明ではなかったことを示す。事実、今まで本書で示したように、選挙運動は候補者個人が展開していた。だからこそ選挙期間中、政友会の支部事務所は「留守番の爺さんが一人」いるに過ぎず、また県会議員選挙や総選挙で候補者擁立を主導した民政党県支部でも、支部事務所は「空家」で問題がなかった[117]。

以上を踏まえ、表5－6により、次の四点を指摘したい。第一は、川島の地盤について。例えば法典村の場合、表2－4・表3－4・表3－11のように、この地の有権者の多くは、その都度、大きく投票先を変えていた。したがって川人貞史の「ナショナル・スウィング[118]」論および山室建徳の「無節操な有権者[119]」論が当てはまる。一方、一九二八年第一六回総選挙以降、松戸町（一九三三年

5位：鈴木隆（政友会）		6位：高原正高（無所属）	
1,265	10.2%	3,654	52.7%
510	4.1%	590	8.5%
1,440	11.7%	1,637	23.6%
4,814	39.0%	522	7.5%
4,320	35.0%	527	7.6%
12,349	100.0%	6,930	100.0%

表5－5　1936年2月第19回総選挙結果一覧

	1位：多田満長（民政党）		2位：篠原陸朗（民政党）		3位：川島正次郎（政友会）		4位：本多貞次郎（政友会）	
東葛飾郡	4,084	12.8%	14,433	54.8%	10,433	58.0%	8,871	58.0%
千葉市	1,652	5.2%	2,759	10.5%	1,186	6.6%	1,911	12.5%
千葉郡	3,469	10.9%	6,789	25.8%	4,184	23.2%	2,436	15.9%
市原郡	5,026	15.8%	1,297	4.9%	952	5.3%	455	3.0%
君津郡	17,580	55.3%	1,046	4.0%	1,243	6.9%	1,627	10.6%
全体	31,811	100.0%	26,324	100.0%	17,998	100.0%	15,300	100.0%

出典：『第19回衆議院議員総選挙一覧』（衆議院事務局）より作成。
注1：多田の数値は補正を施した。
注2：東葛飾郡の中には、市川市（1934年市政施行）の数値も含む。

に明村編入）・八柱村・高木村・八栄村・行徳町・福田村は、川島が与党であれ野党であれ、彼に投票し続ける有権者が町村有権者数の三分の二以上を占めている。つまり東葛飾郡の有権者の全てが「ナショナル・スウィング」していたわけではないし、「無節操」でもなかった。

第二は、篠原の地盤について。同じく表2－4・表3－4・表3－11で富勢村の得票率の変遷を見ると、民政党候補者の数値は継続して高い。特に今回総選挙では八二％を示した。これは、富勢村出身で同村長の成島勇が篠原の選挙事務長を務めたことによる。富勢村周辺の柏町・風早村・土村を見ても、篠原のそれは前回総選挙よりも倍増している。成島の存在が大きいのであろう。事実、次回総選挙で立候補する成島は、表5－12（後掲）のように、これらの町村でも極めて多くの票を得る。また富勢村と同様、民政党支持の有権者が多い中山町は、一九三四年一一月に市川市が誕生（編入）したため、単独の得票率がわからない。しかし今回の総選挙を見ると、民政党は市川市で三一％の得票率だった。旧中山町の有権者の民政党支持傾向は、一定程度、継続しているのであろう。最後に馬橋村を見ると、今までは川島の得票率が高かったが、今回は篠原が競り勝ち、四九％となった。

第三は、本多の地盤について。同じく表2－4・表3－4・表3－11で葛飾村・小金町・鎌ヶ谷村・手賀村・風早村・木間ケ瀬村を見ると、高い得票率を維持するものの、川島や篠原も本多とほぼ同じであった。つまり本多の地盤は、川島や篠原に切り崩されつつあったといえよう。また浦安町・南行徳村・富勢

表5－6　1936年第19回総選挙での候補者別東葛飾郡各町村得票数および得票率一覧

町村名	投票総数	川島		篠原		本多		多田	
		得票数	得票率（%）	得票数	得票率（%）	得票数	得票率（%）	得票数	得票率（%）
船橋町	4,056	922	22.7	1,083	26.7	960	23.7	376	9.3
葛飾村	1,197	196	16.4	355	29.7	425	35.5	48	4.0
法典村	289	49	17.0	112	38.8	66	22.8	15	5.2
塚田村	151	44	29.1	51	33.8	46	30.5	5	3.3
八栄村	647	301	46.5	78	12.1	180	27.8	12	1.9
浦安町	2,002	369	18.4	336	16.8	113	5.6	863	43.1
行徳町	1,383	504	36.4	285	20.6	183	13.2	149	10.8
南行徳村	767	242	31.6	201	26.2	67	8.7	148	19.3
市川市	6,158	846	13.7	1,903	30.9	1,911	31.0	563	9.1
大柏村	414	163	39.4	70	16.9	125	30.2	10	2.4
鎌ヶ谷村	483	156	32.3	84	17.4	158	32.7	24	5.0
松戸町	2,718	924	34.0	775	28.5	584	21.5	270	9.9
八柱村	441	151	34.2	94	21.3	118	26.8	15	3.4
高木村	575	224	39.0	134	23.3	159	27.7	22	3.8
馬橋村	548	134	24.5	269	49.1	108	19.7	18	3.3
小金町	634	166	26.2	174	27.4	230	36.3	16	2.5
流山町	940	256	27.2	445	47.3	141	15.0	39	4.1
八木村	539	154	28.6	159	29.5	169	31.4	14	2.6
新川村	692	109	15.8	197	28.5	158	22.8	23	3.3
田中村	904	227	25.1	322	35.6	245	27.1	25	2.8
柏町	1,337	184	13.8	701	52.4	270	20.2	77	5.8
風早村	638	158	24.8	216	33.9	217	34.0	17	2.7
土村	486	103	21.2	204	42.0	124	25.5	12	2.5
手賀村	732	215	29.4	189	25.8	281	38.4	18	2.5
富勢村	674	66	9.8	552	81.9	40	5.9	11	1.6
我孫子町	868	135	15.6	300	34.6	274	31.6	136	15.7
湖北村	534	125	23.4	169	31.6	191	35.8	28	5.2
布佐町	505	79	15.6	217	43.0	90	17.8	10	2.0
旭村	691	339	49.1	135	19.5	105	15.2	33	4.8
野田町	3,537	1,340	37.9	1,311	37.1	227	6.4	248	7.0
梅郷村	665	292	43.9	216	32.5	44	6.6	45	6.8
福田村	693	331	47.8	198	28.6	65	9.4	17	2.5
七福村	531	159	29.9	154	29.0	102	19.2	24	4.5
川間村	864	156	18.1	378	43.8	242	28.0	16	1.9
木間ヶ瀬村	678	225	33.2	137	20.2	239	35.3	17	2.5
二川村	800	231	28.9	223	27.9	117	14.6	68	8.5
関宿町	503	158	31.4	113	22.5	97	19.3	89	17.7
合計	40,274	10,433	25.9	12,540	31.1	8,871	22.0	3,521	8.7

出典：『第19回衆議院議員総選挙一覧』（衆議院事務局）より作成。

村・野田町・梅郷村・福田村は得票率が一桁に落ち込んでいる。本多はすでに政友会に復党してから久しく、民政党の強い富勢村での得票率の減少は当然であろう。しかし南行徳村では、確実に得票率を減らしている。逆に川島は本多を引き離し、確実に得票率を高めていた。当選回数を重ねたものの、川島の進出を受け、本多の集票力に陰りが見え始めていたのである。

第四は、地盤協定について。まず政友会の場合、選挙終了後の本多の「私は川島君と地盤を協定し、京成沿線だけを固めてゐたんだが、どうもこの協定もどこの区と言はず、なかなか紳士的には守れない(120)」という発言を取り上げたい。どうやら両者は東葛飾郡で地盤協定を結んだようだが、ほとんど機能せず、全ての町村で激しく競った。理由としては積年のライバル関係、政友会の地盤協定は「殆ど皆無で斬取勝手次第であつて何等政党的に統制が保たれたとはいえ(121)」ないという報道が示す状況などが挙げられる。したがって政友会の場合、特定の候補者への投票を誘引する「集団投票(122)」は難しいと考えられる。

一方、民政党の場合、支部長の土屋清三郎が「同志相喰む如き乱立はもつとも慎むべきであるから、味方の地盤協定によつて当選第一主義を守る方針(123)」を掲げており、地盤調整や候補者調整による現職当選第一主義を取ったという。民政党の地盤協定は「相当に保たれ、同士打の如き態形があるにしても反道徳的ではな(124)」いとも報じられ、一定程度の票の割り振りが存在していたようである。事実、東葛飾郡の得票率を見ても、南行徳村のように競合する町村はあるものの、その数は少なく、篠原に票の片寄る町村が多い。したがって前述の政友会と異なり、「集団投票」の論理が存在したのかもしれない。

選挙費用については、表5－7を作成した。県知事に報告する数字のため、実態とは齟齬があろうが、どの項目に重点が置かれていたかを読み取りたい。ここからは、次の四点を指摘する。第一は、三候補者とも印刷費が全費用の三分の一を占めており、前回総選挙同様、印刷費が多い点である。大量の推薦状や投票依頼葉書の存在は、それを物語ろう。第二は、三候補者とも印刷費に次いで、船車馬費の割合が次第に増加している点である。前述のように、演

表5－7　1936年第19回総選挙での選挙費用内訳

		本多		川島		篠原	
		費用	割合（%）	費用	割合（%）	費用	割合（%）
報酬	労務者	470	7.7	606	8.7	409	5.6
家屋費	選挙事務所	77	1.3	30	0.4	120	1.6
	集会会場	1,029	17.0	705	10.1	502	6.9
通信費		46	0.8	453	6.5	1,118	15.3
船車馬費		1,364	22.5	1,206	17.3	1,666	22.9
印刷費		2,000	33.0	2,269	32.5	2,452	33.6
広告費		598	9.9	410	5.9	6	0.1
筆墨紙費		111	1.8	49	0.7	15	0.2
休泊費		72	1.2	478	6.8	305	4.2
飲食物費		161	2.7	361	5.2	245	3.4
雑費		139	2.3	419	6.0	452	6.2
合計		6,067	100.0	6,986	100.0	7,290	100.0

出典：『千葉県報』号外（1936年3月10日付）より作成。
注：単位は円で、銭および厘は切り捨てた。

説会の開催場所が拡大したからこそ、船車馬費が必要になっていた。第三は、候補者個人を見た場合、篠原が集会場費と広告費よりも通信費に費用を充てた点、本多が通信費・休泊費・飲食物費よりも集会場費・広告費に費用を充てた点が確認できる。篠原は印刷物の送付に、本多は演説会に力を入れていたのであろう。しかし前述した各候補者の演説会開催回数は、篠原が本多より多く、この指摘と合致しない。したがって一回の演説会の経費は、篠原より本多が高かったと考えられる。第四は、川島の場合、本多や篠原と異なり、労務者の費用が高いとともに、休泊費および飲食物費に費用を割いた点である。川島は選挙運動の中で、大量の人員を動員したのであろう。

しかし、これ以上の選挙資金の詳細は、升味準之輔の指摘を除き、ほとんどわからない[125]。例えば元老西園寺公望の斡旋により、住友財閥から岡田首相に一〇〇万円が供出され、与党の民政党候補に渡されたという[126]。また野党政友会は選挙資金の調達に苦慮したという。この他、岡田首相は社会大衆党にも選挙資金を提供したようで、同党の躍進を支えてもいた[127]。

最後に選挙違反を取り上げる。第一節で分析した「選挙犯罪調」[128]を見ると、千葉県の場合、買収利益誘導六〇件五五六人、ブローカー犯罪五件六人、戸別訪問個々面接二〇件二六人、無届運動一六件二一人、選挙妨害二件二七人、関係官公吏の選挙運動五件五人、不正投票一件二人など、合計一三七件六六五人が確認できるが、なかでも買収利益誘導が群を抜いていた。それでも全国の犯罪件数七、一八八件（一府県平均一五二件）を踏まえると、千葉県は全国平均に達していないことがわかる。池田順によると、千葉県では厳しい取り締まりと処罰が行われたようだが[129]、それでもまだ全国的には少ない方であった。

　個別に見ると、選挙期間中の違反としては、現職県会議員の渋谷司（民政党）が某二候補から買収資金を受け取り、自身の県会議員選挙資金の穴埋めのためにそれを着服したことが挙げられる[130]。渋谷が民政党なので、二候補は多田と篠原になる。しかも渋谷は別の候補にも「鞍替」し、同じく買収資金を受け取っていた。渋谷は民政党以外の候補、おそらく政友会候補にも接近したのであろう。選挙終了後、多くの逮捕者が出たが、「選挙には金が入る、買収をやらねば勝てない」[131]と述べた本多陣営では、選挙事務長の青木泰助の事情聴取[132]、七福村会議員の中村正次郎および前七福村長の島村重五郎の逮捕[133]、前県会議員の新藤退蔵の取り調べなどが挙げられる[134]。川島陣営での津田沼町会議員の吉野権六の有罪[135]、篠原陣営での選挙事務長の成島勇の事情聴取[136]、多田陣営での浦安町会議員の泉沢三四郎ら一三名の取り調べも併せて見ると[137]、やはり地方議員が選挙違反（買収）の主体として逮捕されている。彼らは代議士の集票回路として、票を固めるため、票を掘り起こすため、買収に勤しんでいたのである。

　そのなかでも落選した現職代議士鈴木の選挙違反の規模は大きかった。鈴木は以前から「悪評ある相場師」と呼ばれており、「貧乏候補者」に「貸付け」するなど[138]、金銭にまつわる噂が絶えなかった。この鈴木に捜査のメスが入った。その結果、県会議員（千葉郡選挙区）の蓜島瑋之助の起訴[139]、県会議員（東葛飾郡選挙区）の柳澤清春の逮捕につながった[140]。柳澤は第一節で示した一月県会議員選挙の際、本多の系列下にいた人物だが、総選挙では鈴木陣営の集票を担っていたのである。以降、芋蔓式に容疑者が検挙され、最終的に鈴木陣営からは五〇〇名が逮捕された[141]。張本人の鈴木は失踪し、そのまま起訴されると[142]、五か月の逃亡の末、八月一八日一九時、麻布区飯倉片町の某家で身柄を拘束された[143]。そして一二月一五日一一時、千葉地方裁判所で禁固一〇か月の判決を受けた[144]。季武嘉也は取り締りのターゲットが候補者に絞られたと指摘したが[145]、まさに鈴木はその象徴であった。しかし第三節で示すように、代議士の夢を捨てきれず、次回総選挙に背後から関与していく。

第三節　一九三七年四月第二〇回総選挙

(一) 本多の死

一九三六年第一九回総選挙から六日後、二・二六事件が発生した。岡田啓介首相は生き残ったが、二八日に内閣総辞職。その後、外務官僚出身の広田弘毅内閣（一九三六〜三七）、陸軍大将の林銑十郎内閣（一九三七）と続くが、いずれも短命で、軍部の影響力が強かった。特に林内閣には政民両党から誰一人も入閣しておらず、政友会を離党した代議士が結成した昭和会の山﨑達之輔のみ、農林大臣となった。この林内閣と政民両党は対立を深め、再び選挙粛正という言論弾圧と運動取締の中[146]、一九三七年第二〇回総選挙が実施された。

選挙分析の前に、一九三六年第一九回総選挙以降の各代議士の政治活動をまとめるが、その情報量は少ない。例えば川島の場合、管見では『千葉毎日』一九三六年一〇月三〇日掲載の談話しかない。すなわち川島は選挙粛正が徹底されれば、選挙費用が少なくなり、「政党のおかげを蒙る必要がなくなつて、自然、統制力を失ふ」であろうから、主義主張を同じくする者が集まりやすくなると述べた。その結果、「小党分立時代」が到来し、政党は「練磨し、政党が活発に更生し、これを合従連衡して政治の中心勢力」になるとの展望を語った。川島は政民二大政党による政党内閣に代わり、多党制連立政権をイメージしていたようである。ただし、そこに昭和会や国民同盟、さらには社会大衆党が含まれているか否かは分からない。

政友会での川島は、すでに第一節で示したように、「中立その他」に分類されるが、第七〇議会開催中の党大会（一九三七年一月二〇日）で千葉県選出常議員に選出された程度で[147]、特筆すべき党務や政務のポジションを得ていない。しかし帝国議会では、積極的に活動した。例えば軍事救護法中改正法律案外一件委員会（一九三七年二月二六日）では、昭和会の林路一（北海道第二区）の推薦を受け、委員長として議事を取り仕切ることも経験した[148]。連続当選四回の川島の議会活動は、着実にステップアップしていたのである。

さて千葉県第一区の最大の変化は、本多の死であった。前回総選挙で通算五回の当選を果たしたものの、「勇退すれば、必ず縁に繋がる前県会議長の浮谷権兵衛氏あたりを推すは必定[149]」と報じられていたように、一八五八年生まれで高齢の本多の引退は、時間の問題であった。その本多は一九三六年秋から糖尿病を患い、また年明け一月二日からは胃腸を患い、入院と療養の日々を過ごしていた[150]。

本多死後を見据え、事態が動き始める[151]。まず一九三六年一一月三〇日の京成電鉄株式総会で本多の社長辞任が承認され、専務の後藤圀彦の社長就任が承認された。後藤は大分県生まれの四六歳で、法政大学卒業後、新聞記者から実業界へ転じ、一九二五年に京成の株主であった川崎財閥の推薦で取締役として入社した。一九二八年には専務に昇格し、京王鉄道・王子鉄道・西武鉄道の役員も務めていた。後藤の社長就任は「県政界にも連鎖を持ち、将来その動向を注視される機会もあらう」と報じられており、彼は本多の後継者の一人としても位置づけられていた。第六章で示す通り、事実、後藤は後年の一九四二年第二一回総選挙に立候補する。その後藤は一九三六年一二月一七日一七時、千葉県の新聞記者団を牧野屋に招待し、鉄道事業を中心とした地域開発に加えて、食品加工業などにも取り組みたいという多角経営の抱負を述べた[152]。こうして本多死後の準備が整えられる最中の一九三七年一月二六日一六時二〇分、市川市真間の自宅で本多は死亡したのである（享年八〇歳[153]）。

本多死後の約二か月後、一九三七年度予算成立の翌日三月三一日、第七〇議会は解散されるが、彼の支持基盤の継承問題は世間の耳目を集めた。例えば浮谷権兵衛（元県会議員）、浮谷竹次郎（市川市長）、吉野力太郎（夷隅郡選挙区県会議員）、本多の甥である中村眞太郎（渡良瀬水電専務・愛国燃料株式会社社長）、齋藤三郎（元県会議員）、前述の後藤など、実に多くの名前が報じられた[154]。本多の後継候補の選定には、まだ時間が必要であった。

本多は政友会千葉県支部長でもあったため、その後任も決めなければならない。当選回数を目安とすれば、川島（四回）、吉植庄亮（一回）、今井健彦（五回）、岩瀬亮（二回）、小高長三郎（二回）の内、今井が第一候補となる。ただし今井は本多の前に支部長を務めていたため、順当に考えると、川島の可能性が高かった。しかし報道では、岩瀬と小高の名が報じられた。[155]川島を飛び超え、当選回数の少ない両者が候補とされたのは、推測だが、岩瀬と小高がそれぞれ党内主流派の鈴木派と鳩山派にいたからと考えられる。[156]ただし岩瀬は「支部長となる以上は大きな事をしたいが、今ではその準備が整つていない」[157]ことを理由に、今は「絶対受諾しない」[158]と述べた。そこで一九三七年一月一九日、県会議員（前述の吉野・横田清蔵〈海上郡選挙区〉・星野懿吉〈市原郡選挙区〉）と川島が会合し、後任支部長候補者を協議した。[159]川島は、調整役を務めていたのである。

後任問題が難航するなか、前述のように、衆議院が解散された。そこで一九三七年四月二日一三時、県会議長の吉野、副議長の横田、県会議員の藤田昌邦（市原郡選挙区）、幹事長の星野が協議した結果、「支部長を決定してから政戦に臨むべきだ」[160]との意見で一致した。その結果、四日に東京市で開催された「在京総務会」[161]（県選出代議士の会合）で、今井が第七代支部長として選出された。今井は千葉県第二区を選挙区とし、犬養毅政友会内閣で農林省参与官を務めた。川島より当選回数が一回多く、党内では中立の山本条太郎系であった。[162]選出理由は、今井が「代議士最古参」[163]からという。この支部長経験者の再就任に吉植や小高は反対したが、[164]四月八日一三時より加納屋で開催された選挙対策幹部会（出席者は代議士五人・貴族院議員の三橋彌・県会議員の合計約三〇名）で、結局、今井が支部長受諾の意思を表明した。[165]今井が第七代政友会県支部長として復帰し、その下で総選挙が戦われることとなる。

一方、前回総選挙で当選した民政党の篠原は、予算委員会のメンバーに名を連ねた。また海外視察も継続した。例えば一九三六年六月一〇日、満露国境線の視察および華北の実況見分のため、同じ民政党の小山谷蔵（和歌山県第二区）と東京を出発し、新京に向かった。[166]代議士に返り咲いた後も、篠原は海外視察の経験を積み重ね、他の千葉県第一区の代議士とは異なる地平を切り開いていく。また選挙区のためにも汗をかいた。例えば千葉市酒類商組合が酒販売免許制度の取得を目指し、帝国議会の税制改革特別委員会のメンバーである篠原に協力を仰ぐべく、書簡を送付した。[167] 篠原の助力を期待してのものであろう。実際、篠原はアルコール専売法案委員会（一九三七年三月二〇日）で、政府が設立を考えているアルコール専売会社に関して、「誰でもさう云ふ会社に関係したいのなら、し得る途を開いて、さうして外の者から、是等に関して機会均等の申出があった場合には、成べく之を包含し得る、呑み込み得るやうな情勢の空気」[168]を整備すべきだと発言した。これは、明らかに千葉市酒類商組合を意識したものである。第三章で示したように、川島が市場団体関係者に配慮した発言を重ねたのと同様に、篠原もまた選挙における助力を見越して、自身の議会活動に反映させたと考えられる。ただし川島と異なり、篠原の場合、後述する選挙では組合の支持が確認できなかった。したがって川島と市場関係者の結びつきに比べて、篠原のそれは強固でなかったといえよう。

(二) 立候補過程

政友会から見よう。死去した本多の後継者問題は、「本多氏の得票の行方だが、この人の票は政党の地盤といふより人物への散票集積と見られる」ため、仮に成島が民政党から立候補しても、当選可能性は高いと報じられ、民政党をも巻き込んでいた。[169] 支持基盤が代議士個人のものだからこそ、旧本多陣営は他候補の草刈り場となるを避けるため、後継候補の擁立を迫られていた。

しかし主導権を握ったのは、旧本多陣営ではなく、政友会千葉県支部であった。まず在京総務会は、浮谷竹次郎（市川市長）でもなく、その兄で「本多貞次郎氏の後を約束されて国家の枢機に参ずるも蓋し遠くはない」[170]と評された浮谷権兵衛（前県会議員）でもなく、前代議士鈴木隆の系列下の県会議員である星野懿吉（支部幹事長）の擁立に傾きつつあった。[171] 本多の政治的遺産は、彼の系列下の人物に継承されない可能性が出てきたのである。そして四月八日一三時、加納屋で選挙対策幹部会が開催される。[172] 出席者は五代議士（川島・吉植・今井・岩瀬・小高）、貴族院議員の三橋彌、県会議員の合計約三〇名で、この席上、川島の公認に加えて、前述の星野を本多後継の公認候補として決定したのである。[173] 星野は一八八一年に市原郡大蔵村に生まれ、千葉中学校、中央大学法科を卒業。南総明治銀行頭取の星野龍太郎の娘婿となり、明治村長や牛久町長などを経て、県会議員に四度当選していた人物である。推測だが、東葛飾郡を地盤とする人物が本多後継になると、再び川島との競合が予想されることから、政友会支部は川島と地盤が重複しない別の地域、具体的には市原郡や君津郡が地盤の鈴木直系である星野を本多後継に擁立したと考えられる。以上の県支部による候補者擁立作業は、戦前期普選の政友会の場合、初めての取り組みであった。

こうして本多の支持基盤は、彼の系列下の地方議員や京成電鉄の後継者である後藤圀彦には継承されなかった。したがって東葛飾郡を中心として、選挙の行方は混沌とする事実[174]、表5-11（後掲）のように、第一区は「雨後のタケノコ」のように、候補者が乱立した。例えば山瀬俊は、本多が経営していた東京瓦斯電気工業・千葉瓦斯・木更津瓦斯の創立者という理由から、本多の「後釜」を名乗って立候補した。山瀬は挨拶状の中でも「故本多貞次郎先生の意志を継承[175]」すると述べ、本多後継を自任した。また鈴木が会長を務める市原政友会副会長の関根庄蔵（医師）も中立を標榜して立候補したが、「星野氏と同志討ちするの不利を察し星野氏を援助[176]」するため、結局は辞退した。ただし、これに関しては、「関根氏は星野候補に対する反感から元代議士鈴木隆一派が擁立したもので、この結果、両氏は同じ市原郡を本拠に同志打ちを展開し、政友派にとつては不利を導くことになつたので、この対立を憂慮した星野、関根両派の幹部は十五日来種々接衝を開始、十六日最後の協議会を牛久町に開催した結果、同郡政友倶楽部〔市原政友会——引用者注〕としては星野候補を支持することに意見の一致を見[177]」と報じられたように、裏で鈴木が動いていた。鈴木は自身の系列下である星野の自立や勢力拡大を警戒し、干渉を試み、彼の足を引っ張ろうとしていた。

鈴木の干渉に悩まされながらも、星野は最終的に市原政友会からも支持を取りつけ、四月二三日付で立候補挨拶状、鳩山一郎・前田米蔵・中島知久平・島田俊雄の連名による推薦状、布佐町の名望家である齋藤三郎（元県会議員）からの推薦状を有権者に送付した[178]。例えば齋藤のそれを見ると、彼は星野を本多の「後継者」と位置づけている。しかし前述の鈴木は星野への干渉を続け、前述の関根庄蔵に裏切りを命じた[179]。この結果、関根は民政党の篠原の支持に転じ、その推薦状を市原郡と君津郡の有権者に送付するなど、星野陣営を切り崩していく[180]。これに関しては、戦後の一九五二年時点、鈴木が当時の篠原を支援したとの回想と合致する。[181] 政友会県支部が候補者を擁立しても、結局、鈴木という元代議士個人とその支持基盤は従わなかった。県支部の選挙区への影響力や統制力は、それ程、強くなかったのである。

これに対して川島は、今回もまた、誰にも牽制されずに、かつ地域からの推薦会も経ずに、立候補した。連続四回当選の実績を誇るからこそ、彼の立候補は自明であった。

一方、民政党でも、本多死後の対応が課題となった。一九三七年四月三日、支部幹部会が開催され、千葉郡の島田彌久、山武郡の伊藤博愛、市原郡の中村満などの県会議員を中心とする九名が協議した結果、現職代議士である多田と篠原の公認を決定するとともに、前述の一九三六年一月の県会議員選挙で最高得票数を叩き出した成島勇の擁立も計画され始めた。[182] 第三章で示したように、かつて民政党支部は篠原の擁立を主導したが、今回は成島擁立を主導したのである。

ここで成島の経歴を確認しよう。成島は一八九〇年第一回総選挙（千葉県第二区）で当選した巍一郎の三男として、一八九一年千葉県富勢村に生まれた。東北帝国大学農学科卒業後、台湾製糖会社に入社。父の死後、郷里に帰り、一九一四年に富勢村長に就任していた。その後、一九二八年県会議員選挙、一九三二年県会議員選挙、一九三六年県会議員選挙で連続三回当選を果たした、まさに土着の名望家であった。特に一九三六年県会議員選挙を見ると、成島は千葉県全体で最多の七、六八七票を集めており、抜きん出た存在感を放っていた。一九三六年一一月四日に支部幹事長の石橋保の病死後、成島が後任幹事長の第一候補として挙げられ、実際に就任したことは、その証左といえよう。[183] また農業問題を専門とする成島は、過去に東葛飾郡選出の県会議員の福地新作（民政党）、宇賀山金次郎（民政党）、松本栄一（政友会）、戸辺五右衛門（民政党）、渋谷司（民政党）に面会し、党派を超越する形で、利根川や江戸川の工事、土地開発、農業経営にあたることを要請していた。[184] このような地元の農業問題に汗をかく政治活動の積み重ねも、民政党県支部に大きく評価されたのであろう。

しかし民政党本部は、彼に公認を出さなかった。[185] 第一節で示したように、成島は前回総選挙で篠原の事務長を務めており、「横紙破り」との批判があったのである。成島の県支部幹事長就任は前述したが、それは支部長の土屋清三郎が篠原と成島の「同士討」を懸念しており、成島の立候補を抑えるための画策でもあった。確かに民政党支部の中には成島の立候補に反対する勢力も存在し、支部は決して一枚岩ではなかった。成島に本部からの公認が出なかった理由はここにある。

そこで成島は、東葛飾郡の有力者からの支持の調達を急いだ。例えば染谷亮作（元川間村村長）に対して、「選挙に際し、同志諸賢の勧めるままニ立候補仕候へ共、御承知ノ如く此一区は有力な候補続出仕間敷く、強敵の夜襲を蒙り甚だ苦戦を仕度候、是非共貴下の御同情ニて最後の勝利を得度、何卒格別の御援助下さる様奉願候」[186] と書簡を送った。ここからは、他の候補者の「夜襲」、おそらく夜の買収により、成島が苦戦する様子を読み取れる。成島は併せて推薦書も送付した。そこには「選挙の時のみ御願ひに来て、当選の暁には選挙民との交渉も少なくなるやうなことでは、如何にして吾等の声を聞き、如何にして吾等の気持ちを議会に反映さして下さるでせうか、洵に頼りない」から、「東葛飾郡の生へ抜きで真の土地っ子で常に富勢村に在住し、帝国議会第一回議員である故成島魏一郎氏を厳父とし、良く其性格を継がれまして県村自治政に当り、或は各種団体の理事者として其経綸豊富愛郷の念燃ゆる」成島を推薦したいとある。[187] 地縁と血縁ある人材として、地域政治の担い手として、そして何よりも有権者と国政を結びつける人材として、成島は描かれていたのである。成島陣営の選挙事務長は髙橋恒治（元法典村村長）が務めたが、成島は彼ら幹部を集めて「一々署名捺印の誓約書」[188] を作成し、陣営の団結を確認して、選挙戦に突入した。

なお篠原の公認は、現職ゆえにスムーズだった。だからこそ早くも帝国議会解散後の四月四日、篠原は「雨を冒して松戸町根本の某氏を訪ね、策戦準備を繞らす」とともに、「某」有力者の助力を仰ぎ、選挙準備に取り組んだ。[189]

(三) 各陣営の基礎構造

まず川島陣営だが、今回の選挙事務長も、引き続き梨本太兵衛が務めた。梨本は「川島さんの苦戦時代も過ぎて比較的楽な戦ひが出来るやうになつたと思へば、今回のやうな状態です」[190]と述べ、成島を亡き本多に代わる脅威として意識していた。しかし本多がいないからこそ、京成電鉄の動向が鍵を握る[191]。例えば「本多氏の死で儲けたのは川島氏で、一時、本多、川島両氏の反目は敵党以上に深刻なものがあつたが、後藤京成社長は今回公然と川島氏を応援、自ら演壇にまで立つてゐる」との報道からは、後藤の川島支持を読み取れる。ただし同時に「京成社内の本多系は快しとせず」ともある。川島と本多の積年の関係を踏まえれば、京成電鉄が川島支持と不支持に割れるのは、当然だった。

その川島は有権者に「立候補挨拶状」と「第七十議会に於ける川島正次郎演説速記録抜粋」を送付した[192]。挨拶状では「国民は政府がいいか政党がいいかを判断して投票」して欲しいと述べ、「立憲政治か官僚政治か」、すなわち林内閣の継続か否かを有権者に問うた。これら史料の特徴は、第七〇議会での川島の活動実績が記されていることである。軍事救護法改正案、北海道旧土人保護法改正案などの各委員会委員長、国民健康保険法案の本会議への上程時の内務大臣に対する質疑、帝国燃料興行株式会社法案および人造石油製造事業法案の委員会理事、軍機保護法改正案などの委員会委員、政府提出決算書の審議に関する委員、大和田町萱田飯綱神社昇格他一件の請願の採択、葉煙草賠償価格引上げに関する建議案の提出および可決など、川島の代議士として活動がまとめられていた。川島は議会での実績を有権者にアピールし、集票に結びつけようとした。

次に篠原だが、前回総選挙で自身の選挙事務長を務めた成島の立候補は、大きな痛手であった[193]。特に民政党県支部長の土屋清三郎の怒りは大きかった。事実、四月二六日、土屋が支部長名で送付した葉書には、「今回の無謀な解散には前代議士再選が実に国民の世論です。依て私共民政党の町田総裁は前代議士篠原陸朗君を公認して必勝を期しました処、思ひがけなく前回同君の事務長たりし成島君の立候補により手も足も取られて非常な苦戦です、万一篠原君が出られなかつたら政治道徳はどうなりませう[194]」と書かれていた。成島の立候補に反対する勢力が民政党県支部の中にいたことは前述したが、実はその急先鋒が支部長の土屋だった。したがって成島の擁立は県支部というよりも、地方議員が主導したと考えてよい。もう一人の民政党候補の篠原の立候補の際、地方議員が反発したことは第三章で示したが、このような勢力が再び成島を強く推薦したのではないだろうか。いずれにせよ、民政党県支部は大きな軋轢を抱えたまま、選挙戦に突入したのである。だからこそ篠原は選挙事務長の人選に苦慮し、最終的にかつて川島陣営や多田陣営にいた川井重次郎を登用せざるを得なかった(195)。その篠原の事務所は千葉市商工会館に置かれたが(196)、篠原夫人とく子も「父君の強烈な秘書官で、なにくれとなく采配(197)」を振るい、夫唱婦随で選挙運動に取り組んでいく。

この篠原も有権者に推薦状を送付した。そこには彼の略歴とともに、若槻礼次郎（元首相）「財政の実際家」、永井柳太郎（民政党幹事長）「未来の蔵相」、小泉又次郎（元逓信大臣）「謙譲美徳の人」、櫻内幸雄（元商工大臣）および小川郷太郎（元商工大臣）「学識と経済家」などの文言の推薦文、さらには系列下の千葉県会議員（島田彌久・西川測吉・福地新作・宇賀山金次郎）や千葉市会議員（川島幸之助）の名も掲載されている(198)。篠原は、学歴（東京帝大卒業）、職歴（大蔵官僚）、豊富な海外渡航歴、経済や財政の専門家としての立ち位置、中央政治家と関係性、地方議員からの重厚な支援を有権者にアピールし、集票に結びつけようとした。しかし選挙戦が進むと、書状の文面が変化する。例えば町田忠治（民政党総裁）と高田耕平（前農林政務次官）の署名入りで、「篠原陸朗君は財政に関する堪能の士であり、殊に農村問題には薀蓄極めて造詣が深く前期議会に於て産業組合其他農村に関する重要各案の委員として奮闘せられました。農村問題の根本解決の為めには、同君は帝国議会になくてはならぬ人物(199)」という投票依頼状が送付された。篠原は有権者に対して、成島同様、彼が農村問題に強い人材であることを訴えるようになり、成島と差別化を図るのではなく、同じ土俵で競い合うようになった。これは、篠原の苦戦の証拠でもあった。だからこそ投票日当日、党幹事長の永井から「ヒジョウニクセンノヨシ、ゼヒ、シノハラクンニゴトウヒョウネガヒマス(200)」との速達郵便物が有権者に届けられた。篠原は、党本部の梃入れが必要な劣勢にあった。

最後に成島だが、公認を得られないゆえの苦戦が目立つ。だからこそ地元の票を固めるため、「先輩や地盤の関係等を考慮致しまして遠慮して居りました」が「愛郷愛土のため」に「政治家としての生か死か」を賭けて立候補したと述べ、自身の立候補の正当性を主張した。[201] 地元候補を強調するスタンスは県会議員時代と同じで、例えば成島は陳情などで県庁を訪問する際、郷里の「富勢村青年団のハッピ」を着て知事に面会するなど、選挙「区民に人気」のある存在だったという。[202] 事実、富勢村の有力者一五名は連名で推薦状を作成し、「農村に深き理解を有し、穏健妥当なる政見を抱持し、多年地方議会及産業界に活躍せる真に実践躬行の精力家」[203] たる成島への支援を強く訴えた。加えて成島夫人憲子も柏町高田屋材木店の事務所に連日詰めて、「兵站部係り主任」として「献身的に応援」[204] し、篠原同様、夫唱婦随で選挙運動に取り組んだ。

(四)選挙公報の比較分析[205]

篠原の選挙公報は「立候補宣言」と位置づけられていた。具体的には①解散の理由、②民政党の立場、③帝国外交の方針、④中央地方に通ずる財政改革、⑤国防に伴う重要産業法案、⑥農村問題の解案、⑦社会政策、⑧帝国憲法の恪遵を主張した。後述の成島と比較すると、民政党の方針を説明する項目が立てられている。民政党の公認を得ていない成島との差別化を図るため、篠原は党の方針を選挙公報に記載したのであろう。

成島の選挙公報は「赤誠以て献身、国事に尽さむ」から始まる。①農漁村問題の解決、②中小商工業者会議の改善、③富国強兵の実、④産業教育の普及、⑤国民負担の軽減、⑥産業組合と商工業者の団結、⑦外交、⑧郷土愛を主張した。前述の篠原や後述の川島と比較すると、⑧が注目に値する。成島だけが東葛飾郡で生まれ育った、いわば生粋の地縁を持つ候補者だからこそ、郷土愛を選挙公報に盛り込んだと考えられる。これにより、有権者は成島にだけ、郷土の代表者としてのイメージを投影できるといえよう。

川島の選挙公報は「政治を国民の手に返せ」から始まるが、篠原と成島のものとは構成そのものが異なり、政策を一切、並べていない。項目は、「万機公論に決すべし」、「解散の経緯」、「審議遅延の責は政府に」、「国民の手に政治を取り戻せ」、「専制政治恐るべし」、「国民を愚にするもの」、「一死以て憲政を守る」だけである。政策を示さず、わかりやすい言葉で林内閣にレッテルを貼り、有権者の感情を煽りつつ、自身への投票に繋げていく内容であった。今までも川島は平易な言葉を好んで使用したが、今回もそれは変わらない。ただし政治と生活を結びつける方向性よりも、政権批判を強めた内容となっており、そこも前述の篠原および成島との違いであった。

(五) 演説会の展開

選挙粛正のため、内務省は「議員候補者ニ対スル申合事項」(206)を作成し、各候補者陣営に通達した。例えば演説会告知ビラの郵便配達義務の導入によって、選挙運動者(含候補者)と有権者の接触を防止し、戸別訪問や買収の機会を根絶しようとした。例えば選挙事務所数の制限による資金力豊富な候補者の牽制、料理屋および旅館の事務所使用の禁止による饗応の防止、演説会での映画・蓄音機・レコードの禁止による資金力豊富な候補者の牽制などが通達された。これ以外にもさまざまな規制が設けられたが、各陣営の演説会を見よう。

表5-8は、新聞報道上で確認できる川島の演説会をまとめたものである。そのなかでも四月二二・二七日の二つの漁業組合事務所(千葉市今井漁業組合および蘇我町漁業組合)が注目に値する。川島は個別に漁業関係組合の支持基盤化に取り組み、自らの力で支持基盤を構築しようとしていたのである。また弁士に関しては、判明しているものを挙げると、四月二二日の場合、仏教連合会特派員の瀧澤遵道、政友会特派員の小松成と岡義夫、県会議員の松本栄一、共同購買株式会社社長の黒川鍋太郎、政友会遊説部員の今仲薫、千葉市会議員の高石慎が名を連ねている。二三日の場合、前述の六人に加えて、東京市京橋区会議員の矢田英夫、前県会議員で帝国水産会議員の長島義三が演壇に立った。二七日の場合、前述の瀧澤・小松・岡・松本・黒川・高石・長島が確認できた。ただし彼らは代議士でもなければ、閣僚でもなかった。政友会内で「中立その他」の立ち位置の川島は、党本部からの強力な人的支援を得られなかったのであろう。特にここでは、弁士の一人である黒川の肩書きに注意したい。第四章で示したように、彼は君津郡

表5－8　1937年第20回総選挙での川島の選挙演説会一覧

日程	演説会場
1937/ 4/14	千葉教育会館・稲毛稲毛館・幕張小学校
1937/ 4/15	鎌ヶ谷延命寺・塚田本行寺・法典小学校・西夏見薬王寺・高根公会堂・南金杉公会堂 美咲滝不動
1937/ 4/16	福田遍照院・福田唯福寺・七福小学校・旭小学校・野田共栄館
1937/ 4/17	二川小学校・二川村天理教教会堂・関宿久世小学校・流山倶楽部・八木野々下浄蓮寺 新川小学校・梅郷小学校・
1937/ 4/18	川間中里西岸寺・川間船形富蔵院・木間ケ瀬小学校・柏町柏館 我孫子倶楽部
1937/ 4/19	手賀西小学校・手賀東小学校・我孫子岡発戸小学校・湖北小学校・布佐公会堂
1937/ 4/20	風早村妙照寺・増尾万福寺・逆井観音寺・馬橋万福寺・小金東漸寺・八柱小学校
1937/ 4/22	千葉市今井漁業組合事務所・生濱町本行寺・椎名小学校
1937/ 4/23	千葉市辺田延命寺・千城村下長区西光寺・千葉市第一小学校および第二小学校 検見川小学校
1937/ 4/24	睦村桑橋小学校・豊富村小学校・大和田町飯綱神社・大和田小学校・二宮櫛田屋 岩佐車庫・津田沼演芸館
1937/ 4/25	高木村丸七車庫・鎌ヶ谷公会堂・浦安町・南行徳小学校・信篤小学校
1937/ 4/26	大柏本光寺・松戸浄安寺・葛飾小学校・国分小学校・中山公会堂・八幡東昌寺
1937/ 4/27	牧橋小学校・宇那小学校・幕張長作小学校・千葉院内小学校・千葉市第三小学校 蘇我町漁業組合事務所
1937/ 4/28	流山東福寺・浦安演芸館・船橋市小学校
1937/ 4/29	野田興風館・市川キネマ・布佐町繭市場・七福村農家組合事務所・木間ケ瀬村無量寿院 流山小学校

出典：『千毎』1937年4月14・22・23・27日千葉版、『読売』1937年4月14日千葉版、『東朝』1937年4月22日千葉版、『東日』1937年4月25日千葉版より作成。

川島後援会の会長であった。しかし、今回の総選挙の時点では、後援会会長の肩書きがない。後援会会長と記載した方が、演説会の聴衆に対して、川島との距離感や関係性を明示できるはずだが、それをしなかった。黒川が後援会長を務めていなかったか、もしくは君津郡川島後援会そのものが消滅してしまっていた可能性が考えられる。また演説会開催地域を見ても、前回総選挙と異なり、東葛飾郡・千葉市・千葉郡に限定され、君津郡がない。さらに表5－11（後掲）を見ても、君津郡の得票が激減している。これらを併せて考えると、君津郡での川島の集票力が弱体化したのは事実であった。

以上、新聞報道から演説会の様子を見たが、その存在はビラでも確認できる。例えば染谷亮作[207]（元川間村村長）の下に残されたビラを見ると、二九日一五時から七福村第二区農家組合事務所および木間ケ瀬村無

表5－9　1937年第20回総選挙での篠原の選挙演説会一覧

日程	演説会場
1937/ 4/13	県教育会館
1937/ 4/15	南行徳小学校・信篤小学校・行徳小学校・浦安小学校
1937/ 4/16	更科小学校・白井小学校・大和田小学校・二宮小学校
1937/ 4/17	手賀村・布佐村・湖北村・我孫子町
1937/ 4/19	新川小学校・流山小学校・八木小学校・柏町柏館・野田興風館
1937/ 4/20	旧塚田村・旧法典村・鎌ヶ谷村・旧市川町・旧中山町・旧八幡町・旧葛飾村
1937/ 4/22	牧橋村・千城村・千葉市・幕張町
1937/ 4/23	蘇我野・濱野・八幡
1937/ 4/24	内田村・牛久町・鶴舞町
1937/ 4/25	金谷村・竹岡村・湊町・姉崎町・五井町
1937/ 4/26	亀山小学校・松丘小学校・久留里小学校・小櫃小学校・木更津小学校・青堀小学校・富津小学校・大貫小学校・飯野小学校
1937/ 4/27	高木村・八柱村・松戸町・市川市
1937/ 4/28	関宿町・二川村・木間ケ瀬村・七福村・野田共栄館・川間村・旭村
1937/ 4/29	千葉教育会館・浦安町

出典：『東朝』1937年4月6・22・23・25日千葉版、『千毎』1937年4月14日、『読売』1937年4月14日千葉版、『東日』1937年4月23・25・27日千葉版より作成。

量寿院での開催が読み取れ、前述の新聞報道と合致する。このビラには、新聞報道にはない弁士名が記載されている。弁士は六人で、政友会遊説部員の今仲薫、政友会特派員の岡義夫および小松成、東京市京橋区会議員の矢田英夫、東葛八柱村出身の小暮吉五郎、県会議員の松本栄一が名を連ね、そのうち「三名出席」とある。同時刻で演説会が二か所開催されていることを踏まえると、この六名総てが顔を揃えるのではなく、当日の状況に応じて、三名ずつ配置されたのであろう。

また有権者に演説会日程表が送付されることもあった[208]。これを見ると、四月一二日一九時の松戸町常盤館を皮切りに、一三日二か所、一四日三か所、一五日七か所、一六日七か所、一七日七か所、一八日六か所、一九日五か所、二〇日六か所、二一日未定、二二日六か所、二三日六か所、二四日七か所、二五日七か所、二六日六か所、二七日六か所、二八日六か所、二九日三か所の合計九二か所が予定されている。ただし表5－8とは一致しないケースもあり、説会の設定は極めて流動的であった。

次に表5－9で篠原の演説会をまとめた。地域的には川島と異なり、東葛飾郡・千葉市・千葉郡を超え、前回総選挙と同様に君津郡でも開催した。そのためであろうか、表5－11

表５－10　1937年第20回総選挙での成島の選挙演説会一覧

日程	演説会場
1937/ 4/14	布佐繭市場・湖北村龍泉寺・我孫子町小学校
1937/ 4/15	柏講堂・豊四季小学校・八木諏訪神社・篠田西光院
1937/ 4/16	我孫子町芝崎東源寺・中村氏邸宅・我孫子倶楽部・富勢南龍寺
1937/ 4/17	土村医学校・宗寿寺・小金町尋常高等小学校・馬橋村尋常高等小学校
1937/ 4/18	松戸北部小学校・松戸松竹館
1937/ 4/19	旭村・花野井小学校
1937/ 4/20	睦村・豊富村・大和田村・幕張町
1937/ 4/21	関宿小学校・木間ケ瀬村・二川村・川間村西岸寺・七福小学校
1937/ 4/22	国分小学校・新川小学校・流山小学校・八木浄蓮寺
1937/ 4/23	生濱町・誉田村・白井村・千城村・都村
1937/ 4/24	大柏小学校・八柱小学校・八幡小学校・市川労働会館・九日市小学校
1937/ 4/25	鎌ヶ谷尋常高等小学校・中山小学校・葛飾小学校
1937/ 4/26	八栄小学校・夏見小学校・法典小学校・塚田小学校
1937/ 4/27	二宮町・津田沼町・南行徳村・行徳町・浦安町
1937/ 4/28	柏館・梅郷小学校・野田共栄館・野田興風館
1937/ 4/29	稲毛村・都賀村・蘇我町・千葉市

出典：『東朝』1937年4月14日千葉版、『読売』1937年4月15日千葉版より作成。

の通り、君津郡での篠原の得票率は、前回とほぼ同じである。したがって演説会の開催地域と得票数は、一定程度の相関関係にあったと考えられる。最後に表５－10で成島の演説会をまとめた。地域的には東葛飾郡を中心に、わずかに千葉市および千葉郡でも開催した。開催地域と比例するかのように、表５－11の通り、成島は東葛飾郡で圧倒的な票を集めることとなる。

以上、三候補の演説会スケジュールを見たが、新聞各紙も各選挙区の演説会開催回数に着目し、統計的に報じた。例えば一四日現在、多田一一回、篠原二回、富田照（中立）八回、臼井荘一（中立）一九回、成島九回、川島六回であった[209]。そして二〇日現在、総計三三四回、参加者総数三四、三四九人となった[210]。一回の演説会参加者平均を算出すると、約一〇二人となる。さらに演説会の概算回数を見ると、篠原一〇八回、富田一一〇回、臼井一一〇回、成島一〇〇回、川島一〇〇回、大澤中七六回、星野懿吉六八回、山瀬俊六七回を数えた[211]。後述する当選者は軒並み一〇〇回を越えており、それに満たない候補者は全て落選している。やはり演説会は、候補者が有権者との政治的空間を共有する場であり、極めて有効な集票ツールであったといえよう。

（六）選挙結果

四月三〇日の投票終了後、政民両党県支部がコメントを出した。[212] 民政党の場合、支部長の土屋清三郎によると、多田・川島・篠原の当選は確実で、成島・星野・富田が四位を争い、結果、本拠地の市原で関根に「叛かれ」、本多の地盤も山瀬に「掻き廻された」星野ではなく、成島が当選するという。対する政友会は「最初の予定は本多、鈴木隆氏の地盤をその儘そつくり継ぐ筈だつたが物事はさう巧く行かぬ」と述べ、成島の当選と星野の次点を予測した。総じて成島の当選が予想されていた。

総選挙結果一覧

6位：星野懿吉（政友会）		7位：臼井荘一（無所属）		8位：大澤中（無所属）		9位：山瀬俊（無所属）	
330	4.4%	1252	26.9%	281	13.4%	546	75.1%
267	3.6%	2172	46.7%	1280	61.0%	19	2.6%
83	1.1%	637	13.7%	378	18.0%	63	8.7%
4,991	67.1%	311	6.7%	69	3.3%	71	9.8%
1,768	23.8%	256	5.5%	87	4.1%	28	3.9%
7,439	100.0%	4,648	100.0%	2,097	100.0%	727	100.0%

表5－11は、選挙結果をまとめたものである。投票率七三・七％（全国七一・四％）、棄権率二四・三％（全国二六・三％）で過去の最低記録を更新する中、予想通り、現職三人に加えて、最後の一席は新人成島が獲得した。特に成島は「本多氏の空家を楽々手に入れ[213]」ただけでなく、「非公認だつたので苦戦だつた、〝土地ッ子〟と云ふ関係で無名の多数の人々からお守りや陣中見舞、激励の書状、電報等[214]」と報じられたように、東葛飾郡という地域そのものを支持基盤にし、国政転身に成功したのである。この他、「先代実父巍一郎氏の世話になつた家の子郎党」、「父の遺業をつぐ夫のために、一日数か所づつ演説会をかけめぐり、雨の日はゴム長で堂々めぐり、有権者に苦衷を訴」えた憲子夫人もまた、成島の支持基盤として機能しており[215]、総選挙での候補者夫人の存在意義の高さも注目に値する。その成島は「皆さんに公報や演説会で述べたやうに、郷土有権者の声をきき、問はんとする所を問ひ、あくまで農山漁村民の手足となつて働きたひと思ふ」と抱負を述べ、農村代議士としての一歩を踏み出したといえよう。この他、政友会千葉県支部が本多後継として擁立したはずの星野が七、四三九票しか獲得できず、六位

表5－11　1937年第20回

	1位：多田満長（民政党）		2位：篠原陸朗（民政党）		3位：成島勇（民政党）		4位：川島正次郎（政友会）		5位：富田照（無所属）	
東葛飾郡	1,763	7.5%	8,899	48.0%	16,215	94.1%	9,462	68.0%	662	7.5%
千葉市	1,300	5.6%	3,389	18.3%	261	1.5%	1,719	12.3%	183	2.1%
千葉郡	854	3.7%	2,990	16.1%	406	2.4%	3,223	23.2%	227	2.6%
市原郡	4,645	19.9%	1,910	10.3%	73	0.4%	670	4.8%	532	6.0%
君津郡	14,789	63.3%	1,143	6.2%	74	0.4%	826	5.9%	7,275	81.9%
全体	23,371	100.0%	18,533	100.0%	17,231	100.0%	13,920	100.0%	8,881	100.0%

出典：『第20回衆議院議員総選挙一覧』（衆議院事務局）より作成。
注：東葛飾郡の中には、市川市（1934年市制施行）および船橋市（1937年市政施行）を含む。

落選したことも忘れてはならない。県支部主導で擁立した候補者の落選は、千葉県第一区の有権者、特に東葛飾郡の有権者の投票基準が政党よりも候補者個人にあった証左ではないだろうか。かつての本多の支持基盤は、彼の所属していた政友会県支部の決定に従わず、その多くが星野以外の候補者に投票したのである。

今回の総選挙の結果を全国規模で見た場合、昭和会（二〇議席→一八議席）と国民同盟（一五議席→一一議席）が議席を減らした反面、社会大衆党が三六議席を獲得しており、有権者の同党への期待は大きかったといえよう。坂野潤治はこれを諸政治勢力の「小キザミ」化と表現したが、この中からどの勢力が抜け出すのか、いわば日本政治は岐路に立たされていた。これを見た川島は、国民同盟と昭和会の議席減を「時局に藉口する便乗者に痛棒を加へた国民的意思の現はれ」と捉えるとともに、社会大衆党の躍進にも冷淡な態度を取った。川島が多党連立政権をイメージしていたことは前述したが、そこには国民同盟・昭和会・社会大衆党が入っていなかった。推測だが、川島の多党制連立政権論は、あくまでも政民両党と提携可能な範囲内、もしくは両党主導が可能な範囲内の域にあったといえよう。

選挙結果の分析のため、まずは得票率を見よう。表5－11のように、成島は東葛飾郡から総得票数の九四・一％相当の票を集め、この地の得票だけで当選した。表5－5と比較すると、東葛飾郡から川島が減らした九七一票、篠原が減らした五、五三四票、多田が減らした二、三二一票、亡くなった本多の八、八七一票の合計一万七、六九七票のうち、約九二％（一万六、二一五票）が成島に流れたことになる。政友会県支部が擁立した星野には、わずか三三〇票しか流れていない。有権者は、星野を本多後継候補として全く認識していなかった。繰り返しになるが、東葛飾郡の有権者が政党よりも候補者個人を基準に投票していたことは確かであった。

政友会の場合、川島は千葉市を除き、全体的に大きく票を減らした。川島は第四章で示したように、二つの後援会(君津郡および千葉郡)を持っていたはずだが、両地域での票の減少を見ると、後援会の存在は疑わしい。また星野は、地盤市原郡で四、九九一票を集めた。第一節で示した一九三六年県会議員選挙の時、星野の四、〇八七票を踏まえると、彼は地盤の票を手堅くまとめるとともに、票の上積みにも成功した。また星野の君津郡票は、表5－5での本多得票数とほぼ同数であった。推測だが、君津郡の本多支持の有権者は星野に投票したのかもしれない。したがって星野落選の最大要因は、前述のように、東葛飾郡で票が集められないことにあった。

続けて表5－12を見よう。ここからは、次の四点を指摘したい。第一は川島の場合、四四％の得票率の行徳町以外、他候補者を凌ぐ地域がない。逆にいえば、成島が東葛飾郡全得票数の四〇・七％を獲得するなか、行徳町だけが変化の波に耐え、川島を支え続けたのである。この他、川島の地盤であった八栄村は、船橋市誕生(一九三七年四月一日)による編入のため、同村単独の得票率が分からない。ただ船橋市全体の得票率が二八・八％であることから、川島は一定程度の支持を調達していたと考えられる。また地域的に見ると、農村部町村の得票率が低く、沿岸部町村の得票率が高い。前回総選挙と異なり、市場団体関係の推薦は見られない中、川島が個別に漁業関係を支持基盤に組み込もうとしたことは前述したが、それはある程度の成果をもたらしたのであろう。

第二は篠原の場合、一桁台の得票率の町村が非常に多い。成島が東葛飾郡農村部の票の多くを集めてしまい、その分、篠原の得票数が減少したと考えられる。この傾向は、成島の地元富勢村およびその周辺町村で顕著であった。篠原は減少分を川島同様、船橋市や市川市などの沿岸部町村で補ったといえよう。

第三は成島の場合、本多の死後、本来であれば、川島や星野に流れるはずの票を手にしたことである。旧本多支持

表 5 - 12　1937 年第 20 回総選挙での候補者別東葛飾郡各町村得票数および得票率一覧

町村名	投票総数	川島		篠原		成島		多田	
		得票数	得票率（%）	得票数	得票率（%）	得票数	得票率（%）	得票数	得票率（%）
船橋市	5,883	1,693	28.8	2,046	34.8	1,025	17.4	273	4.6
浦安町	1,593	333	20.9	390	24.5	137	8.6	619	38.9
行徳町	1,331	586	44.0	352	26.4	191	14.4	116	8.7
南行徳村	750	249	33.2	298	39.7	49	6.5	123	16.4
市川市	5,534	1,480	26.7	2,246	40.6	510	9.2	333	6.0
大柏村	408	152	37.3	61	15.0	175	42.9	3	0.7
鎌ヶ谷村	536	112	20.9	103	19.2	293	54.7	5	0.9
松戸町	2,713	789	29.1	639	23.6	1,065	39.3	91	3.4
八柱村	487	127	26.1	68	14.0	268	55.0	4	0.8
高木村	606	141	23.3	106	17.5	346	57.1	5	0.8
馬橋村	583	85	14.6	106	18.2	375	64.3	3	0.5
小金町	656	94	14.3	114	17.4	403	61.4	8	1.2
流山町	909	132	14.5	231	25.4	304	33.4	7	0.8
八木村	559	55	9.8	60	10.7	433	77.5	1	0.2
新川村	624	84	13.5	72	11.5	433	69.4	13	2.1
田中村	920	92	10.0	52	5.7	763	82.9	1	0.1
柏町	1,478	98	6.6	168	11.4	1,160	78.5	14	0.9
風早村	690	111	16.1	68	9.9	485	70.3	6	0.9
土村	568	53	9.3	39	6.9	444	78.2	2	0.4
手賀村	834	136	16.3	65	7.8	500	60.0	3	0.4
富勢村	711	9	1.3	6	0.8	694	97.6	2	0.3
我孫子町	962	85	8.8	63	6.5	675	70.2	29	3.0
湖北村	621	77	12.4	35	5.6	464	74.7	3	0.5
布佐町	522	86	16.5	119	22.8	251	48.1	3	0.6
旭村	701	214	30.5	53	7.6	406	57.9	5	0.7
野田町	3,638	1,211	33.3	772	21.2	1,433	39.4	49	1.3
梅郷村	672	171	25.4	94	14.0	388	57.7	3	0.4
福田村	696	137	19.7	36	5.2	510	73.3	3	0.4
七福村	383	136	35.5	66	17.2	181	47.3	3	0.8
川間村	863	185	21.4	110	12.7	531	61.5	6	0.7
木間ヶ瀬村	700	199	28.4	48	6.9	425	60.7	4	0.6
二川村	854	228	26.7	80	9.4	507	59.4	5	0.6
関宿町	469	122	26.0	109	23.2	216	46.1	8	1.7
合計	39,454	9,462	24.0	8,875	22.5	16,040	40.7	1,753	4.4

出典：『第 20 回衆議院議員総選挙一覧』（衆議院事務局）より作成。

表5－13　1937年第20回総選挙での選挙費用内訳

		成島		川島		篠原	
		費用	割合（%）	費用	割合（%）	費用	割合（%）
報酬	労務者	297	4.7	446	6.2	475	8.0
家屋費	選挙事務所	53	0.8	100	1.4	71	1.2
	集会会場	670	10.6	840	11.6	628	10.6
通信費		926	14.6	790	10.9	809	13.6
船車馬費		1,246	19.6	1,062	14.7	1,002	16.9
印刷費		2,382	37.5	2,831	39.1	2,394	40.3
広告費		214	3.4	65	0.9	172	2.9
筆墨紙費		33	0.5	39	0.5	8	0.1
休泊費		251	4.0	284	3.9	89	1.5
飲食物費		186	2.9	290	4.0	52	0.9
雑費		89	1.4	501	6.9	238	4.0
合計		6,347	100.0	7,248	100.0	5,938	100.0

出典：『千葉県報』号外（1937年5月20日付）より作成。
注：単位は円で、銭および厘は切り捨てた。

層は、長年の対立関係にある川島への投票を忌避するだけでなく、政友会県支部の擁立した星野を認めなかったと考えられる。本多の死は政友会に利することなく、成島という民政党候補（ただし非公認）を国政の場に押し上げる原動力として作用したのである。やはりこの地域の有権者は、候補者個人に投票基準を求めていたのである。

　第四は地盤協定だが、今回の総選挙ではそれを読み取れるような新聞報道が全くなかった。これは、戦前期普選の千葉県第一区では初めてのことである。推測だが、政友会の鈴木隆が立候補できず、本多も死んだことで、川島が地盤協定を結ばなければならない競争者がいなくなったためと考えられる。また民政党の場合、今までの川島と本多の関係のように、また前述の民政党県支部内の対立を見る限り、地盤の重複する篠原と成島が地盤協定を締結することは難しいのではないだろうか。鈴木および本多の退場に加えて、成島の立候補は、それまでの第一区の選挙状況を一変させたのであった。

　次に選挙費用の一端を見よう。県知事に報告する数字のため、実態とは齟齬があろうが、どの項目に重点が置かれていたかを読み取れる。表5－13からは、次の三点を指摘したい。第一は、引き続き三候補者とも印刷費に全費用の三分の一を充てたことである。これは、前述の印刷物（推薦状や投票依頼葉書）の存在と合致する。第二は、引き続き三候補者とも印刷費に次いで、船車馬費の割合が増加傾向を示したことである。これは、前述の演説会の開催場所の拡大と合致する。第三は、三候補者の二桁の費用割合項目が共通するようになったことである（集会費・通信費・

船車馬費・印刷費）。多少のズレはあるにしても、多様な地域で数多く開催される演説会、大量の印刷物を多くの有権者に郵送する印刷物、この二つが当選に必要不可欠なツールであった。

最後に選挙違反だが、前掲「選挙犯罪調」[218]を見ると、千葉県の場合、買収利益誘導四八件二八八人、ブローカー犯罪四件七人、戸別訪問個々面接二三件二九人、無届運動七件九人、選挙妨害五件五人、関係官公吏の選挙運動九件九人、不正投票二件二人の合計九九件三四九人で、前回総選挙の一三七件六六五人よりは減少した。しかし買収利益誘導が占める割合は前回四三％なのに対し、今回は四八％とわずかながら増加した。前回総選挙と同様、選挙粛正であっても、買収や利益誘導は根絶されなかった。しかも全国犯罪件数四、四六一件（全国平均九四件）を踏まえると、千葉県の選挙犯罪件数は全国平均を上回っており、他府県ほどに選挙粛正が機能していたわけではなかった。

個別のケースを見ると、星野陣営の選挙違反が多い。買収金額の最安値は五〇銭、最高値は二円で、やはり対象者は地方議員や自営業者が多い[219]。ただしブローカーは買収資金を中抜きしており、例えば藤代吉郎（前牛久町長の義弟）は海苔問屋の渡辺文吉（新宿区長）に二〇円、魚問屋の小川権九に四〇円を渡したものの、小川は本町の魚商である植木松太郎に二円、清川村長で魚商の渡辺幸吉に五〇銭を渡しただけで、残りは着服していた[220]。ここからは、選挙に出馬した候補者という馬に群がり、私服を肥やしたブローカーの存在を読み取れる。

この他、本多後継を自称した山瀬俊の陣営の買収も顕著で、選挙事務長の江口七（手賀村会議員）は一〇〇円をばら撒いたという[221]。江口は表４‐４の通り、本多後援会手賀村分会の主幹者を務めていた。江口が山瀬陣営の事務長であった事実は、旧本多派が政友会県支部の擁立した星野を支援していなかったこと、地盤と政党を同じくする川島を支援していなかったことを意味する。繰り返しになるが、東葛飾郡の有権者は、やはり政党よりも候補者に投票基準を求めていたのである。

小括

本章での分析の結果、以下の三点が確認できた。

第一は、政党政治期同様、立候補や選挙運動が候補者主体で展開されており、政党の影響力が限定的だった点である。これを端的に象徴する事例が、一九三七年第二〇回総選挙での候補者擁立過程に他ならない。政友会の場合、死去した本多貞次郎の後継候補として、県支部が彼の系列下ではない星野懿吉を擁立したものの、本多の支持基盤の協力が得られず、惨敗してしまった。一方、本多の死を好機と捉えた民政党の場合、県支部主導で県会議員の成島勇を擁立したものの、実は支部は一枚岩でなかった。具体的には支部長の土屋清三郎は成島の立候補に反対しており、成島は支部が擁立した候補者であったにもかかわらず、民政党本部から公認が得られなかった。換言すれば、政民両党とも、支部の決定事項では地域や代議士を縛りきれなかったといえよう。

第二は、政党政治期同様、選挙粛正でも、依然として地方議員は買収を繰り広げており、候補者の集票回路として機能していた点である。選挙粛正では買収を根絶させることができず、候補者の集票回路の実態は継続性が高かった。

第三は、選挙粛正期の二つの総選挙での川島の支持基盤を見た場合、変化が見られた点である。すなわち一九三七年第二〇回総選挙になると、それまであった市場団体関係の公的な支持が確認できない。だからこそ川島は個別に漁業関係組合の事務所で演説会を開催し、その支持基盤化に取り組んだのであろう。川島は、自らの力で支持基盤を構築しようとしていたのである。また千葉郡と君津郡の得票状況が悪化することから、これらの地域で存在したはずの後援会の機能不全、もしくは解散の可能性が考えられる。以上を踏まえると、川島の支持基盤が動揺していたのではないだろうか。だからこそ第六章で示すように、非推薦候補ということもあろうが、川島は次回総選挙で最も苦戦を強いられるのである。

注

(1) 粟屋憲太郎『昭和の歴史⑥　昭和の政党』(小学館ライブラリー、一九九四年)三三一～三三二頁。
(2) 波田永実「東京市における町内会と政党—選挙粛正運動から翼賛体制へ・豊島区を例にして—」(『生活と文化』第一〇号、豊島区立郷土資料、一九九六年)は東京市を事例とした研究で、選挙粛正運動期には政党と町内会の強固な関係が大きく崩されず、部落会や町内会が選挙の集票に当たっていたことを明らかにした。千葉県の場合も同様の傾向が予想されるが、残念ながら、管見では、それを示す史料が見られなかった。したがって本章では、部落会や町内会が登場しない。また官田光史『戦時期日本の翼賛政治』(吉川弘文館、二〇一六年)五三頁によると、選挙粛正運動の下、政民両党が政権担当の正当性の担保を試みるなか、大部分の議席を獲得したことで、国民からの信頼回復を認識したという。この意識は地方レベルでも共有されており、例えば『千葉県の歴史通史編　近現代二』(千葉県、二〇〇六年)二五三頁(池田順執筆)によると、政友会と民政党の両党は、石原雅二郎知事(一九三四年一〇月三〇日～一九三七年七月七日)の時代に展開された選挙粛正運動に協力することで、国民からの信頼回復を目指したとする。
(3) 一九三三年「政友会系統別」(岡山県立記録資料館〈国立国会図書館憲政資料室蔵〉『松本学関係文書』R一三)。
(4) 「政友会議員の系統調」(『民政』第二五六号、一九三五年)九〇頁。
(5) 以下、『東朝』一九三二年一二月二二日千葉版。
(6) 帝国議会会議録検索システム「営業収益税法中改正法律案委員会議録　第六回　昭和一〇年三月一三日」一四頁。
(7) 帝国議会会議録検索システム「衛生組合法案外四件委員会議録　第二回　昭和一〇年二月二一日」六頁。
(8) 『東朝』一九三五年一月一二日千葉版。
(9) 『東日』一九三五年四月一三日千葉版。ただし最終的に川島は京成電鉄に取り込まれたようで、反対派を離れた(『房日』一九三五年四月一八日)。
(10) 以下、『房総』一九三五年六月一六日。
(11) 林政春『川島正次郎』(花園通信社、一九七一年)一八一頁。
(12) 『読売』一九三六年一月二一日千葉版。
(13) 以下、前掲林『川島正次郎』一七四～一七五頁。
(14) 『東朝』一九三五年九月一〇日房総版。
(15) 『房日』一九三四年一〇月九日。

(16) 山本四郎校訂『立憲政友会史　補訂版』第八巻（日本図書センター、一九九〇年）一七四頁・三五〇頁。
(17) 『東朝』一九三二年九月八日房総版。
(18) 『読売』一九三三年五月四日千葉版。
(19) 県営水道問題の政治過程に関しては、池田宏樹『大正・昭和期の地方政治と社会』（彩流社、二〇一四年）一四九～一五三頁が詳しい。
(20) 為国孝敏・榛澤芳雄・佐藤文彦「戦前期における京成電気軌道の経営施策と地域との関わりについての一考察」（『土木史研究』第一五号、一九九五年）二〇一頁。
(21) 前掲『千葉県の歴史通史編　近現代二』三三六～三四七頁（小川信雄執筆）に詳しい。特に東京電力千葉支社から京成電鉄への区域内電気事業譲渡に関しては、許認可権を持つ逓信大臣が本多の派閥領袖床次竹二郎であることから、本多は県庁を訪問し、警察部長・経済部長・総務部長を「口説き」、最後に石原知事に面会「陳情」し、認可申請書に添付する県の副申書を得ようとしたが（『房総』一九三五年三月九日）、県民世論は反対に傾いており、知事は回答を保留した（『東日』一九三五年五月三日千葉版）。しかし床次は認可に舵を切り（『房総』一九三五年七月七日）、千葉市会議員の臼井荘一ら五名が床次大臣に面会して「膝詰談判」を行うなど、混乱していた。この問題は後述する床次の死により、譲渡申請不認可で終わった（『読売』一九三五年九月一〇日千葉版）。不認可決定が床次の死後二日であることから、省内は反対の中、床次が独断で進めていたと考えられる。
(22) 『東朝』一九三二年四月一三日房総版。
(23) 『東朝』一九三二年四月一四日房総版。
(24) 本多死後も京成電鉄は多様な事業展開に取り組むが、『京成電鉄の世界』（交通新聞社、二〇一五年）八四頁によると、タクシー部門にも進出したことが分かる。
(25) 『東朝』一九三四年一二月八日千葉版。なお当初は本多が初代市長に擬せられていたが（『東日』一九三四年一一月二七日千葉版）、市川市政の政友会化の観点から、反対の雰囲気が強く、超党派団体「市民会」が結成された（『東朝』一九三四年一一月二九日千葉版）。また民政党系市会議員は「輸入」候補の擁立を唱えて本多の市長就任に反対するなど（『読売』一九三四年一二月四日千葉版）、事態は紛糾していた。
(26) 『房総』一九三三年六月二日。
(27) 『千毎』一九三三年六月三日。
(28) 前田蓮山編『床次竹二郎伝』（床次竹二郎伝記刊行会、一九三九年）一一〇八頁。

(29)『東日』一九三五年九月一〇日千葉版。
(30)以下、『房総』一九三三年八月一三日。
(31)『野田』一九三三年一一月二〇日。
(32)季武嘉也「大正期の海外渡航」（『近代日本研究〈慶應義塾福澤研究センター〉』第二九号、二〇一二年）一〇八頁は、一八七六～一九三四年の目的別旅券下付人員数をまとめている。
(33)この他、商工省の嘱託としてオランダ領インド、南米、オーストリアの経済情勢の視察（『房総』一九三五年五月二四日）、台湾総督府の嘱託も務めた（『野田』一九三六年二月一五日）。
(34)『野田』一九三六年二月一五日（野田市郷土資料館蔵『染谷静男家文書』B－〇一四－一九）。
(35)『読売』一九三五年九月三日千葉版。
(36)『東朝』一九三六年一月二一日千葉版。
(37)『東朝』一九三六年二月一日千葉版。
(38)以下、『東日』一九三五年一二月二八日千葉版。
(39)「河村源内宛松本栄一書状」（我孫子市教育委員会蔵『河村貞喜家文書』四七三）。
(40)『東日』一九三五年一二月二八日千葉版。
(41)『東朝』一九三五年一二月二八日千葉版は、本多の篠原への警戒心を報じている。
(42)『東日』一九三五年一二月二四日および二六日千葉版、『読売』一九三五年一二月二七日千葉版。
(43)『東日』一九三五年一二月二四日千葉版。
(44)『読売』一九三五年一二月二七日および『房日』一九三六年一月八日。
(45)『東日』一九三五年一二月二四日千葉版。
(46)『東日』一九三五年一二月二六日千葉版。
(47)『東朝』一九三六年一月七日千葉版。
(48)『東日』一九三六年一月一一日千葉版。
(49)『東朝』一九三五年一二月二八日千葉版。
(50)『東日』一九三五年一二月二一日および二八日千葉版。
(51)『東朝』一九三六年一月一〇日千葉版。

(52)『東朝』一九三六年一月一〇日千葉版および『東日』一九三六年一月一一日千葉版。
(53) 成島が有権者に送付した「立候補挨拶状」には、「筆舌の自由と農業に関する専門的知識の幾分を備ふる」とある(「河村源内宛成島勇書状」前掲『河村貞喜家文書』四六七)。第六章で示すように、彼は農村代議士と呼ばれるようになるが、今回の県会議員選挙からはその予兆を読み取れる。
(54)『東日』一九三六年一月二二日千葉版。
(55)『東朝』一九三六年一月二九日付千葉版。
(56) 石井進・宇野俊一『千葉県の歴史』(山川出版社、二〇〇〇年)三一二頁(宇野俊一執筆)。
(57) 内務省情報課「昭和一七年四月三〇日施行第二十一回衆議院議員総選挙関係綴」(国立国会図書館憲政資料室蔵『旧陸海軍文書』R二一四)。
(58)『読売』一九三六年一月二四日千葉版。
(59)『読売』一九三六年一月二六日千葉版。
(60)『読売』一九三六年二月一八日千葉版。同紙によると、この金額は県会議員選挙での標準だったという。
(61) 後藤文夫に関しては、中村宗悦『後藤文夫―人格の統制から国会社会の統制へ―』(日本経済評論社、二〇〇八年)が詳しい。また岡田啓介・岡田貞寛編『岡田啓介回顧録』(中央公論社、二〇一五年改版)一五三～一五四頁によると、岡田は「選挙粛正運動も政府が先頭に立って盛んにやった」と回想し、民政党の選挙資金を「援助」したという。
(62)『東朝』一九三六年一月二九日千葉版。
(63)『読売』一九三五年一二月一五日千葉版。
(64)『読売』一九三六年一月二九日千葉版。
(65)『千毎』一九三六年一月三〇日。
(66)『読売』一九三六年一月三〇日千葉版。
(67)『東朝』一九三六年二月四日千葉版。
(68) 黒川鍋太郎『川口先生悲吟帖』(千葉公報社、一九六八年)二〇四頁。
(69) 前掲黒川『川口先生悲吟帖』二〇四頁。
(70) 前掲黒川『川口先生悲吟帖』二三六頁。
(71) 川島正次郎「かけがえのない友人」(『川口為之助先生を偲ぶ』川口為之助先生寿造建設委員会、一九六二年)一六七頁。

(72)「河村源内宛本多貞次郎書状」(前掲『河村貞喜家文書』四七六)。
(73)『野田』一九三六年二月一五日(前掲『染谷静男家文書』B－〇一四－一九)。
(74)以下、『東朝』一九三六年一月二三日千葉版。
(75)『房総』一九三六年一月二四日。
(76)「衆議院議員候補者篠原陸朗氏の立候補挨拶」(前掲『河村貞喜家文書』四九〇)。
(77)『東朝』一九三六年二月四日千葉版。
(78)『東朝』一九三六年一月三一日千葉版。
(79)『読売』一九三六年二月一三日千葉版。
(80)以下、「海軍参与官時代の川島正次郎ビラ」(前掲『染谷静男家文書』B－〇一四－二三)。
(81)『野田』一九三六年二月一五日。
(82)「一九三六年一月染谷亮作宛川島正次郎推薦状」(前掲『染谷静男家文書』B－〇一四－二二)。
(83)『東朝』一九三六年二月二日千葉版。
(84)『読売』一九三六年二月七日千葉版。
(85)『東日』一九三〇年一月二九日および一九三二年二月二日千葉版。
(86)以下、『読売』一九三六年二月五日千葉版。
(87)「河村源内宛篠原陸朗書状」(前掲『河村貞喜家文書』四八六)。なお、ここには、民政党(町田忠治・若槻礼次郎・小泉又次郎・櫻内幸雄・永井柳太郎・川崎卓吉ら連名)からの推薦状が同封されている。
(88)「河村貞喜宛野口善一郎書状」(前掲『河村貞喜家文書』四八四)。
(89)『市川市政要覧』(房総日日新聞社　一九三五年)一〇六頁。
(90)『東朝』一九三六年二月四日千葉版。
(91)杣正夫『日本選挙制度史―普通選挙法から公職選挙法まで―』(九州大学出版会、一九八六年)一〇〇頁によると、この改正趣旨と内容は現行の公職選挙法に受け継がれたという。
(92)『読売』一九三六年二月一一日千葉版。
(93)『東朝』一九三六年二月七日千葉版。
(94)「衆議院議員選挙公報」(前掲『染谷静男家文書』B－〇一四－三一)。

(95) 島田俊雄『兵農両全主義の新意義』(安久社、一九三六年)一一頁。なお本書の表紙には、「今回の選挙戦に際し各地同士の応援の為めにせる財政演説の卑稿である」と記されていることから、一定程度、政友会全体の経済政策を代表するものと考えられる。
(96) 『読売』一九三六年二月六日千葉版。
(97) 『読売』一九三六年二月七日千葉版。
(98) 『東朝』一九三六年二月一九日千葉版。
(99) 『東朝』一九三六年二月四日千葉版。
(100) 有竹修二『前田米蔵伝』(前田米蔵伝記刊行会、一九六一年)五二九~五三〇頁。
(101) 『千毎』一九三二年二月五日。
(102) 『東朝』一九三六年二月一九日千葉版。
(103) 『東朝』一九三六年二月一一・一二・一六・一八日千葉版。
(104) 『野田』一九三六年二月一五日。
(105) 『東日』一九三六年二月一九日千葉版。
(106) 小畑伸一『政界一寸先は闇―ある川島担当記者の手記―』(黄帆社、一九七二年)一七四頁によると、川島は当選後、赤坂芸者の政子(三一歳)と再婚し、生涯の伴侶を得た。
(107) 『東日』一九三六年二月二五日千葉版。
(108) 『東日』一九三六年二月二五日千葉版。
(109) 『東朝』一九三六年二月二三日千葉版。
(110) 前掲川島「かけがえのない友人」一六八頁。川島によると、川口はその資金を川島のために使ったと回想した。
(111) 『東日』一九三六年二月二五日千葉版。
(112) 『房総』一九三六年二月二二日。
(113) この他、最下位落選の高原正高がいた。彼は第二章で示した一九二八年一月県会議員選挙の際、東葛飾郡選挙区から川島の支援で立候補したものの、九八九票で落選した。高原は、第一節で論じた一月の県会議員選挙でも東葛飾郡選挙区から立候補したものの、落選した。
(114) 『東朝』一九三六年一月二五日千葉版。
(115) 『東朝』一九三六年二月一八日千葉版。

(116)『東朝』一九三六年二月一五日千葉版。
(117)『読売』一九三六年二月二一日千葉版。
(118)川人貞史『日本の政党政治一八九〇～一九三七年―議会分析と選挙の数量分析―』(東京大学出版会、一九九二年)。
(119)山室建徳「昭和戦前期総選挙の二つの見方」(『日本歴史』第五四四号、一九九三年)。
(120)『東朝』一九三六年二月二一日千葉版。
(121)『東朝』一九三六年二月一八日千葉版。
(122)浅野和生「戦前選挙における町村単位の集団投票―第十六回～二十回総選挙における熊本一区の投票結果の分析―」・「戦前期における地方選出代議士の選挙区での活動」・「戦前期熊本における中央型政治家と地方型政治家」(大麻唯男伝記研究会編『大麻唯男　論文編』財団法人櫻田会、一九九六年)。
(123)『東朝』一九三六年一月二二日千葉版。
(124)『東朝』一九三六年二月一八日千葉版。
(125)以下、升味準之輔『日本政党史論』第六巻(東京大学出版会、一九八〇年)二六四～二六七頁。
(126)これに関しては、松村謙三『三代回顧録』(東洋経済新報社、一九六四年)一〇八～一〇九頁も同様に指摘している。
(127)前掲『岡田啓介回顧録』一五三頁によると、岡田啓介首相の秘書官の迫水久常は、岡田が「知らん顔」をする中、麻生久(東京府第五区)の下を訪れ、社会大衆党に選挙費用を提供したという。
(128)前掲「昭和一七年四月三〇日施行第二十一回衆議院議員総選挙関係綴」。
(129)前掲『千葉県の歴史通史編　近現代二』二六五頁(池田順執筆)。
(130)以下、『読売』一九三六年二月一八日千葉版。
(131)『読売』一九三五年七月六日千葉版。
(132)『読売』一九三六年三月一日千葉版。
(133)『読売』一九三六年三月一一日千葉版。
(134)『読売』一九三六年三月一日千葉版。
(135)『東日』一九三六年六月七日千葉版。
(136)『東日』一九三六年三月七日千葉版。
(137)『読売』一九三六年三月一四日千葉版。

(138) 『野田』一九三〇年二月一日。
(139) 『読売』一九三六年三月二一日千葉版。なお二月七日、鼈島は麻布区飯倉片町で鈴木から一、五〇〇円を渡され、買収を依頼された(『房総』一九三六年四月二四日)。これを受けて、鼈島は支部長の本多および地盤を提供してくれた川口為之助に面会し、辞職を願い出た(『東朝』一九三六年四月二八日千葉版)。
(140) 『読売』一九三六年三月一九日。なお鈴木が柳澤に五〇〇円を三回、合計一、五〇〇円を手渡した。一回目は一九三五年一二月二四日、柳澤の立候補に対する陣中見舞として五〇〇円。二回目は一九三六年一月初旬、この五〇〇円を返すために東京市麻布区の鈴木の邸宅を訪ねた時、それを受け取らずにさらに五〇〇円。三回目は二月二三日、五〇〇円を受け取った(以上、『読売』一九三六年五月三〇日千葉版)。
(141) 『読売』一九三六年三月二五日千葉版。
(142) 『読売』一九三六年四月一九日千葉版。
(143) 『読売』一九三六年八月一九日千葉版。
(144) 『房総』一九三六年一二月一六日。
(145) 季武嘉也『選挙違反の歴史―ウラからみた日本の百年―』(吉川弘文館、二〇〇七年)一五二頁。
(146) 江口圭一「第三三代　林内閣」(林茂・辻清明編『日本内閣史録』第三巻(第一法規、一九八一年)四三八頁。
(147) 前掲『立憲政友会史　補訂版』第八巻四四五頁。
(148) 帝国議会会議録検索システム「軍事救護法中改正法律案外一件委員会議録　第一回　昭和十二年二月二十六日」一頁。
(149) 『房総』一九三五年一月一日。
(150) 『房総』一九三七年一月二三日。
(151) 以下、『東朝』一九三六年一二月六日千葉版。
(152) 『房総』一九三六年一二月一七日および一九日。
(153) 『千毎』一九三七年二月二八日。なお二月二七日、衆議院本会議の会議冒頭、かつて民政党として党を同じくした多田が五分間の哀悼演説に立った(『東日』一九三七年二月二八日千葉版)。
(154) 『読売』一九三七年二月二七日千葉版、『房総』一九三七年四月三日、『日新時報』一九三七年四月五日(前掲『染谷静男家文書』A-二〇四-〇三)。
(155) 『東日』一九三六年一二月二〇日千葉版および『東朝』一九三七年一月一三日千葉版。

(156) 前掲「政友会議員の系統調」八七〜八八頁。
(157) 『東朝』一九三七年一月一三日千葉版。
(158) 『千毎』一九三七年一月一七日。
(159) 『房総』一九三七年一月一七日。
(160) 『東日』一九三七年四月三日千葉版。
(161) 『房総』一九三七年四月六日。
(162) 前掲「政友会議員の系統調」八九頁。
(163) 『東日』一九三七年四月六日。
(164) 『東朝』一九三七年四月六日千葉版。
(165) 『房総』一九三七年四月九日。
(166) 篠原陸朗「満、蘇、蒙の国境と北支遊記」(『民政』第一〇巻八号、一九三六年八月)六四〜六七頁。
(167) 『房総』一九三七年三月一四日。
(168) 帝国議会会議録検索システム「アルコール専売法案委員会議録　第九回　昭和一二年三月二〇日」八頁。
(169) 『東日』一九三七年四月二七日千葉版。
(170) 前掲『市川市政要覧』一〇三頁。
(171) 『房総』一九三七年四月三日。
(172) 以下、『房総』一九三七年四月九日。
(173) 『千毎』一九三七年四月九日によると、川島の公認はすでに四月七日に決定していた。また『政友』第四四〇号（一九三八年）八頁を見ても、川島と星野に党本部から公認が出たことを確認できる。
(174) 以下、『房総』一九三七年四月一三日。
(175) 「河村源内宛山瀬俊書状」(前掲『河村貞喜家文書』五二三)。
(176) 『千葉日日』一九三七年四月二〇日。
(177) 『千毎』一九三七年四月二〇日。なお『東日』一九三七年四月一八日および『東朝』一九三七年四月二〇日千葉版も、同様に報じている。
(178) 「河村源内宛星野懿吉書状」(前掲『河村貞喜家文書』五一九)。

(179)『東朝』一九三七年五月四日千葉版。
(180)『東日』一九三七年四月二五日千葉版。
(181)『朝日』一九五二年九月二〇日千葉版。なお鈴木はこの記事の中で、篠原を支援したが裏切られたとも回想している。記事を見る限り、その内容や当否はわからない。
(182)『千毎』一九三七年四月六日。
(183)『房総』一九三六年一一月六日および『東朝』一九三七年四月六日千葉版。
(184)『読売』一九三六年五月一〇日千葉版。
(185)以下、『東朝』一九三七年五月二日千葉版。
(186)「一九三七年四月一〇日付染谷亮作宛成島勇書簡」(前掲『染谷静男家文書』A－二〇四－〇二)。
(187)「染谷亮作宛成島勇書状」(前掲『染谷静男家文書』A－二〇四－〇六)。
(188)『東日』一九三七年四月二〇日千葉版。
(189)『日新時報』一九三七年四月五日(前掲『染谷静男家文書』A－二〇四－〇三)。
(190)『東日』一九三七年四月二〇日千葉版。
(191)以下、『東朝』一九三七年四月一八日千葉版。
(192)前掲『染谷静男家文書』A－二〇四－〇五。
(193)『野田』一九三七年四月一〇日。
(194)「河村貞喜宛土屋清三郎葉書」(前掲『河村貞喜家文書』五二〇)。
(195)『千葉日日』一九三七年四月一〇日。
(196)『東日』一九三七年四月二〇日。
(197)『東朝』一九三七年四月二五日千葉版。
(198)「染谷亮作宛篠原立候補挨拶状」(前掲『染谷静男家文書』A－二〇四－〇九)。
(199)「河村源内宛町田忠治高田耕平葉書」(前掲『河村貞喜家文書』五二七)。
(200)「河村源内宛永井柳太郎葉書」(前掲『河村貞喜家文書』五二八)。
(201)「河村貞七宛成島勇書状」(前掲『河村貞喜家文書』五三八)。
(202)『東朝』一九三七年五月二日千葉版。

(203)「河村源内宛野口善一郎書状」（前掲『河村貞喜家文書』五三九）。
(204)『東日』一九三七年四月一一日千葉版。
(205)篠原のものは「衆議院議員選挙公報千葉県第一区」（前掲『染谷静男家文書』A－二〇四－一四）、成島と川島のものは「衆議院議員選挙公報千葉県第一区」（前掲『河村貞喜家文書』五三〇）。
(206)内務省情報課「昭和一二年四月三〇日施行衆議院議員選挙関係書類綴」（前掲『旧陸海軍文書』R二〇七）。
(207)「川島正次郎演説会ビラ」（前掲『染谷静男家文書』A－二〇四－二九）。
(208)「河村源内宛川島正次郎書状」（前掲『河村貞喜家文書』五四九）。
(209)『読売』一九三七年四月一七日千葉版。
(210)『東朝』一九三七年四月二四日千葉版。
(211)『読売』一九三七年四月三〇日千葉版。なお東京府のみ、内務省情報課が作成した「衆議院議員選挙演説会状況表」（前掲「昭和一二年四月三〇日施行衆議院議員選挙関係書類綴」）が残されていた。警視庁は各候補者の演説回数、入場人数、一会場平均中止数および注意数、注意された応援弁士の発言箇所を把握していた。
(212)以下、『東朝』一九三七年五月一日千葉版。
(213)『東朝』一九三七年五月三日千葉版。
(214)『読売』一九三七年五月二日千葉版。
(215)以下、『東日』一九三七年五月二日千葉版。
(216)坂野潤治『日本近代史』（ちくま新書、二〇一二年）四四一頁。
(217)川島正次郎「戦時選挙風景」（『政友』第四六八号、一九三九年）一〇頁。
(218)前掲「昭和一七年四月三〇日施行第二一回衆議院議員総選挙関係綴」。
(219)以上、『読売』一九三七年五月一一日、『房総』一九三七年五月二七日および三〇日。
(220)『東朝』一九三七年五月一八日千葉版。
(221)『東日』一九三七年五月六日千葉版。

第六章　翼賛選挙の時代(1)

本章では、戦前期普選で最後となる一九四〇年県会議員選挙および一九四二年第二一回総選挙（翼賛選挙）を分析する。これらは、前々回および前回総選挙での選挙粛正という潮流のみならず、戦時体制の進展を受けた既成政党の解散と大政翼賛会の成立の影響を受ける。特に候補者を推薦と非推薦に分けた翼賛選挙は、戦後政治史での総選挙を大きく規定した。したがって本章は、戦後の公職追放期の選挙の前史としても位置づけられよう。

第一節　川島の政治活動

(一)　県支部長就任

前回総選挙の結果、林銑十郎内閣は政権継続を断念し、六月四日、近衛文麿が第一次内閣を組閣した。いわば総選挙が政権交代を促したといえよう。その投票日であった四月三〇日、政友会県支部長の今井健彦（千葉県第二区）は辞表を提出した。そもそも支部長就任時、今井は「選挙終る迄(2)」との条件を出していたようで、選挙の終わりは千葉県政友会の次期支部長問題の始まりを意味した。新聞報道（『房総』一九三七年九月一九日）によると、連続当選五回の川島は、支部長候補の一人として擬せられている。事実、今井の支部長就任は本多死去後の「暫定的」なもので、「実際は川島氏が支部長の立場にあつた」との報道もある。(3)なお、その川島は選挙の疲労から、五月一日、麹町区永田町の事務所で「卒倒」し、三日夕刻には大森の自宅で療養に入った[4]。病名は冷えから来た「腸カタル」で、約三日間、四〇度近い高熱に苦しみ、選挙結果も三日後に聞いたという。

さて、その川島の下に、第三三回列国議会同盟会議（パリ）への派遣依頼が舞い込んできた。民政党の一松定吉（大阪府第一区）を団長として、政友会の宮脇長吉（香川県第一区）と川島、民政党の林平馬（福島県第二区）・中川重春（秋田県第一区）・小山倉之助（宮城県第二区）、社会大衆党の水谷長三郎（京都府第一区）は、八月五日、横浜港から郵船日枝丸で出発した[5]。支部長候補の川島が渡欧したことから、今井は「川島代議士帰朝迄の約束[6]」で支部長に留任した。そして川島帰国後の一月一九日一一時、代議士・県会議員・代議員が加納屋に集まり、支部幹部会を開催した[7]。この場で、在京総務会（県選出代議士の合議）の報告を受け、満場一致で川島を新支部長に決定したのである[8]。

これを受けて、新聞記者の多田勇がシリーズ「第一線に立つ人々[9]」で、川島を特集した。多田によると、川島は政治家としてスタートを切る時、「政友会からまま子扱いにされ」ており、五～六年前なら支部長就任に反対があったという。しかし、この間、川島は代議士として大きく成長したと述べる。その要因として、「選挙にあたつては、常に当選し、若い者の間の人気はやがて第一区に強力な地盤を築き上げ」たことを挙げている。党内主流派を離れ、恵まれた立ち位置ではなかったが、今まで本書で示したように、川島は自らの力で支持基盤を構築し続け、五期連続当選の実績を手にした。この結果、存在感を持つに至ったのである。

ただし川島は支部長を打診された際、「僕は中央に住んで居るので支部長として地方で力を入れる余裕がない、支部長は地方にあつて、地方に於ける政党の拡張に努力する事の出来る人でなければならない[10]」と固辞したという。また川島は次の支部長として岩瀬亮（千葉県第三区）を「予約[11]」したという。升味準之輔の指摘するように、代議士や県会議員が支部組織の改革や支部活動の拡大に関心を持たなかったとするならば[12]、当時の川島も同じであった。おそらく川島は、地元重視というよりも、中央で活躍する代議士を目指していたのであろう。

支部長に就任した川島は、支部役員を指名した。幹事長は、前回総選挙で落選したものの、補欠選挙で県会議員に復帰していた星野懿吉の留任を希望し、「文書で再三の折衝」[13]をした。その結果、幹事長に星野、代議員に川口為之助（元県会議員）・平山成之助（元県会議員）、相談役に花澤房太郎（元県会議員）・藤平量三郎（元県会議員）・君塚角之助（元県会議員）・浮谷権兵衛（元県会議員）・五十嵐荘太郎（元県会議員）・大澤熊五郎（元県会議員）、総務に浜口吉兵衛（貴族院議員）・菅澤重義（貴族院議員）・竹澤太一（元代議士）・鈴木隆（収監中の元代議士）・千葉県選出各代議士、会計監査に松本栄一（東葛飾郡選挙区県会議員）・押元才司（元県会議員）が就任した。[14]

しかし星野は「都合があるので直ちに辞退する旨の返電したら、折返して幹事長の嘱託書のやうなものが来た、元来、幹事長は幹事の総意によつて支部長が決定すべきもので、最初から支部長に一任することが間違つている」[15]と述べ、川島の手法に反発し、幹事長就任を固辞した。そこで四月二三日一〇時、加納屋で支部役員会が開催され、川島・川口・平山と一六名の県会議員が協議し、星野の幹事長就任を改めて決定した。[16]ただ五月二日、星野が二度目の県会議長に就任したことから、川島は星野と議長の座を争って敗れた鈴木亮（印旛郡選挙区）を新しく幹事長に任命した。[17]

ここに政友会千葉県支部の陣容は固まったが、当時の川島を語るうえで欠かせないのは、第七三議会で審議された電力国家管理法案である。そもそも一九三八年一月二五日、第一次近衛内閣の永井柳太郎逓信大臣は、電力管理法案・日本発送電株式会社法案・外債処理法案・電気事業法中改正法律案の関連四法案を衆議院本会議に提出し、電力の国家的統制を目指していた。同法案は、川島が理事および委員として出席した委員会で審議された。例えば一月三一日第二回委員会で、[18]川島は「政治的に政略的に」ではなく、「経済上の問題として、法理上の問題として」法案を審議すべきと述べた。そして「本案が通過しなければ解散するが如き言動」は「言語道断」として、徹底審議を要求し、「電力の供給不足の為に軍需工業上差支を及ぼした（中略）具体的事実を示せ」と永井逓相に詰め寄った。すると実現しなかったものの、永井逓相からは「軍事当局とも能く相談致シしまして、適当なる機会に其答弁をすることがあるかも知れませぬ」との回答を引き出した。

以降の川島の答弁を見ると、有権者の存在をうかがわせるものが多い。例えば二月八日第八回委員会で、[19]「本案の主要目的の一つは農村の開発救済にあると云ふことを政府は屡々御述べになって居らっしゃる、そこで将来どの位農村に電力の需要を普及させる御見込」があるのかとの発言、同じく「農村方面では非常な期待を持って居り、是非此法案の成立をして貰って安い電力の供給を受けたいと云ふ希望を持って居る」との発言は、地盤である東葛飾郡の農村を意識していたからこそといえよう。川島は、地盤の有権者の思いを国政の場に伝える、触媒のような役割を果たしていたと考えられる。

法案の審議は長引いたが、二月一六日第一三回委員会で、(20) 川島は「審議を尽すことは是非必要」だからこそ、「大局で以て決めて貰ひたいと云ふやうな乱暴な御議論でなしに」、「親切丁寧ニ御答弁願ひ」たいと発言した。こうした議論を積み重ねた結果、三月五日、政友会と民政党は共同修正案を策定する。(21) 三月七日第一五回委員会で、(22) 川島が両党修正案を提出し、その趣旨を説明した。ただし社会大衆党が反対したため、川島は三宅正一（新潟県第三区）を「社大の宣伝的質問」として批判した。この修正案は委員会可決を経て、同日の本会議で二六三票の賛成で可決されるが、政府の戦時体制政策に対し、政民両党が異議を申し立て、それが結実した瞬間に、川島は大きく関与していた。

川島の活動は、翌年の第七四議会でも確認できる。(23) 例えば川島が理事および委員として出席した一九三九年三月八日の予算委員会（平沼騏一郎内閣）で、有田八郎外相の「情報網の強化、或は各国連携を取っての取締強化、或は協定参加国の増加」による「防共協定の強化」論に対し、川島は実質的な「攻守同盟」や「軍事同盟」であると批判し、板垣征四郎陸相に「軍部当局」の考えを質した。すると板垣は「外務大臣の答弁された通り」なので「内容に付ては私から申上げない方が宜しいと思ひます」と述べ、川島の追求をかわすのに必死であった。川島はドイツとの軍事同盟の締結を警戒し、欧州大戦から距離を取るためにも、その流れに棹を差そうとしていた。しかし同時に川島は泥沼化する日中戦争を見て、「蒋介石政権壊滅の方法としてもう少し外交工作を用ひて」、いわゆる援蒋ルートを断つべしとも述べた。川島は「英仏の我国に対する関係が非常に悪化しつつある印象」と発言し、欧米列強との関係悪化を危惧するものの、それが日中戦争を起因としていたことに気づくことができなかった。だからこそ川島は平沼首相に

「経済統制をどうして行くかと云ふことが、国内問題の中心点」と述べ、長期化する日中戦争に対応すべく、統制経済の進展を求めた。このように議会での川島の活躍は、やはり千葉県第一区の代議士の中でも群を抜いていたのである。

一九三九年を迎えると、支部長職の任期が一年であることから、次期支部長問題が浮上した。ただし第七四議会開催中であり、川島が支部長を代行していた(24)。しかし同時に岩瀬亮が有力な新支部長候補としても報じられており、その岩瀬は順序（当選回数）からすると自分ではなく、小高長三郎であると主張した(25)。そこで四月一八日一三時、日比谷公園の陶々亭で代議士の川島・吉植庄亮（千葉県第二区）・岩瀬・小高・今井、県会議長の星野、県支部役員の青木泰助（安房郡選挙区県会議員）・松本栄一に加えて、代議員で元県会議員の川口らも参加して、後任支部長詮衡会を開催した。席上、岩瀬が「此の際、御苦労でも川島支部長に御留任を願ひたい(26)」と発言して川島を推し、参加者一同がこれに賛成した。同時に鈴木亮の幹事長留任も決定され(27)、川島支部長体制は全会一致の下、二期目を迎えることとなった。

一方、民政党の篠原と成島を見よう。篠原は予算委員会（一九三七年七月三一日）や本会議（一九三七年八月四日）などで活動したが(28)、次第に教育政策に特化した発言が多くなる。例えば第七四議会予算委員会（一九三九年三月一六日）では、「教育ノ平等ノ問題、機会均等ノ問題」を取り上げ、当人の置かれた経済状況で中等教育以上の学校への進学が左右される現状を憂い、「教育平等」の実施を強く主張した(29)。篠原は教育分野に自らの専門性を求め始めたといえよう。加えて引き続き、海外視察も重視した。例えば林内閣の商工大臣であった伍堂卓雄率いる「伍堂国民使節」の一員に選ばれ、日中戦争の正当性を世界各国に宣伝する一翼を担った(30)。また第三四回列国議会同盟会議（ハーグ）への参加(31)、詳細不明だが一九三八年の訪米(32)、海老名一雄（海老名弾正の長男）および民政党の鶴見祐輔（岩手県第二区代議士）との訪独（一九四一年七月）、その途中の訪米（サンフランシスコ）なども確認できる(33)。千葉県第一区の代議士の中で、海外視察経験の豊富な篠原は、有権者に対し、海外事情通の開明派としてのイメージを提供したのである。また一時、民政党県支部長候補として名を挙げられたが、実際に就任することはなかった(34)。同様に平沼騏一郎内閣の成立時、当選三回で、しかも参与官を経ていないにもかかわらず、政務次官候補に挙げられたが、やはり実現することはなかった。[35]したがって川島同様、篠原も党務と政務のキャリアを積む機会に恵まれていなかった。

成島の場合、第五章で示したように、前回総選挙で民政党の公認を得られなかったことが尾を引いていた。[36]成島は東葛飾郡の農民を独自に組織するため、「農民党」の結成を視野に入れていたという。すなわち社会民衆党創立時に幹事長を務めた早坂二郎の仲介により、六月九日、交詢社で成島は尾崎行雄と面会した。父巍一郎と同期当選の尾崎に対し、成島は「農民を地盤としての独立に是非とも尾崎氏の顧問就任を要請」すると、尾崎は「援助を諾素」した。さらに成島は早坂を通じて、社会大衆党の杉山元治郎と結びつき、「目下、同党農民系の有志と連絡」を取り始めた。成島は独自のルートで支持基盤の拡大と強化に取り組み、社会大衆党との提携も模索していたようである。しかし最終的に成島は「尾崎氏に会つた時も左程進んだ話は出なかつた、自分も今直ぐにどうしようとは考へてゐない、民政党を離れる意志もない、あまり声の方が進みすぎては自分としては迷惑である」[37]と述べ、前述の報道を否定した。その経緯は不明だが、成島は「農民党」結成＝民政党離党ではなく、党代議士としての活動を選択したのである。

その成島は、農業分野で輝きを放つ。例えば一九三八年九月一七日、県の暴風水害対策が「百姓の転業奨励」と「土木耕地の救済」であったことに憤慨し、県に陳情した。[38]また帝国議会を見ても、朝鮮事業公債法中改正法律案委員会（一九三九年二月二五日）の場で、「米の問題に付て、朝鮮、台湾、内地を一貫した所の、本当に所謂一元的な国策」[39]の樹立を求めた。また一九四〇年三月第七五議会では、日本肥料株式会社法案の審議に参加した。そこで成島は肥料機構の問題を取り上げ、農林省臨時農村対策部長の重政誠之に対し、政府は「春肥」に関する「全農家の要求を充たす御意図」を持つのかと質問したうえで、その対策が「政府に確立して居ない」と鋭く批判した。[40]加えて総理大臣と陸軍大臣の出席も求めるなど、存在感を発揮した。だからこそ成島は戦時での食糧確保の原点として、肥料政策の重要性を唱える。[41]川島や篠原とは異なり、成島は農業問題をめぐる活動に特化したといえよう。東葛飾郡農村部の有権者から圧倒的な支持を得て当選した成島は、その成果を確実に有権者へフィードバックしつつあった。この成島は

「農村代議士」と呼ばれ、確固たる地位を築くようになる。成島は、農村・農業問題のプロパーとなっていった。この他に成島は川島同様、選挙区のためにも汗をかいた。例えば松戸―茨城間の国道六号線改修工事促進の内務省への陳情、東葛飾郡町村長会の役員改選への関与など、枚挙に暇がない。また一九四〇年五月四日から四〇日間、郷里の富勢村での約八〇町の空地開発を主導し、「報国農場」と名づけた。このような活動を通して、成島は自身の支持基盤を充実させていった。[46]

（二）各種県会議員補欠選挙と代議士

ここでは戦前期最後の県会議員選挙（一九四〇年一月）の前哨戦として、四つの補欠選挙と川島の関係性を整理する。

第一は、一九三七年五月君津郡補欠選挙である。これは、現職の吉堀正雄（民政党）の逝去を受けてのもので、この地を地盤とする代議士の多田が中心となり、[47]川島は関与しなかった。すなわち一九三七年五月九日、木更津町長で県会議員の石川善之助、中川村の近藤彌三郎（元県会議員）らが木更津町石井旅館で推薦会を開催し、君津民政同志会として、山田重太郎を「満場異議なく」[48]推薦した。山田は千葉師範学校を卒業後、九年間の教員生活を経て、一九一七年～一九三二年まで秋元村村長を務め、当時は君津郡畜産組合長・君津合同自動車社長の職にあった。[49]一方、政友会は、君津郡出身の富田照（一九二八年第一六回および一九三七年第二〇回総選挙で落選）が中心となって候補者を物色するものの、難航し、[50]擁立できなかった。この他、社会大衆党の仲郁一郎が立候補を検討していたようだが、本人は「有力なバックがいないので今度は出馬しない」[51]と言明した。この「バック」は不明だが、[52]やはり社大党も候補者を擁立できず、最終的に山田は無投票で当選した。

第二は、一九三七年六月東葛飾郡補欠選挙である。第五章で示したように、一九三七年第二〇回総選挙で民政党の成島が国政に転身したため、衆議院議員選挙法第一二条により、県会議員を辞職した。また同じく第五章で示したように、県会議員の渋谷司（民政党）は選挙違反容疑で失職していた。今回の補欠選挙は、この二議席をめぐるものであった。当時の東葛飾郡は故本多系・川島系・成島系・篠原系に分かれており、[53] 川島は腹心の梨本太兵衛（元県会議員）の擁立を画策した。しかし梨本は地元の松戸町長選挙への出馬を模索しており、政党政派を超越して「松戸町政に専念する」[54]と明言したため、その要請を断った。そこで川島・成島・篠原の三者相乗りで染谷亮作（元川間村村長）の擁立を目指すが、染谷は固辞した。[55] 結局、政民両党の代議士は別々に候補者を物色した。政友会では最終的に川島が自動車運送業者の渡辺敬蔵（元松戸町会議員・東葛産業組合副会長・松戸信用組合長）を擁立し、[56] 梨本を選挙事務長に送り込んだ。[57] 一方、民政党は二議席維持を目指し、篠原が矢島喜一郎（行徳製氷および南江戸川水道社長）を、成島が渡辺藤一郎（松戸町会議員）をそれぞれ擁立した。[58] したがって補欠選挙は、川島・篠原・成島の代理戦争の様相を呈した。今回も演説会が数多く開催された。例えば矢島の場合、応援弁士は不明だが、二五か所の開催が確認できる。[59] この結果、渡辺藤一郎六、三六〇票および矢島四、二〇一票で当選し、渡辺敬蔵は三、二五二票で落選した。[60] 川島の推す候補は敗れたが、元々は二つとも民政党の議席であり、県会の勢力図は従来同様となった。

第三は、一九三八年五月東葛飾郡補欠選挙である。第五章で示したように、これは、一九三六年第一九回総選挙で選挙違反を犯した県会議員の柳澤清春（政友会）の失職によるものである。[61] 候補者擁立に当たり、まず川島・篠原・成島が「妥協工作」による無競争を目指し、人選に入った。[62] この経緯をまとめよう。まず篠原が川島に候補者推薦を「一任」し、その川島が成島に「一任」した。両者に任された成島は、「三派が見てもこれならば差支ないといふ人物を詮衡」した結果、二三日、千葉供託局に供託金を支払い、ここでも前述の染谷亮作を推薦した。染谷は今回も「未承諾」だったが、他に候補者がいなかったため、染谷の下に当選通知書が発送された。しかし立候補自体を承諾していない染谷は、八日朝、県選挙長に当選拒絶通知を送付する。[63] 染谷は主な辞退理由を二つ挙げた。[64] 一つは「党派的に進退することは嫌ひだ、県議になれば結局はどちらかの党派にまたなければならぬ」こと、もう一つは「推薦と云つても東葛飾郡からの推薦ではなく代議士の推薦である」ことであった。地域での推薦会を経ずに、代議士が県会議員選挙の候補者を擁立することに対して、染谷は違和感を覚えていたのである。裏を返せば、地域の推薦会を経た要請であれば、立候補を受諾した可能性がある、本書でも繰り返し指摘したように、制限選挙期と異なり、戦前期普選を重ねる度、推薦会の頻度は低下したが、染谷は立候補過程の理想を制限選挙期に求めていたといえよう。染谷は投票日より前の二月二六日、成島に辞退の電報を送ったが、成島は染谷に面会せず、擁立を強行したのである。成島は段取りの悪さや調整力のなさを露呈し、いわば「味噌」をつけてしまった。[65] 成島は両党相乗りを一緒に模索した川島と篠原の名も出しつつ、「僕一人の独断専行ではない」[66]と述べ、責任回避に躍起となった。

染谷の辞退で候補者擁立が振り出しに戻ると、[67]篠原は柏町長で東葛飾郡町村長会長の浜島秀保、成島は田中村長の松丸巌の擁立を考えた。残る川島は「両者の合致した推薦者なら異議なく賛成する」と述べ、中立の立場を取った。前述した一九三七年六月補欠選挙で敗れた川島は、候補者難を踏まえ、議席維持よりも、政友会の連敗を避けるべく、補欠選挙を無競争に演出したかったのであろう。事実、川島の意向により、五月二二日夜、東京某所で川島・篠原・成島の三氏が会談した。[68]川島は両者の妥協を求めたうえで、篠原が譲歩し、松丸の候補者擁立が決定した。しかし松丸本人が立候補の意思を鮮明にしないことから、「前回の鐵を踏むこと」を恐れた成島は、「所在不明」の川島から諒解を得ないまま、篠原と単独で交渉してしまう。その結果、松丸ではなく、浜島の擁立へと舵を切り替え、成島が推薦人として立候補を届けることとなった。[69]このまま他に立候補者がでなかったため、浜島の無投票当選が決まった。[70]候補者を出せないまま、また民政党との候補者共立ができないまま、政友会の議席を奪われた川島は、いわば面子を潰されたのである。

第四は、一九三九年七月君津郡補欠選挙である。これは、原徳治（政友会）の辞職によるものである。民政党の場合、多田の率いる君津民政同志会が中心となった。[71]七月五日、木更津町石井旅館で幹事会を開催し、多田と会長の近藤彌三郎ら約五〇名が対応を協議した。そこでは、半年後の一九四〇年一月に県会議員選挙を控えているため、任期が短く、「大乗的見地」から候補者を出さないこととした。一方、政友会の場合、七月一〇日、木更津町玉屋旅館で、君津郡川島後援会に移行したはずの君津政友同志会の名が再登場し、幹部会を開催した。すでにかつて政友会であった伊藤勇吉（前木更津町長）が立候補表明しており、「もと我々の同志であり、名望識見共に卓越し、郡代表者として我々同志としても推薦し得る人物である」との理由から、対抗馬擁立を断念した(72)。伊藤以外の立候補がなかったことから、彼の当選が決定した(73)。しかし伊藤は当選後、政友会入党を反故にした(74)。君津政友同志会の考えとは異なり、伊藤の政友会に対する距離感は遠かったのである。

以上、四つの補欠選挙を見ると、川島が地盤の東葛飾郡とは異なり、君津郡に関与していないことを読み取れる。しかも興味深いことに、第四章で示したように、君津郡川島後援会に移行したはずの君津政友同志会の名が再登場している。第五章では、君津郡川島後援会消滅の可能性を指摘したが、ここでの君津政友同志会の再登場を見る限り、その判断は妥当と考えられる。総じて補欠選挙では、争う議席が僅少ゆえに、熾烈な競争となりかねない。だからこそ代議士たちは対立を止揚し、妥協と協調を重ね、候補者を擁立する傾向が強かったのではないだろうか。

(三) 政友会の分裂

二期目の政友会千葉県支部長職にあった川島だが、引き続き積極的な議会活動を展開する(75)。例えば一九三九年二月六日は「川島奮闘デー」として、第七四議会での活動が報じられた。午前中の陸軍予算分科会では、中小商工業の軍需工業参加、地方農漁村から購入する軍需品の価格、国防充実と生産力の拡充の関係性などについて質問を重ねた。午後の商工予算分科会では、「適正価格」の形成過程を八田嘉明（平沼内閣商工大臣）と新倉利広（商工省商務局長兼商工統制局長）に鋭く迫った。別紙でも川島は「舌陣の勇者」(76)と讃えられたが、議会での活動が新聞で広く報じられるのは、千葉県第一区の場合、川島だけであった。

しかし川島は同年、政友会分裂問題に直面する。この契機は一九三七年二月、鈴木喜三郎が政友会総裁辞任を表明し、鳩山一郎（東京府第二区）・前田米蔵（東京府第六区）・島田俊雄（島根県第二区）・中島知久平（群馬県第一区）四名の総裁代行委員による集団指導体制を取ったことにさかのぼる。その後、党内の主導権争いが絶えず、一九三九年四月三〇日、中島は総裁推戴大会を開催し、一方的に政友会革新同盟を結成した。この時、川島は『国家奉仕観念の燃ゆるが如き強大な意欲」、すなわち「第一、氏の国家的意識の強烈なこと、第二、氏の純真にして清新なこと、第三に、政党政治家として几帳面に近いほど国策研究に熱心なること」を理由に、中島を支持した(77)。川島が総裁推戴大会に出席・賛成した理由は不明だが、彼が中立無派閥の時期を経て、中島派に加入し、「直系(78)」代議士になっていたからであろう。そして同日、川島は政友会総務に就任し、庶務担当を命ぜられたのである(79)。戦前期政党の総務職を見ると、升味準之輔は総裁・幹事長に次ぐ「幹部(80)」としたが、小宮京によると、執行機関である幹事長は議決機関兼執行機関でもあった総務と同格、もしくはそれ以下の役職という(81)。少なくとも四九歳の川島は連続当選五回というキャリアで党内ナンバー2ないし3のポストに就任し、党幹部の仲間入りを果たした。

ところで川島の総務就任は、政友会では順当な人事なのであろうか。前述の升味は、犬養毅総裁時代までの平均値として、総務就任者の六〇～八〇%を当選回数四回とした(82)。表6‐1は、歴代総務がその職に初めて就任した時の年齢および当選回数をまとめたものである。ここからは、政友会分裂前の年齢平均が五二・六歳、当選回数平均が四・五回であることを読み取れる。川島の四九歳・当選五回を踏まえると、年齢的にはやや若く、当選回数的には順当に総務に就任している(83)。しかし政友会は分裂問題に直面しており、分母となる代議士そのものの数が少ない。したがって順当というよりも、やや遅くして、ようやく党幹部の仲間入りを果たしたといえよう。

こうして川島は党幹部クラスの代議士となったが、前述のように、それは中島派だったことと無縁ではない。では一体、川島は誰を介して中島と接点を持ったのであろうか。推測だが、「政界では常に二番手にいること(84)」を川島に伝授した前田米蔵と考えたい。岸信介によると、ほとんど演説しなかった前田に対して、川島は「演説を好み、また巧み(85)」で、確かに代議士としての姿は異なる。しかし両者は政友会分裂の前年に当たる一九三八年から「中島擁立派(86)」として一緒に行動しており、前田が川島を中島に紹介したとしても、不思議ではない。この前田と川島の関係をもう少し探るため、同時代史料(87)と戦後史料を比較した。前者では川島を中島派直系代議士とする一方で、前田派は牧野賤

表6－1　立憲政友会での総務職初就任者一覧（分裂前まで）

就任日	総務（○は当選回数・カッコ内は年齢）			
1900/ 9/15	末松謙澄（45）③	林有造（58）⑤	尾崎行雄（42）⑥	松田正久（55）②
	大岡育造（44）⑤	長谷場純孝（46）⑥	星亨（50）③	
1900/12/19	片岡健吉（56）⑥	江原素六（58）⑤		
1904/ 1/31	元田肇（44）⑧	杉田定一（53）⑦		
1914/ 6/18	奥田義人（54）②			
1915/ 5/15	岡崎邦輔（61）⑦	村野常右衛門（56）⑦		
1916/ 3/ 1	床次竹二郎（49）②			
1917/ 6/19	野田卯太郎（64）⑧	中橋徳五郎（56）③		
1919/ 3/28	小川平吉（49）⑥	川原茂輔（47）⑧	江藤哲蔵（47）④	
1920/ 7/31	望月圭介（53）⑦	鵜澤総明（48）⑥	山本悌二郎（50）⑥	
1922/ 3/27	武藤金吉（56）⑥	中西六三郎（56）④		
1923/ 2/28	横田千之助（53）④	三土忠造（52）⑤	松本孫右衛門（50）②	
1924/ 2/ 1	井上敬之助（58）⑤	東武（55）④	富安保太郎（60）④	島田俊雄（46）③
1925/ 4/ 1	岩﨑勲（53）④	山本条太郎（57）②		
1926/ 3/27	浜田国松（58）⑦	前田米蔵（44）③	山口恒太郎（53）②	
1927/ 4/16	秦豊助（55）④	鳩山一郎（44）④	堀切善兵衛（45）⑤	大口喜六（57）④
	秋田清（46）④	広岡宇一郎（60）④	高橋光威（59）⑥	
1928/ 5/25	磯部尚（53）③	木下成太郎（63）③	広瀬為久（52）③	田辺熊一（54）⑥
	松浦五兵衛（58）⑩	中村巍（55）②	若宮貞夫（53）②	河上哲太（47）④
1929/ 4/28	宮古啓三郎（63）⑦	四田鋭吉（61）④	山口義一（41）③	高山長幸（62）④
	松野鶴平（46）②			
1930/ 5/16	熊谷直太（64）⑥	瀧正雄（46）④	山﨑達之輔（50）③	
1931/ 3/29	森恪（49）④	内田信也（51）③	八田宗吉（57）⑤	植原悦二郎（54）⑤
	加藤久米四郎（47）④	岡田忠彦（53）③		
1932/ 3/27	久原房之助（63）③	青木精一（48）④	田辺七六（53）④	熊谷厳（49）④
	岡田伊太郎（55）④	清水銀蔵（53）④	土井権大（53）⑥	東郷実（51）④
	村田虎之助（55）③			
1933/ 3/28	今井健彦（50）④	中島知久平（49）②	志賀和多利（59）⑤	中谷貞頼（46）④
1934/ 3/27	安藤正純（58）⑤	高橋熊次郎（54）④	高見之通（54）⑤	野田俊作（46）④
	金光庸夫（57）⑤			
1935/ 3/28	田子一民（54）③	猪野毛利栄（49）③	生田和平（58）④	
1937/ 5/11	板谷順助（58）⑥	福井甚三（63）⑥	名川侃市（54）⑥	砂田重政（53）⑧
1938/ 3/28	松村光三（56）⑤	鈴木英雄（61）④	土倉宗明（49）④	上田孝吉（52）④
	西村茂正（53）⑤	原口初太郎（62）③		

出典：山本熊太郎『立憲政友会史』第10巻（立憲政友会史編纂部、1943年）343～494頁、衆議院・参議院編『議会制度百年史　衆議院議員名鑑』（大蔵省印刷局、1990年）より作成。

男（東京府第五区）・横川重次（埼玉県第二区）・工藤十三雄（青森県第二区）・羽田武嗣郎（長野県第二区）・加藤知正（新潟県第三区）・宮澤裕（広島県第三区）・清瀬規矩雄（大分県第二区）の七名しかおらず、川島を含まない。後者では川島を前田の「秘蔵っ子」とする。[88] また川島を船田中・太田正孝・南条徳男とともに前田米蔵門下の「四天王」[89] としたり、前田の「番頭格」山梨県選出代議士の田辺七六（村会議員→県会議員→代議士）の「下働き」として川島を位置づけるものもある。[90] つまり戦後史料で論じられる前田派としての川島像は、同時代史料では見出すことができなかった。

ただし戦前期政党での派閥と戦後期のそれは、村瀬信一が指摘するように、必ずしも同じではない。村瀬によると、戦前期政党の派閥は、領袖クラスの政治家が資金援助することはあっても、戦後の自民党の派閥のような結束力・行動力を持つ条件が成熟していないという。[91] 事実、第三章で示したように、川島の議会報告演説会の時の応援弁士は、派閥を横断していた。このように考えると、川島は資金力のある中島の下に身を寄せつつ、前田とも親しい関係を構築していたのであろう。前述の「秘蔵っ子」や「四天王」という表現は、それを誇張したものと考えられる。

一方、中島に対抗する鳩山は、病床の鈴木前総裁を通し、四月二八日、前代議士の久原房之助・三土忠造（香川県第二区）・芳澤謙吉（貴族院勅選議員）を新たに総裁代行委員に任命した。ここに政友会は久原の正統派と中島の革新派に分裂する準備が整った。したがって千葉県政友会支部長の川島の下には、連日、中島派および久原派から支持を訴える電報が入り、岩瀬亮（千葉県第三区）を除き、支部の情勢が「中島氏絶対支持」の中、川島と幹事長の鈴木亮（印旛郡選挙区）は東京で折衝を続けた。[92] この鈴木は中島支持の理由を「政策的に動いているのではなく、中島氏の人格識見に信頼してゐるものである」と述べたが、中島派である支部長川島の意向が作用していたのであろう。これを受けて、岩瀬とその地盤千葉県第三区の政友会員は反発し、「われわれは絶対に中島派ではない」[93] との声明を出し、「まづどちらを支持するといふやうな片寄つた態度に出ず、両派和平のために努力しよう」と述べた。岩瀬は、正統派と革新派の妥協と協調を模索していたのである。

そこで五月一八日一五時、加納屋で政友会常議員会が開催された。支部長の川島、代議士の岩瀬・今井健彦・吉植庄亮、幹事長の鈴木、常議員など合計約五〇名が参加し、まず今井が総裁問題を報告した。その後、議論を経て、「千葉県支部は一致結束」[94]を決議するとともに、二〇日に本部で正統派が開催する代議員会に対しては、千葉県からは出席者を出さないことを確認した。岩瀬が折れ、革新派の川島の意向が認められ、千葉県支部は明確に革新派支持を打ち出したといえよう。こうして正統派は二〇日、千葉県支部などの出席のない中で臨時党大会を開催した。ここで鈴木前総裁の指名で久原が総裁に就任、完全に政友会は分裂した。

以上の結果、川島は次のように評された[95]。すなわち「よく立回る」型の人間で、初選挙の頃の政治的勢力は「貧弱」だったが、当選後、「目覚ましい躍進」振りを見せ、今は支部長の職にある。政友会内部では、「革新意識」が災いして「不遇な立場」に立たされていたが、「役員争奪」からは距離を置き、自ら「表面に立つ野心」を持たないという。ここにある川島の「革新意識」とは、今まで論じたように、政治と生活を結びつける政治思想、さらには第四章で述べたように、軍部と結合した政友会政権を構想した森恪の派閥に在籍したことなどが想定されよう。また「不遇な立場」とは、中島派に辿り着くまでの「中立その他」の立ち位置を示すのであろう。こうして川島は連続当選五回を重ねる中、政界で躍進する代議士として認識されるに至ったのである。

第二節　一九四〇年一月県会議員選挙

(一) 立候補過程

「来るべき代議士戦の縮図[96]」と報じられる中、早々に政党支部や代議士個人が対策を練った[97]。例えば政友会県支部は、戦争による物価高騰や物資不足を見越し、秋に実施済みの他府県の選挙状況調査のため、県会議員の松本栄一（東葛飾郡選挙区）を石川県に、青木泰助（安房郡選挙区）を栃木県・宮城県・山形県に、鈴木亮（印旛郡選挙区）を青森県に派遣した。そして一月一六日一三時、支部事務所で開催された議員総会において、これらの調査報告後、対策を協議した。その結果、民政党との「選挙協定」、すなわち紙とガソリンの「節約」のため、選挙運動の規制を提案した。[98]この提案は功を奏し、一〇月二九日一五時一〇分、県会議長室で選挙運動協定会議が開催された。[99]政友会からは県会議員の星野懿吉（市原郡選挙区）・青木・野村恵一郎（君津郡選挙区）・松本・鈴木、民政党からは県会議員の伊藤博愛（山武郡選挙区）・諏訪寛治（香取郡選挙区）・島田彌久（千葉郡選挙区）が出席し、①挨拶状と推薦状は官製ハガキの使用、②立看板とポスターの禁止、③演説会一候補二五回、④演説会告知ビラ半紙四分の一サイズ、⑤自動車の節約を決定。政民両党支部は初めて選挙運動の枠組みを策定した。

この枠組みの中で、両党は選挙準備を進めた。[100]例えば民政党は一一月二五日一一時、支部事務所で県会議員選挙対策協議会を開催した。支部長の土屋清三郎（千葉県第三区）、代議士の篠原、全県会議員が参加し、現有議席の維持の他、現職のいない選挙区でも必ず候補者を立てることが決定された。ただし新聞報道では、候補者の選定が確認できなかった。一方、政友会は「選挙の神様」[101]川島支部長が、元県会議員の川口為之助および平山成之助と選挙戦略を練った。一二月一九日一〇時、政友会県支部は選挙対策委員会を開催。川島・幹事長の鈴木・選挙委員の川口と平山が出席し、①立候補制限、②代議士または各郡市支会による支部への公認申請、③現職議員の優先公認を決定した。[102]一九二八年以降の全ての県会議員選挙を見てきたが、代議士からの公認申請ルートが各郡市支会のそれと並列されたことは、政民両党支部は初めてで、極めて意義深い。代議士による県会議員候補者の擁立回路は、ここに正当性を得たといえよう。

したがって以降、代議士のみならず、元代議士も積極的に候補者を擁立した。例えば政友会の場合、選挙違反による収監を経て、一九三八年五月二六日に仮出所していた鈴木隆（元代議士）は、「冤罪であった」から「千葉へ参り度い」と述べ、[103]政界復帰を目指していた。そこで自身が率いる君津政友倶楽部の詮衡会を経て、高野伴蔵（元県会議員）と松崎長治（小糸村村長）の擁立を決定した。[104]また川島が逆井隆二（元県会議員逆井貞八の子）と前述の柳澤清

表6－2　1940年県会議員選挙（千葉県第1区）一覧表

選挙区		候補者	政党	系列先	得票数	当落		候補者	政党	系列先	得票数	当落
千葉市	新	飯豊幸十郎	政友	川島	3,763	当	新	増田栄一	民政	不明	3,668	当
	前	西川測吉	民政	不明	2,228	落	新	石井順	民政	不明	638	落
千葉郡	元	川口為之助	政友	川島	無投票	当	新	吉野信	民政	篠原	無投票	当
市原郡	新	鈴木半衛	政友	不明	4,539	当	前	藤田昌邦	政友	川島	4,141	当
	新	高石総之助	民政	不明	3,563	落	新	小出一博	無	不明	451	落
東葛飾郡	前	矢島喜一郎	民政	篠原	4,679	当	前	戸辺五右衛門	民政	篠原	3,505	当
	新	金剛寺新之助	民政	成島	3,429	当	前	渡辺藤一郎	民政	成島	3,421	当
	新	逆井隆二	政友	川島	3,109	当	前	濱島秀保	無	不明	2,182	落
	元	柳澤清春	政友	川島	2,046	落	新	堀越梅男	無	不明	830	落
	新	平田寛治	無	不明	332	落						
市川市	前	福地新作	民政	篠原	無投票	当						
船橋市	前	松本栄一	政友	川島	2,369	当	新	鈴木鼎	民政	不明	2,088	落
	新	松丸松五郎	革新	不明	721	落						
君津郡	前	石川善之助	民政	多田	3,837	当	前	山田重太郎	民政	多田	3,424	当
	新	宮川豊八	民政	多田	3,408	当	前	小安嘉六	民政	多田	2,960	当
	前	野村恵一郎	政友	川島	2,547	落	新	伊藤勇吉	無	不明	2,313	落
	新	内藤繁須	民政	多田	2,098	落	元	高野伴蔵	政友	鈴木	1,860	落
	新	松崎長治	政友	鈴木	1,494	落	新	白井長治	無	不明	1,390	落

出典：櫻井良樹「戦前期千葉県・神奈川県における県議会議員総選挙の結果について」（『麗澤大学論叢』第10号、1999年）、『東朝』1939年12月19日千葉版・1940年1月23日千葉版および1月26日千葉版、『東日』1939年12月19日房総版および12月26日房総版、『房総』1939年12月13日、『読売』1939年12月19日千葉版より作成。

注：川口為之助の系列先は、本書の今までの分析にもとづき、川島とした。

春（元県会議員）を擁立すると[105]、政友会県支部は一月四日一四時、選挙対策委員会を開催し、両者に公認を出した[106]。一方、民政党でも、現職代議士の多田は、支持基盤である君津民政同志会の詮衡会を経て、現職の石川善之助・山田重太郎、新人の小安嘉六（環村村長）と宮川豊八の公認申請を決定した[107]。民政党県支部も彼らに公認を出したことから[108]、政友会だけでなく、民政党でも、代議士による候補者擁立回路がほぼ確立していたと考えられる。繰り返し指摘してきたが、選挙区では、政党支部よりも代議士の影響力の方が強かった。

ここで候補者と系列先の代議士の関係性をまとめた表6－2を見よう。ここからは、次の三点が読み取れる。第一は東葛飾郡を見ると、川島の系列下の代表格である元県会議員の梨本が立候補していない点である。実は梨本は川島の「代理」

として政友会の全候補者の選挙運動を「誘導」するため、自身の選挙運動に従事する余裕がなかった。「是が非でも二名を獲得」[109]したい川島は、選挙事務長として豊富な経験を持つ梨本に、その采配を託したといえよう。第二は君津郡を見ると、多田の系列下の候補者として、「多田氏の説得」[110]を聞かずに立候補した内藤繁須が落選した点である。当時の内藤は昭和町の多田後援会長を務めていたが、彼は多田の説得を無視した。その理由は定かではないが、ここで重要なのは、第四章で示したように、多田後援会がこの時代まで存続し続け、彼の支持基盤として機能していたことであった。第三は千葉郡を見ると、民政党から津田沼町長の吉野信が立候補した点である。吉野は次回総選挙での篠原の「地盤擁護」のため、津田沼を「手に入れる」観点から立候補したと報じられたが[111]、前回総選挙と次回総選挙の票を比較すると、彼は津田沼町で票を減らしている（六四二票→五二六票）。篠原の目論見は成功しなかったが、裏を返すと、吉野が立候補したからこそ、一一六票の減少で食い止めることができたのかもしれない。

（二）選挙運動

政民両党支部とも、立候補段階では代議士の影響力が強かったことは前述したが、選挙運動では異なる傾向を見せた。すなわち政友会では川島の代理である梨本が「参謀長」[112]として、民政党では立候補しなかった前県会議員の島田彌久（支部常任幹事）が支部長代理として、それぞれ支部で指揮を執った[113]。

前回選挙同様、演説会が選挙運動の中心になった。例えば柳澤清春は一月一〇日一九時、流山町根郷青年会館で第一声を発した[114]。ここに代議士が応援弁士に入るが、例えば阿部信行内閣で外務政務次官を務めた多田は、一七日以降、自派候補のために「遊説」した[115]。こうして演説会は積み上げられる。県に報告された選挙区毎の演説会開催総数を見ると[116]、一月一八日現在、君津郡一五〇回、東葛飾郡八六回、船橋市四一回で、これを候補者数で割ると、君津郡は一人平均一五回、東葛飾郡は一人平均九・五回、船橋市は一人平均一三・六回となる。ただし聴衆は少なく、参加者は一会場平均三〇人に満たず、「棄権の増加を憂慮」する状況であったという。

(三) 選挙結果

表6-2は、一月二〇日の選挙結果をまとめたものである。これを受けて、政民両党支部長がコメントを寄せた[117]。政友会の川島は、第一区の場合、一五議席中六議席しか獲得できず、「中立候補君津の伊藤勇吉氏、東葛飾の浜島秀保氏が落選したのを見ても、政民の地盤に中立が喰込む力はないことを裏書きしてゐる」と述べた。この「政民の地盤」とは、候補者の擁立自体、前述のように代議士が主体であることから、代議士の支持基盤と読み替えられる。一方、民政党の多田は、第一区の場合、一五議席中九議席を占めたことで、その勝因を「島田彌久氏が支部長代理として老練な手腕」で選挙戦全体を「統制」したことに求めた。二一日夕刻、多田は地盤の君津を訪れ、君津民政同志会で「水入らずの祝宴」を開催した。議席数から見ると、今回の勝者は民政党であった。

ここで『東朝』一九四〇年一月二二日千葉版を見ると、民政党が島田の下でまとまったのに対し、政友会は「各郡濫立に次ぐ乱立で同志討を演じ、やたら共倒れ」と報じている。民政党の落選した公認候補が七なのに対して、政友会が約二倍の一三であったことは、それを物語る。豊富な選挙事務長経験を持つといえども、当選一回の梨本(政友会)では選挙の取りまとめなど、県会議員当選四回を誇る島田(民政党)に対抗できなかったといえよう。

また各代議士の基礎票を算出するため、表6-2で示した各候補者の得票数を系列先代議士毎に合算した。すると第一区全体では、川島一万七、九七五票(東葛飾郡五、一五五票)、篠原八、一八四票(東葛飾郡同数)、成島六、八五〇票(東葛飾郡同数)、多田一万五、七二七票(東葛飾郡不明)となる。東葛飾郡に限定すると、当然、系列下の県会議員の多い篠原が川島を抑えている。しかし第一区全体で系列下の県会議員数を見ると、川島五人(東葛飾郡一・千葉市一・千葉郡一・市原郡一・船橋市一)、篠原四人(東葛飾郡二・市川市一・千葉郡一)、成島二人(東葛飾郡二)で、川島が最も広く、選挙区全体に影響力を及ぼし得る状況であった。戦前期普選の最終段階で、川島の政治的影響力は選挙区全体を覆っていたのである。

最後に選挙違反だが、第五章で引用した「選挙犯罪調[118]」を見ると、全国平均は算出されていないものの、千葉県の選挙犯罪は四五件三三四人であった。このうち三一一人が買収に関与しており、全体の選挙犯罪者中、約九三%がそれで検挙されたことになる。この数値は、第五章で示した前回一九三六年県会議員選挙の八七%を上回る。千葉県の買収行為は、選挙粛正を経ても、減少することなく、増加し続けていた。新聞でも選挙違反被疑者三五三名・強制収容者七七名の合計全国二位と報じたが[119]、この数値は前述「選挙犯罪調」とほぼ合致しており、この地の選挙違反は群を抜いていたといえよう。ただし具体的な候補者名や逮捕者名（容疑者名）は報じられず、特定化はできなかった。

表6－3　米内光政内閣政務次官一覧表

省庁	大臣	政務次官	当選回数	年齢
大蔵	櫻内幸雄（民政党）	木村正義（政友会革新派）	3	50
司法	木村尚達（司法省）	星島次郎（政友会革新派）	7	53
商工	藤原銀次郎（王子製紙社長）	加藤鐐五郎（政友会革新派）	6	57
鉄道	松野鶴平（政友会正統派）	宮澤裕（政友会革新派）	5	56
内務	児玉秀雄（貴族院）	鶴見祐輔（民政党）	3	55
外務	有田八郎（貴族院）	小山谷蔵（民政党）	8	64
陸軍	畑俊六（陸軍大将）	三好英次（民政党）	5	55
海軍	吉田善吾（陸軍中将）	松山常次郎（政友会革新派）	6	56
農林	島田俊雄（政友会革新派）	岡田喜久治（民政党）	3	51
逓信	勝正憲（民政党）	武知勇記（民政党）	4	46
拓務	小磯国昭（陸軍大将〔予備〕）	松岡俊三（政友会正統派）	6	60
厚生	吉田茂（内務省）	一松定吉（民政党）	5	65
		平均値	5.1	55.7

出典：衆議院・参議院編『議会制度百年史　衆議院議員名鑑』（大蔵省印刷局、1990年）より作成。
注：文部政務次官は貴族院議員の舟橋清賢のため、除外した。

ところで選挙投票日、川島と篠原の下に、朗報が舞い込む。米内光政内閣の成立（一九四〇年一月一六日）を受けて、川島は大蔵省・商工省・鉄道省のいずれかの政務次官候補、篠原は内務省・外務省・陸軍省・農林省・逓信省のいずれかの政務次官候補として報じられた。川島は今まで政務次官候補として数度挙げられてきたものの、「本人はいつも他を推薦」していたという[120]。前述のように、政友会革新派の総裁中島知久平の直系代議士として、総務として、党幹部の一歩を踏み出していた川島の下に、さらなるステップアップのチャンスが巡ってきた[121]。しかし実際には、両者とも政務次官に就任できなかった。表6－3は、米内内閣の政務次官をまとめたものである。平均当選回数五・一回・平均年齢五五・七歳となり、当選三回五七歳の篠原は当選回数で劣る。一方、当選五回五〇歳の川島は、年齢的に少し若かった。理由は不明だが、政党内閣崩壊後、政務ポストは少なくなっており、その影響を受けたのかもしれない。

第三節　一九四二年四月第二一回総選挙

(一) 政友会の解党

一九四〇年四月、政友会千葉県支部の役員改選期を迎えた。翌年の任期満了総選挙を視野に入れた川島は、盟友である県会議員の川口為之助（千葉郡選挙区）を幹事長にするのではないかと報じられたが[122]、四月二七日の支部総会で支部長に再任されると、県会議員の青木泰助（安房郡選挙区）を幹事長に「指名」した[123]。第五章で示したように、青木は京成電鉄に務め、故本多の選挙事務長でもあったが、川島はその青木を幹事長に指名したのである。指名形式を踏まえると、この人事は、川島が故本多派の青木を系列下に組み込んだことを意味する。前述の一月県会選挙に続き、川島は着実に系列下の県会議員を増やしていたと考えられる。

川島の中央での活動を見ても、成長は著しい。例えば一九四〇年四月一九日、政友会で政務調査会が開催された時、川島は党「顧問」として出席した他[124]、中島派幹部会に出席し[125]、派閥代議士の中でも重用されている。また第七五議会では、日中戦争は「国家の総力戦」であるゆえに、「銃後の人々の奉公、殊に地方自治体関係者の努力は非常なものであるから、これを論功行賞の範囲に含む」こと、一九四〇年度追加予算に日中戦争関係の経費を追加計上し、生存者に論功行賞を与えるが、戦争終結の「感じ」を国民に与えてはならないこと、この二点を米内首相に迫った[126]。川島は党務の幅を広げつつ、議会活動にも励んでいた。

しかし新体制運動の潮流で、川島は政党解党問題に直面する。まず七月八日、川島は支部事務所に幹部を招集し、本部に準ずる行動を取るとした[127]。そして一二日、事務所で役員会を開催し、川島、幹事長の青木、県会副議長の藤田昌邦（市原郡選挙区）をはじめとする約二〇名が集まる中、君塚角之助や川口為之助の解党反対の意見はあったものの、支部として「本部の方針に順応」し、詳細な対応は支部長一任を決した[128]。ただし席上、川島は「五十年来の政党政派がしみ込んだ県民一般がすぐ解け合うかどうか[129]」と述べ、政党解消後であっても、政民両党の関係者が融合し難いこと、さらには事実上の政党的様相が残ることを予想していた。川島は、難しい舵取りを迫られていたのである。

七月一六日には政友会正統派および中立派（統一派）が解散。三〇日には革新派が解散し、七月二五日、再び支部事務所で川島・鈴木亮・梨本らの幹部が協議、八月一六日の県支部解党式を決定した[130]。ただし川島は「選挙といふ問題が非常に困ると思ふ、政友会といふ政治団体は解消しても、県政研究会とかいふやうな地方単位の連絡機関が必要[131]」と考え、八月五日、政友会県会議員の松本栄一（船橋市選挙区）と民政党県会議員の伊藤與市（匝瑳郡選挙区）が会談した結果、「千葉県県政の研究を目的[132]」とする県政研究会設立準備会の開催を決定した。ただし県政研究会は、後述する総選挙で登場しないため、そのレベルでは大きな役割を果たさなかったのであろう。

八月一六日一四時、党員約三〇〇名が参加し、県教育会館で解党式を挙行した[133]。こうして吉植庄一郎（千葉県第二区）、鵜澤聡明（千葉県第二区）、鈴木隆（千葉県第一区）、森轟昶（千葉県第三区）、今井健彦（千葉県第二区）、本多貞次郎（千葉県第一区）、今井、川島と受け継がれてきた政友会千葉県支部は、終わりを迎えた[134]。最後の支部長となった川島は、「常に県民の各種陳情」に応えたことに加えて、出征者家族などの慰問、私財を投じた政治教育講演会および演説会などの開催などが象徴するように、地元選挙区を重視した人物と評された[135]。この指摘は概ね、本書で示してきたものと軌を一にする。川島の代議士としての裾野は、確実に地元選挙区の中に広がっていた[136]。政友会解党後、川島は新体制同志会、両院議員倶楽部（世話人）、翼賛議員同盟（理事）、翼賛政治会（情報部長）、大日本政治会などに所属を変えるが、総じて戦時体制を肯定する代議士の一員であり続け[137]、やがて敗戦を迎える。

なお『読売』一九四〇年九月三日千葉版は、千葉県にある「既成政党関係」および「革新団体関係」の約三〇〇の「政治結社」に対して、新体制運動への合流を求める記事を掲載した。記事には政民両党の千葉県支部を除き、「主たるものの名称、代表者、結成年月、所属者概数、事務所」が掲載されており、一九四〇年九月時点で存在する政治団体が読み取れる。ここからは、次の二点を指摘したい。第一は、東葛飾郡の場合、故本多の政治団体である東葛倶楽部を除き、既成政党系の政治結社が存在していなかった点である。第二は、前述の県会議員選挙でも登場した、鈴木率いる君津政友倶楽部、さらには多田の支持基盤である君津民政同志会の名が報じられていない点である。両団体は、おそらく政民両党の解党を受けて、すでに解散していたか、それとも後援会などの別組織に移行していたと考えられる。

(二) 立候補過程

一九四一年二月二四日、第二次近衛文麿内閣が「衆議院議員任期延長ニ関スル法律」を公布した。本来、一九四一年四月に任期満了を迎えるはずであった代議士の任期は、一九四二年四月まで延長された。次回総選挙の時期が延期されたことで、川島は「延期された一年間に出来るだけ多くの県内を遊説、日本の当面している実情を伝へ(138)」たいと述べるが、管見では、それを確認できなかった。また一九四一年五月一六日には、警察行政に長じた立田清辰に代わり、同様に藤原孝夫（内務省警保局長）が県知事として着任、その下での戦前期最後の普選が準備されていく。

一九四一年一二月八日のアジア太平洋戦争の開戦を経て、任期満了の年である一九四二年を迎えると、総選挙をめぐる議論が活性化する(139)。例えば二月一八日、政府は閣議で総選挙対策を取り上げ、全代議士の候補者推薦会の役割を果たす選挙母体を中央に結成し、各地方にもこれと呼応する推薦会の設置を決めた(140)。近衛内閣に代わり組閣していた東条英機内閣は、候補者推薦権を掌握することで、現代議士の「選挙の『三バン』（地盤・看板・鞄）を駆逐し、帝国議会の翼賛化による戦時体制の補完を試みようとしていたのである。そこで二月二三日、東条は各界代表者三三名を首相官邸に招集し、推薦母体結成への協力を依頼。その後、政府側は退席し、残る出席者が協議した結果、推薦母体・政治結社としての翼賛政治体制協議会を結成し、各道府県にも支部を設置することとなった(141)。

以上の潮流の中、警視庁情報課が「衆議院議員調査表」[142]（一九四二年二月）を作成し、全国の現職代議士を甲（「時局ニ即応シ率先垂範国策遂行ノ為メ他ヲ指導シ代議士タルノ職務ヲ完遂シ得ル人物」）、乙（「積極的活動ナキモ時局ニ順応、国策ヲ支持シ反政府的言動ナキ人物ト認メラルル者」）、丙（「時局認識薄ク徒ラニ旧態ヲ墨守シ常ニ反国策的・反政府的言動ヲナシ又ハ思想的ニ代議士トシテ不適当ナル人物ト認メラルル者」）の三種に分類したことは、よく知られている。千葉県第一区の場合、甲が多田、乙が成島と川島、丙が篠原と分類されたが、四名全員の当選が予想された。つまり二月時点で、前述の翼賛政治体制協議会は、篠原を除き、多田・成島・川島を推薦する可能性が高かったのである。彼ら四名は全員、翼賛議員同盟に参加するが[143]、篠原のみの「丙」の評価に疑問が残る。実はかつて篠原は、「日本に居るアメリカ人の方の苦しみが日本人が合衆国に居つて苦しむより多い」[144]と述べ、日本社会での米人排斥の風潮を批判していた。アジア太平洋戦争期ゆえに、このような篠原の発言が警戒されたのであろう。

いずれにせよ既成政党が解散した今、翼賛政治体制協議会からの推薦は大きい。だからこそ現職代議士は焦りを見せる。二月二八日、「大した用もなさそうなのに一区の某代議士がぶらりと知事室に現はれ」[145]たことは、その証左に他ならなかった。三月に入ると立候補作業が本格化し、三月二〇日、翼賛政治体制協議会本部は、永井準一郎（千葉市長）以下一五名を総選挙に向けた千葉県支部「推薦母体」メンバーとして委嘱した[146]。この中には、牛久町長で前県会議員（市原郡選挙区）の星野懿吉（旧政友会）、県会議長（香取郡選挙区）の諏訪寛治（旧民政党）、馬来田村長で前県会議員（君津郡選挙区）の野村恵一郎（旧政友会）、前県会議員（千葉郡選挙区）の島田彌久（旧民政党）が名を連ねており、人選は「拍子抜けの感が深いが、これらの人達も地方にあつては徳望家であり、この種の人選に当つては避けられぬ悩み」と報じられていた。換言すれば、地方議員が代議士の推薦（公認）の可否を審議する主体になったことで、戦前期普選の立候補過程はその姿を大きく変えた。

三月二二日、翼賛政治体制協議会支部長会議が開催された[147]。支部長会議には、体調を崩した永井の代理で野村が参加し、推薦候補者詮衡方法・支部結成手続き・選挙運動などについて指示を受けた。その結果、二六日に支部結成、二八日から推薦候補詮衡、三一日までに本部へ内申というスケジュールが組まれた。野村は本部が指示した詮衡基準（「内申ハ、各選挙区毎ニ定員数ヲ詮衡スルモ、候補者トシテ適当ナルモノ得難キ場合ハ事情ヲ具申スベク、已ムヲ得ザル時ハ一名ヲ限リ加フルコトヲ得[148]」）により、「第一区は定員四名に対し、五名推薦[149]」とのコメントを寄せ、現職代議士以外の五人目の候補者の推薦可能性を示唆した。

千葉県第一区の候補者詮衡会は次のように進んだ[150]。三月三〇日一一時、千葉県衛生会館で開催された候補者詮衡会は、推薦八名および具体的人名の「支部長統裁」を決定したが、支部長の永井は「詳しいことは申上げられない」と述べた。すると翌三一日の候補者詮衡会で、永井の指名した推薦候補者が明らかとなった。なんと第一区の推薦候補は多田・篠原・成島・後藤圀彦の四名で、現職では川島だけが唯一、非推薦候補になっていたのである[151]。後藤は第五章で示したように、本多後継の京成電鉄社長であり、前回総選挙では川島を支援していた。その後藤が川島の対抗馬として擁立されたのである。しかも成島が推薦を辞退すると、表6－2で示したように、川島ではなく、その系列下であった前述の野村が「代つて」推薦候補に選ばれたのである[152]。川島は一九三七年第二〇回総選挙での自らの支持基盤と系列下の県会議員の両方に裏切られたといえよう。かつて吉田智美は前掲「衆議院議員調査表」が推薦と非推薦の人選にあまり影響を与えなかったと指摘したが[153]、候補者詮衡会が調査結果を覆したことは注目に値する。戦前期普選の今までの政民両党支部と異なり、推薦（公認）に際し、詮衡会は強力な主導権を発揮したのである。

ここで四つの疑問が生じる。第一は、前述の「衆議院議員調査表」で丙であった篠原は、なぜ推薦候補として内申されたのであろうか。管見では、篠原の推薦理由が読み取れる史料を発見できなかった。ただし篠原には、翼賛政治体制協議会の候補者銓衡委員会の中に強力な支援者、すなわち大蔵官僚時代の先輩である勝正憲（福岡県第四区）がいた[154]。第三章で示したように、勝は篠原の初めての立候補の際、身元保証人的立場で彼の推薦会に同席しており、両者の関係は深い。この他、第一節で示したように、篠原とともに外遊した貴族院勅選議員の伍堂卓雄も委員会に名を連ねている。勝や伍堂がどのような役割を演じたかは定かではないが、非推薦の篠原を推薦候補として押し出した可能性は否定できない。

第二は、同じく前述の「衆議院議員調査表」で乙であった川島は、なぜ推薦候補から漏れたのであろうか。川島は翼賛議員同盟に参加し、なおかつ理事も務めていた。したがって篠原よりは、有利な立場であったはずである。翼賛政治体制協議会事務局長の橋本清之助は、各支部から具申された候補者の検討会議について、次のように回想する。

千葉県で、川島正次郎氏をどうするかといふことになったとき、「あまりにも政党人的である。」という反対論が出て、容易にはきまらなかった。すると、この会議の席に列なっていた前田さんが、黙って立ってゆく。私はこの様子が変なので、あとを追って扉の外へ出て、とめた。「どうされましたか。」と訊ねると、前田さんは、「こんな席にはいられない。こんな馬鹿馬鹿しいことには同調できない。」という。で、私は、「まあ、お待ちなさい。私が何とか結末をつけます。」といった。そこで面倒な人は未定にし、あとで適当にきめることとし、全体を決めた(155)

橋本の回想からは、次の二点を読み取りたい。一つ目は、川島は千葉県支部の詮衡会段階で推薦されていなかったが、本部の詮衡会段階で議論の俎上に載せられていた点である。前述の篠原には勝正憲がいたように、川島には前田米蔵（東京府第六区）がいた。前田は千葉県支部での川島非推薦という決定に対して、異議を申し立てた。前述の橋本が「私がいろいろさい配を聞いたのは前田さんを主にしました(156)」と回想したように、詮衡会での前田のイニシアチブは確かだったはずだが、それですら川島を推薦候補として押し出せなかったのである。その上で二つ目は、反対の理由として川島が「政党人的」であると認識されていた点である。「政党人」の定義は定かでないが、仮に政党が政権奪取のため、選挙での勝利を至上命題とする組織であるならば、また地元への利益誘導に積極的な組織であるならば、川島はそれを体現する人物として認識されていたことになる。推測だが、今まで本書で論じてきた選挙をめぐる川島の取り組みそのものが、「政党人的」行為として危険視されたのではないだろうか。

ちなみに全国で非推薦候補は八五人当選するが、川島のように翼賛議員同盟にいながら非推薦となったのは、二四人（約二八％）に過ぎない。しかも翼賛議員同盟理事で非推薦は川島だけで、それは極めて異例なケースといえよう。これを受けて川島は、川口為之助に立候補の可否を相談した。川口は「断固やるんだね、ボクも老骨をひっさげて頑張ってみよう」[157]と励まし、立候補を強く促した。川口の支持に意を強くした川島が、非推薦でありながら、立候補を決断した瞬間であった。[158]

第三は、第一次詮衡会をクリアした成島が、なぜ推薦を辞退したのであろうか。上山和雄は、翼賛体制に協力的でない尾崎行雄や大宅壮一などと近いことから、成島を非推薦として捉えたが[159]、前述のように、この辞退は成島からの申し出であった。その理由を読み取れる史料は発見できなかったが、奥健太郎によると[160]、千葉県の場合、内定候補者を内申したものの、その内容に問題があったため、本部で修正を加えられた可能性があるという。推測だが、仮に成島が本部による推薦修正対象であったとするならば、その公表前に自ら辞退を申し出たのではないだろうか。第五章で示したように、成島は東葛飾郡農村部で圧倒的な集票力を持つ。だからこそ勝機を見出し、非推薦での立候補を選択したのかもしれない。

第四は、新人の後藤と野村が、なぜ推薦されたのであろうか。川島は野村の推薦理由について、彼が千葉県知事の藤原孝夫と東京帝国大学法科の同期であり、その藤原知事が立候補を主導したと指摘する[161]。事実、藤原知事は、齋藤信三郎（君津郡翼壮団長）に野村の選挙事務長就任を「斡旋依頼」[162]している。野村は、藤原知事が押し出した肝煎の推薦候補だったのである。また後藤に関しては、一九四二年一月一六日に警視庁情報課が作成した「衆議院候補者トシテノ適格者調（立候補ヲ希望セザル者）」[163]を見ると、その名が確認できる。後藤は「法政大学卒、読売新聞記者、京成電車社長其ノ他交通諸事業ニ干係ス、資性温厚、経済事情ニ通ズ」と評価されていたものの、この史料名が示すように、立候補を希望していなかった。しかし川島は、そこに政府と軍部が強力に介入した結果、後藤は立候補に至ったと理解していた[164]。川島は県知事・政府・軍部をも敵に回し、かつてない苦境に立たされていたのである。

以上を見ると、翼賛選挙での推薦と非推薦の分水嶺が極めて曖昧で、しかも候補者自身の人間関係に左右されていたことを読み取れる。加えて翼賛議員同盟理事であった川島の非推薦への変更は、異例でもあった。内務省情報課は、選挙終了後、前述の「衆議院議員調査票」を作成し直すが、その際、多田・川島・成島・篠原に関する評価を変えず、それぞれ甲・乙・乙・丙のままにしたのは、それを裏づけるのではないだろうか(165)。

最終的な千葉県第一区（定数四名）の立候補者をまとめると、推薦候補は多田・篠原・後藤・野村の四名、非推薦候補は成島・川島・臼井荘一（千葉市会議員）・富田照（元日本大学職員）・原四郎治（元県会議員原徳治の子）の五名となった。なお元代議士の鈴木は政界復帰を模索していたものの、前述した一月県会議員選挙で自身が擁立した二人の候補者が落選したためであろうか、結局は立候補しなかった。

（三）選挙運動

まず選挙事務長だが、川島陣営は引き続き梨本太兵衛、篠原陣営は川井重次郎（元松戸町根本区長）、成島陣営は松丸巌（田中村）、多田陣営は多田隆太郎、後藤陣営は津田績、野村陣営は齋藤信三郎（君津郡翼壮団長）、臼井陣営は大須賀巌、原陣営は堀井栄一、富田陣営は萩原孫太郎が務めた(166)。梨本は、自身が県会議員に当選した直後の一九三二年第一八回総選挙を除き、全ての川島の事務長を務めたことになる。この継続性は、千葉県第一区の中で、川島だけが誇る。

翼賛選挙のため、内務省は選挙粛正以上の規制を設けた。県刑事課は、内務省作成の「申し合わせ事項（選挙協定）(167)」を各選挙事務長に示した。例えば演説会は一日五回の総計七五回で夜間開催禁止、演説会の場所は公立学校および公会堂のみ、演説会開催中に空襲警報が出された場合は直ちに中止、自家用車を除き当局から一台および一定燃料を支給、選挙事務所は多人数の出入りのない場所に限定など、多岐にわたる(168)。この他、推薦状連名者数、演説会出席者、労務者数、演説会ビラのサイズや色彩などにも詳細な制限を設けた(169)。

加えて古川隆久が指摘するように(170)、争点の不在、警察による取り締まりや選挙干渉などもあり、選挙運動は盛り上がりに欠けた。そこで演説会を見ると、第一区では「聴衆狩り出し」と呼ばれる「新戦術」が登場する。[171]これは、「〝いつどこそこで演説会をやりますからどうぞ〟といふ葉書をいちいち有権者に出」し、ピンポイントで演説会参加者を囲い込む方法である。ただし、その分、費用がかかるため、「主力を注ぐ根拠地」でのみ展開した。ここからは、次の二点が読み取れる。一つは、特定の有権者個人に宛てた演説会案内が葉書で送付された点である。不特定多数に撒かれる性質の従来のビラと比較した場合、個人に送付される葉書の方が、参加者数の増加を見込めよう。二つは、従来と異なり、地盤地域で集中的に演説会が開催された点である。本書で見たように、戦前期普選の演説会の対象地域は次第に拡大していたが、翼賛選挙では原点に回帰したといえよう。ただし演説会は不入りで、例えば千葉市では二〇〇人が参加する演説会もあれば、千葉郡では二人しか参加しない演説会もあった。[172]回数に関しては、四月二〇日現在、臼井四五回、川島三四回、富田・篠原・成島・後藤三二回、多田三〇回、原二九回、野村二三回の合計二八九回で、これとは別に流会六回、演説取締官による中止一八件があった。[173]一人総計七五回の制限の中、各候補者はそれなりに演説会を開催していたものの、参加者数は伸びなかった。戦時期であることに加えて、さまざまな制限が有権者の興味と関心を削いでいた。

今回は具体的な候補者名を扱う報道が少なかったが、[174]例えば推薦候補の場合、多田は君津郡から市原・千葉・東葛飾一帯にかけて「地盤を築き、堅実な戦い」、篠原は立候補も遅く、演説会も少ないものの「落着いた戦ひ」、後藤は「本多政友の地盤」を継ぐ者で、野村は翼賛壮年団を支持基盤としていた。非推薦候補の場合、川島は特に松戸地域に強く、市原郡にも進出し始めていた。また成島は東葛飾郡に加えて、市原郡の中にも地盤を持ち、非推薦であることとは意外に「効果」があった。総じて見ると、多田と川島が「第一区の二大勢力」として一目置かれており、この両者が序盤の選挙戦を有利に進めていた。

しかし川島は非推薦候補ゆえに、弾圧の対象であった。例えば弁士が演説を始めると、すぐに立会いの警察官が注意や中止を命令し、運動員を警察に引き渡した。[175]また演説会にはヤジを飛ばす人間もおり、「翼賛会の推薦を受けられなかった男に責任のもてる発言ができるか」、「川島派に加担すると、すぐ警察に捕まるぞ」とのヤジが飛んだ。(176) これは、「私の選挙関係者は、誰彼の差別も容赦のなく、一応、警察に連行された。そして、二、三日警察に留めおかれて釈放される。私の選挙事務所では夜が明けると『今朝は誰がひっぱられる番かな』と、口々にいったものだ」(177) という川島自身の回想と合致する。

だからこそ川島の盟友川口の動向が鍵となる。川口は選挙資金を作り、これを千葉市郡の有力者に分配するとともに、旧政友会系の支持者に約二〇〇通の親書を送った。(178) また後述するように、川口自身も選挙違反で警察に追われる身となり、第一章で登場した元政友会代議士の中島守利（東京府第六区）の下に身を潜めながら、「電話で現地の指揮」(179) を取った。この川口の動きを見ると、翼賛選挙であっても、地域有力者が各候補者の集票回路であったことに変わりはない。「各派がその得票予想に当つて有力者をどれだけ傘下に収めたかかを基準とすることが今も昔も余り変らない」ため、各候補者とも「有力者の口説き落し」に「集中」しているとの報道は、(180) その証左であった。厳しい規制下の選挙運動であっても、演説会の参加者が少なくても、演説会開催地域が狭くても、翼賛選挙の以前以後であっても、地域有力者が集票回路であり続けたのである。しかし地域有力者の具体的な系列先に関しては、千葉県の場合、東京府選挙区と異なり、国立国会図書館所蔵の『旧陸海軍文書』を見ても、(181) 各警察署が作成した選挙期間中の選挙情勢（頻繁に更新）を見ても、(182) 判然としない。仮に東京府の傾向を敷衍するならば、千葉県第一区でも同様の現象、すなわち代議士による地方議員の系列下が存在していたことになる。

この他、第五章で示したように、選挙粛正を経て、川島の影響力が減退した君津郡の場合、選挙後、木更津署が川島派の選挙違反容疑者として君津郡水産会長の小泉吉蔵を留置したが、(183) ここからは、君津郡水産会がその支持基盤だったことを読み取れる。川島が君津郡の漁業関係団体の支持基盤化に取り組んだことは第五章で示したが、それが成功していたからこそ、非推薦候補であっても、君津郡水産会は川島を支持したのである。

さて選挙戦が激しさを増す中、「以前、甲派へ走つてゐた旧本多系を乙派が奪取し、根拠地君津郡下が激戦地帯となつて相当の打撃を免れない両派は東葛飾郡下の有力者を狙ひうちにし、野田醤油会社関係は丁派から乙派にのりかへた」[184]と報じられた。具体的な候補者名は伏せられているが、東葛飾郡の旧本多系の存在、野田醤油会社の組織票の存在などが読み取れる。そして投票日が近くなると、多田と篠原が「古豪振り」の戦いで当選圏内、東葛飾郡を地盤とする川島・成島・後藤が残り二議席を争うと報じられ[185]、前述した川島の好況情勢は一転し、苦戦を強いられていた。

投票日前日の票読み報道を見ると[186]、全候補者名をA派〜I派と呼び、実名は不明である。ただ地盤での圧倒的な得票数を手掛かりにすると、おそらくE派（東葛飾郡一万二、〇〇〇票・船橋市八〇〇票・市川市五〇〇票・千葉郡三〇〇票・千葉市四〇〇票・君津郡および市原郡四〇〇票の合計一万四、四〇〇票）が成島、F派（君津郡一万票・市原郡四、五〇〇票・千葉市および千葉郡二、〇〇〇票・市川市および船橋市および東葛飾郡二、〇〇〇票の合計一万八、五〇〇票）が多田と考えられる。また別紙を見ると、多田と篠原は当選確実で、残り二議席を後藤・成島・野村・川島で争い、最終的には後藤と成島が当選すると報じられた[187]。川島の当選可能性は、極めて低かったのである。しかし川島陣営の事務長の梨本太兵衛は、東葛飾六、三〇〇票、市川市・船橋市・千葉市郡は「後藤派に相当食はれ」たために四、五〇〇票、市原郡一、五〇〇票、君津郡八〇〇票で合計一万二、六〇〇票と読んでいた。篠原と多田が当確で、三位は成島と後藤の地盤争いに勝った方となり、梨本は「二者とは地盤を異にする」川島は四位で当選可能と予想していた[188]。ただ後掲の表6-4と表6-5を見る限り、梨本の予想は必ずしも的中しておらず、それだけに今回の総選挙は読めない展開となっていた。

(四) 選挙公報の分析

古川隆久が指摘したように[189]、候補者の政見に相当する選挙公報は、『大東亜建設代議士政見大観』（都市情報社、一九四三年）[190]にまとめられている。横関至は、今回の選挙公報の全体的特徴を次のように指摘した。①戦争遂行、国民動員の強化、強力議会の確立の三点においては、推薦候補と非推薦候補の間に相違がない。②基本的政策の一致という枠組みで、議会の位置づけ、国民生活の維持、戦争経済などに関わる批判が非推薦候補から提出された。③同じ非推薦候補であっても、「自由主義的思想」の成算か保持かをめぐる相違が存在していた。これらを踏まえて、以下、東葛飾郡を地盤とする篠原・成島・川島を事例に、同書に掲載された選挙公報を分析しよう。

まず篠原のものは、(191)「大東亜戦争の本質と其将来」、「生産力の拡充と政治的動向」、「食料政策と農漁山村の安定」、「配給問題と中小商工業の統合」、「銃後世界と厚生施設」の五項目から構成されている。前述の横関の指摘①を踏まえれば、戦争遂行の視点から、総花的に政見を羅列したものとなっている。篠原の選挙公報における政見の羅列傾向は、選挙公報が導入された一九三六年第一九回総選挙以降、一貫していた。

次に成島のものは、(192)二点の特徴が挙げられる。第一は、「政党解消以後、国民の総意を基底とする政治力の結集なきことは高度国防国家の重大なる欠陥であり、是れなくしては大東亜の新秩序を建設する大経綸は生まれないのであります」が示すように、暗に政党の必要性を訴えている点である。前述の横関の指摘②を踏まえれば、いわば成島は議会のあり方、国民と政治との関わり方に関して、政党に存在意義を見出していたといえよう。第二は、「（一）広域経済の一環たる立場に於て日本の農業はどうあらねばならぬのか、（二）指導国家としての日本の農業をどうあらしめねばならぬのか」が示すように、政策を農業分野に限定した点である。前述の横関の指摘①の中でも、戦争遂行に必要な政策を農業分野に限定化することによって、他候補者との差別化を図ったといえよう。

最後に川島のものは、(193)「米英を憎伏せしむ」、「必勝態勢の強化を期す」、「食料政策と農漁村」、「教育の新体制」、「最小限度の生活安定」、「今期選挙の意義」の六項目から構成されている。前々回および前回総選挙での選挙公報と異なり、今回は総花的な内容で、むしろ前述の篠原の選挙公報、さらには前述の横関の指摘①に近い。ただし川島は、別の場で「私の最も念願とする処は、この大戦争を完遂する為め旺盛な国民的気魄の高揚にある。それには最少限の生活安定を図ることが絶対要件」(194)とも述べており、総花的であっても、前述の「最小限度の国民生活の安定」項目に力点を置いていた。国民生活を重視する傾向は、戦前期普選での川島の政見類に通底しており、彼にとっての原点であった。この他、「総選挙は国民各自がその代表者を推すといふだけの目的であつてはならない、総選挙を通じて国民総てが政治をハツキリと心に把握しなければならぬと思ふのであります」とも述べている。前述の横関の指摘③を踏まえれば、川島は「自由主義思想」を保持するためにも、有権者一人ひとりに、それに応じた政治道徳を求めていたと考えられる。

総選挙結果一覧

6位：野村恵一郎（推薦）		7位：臼井荘一（非推薦）		8位：富田照（非推薦）		9位：原四郎治（非推薦）	
1,447	11.1%	1,851	24.2%	606	10.8%	744	16.0%
664	5.1%	4,455	58.1%	252	4.5%	217	4.7%
488	3.8%	726	9.5%	205	3.7%	261	5.6%
3,167	24.4%	555	7.2%	382	6.8%	188	4.0%
7,212	55.6%	78	1.0%	4,166	74.2%	3,251	69.7%
12,978	100.0%	7,663	100.0%	5,611	100.0%	4,661	100.0%

（五）選挙結果

表6-4は、選挙結果をまとめたものである。多田・成島・篠原に続き、川島は一万四、三一三票を獲得し、六四票差で五位の後藤圀彦を振り切り、連続六回目の当選を果たした。「苦学力行」だが、「選挙上手」な「幸運児」と評された川島は、当選後、「常に勇踊欣然御奉公できるやう、必要な健康を保ち、病苦の難を除く生活安定の施設が絶対要件」と述べ、国民生活の安定に資する政策の重要性を訴えた(195)。こうして川島は、戦後まで代議士であり続ける資格を手にした。

選挙結果の全国的傾向を見ると、全四六六議席中、推薦候補三八一議席に対し（占有率八一・八%）、非推薦候補は八三議席を獲得した（占有率一八・二%）。千葉県第一区（定数四）は推薦候補（多田・篠原）と非推薦候補（成島・川島）が二議席ずつ分け合ったため、全国的傾向以上に、非推薦候補が健闘したことになる。全国投票率八〇%に対し、棄権率一六・三%だったが、これは千葉県第一区も同様で、投票率八二・三%、棄権率一五・二%となった。

今回の選挙結果の中に、表6-2で示した基礎票を位置づけると、川島は一万七、九七五票（東葛飾郡五、一五五票）で、全体の得票数では減らしたものの、

表6－4　1942年第21回

	1位：多田満長（推薦）		2位：成島勇（非推薦）		3位：篠原陸朗（推薦）		4位：川島正次郎（非推薦）		5位：後藤圀彦（推薦）	
東葛飾郡	2,740	12.6%	17,639	92.5%	7,061	47.4%	8,056	56.3%	8,776	61.6%
千葉市	1,741	8.0%	478	2.5%	2,591	17.4%	1,569	11.0%	2,555	17.9%
千葉郡	1,350	21.8%	726	3.8%	2,970	19.9%	1,984	13.9%	2,232	15.7%
市原郡	4,739	21.8%	101	0.5%	1,849	12.4%	2,206	15.4%	403	2.8%
君津郡	11,133	51.3%	122	0.6%	438	2.9%	495	3.5%	283	2.0%
全体	21,703	115.6%	19,066	100.0%	14,909	100.0%	14,313	100.0%	14,249	100.0%

出典：『第21回衆議院議員総選挙一覧』（衆議院事務局）より作成。
注：東葛飾郡の中には、市川市（1934年市制施行）および船橋市（1937年市政施行）を含む。

東葛飾郡では票の積み増しに成功している。非推薦でありながら、地盤を手堅くまとめるとともに、票の掘り起こしにも成功したといえよう。篠原のそれは東葛飾郡八、一八四票で三位当選を果たすものの、票を減らしている。推薦候補だったが地盤の票が固めには成功しておらず、実は危機的状況に追い込まれていた。成島のそれは東葛飾郡六、八五〇票だが、この三倍近い票を集めており、地盤での強さは他候補者よりも抜きん出ていた。

次に代議士個人の視点から地盤を分析するため、表6－5を作成した。ここからは、次の五点を指摘したい。第一は川島の場合、行徳町（四四・九％）を除き、軒並み得票率は低く、今までの総選挙と比べて、もっとも苦しい戦いを強いられていた。特に成島の出身地である富勢村とその周辺の町村を見ると、今回も得票率一桁台しか獲得できなかった。唯一、木間ケ瀬村（得票率三六・四％）で善戦したものの、成島の五四・二％には届かない。前回総選挙同様、農村部町村では成島に対抗できず、その分、沿岸部町村からの集票で補っていたと考えられる。第二は篠原の場合、三位で当選するものの、前回総選挙と比べて、東葛飾郡票を約一、八〇〇票減らしている。今回も同じ民政党の成島の影響を強く受けた篠原は、地盤町村が消滅してしまうのに加えて、他市郡部の全てで票を減らしている。推薦候補として当選したものの、戦後政治史を見通した場合、篠原は危機的状況にあった。第三は成島の場合、非推薦でありながら、前回総選挙よりも得票数を伸ばした。成島は地縁を活かし、東葛飾郡を中心とする強い地盤の構築に成功したのである。反面、沿岸部ではほとんど得票できなかったことは、前回総選挙と

表 6 - 5　1942 年第 21 回総選挙での候補者別東葛飾郡各町村得票数および得票率一覧

町村名	投票総数	川島		成島		篠原		後藤		多田	
		得票数	得票率（%）	得票数	得票率（%）	得票数	得票率（%）	得票数	得票率（%）	得票数	得票率（%）
船橋市	8,329	1,250	15.0	1,512	18.2	1,413	17.0	2,445	29.4	442	5.3
浦安町	2,452	437	17.8	176	7.2	372	15.2	330	13.5	966	39.4
行徳町	1,673	751	44.9	195	11.7	284	17.0	259	15.5	117	7.0
南行徳町	920	185	20.1	115	12.5	226	24.6	74	8.0	262	28.5
市川市	8,901	1,172	13.2	635	7.1	1,338	15.0	3,337	37.5	484	5.4
大柏村	484	131	27.1	177	36.6	61	12.6	82	16.9	8	1.7
鎌ヶ谷村	818	186	22.7	335	41.0	160	19.6	90	11.0	16	2.0
松戸町	4,158	1,099	26.4	1,281	30.8	671	16.1	639	15.4	157	3.8
高木村	696	190	27.3	309	44.4	99	14.2	55	7.9	12	1.7
馬橋村	643	84	13.1	259	40.3	202	31.4	49	7.6	10	1.6
小金町	772	97	12.6	401	51.9	115	14.9	115	14.9	19	2.5
流山町	997	178	17.9	479	48.0	228	22.9	62	6.2	15	1.5
八木村	578	94	16.3	366	63.3	56	9.7	54	9.3	2	0.3
新川村	727	34	4.7	489	67.3	76	10.5	112	15.4	5	0.7
田中村	933	55	5.9	822	88.1	14	1.5	26	2.8	5	0.5
柏町	1,653	87	5.3	1,237	74.8	179	10.8	79	4.8	27	1.6
風早村	703	60	8.5	427	60.7	74	10.5	109	15.5	6	0.9
土村	628	42	6.7	430	68.5	72	11.5	42	6.7	2	0.3
手賀村	792	126	15.9	495	62.5	106	13.4	49	6.2	2	0.3
富勢村	702	9	1.3	667	95.0	13	1.9	4	0.6	5	0.7
我孫子町	1,074	52	4.8	771	71.8	86	8.0	121	11.3	21	2.0
湖北村	612	34	5.6	458	74.8	64	10.5	39	6.4	10	1.6
布佐町	564	36	6.4	297	52.7	119	21.1	71	12.6	3	0.5
旭村	702	118	16.8	480	68.4	47	6.7	27	3.8	8	1.1
野田町	3,451	596	17.3	1,660	48.1	566	16.4	217	6.3	92	2.7
梅郷村	710	95	13.4	513	72.3	46	6.5	35	4.9	7	1.0
福田村	732	95	13.0	558	76.2	18	2.5	37	5.1	5	0.7
七福村	560	66	11.8	421	75.2	45	8.0	19	3.4	3	0.5
川間村	855	164	19.2	467	54.6	144	16.8	83	9.7	5	0.6
木間ヶ瀬村	753	271	36.0	408	54.2	40	5.3	19	2.5	6	0.8
二川村	851	176	20.7	558	65.6	62	7.3	16	1.9	9	1.1
関宿町	470	86	18.3	241	51.3	65	13.8	60	12.8	6	1.3
合計	48,893	8,056	16.5	17,639	36.1	7,061	14.4	8,756	17.9	2,737	5.6

出典：『第 21 回衆議院議員総選挙一覧』（衆議院事務局）より作成。

同様である。やはり成島を支持したのは、東葛飾郡の中でも農村地帯の有権者だった。第四は地盤協定を見ると、前回総選挙同様、新聞報道でその類のものを確認できなかった。旧民政党候補は成島・篠原・多田の三人だが、かつての川島と本多の関係性を踏まえると、特に地盤が重複する篠原と成島の間に地盤協定が成立することは難しい。その一方で、地盤が君津郡である多田との間には、地盤協定が成立する可能性は残されていたのかもしれない。第五は後藤の場合、彼が本多の後継者であることから、京成沿線部を中心に、松戸町・船橋市・市川市などで高い得票率を誇った。かつての本多もこれらの地域での得票率が高かったことから、後藤は名実ともに本多直系の後継候補として位置づけられる。

この他、選挙費用の一端を探るため、表6－6を作成した。県知事に報告する数字であり、実態を示すものではないが、重点項目が読み取れる。ここからは、次の二点が指摘できる。第一は、前回総選挙と異なり、再び候補者間で重点項目が異なった点である。例えば篠原の印刷費の割合は、格段に低い。その代わり、他候補者と異なり、篠原は筆墨紙費に一三・六％も割いていた。おそらく篠原は印刷用紙を多く用意したものの、実際には使用しなかったのであろう。第二は、成島および篠原と比較した場合、川島および後藤の船車馬費が格段に低い点である。川島および後藤は、東葛飾郡での選挙運動に力を入れたため、船車馬費が低く抑えられたのであろう。事実、表6－4のように、東葛飾郡以外の地域での得票は低調であった。また各候補者は、どのようなルートでこのような選挙資金を調達したのであろうか。史料は極めて少なく、推薦候補者の場合、陸軍省軍務局が臨時軍事費の中から選挙費用（五、〇〇〇円）を捻出した程度しか分からない[196]。金額的には小さいが、陸軍が翼賛選挙に大きく関与したことは間違いない。

最後に選挙違反を見よう。県警察部長の青木重臣は東条内閣大東亜大臣青木一男の実弟ということもあり、非推薦で当選の川島の選挙違反を追求した[197]。したがって川島陣営の選挙違反報道が多い[198]。例えば五月一日現在で強制収容された一五名のうち、一一名が川島派であった。同時に四月二五日以降、行方をくらました県会議員の「謀将」、すなわち川口為之助の存在も報じられた。川口は一九四二年四月二三日から一九四三年一一月までの間、埼玉県・東京

表6－6　1942年第21回総選挙での選挙費用内訳

		成島		川島		篠原		後藤	
		費用	割合（%）	費用	割合（%）	費用	割合（%）	費用	割合（%）
報酬	労務者	641	7.8	736	7.8	1039	14.5	978	11.7
家屋費	選挙事務所	58	0.7	30	0.3	100	1.4	100	1.2
	集会会場	614	7.4	751	8.0	473	6.6	837	10.0
通信費		456	5.5	1997	21.1	702	9.8	113	1.4
船車馬費		1332	16.1	770	8.2	996	13.9	700	8.4
印刷費		4241	51.3	3856	40.8	1694	23.7	4342	52.0
広告費		296	3.6	50	0.5	254	3.5	596	7.1
筆墨紙費		74	0.9	27	0.3	975	13.6	26	0.3
休泊費		260	3.1	332	3.5	59	0.8	49	0.6
飲食費		170	2.1	192	2.0	172	2.4	147	1.8
雑費		121	1.5	704	7.5	696	9.7	457	5.5
合計		8,263	100.0	9,445	100.0	7,160	100.0	8,345	100.0

出典：『千葉県報』号外（1942年5月20日付）より作成。
注：単位は円で、銭および厘は切り捨てた。

市・青森県・秋田県・山形県・新潟県・富山県・石川県・島根県・京都府・和歌山県・岡山県・長崎県・鹿児島県・大分県・山梨県・静岡県を転々とし、逃亡生活を続けていた。最終的には体調を崩したことで自首し、二、五〇〇円を有力者に分配したことを認め、執行猶予二年・禁固刑一年の判決となった[199]。川島陣営の検挙は続き、「今後の検察網は川島派の運動員に集中され、深く喰ひ下つて[200]」いくと報じられた。川島派の選挙違反者で令状執行された者は、一七名を数えた[201]。例えば渡辺謙（市原郡牛久町）は征矢賢一（市原郡高瀧町）に約二〇〇円を渡し、川島への投票を勧誘したという[202]。市原郡を地盤とする鈴木隆[203]（元代議士）が立候補しないことから、この地の動向は「関ヶ原」と報じられ、それゆえに川島派は買収したのであろう。

一九四二年六月一〇日、内務省警保局警務課は選挙犯罪を取りまとめ、「衆議院議員選挙犯罪調（二）[204]」を作成した。個別のケースは記載されていないが、千葉県の場合、買収利益誘導など一七件二二名、ブローカー犯罪五件五名、戸別訪問および個々面談一九件一九名、無届運動一三件一三名、関係官公吏の選挙運動一件一名、労務者に関する制限違反二件二名、文書図書に関する制限違反二件二名、その他五件五名を数え、合計六四件六九名とある。これは、東京府四六一件七八七名、広島県一一二件二〇四名、北海道八五件一七六名に次ぐ、全国第四位であった。前述の川島陣営逮捕者数一五名が六九名の中に含まれるのであれば、川島派は千葉県全体の二一・七％の違反者を出したことになる。

小括

本章での分析の結果、以下の四点が確認できた。

第一は、戦時体制の進展により、最終的に政党が解党に向かう中、川島は政友会中島知久平派の代議士として頭角をあらわし、中島率いる革新派の総務に就任した点である。高等文官試験に合格した中央官僚でもなく、選挙区の名望家でもなく、企業経営者でもなかったが、連続五回当選を背景として、やや遅咲きであったものの、党内序列を高め、補論で示すように、戦後政治史への足掛かりの第一歩を築いたといえよう。

第二は、一九四〇年県会議員選挙を見ると、政民両党支部は選挙運動の枠組みを設定した他、実際の選挙運動の陣頭指揮を執った点である。一方で、政民両党支部は、代議士が擁立した候補者をそのまま公認していた。したがって単純に政民両党支部の影響力が強まったのではなく、選挙区の中では代議士のそれと併存していたといえよう。しかし政友会の場合、選挙運動の陣頭指揮を執ったのは、川島の系列下で彼の代理の梨本太兵衛であった。また民政党の場合、県会議員の長老格の島田彌久であった。したがって政民両党を比べると、前者の方がより一層、代議士の影響力が強かったと考えられる。

第三は、翼賛選挙での推薦と非推薦の分水嶺が極めて曖昧で、候補者自身の人間関係に左右されており、しかも翼賛議員同盟理事であった川島の非推薦への変更は、極めて異例だった点である。しかし翼賛選挙で非推薦候補として戦い、当選した意味は大きかった。これにより川島は、同じく補論で示すように、戦後政治史への足掛かりの第一歩を築いたといえよう。

第四は、川島の支持基盤を見た場合、君津郡水産会を除き、川口為之助を中心とした地域有力者による個人型集票回路が中心であるとともに、地域的には養父才次郎の出身地の行徳町だけが彼の地盤であり続けた点である。その結果、戦前期普選を経た川島の支持基盤は、個人型集票回路としての地域有力者、組織型集票回路としての漁業団体関係、地域としての行徳町、最終的にこの三つに収斂されていったのである。

注

(1) 波田永実「東京市における町内会と政党―選挙粛正運動から翼賛体制へ・豊島区を例にして―」(『生活と文化』第一〇号、豊島区立郷土資料館、一九九六年)は、東京府第六区の前田米蔵(旧政友会)および中村梅吉(旧民政党)が系列下とした地方議員、さらにはその地方議員が系列下に置く町内会の存在などを分析した。しかし波田の依拠した国立国会図書館憲政資料室蔵『旧陸海軍文書』には、千葉県の史料が残されていない。第五章に引き続き、本章でも部落会や町内会をめぐる史料が確認できなかったため、同じくそれらは分析対象にならない。

(2) 『房総』一九三七年九月一九日。

(3) 『房総』一九三八年一月二〇日。

(4) 以下、『東日』一九三七年五月五日。

(5) 『房総』一九三七年八月四日および『読売』一九三七年八月六日千葉版。

(6) 『房総』一九三七年九月一九日。

(7) 以下、『読売』一九三八年一月二〇日千葉版

(8) 川島の支部長就任は、管見では、林政春『国会議員の風雪二五年―自民党幹事長川島正次郎氏の政界コース―』(東京タイムズ千葉支局、一九五九年)一三頁にのみ記されており、序章で示した先行研究や各種伝記的著作では触れられていない。

(9) 以下、『房総』一九三八年一月二〇日。

(10) 『房総』一九三八年一月二二日。

(11) 『東朝』一九三八年一月一八日千葉版。

(12) 升味準之輔『日本政党史論』第五巻(東京大学出版会、一九七九年)三〇九頁。

(13)『房総』一九三八年一月二六日。
(14)『読売』一九三八年一月二六日千葉版。
(15)『読売』一九三八年二月二日千葉版。
(16)『読売』一九三八年四月二四日千葉版。
(17)『読売』一九三八年一二月三日千葉版。
(18)帝国議会会議録検索システム「電力管理法案外三件委員会議録　第二回　昭和一三年一月三一日」二頁・一二頁。
(19)帝国議会会議録検索システム「電力管理法案外三件委員会議録　第八回　昭和一三年二月八日」六頁。
(20)帝国議会会議録検索システム「電力管理法案外三件委員会議録　第一三回　昭和一三年二月一六日」三二〜三三頁。
(21)永井和「日中全面戦争化と東亜新秩序—第七一帝国議会〜第七五帝国議会—」(林茂・辻清明編『日本議会史録』第三巻、第一法規、一九九一年)二九五頁。
(22)帝国議会会議録検索システム「電力管理法案外三件委員会議録　第二五回　昭和一三年三月七日」一〇頁。
(23)帝国議会会議録検索システム「予算委員会議録　第一九回　昭和一四年三月八日」二〜四頁、二一〜二二頁。
(24)『房総』一九三九年四月一一日。
(25)『房総』一九三九年四月五日。なお小高も岩瀬も初当選が一九三二年第一八回総選挙で、同期であった。しかし岩瀬は、実兄の森矗昶の当選辞退を受けて、繰り上げ当選した経緯を持つ。このことから、岩瀬は小高を立てたのであろう。
(26)『千葉日日』一九三九年四月一九日。
(27)『東朝』一九三九年四月一九日千葉版。
(28)例えば予算委員会では、「親父ガ貧乏デアレバ、又家庭状況ガ悪イナラバ、之ニ依ッテ全部学業ヲ廃スル」(帝国議会会議録検索システム「予算委員会議録　第五回　昭和一二年七月三一日」四〇頁)現実を憂い、中等教育の拡大を主張した。また本会議では政府提出の北支事件特別税法案に対して「大衆課税ヲ避ケルコトニ努力シタ点」(帝国議会会議録検索システム「昭和一二年八月五日　衆議院議事速記録第一〇号　北支事件特別税法案(緊急事件)」一七四頁)を評価した。
(29)帝国議会議事録検索システム「予算委員会議録　第二五回　昭和一四年三月一六日」四一頁。
(30)『房総』一九三七年九月二一日。
(31)『読売』一九三八年九月一三日千葉版。
(32)「アメリカ解剖(鼎談)」(『政界往来』第一二巻一二号)一四一頁。

(33) 前掲「アメリカ解剖（鼎談）」一三〇～一四六頁によると、一九四一年の訪米経験に基づき、篠原はローズベルト大統領による世論の「御用」化政策、選挙での結果尊重の観念、大統領と議会の対立の存在などについてコメントを寄せた。しかし同時に、日本社会での米人排斥の問題点も指摘している。
(34) 『房総』一九三六年一一月二六日。
(35) 『房総』一九三九年一月一四日。
(36) 以下、『東朝』一九三七年六月一一日千葉版。
(37) 『東朝』一九三七年六月一三日千葉版。
(38) 『房総』一九三八年九月一九日。
(39) 帝国議会会議録検索システム「朝鮮事業公債法中改正法律案委員会議録　第一一回　昭和一四年二月二五日」二一頁。
(40) 帝国議会議事録検索システム「日本肥料株式会社法案委員会議録　第五回　昭和一五年三月一一日」一～二頁。
(41) 成島勇「戦時食料管制と肥料問題」（『民政』第一四巻六号、一九四〇年）二四～三〇頁。
(42) 『朝日』一九四一年八月二四日千葉版。
(43) 『東朝』一九三七年六月一一日千葉版および『房総』一九三九年四月一五日。
(44) 『房総』一九三八年五月二九日。
(45) 成島勇『努力は實る』（農村経済調査局、一九四一年）五頁。
(46) 成島は海外渡航にも意欲的だった。例えば一九三八年六月～七月の中国戦線日本兵の慰問および朝鮮視察などが挙げられる（『読売』一九三八年五月二九日千葉版夕刊・六月三日千葉版夕刊・六月二八日千葉版夕刊）。しかも衆議院南支皇軍慰問使の時、成島は県出身者兵を集めて写真撮影している（『東日』一九三九年一一月二六日房総版）。この時の写真は『読売』一九三九年一一月二六日千葉版などに掲載されたが、身内を出征者に持つ家族から見れば、成島は家族と戦地を結ぶ媒介者であった。
(47) 『読売』一九三七年五月六日千葉版。
(48) 『東朝』一九三七年五月六日千葉版および『東日』一九三七年五月一二日千葉版。
(49) 『東日』一九三七年五月七日千葉版。
(50) 『東朝』一九三七年五月七日千葉版。
(51) 『東朝』一九三七年五月一二日千葉版。
(52) 『東朝』一九三七年五月一九日千葉版。

(53)『東日』一九三七年六月一〇日千葉版。
(54)『東朝』一九三七年六月一三日千葉版。
(55)『読売』一九三七年六月一七日千葉版。
(56)『東朝』一九三七年六月二二日千葉版。
(57)『千毎』一九三七年六月二三日。
(58)『東日』一九三七年六月一七日千葉版および『千毎』一九三七年六月二四日。
(59)『千毎』一九三七年四月二二日。
(60)『房総』一九三七年七月二日。
(61)『読売』一九三八年二月一七日千葉版。
(62)『読売』一九三八年二月二四日千葉版夕刊および三月八日千葉版夕刊。
(63)『読売』一九三八年三月一〇日千葉版夕刊。
(64)以下、『東朝』一九三八年三月一〇日千葉版。
(65)『読売』一九三八年三月一〇日千葉版。
(66)『東朝』一九三八年三月一一日千葉版。
(67)以下、『読売』一九三八年五月一九日千葉版。
(68)以下、『読売』一九三八年五月二四日千葉版。
(69)なお本多の甥である中村眞太郎（京成電鉄電燈課長）は立候補を模索したが（『千毎』一九三八年四月二四日）、実際に立候補しなかった。
(70)『千毎』一九三八年五月二五日。
(71)以下、『東朝』一九三九年七月六日千葉版。
(72)『読売』一九三九年七月一一日千葉版。
(73)『読売』一九三九年七月一四日千葉版。
(74)『房総』一九三九年一一月一八日。
(75)以下、『読売』一九三九年二月七日千葉版。
(76)『千毎』一九三九年二月八日。

(77) 川島正次郎「強烈なる国家意識」(『政友』第四六四号、一九三九年七月)一四〜一五頁。
(78) 「政友会・民政党名簿」(国立国会図書館憲政資料室蔵『松本学関係文書』R二七)。
(79) 山本四郎校訂『立憲政友会史　補訂版』第一〇巻(日本図書センター、一九九〇年)一〇〜一三頁。
(80) 前掲升味『日本政党史論』第五巻二四八頁。
(81) 小宮京『自由民主党の誕生—総裁公選と組織政党論—』(木鐸社、二〇一〇年)二四頁。
(82) 前掲升味『日本政党史論』第五巻二五一頁。
(83) 前掲小宮『自由民主党の誕生』五六頁によると、政友会は出当選回数に基づくキャリアパスを形成していたという。しかし当選二回の床次竹二郎や中島知久平などの名も確認できることから、必ずしも当選回数主義を取ったのではなく、例外もあった。
(84) 小畑伸一『政界一寸先は闇—ある川島担当記者の手記—』(黄帆社、一九七二年)一八五頁。
(85) 岸信介「人間の機微を知る達人」(川島正次郎先生追想録編集委員会『川島正次郎』交友クラブ、一九七一年)八九頁。
(86) 『朝日』一九三八年六月七日朝刊。
(87) 前掲「政友会・民政党名簿」。
(88) 『川口為之助先生を偲ぶ』(川口為之助先生寿造建設委員会、一九六二年)八三頁。
(89) 佐藤剛「川島正次郎論」(前掲林『国会議員の風雪二五年』)三三頁。
(90) 林政春『川島正次郎』(花園通信社、一九七一年)一八七頁。
(91) 村瀬信一『首相になれなかった男たち—井上馨・床次竹二郎・河野一郎—』(吉川弘文館、二〇一四年)二一三頁。前掲升味『日本政党史論』第五巻二七五頁も、幹部または幹部になろうとする者は、候補者にポケットマネーを与え、彼らを「乾分」にしたと指摘した。
(92) 以下、『読売』一九三九年五月三日千葉版。
(93) 『読売』一九三九年五月一四日千葉版。
(94) 『東日』一九三九年五月一九日房総版。
(95) 以下、『房総』一九三九年六月一〇日。
(96) 『東日』一九四〇年一月一七日房総版。
(97) 以下、『千毎』一九三九年一〇月一七日。
(98) 『読売』一九三九年一〇月一七日千葉版。

(99) 以下、『読売』一九三九年一一月三〇日千葉版。
(100) 以下、『東日』一九三九年一一月二六日房総版。
(101) 『東日』一九三九年一二月一五日房総版。
(102) 『東朝』一九三九年一二月二〇日千葉版。
(103) 『読売』一九三八年七月八日千葉版。
(104) 『東日』一九三九年一二月一五日房総版。
(105) 『東朝』一九四〇年一月二三日千葉版。
(106) 『東朝』一九四〇年一月一二日千葉版。
(107) 『東日』一九三九年一二月二六日房総版。
(108) 『東朝』一九四〇年一月一二日千葉版。
(109) 『房総』一九四〇年一月一日。
(110) 『東朝』一九四〇年一月二六日千葉版。
(111) 『東朝』一九四〇年一月二五日千葉版。
(112) 『読売』一九四〇年一月二〇日千葉版。
(113) なお民政党県支部の看板は、県会議員の島田彌久の邸宅門に掛けられていた(『東日』一九四〇年八月一五日房総版)。島田邸が民政党県支部事務所であるならば、支部にとっての島田の存在は、その運営も含めて、極めて大きい。だからこそ島田は選挙の陣頭指揮を執ったのであろう。
(114) 『東朝』一九四〇年一月一一日千葉版。
(115) 『東朝』一九四〇年一月一八日千葉版。
(116) 『読売』一九四〇年一月一九日千葉版。
(117) 以下、『東朝』一九四〇年一月二二日千葉版。
(118) 内務省情報課「昭和一七年四月三〇日施行第二一回衆議院議員総選挙関係綴」(国立国会図書館憲政資料室蔵『旧陸海軍文書』R二一四)。
(119) 『読売』一九四〇年二月二一日千葉版。
(120) 『房総』一九四〇年一月二〇日。

(121) 例えば『千毎』一九四〇年一月二一日は川島の商工省政務次官就任、『読売』一九四〇年一月一七日千葉版も川島の政務次官就任を予想していた。
(122) 『房総』一九四〇年四月五日。
(123) 『東日』一九四〇年四月二八日房総版。
(124) 前掲『立憲政友会史　補訂版』第一〇巻、二七三頁。
(125) 『朝日』一九四〇年四月二七日朝刊。
(126) 『読売』一九四〇年五月二八日千葉版。
(127) 『千毎』一九四〇年七月九日。
(128) 『千毎』一九四〇年七月一三日。
(129) 『東日』一九四〇年一月一七日房総版。
(130) 『千毎』一九四〇年七月二六日。
(131) 『千毎』一九四〇年七月九日。
(132) 『房総』一九四〇年八月七日。
(133) 『千葉日日』一九四〇年八月一七日。
(134) 『房総』一九四〇年八月一七日。なお歴代幹事長は、川口、吉野力太郎（夷隅郡選挙区）、星野（市原郡選挙区）、鈴木亮、青木であった（『千毎』一九四〇年八月一六日）。
(135) 『房総』一九四〇年一一月一日。
(136) 民政党千葉県支部は、一九四〇年八月二三日に解散した。『千葉県史通史編　近現代二』（千葉県、二〇〇六年）七五八～七五九頁（中村政弘執筆）によれば、土屋清三郎（千葉県第三区）と篠原が新党反対の総裁町田忠治派、多田と成島が賛成の永井柳太郎派で、多田は支部長でありながら、いち早く脱党していた。なお前掲「政友会・民政党名簿」によると、篠原は町田「直系」派、成島は直系ではないものの「町田派」、多田は永井の直系および準直系ではないものの系列下代議士として分類されている。なお民政党の本部の解党に関しては、井上敬介『立憲民政党と政党改良―戦前二大政党制の崩壊―』（北海道大学出版会、二〇一三年）第三章第三節第二項に詳しい。
(137) 『朝日』一九四〇年八月九日朝刊および一九四一年五月三日朝刊・九月三日朝刊・一〇月七日朝刊。
(138) 『東日』一九四一年一月二四日千葉版。

(139) 以下、『朝日』一九四二年二月一九日千葉版。
(140) 『朝日』一九四二年二月二〇日千葉版。
(141) 以上、古川隆久『戦時議会』(吉川弘文館、二〇〇一年)一五六〜一五七頁、朝日新聞社編『翼賛選挙大観』(朝日新聞社、一九四二年)八〜一三頁。
(142) 「衆議院議員調査表」(『資料日本現代史四』大月書店、一九八一年)一二八〜一三九頁。
(143) 日本政治研究会編『政治新体制へ前進する翼賛議員同盟の全貌』(日本政治研究会、一九四一年)一一頁。
(144) 前掲「アメリカ解剖(鼎談)」一四六頁
(145) 『朝日』一九四二年三月三日千葉版。
(146) 『朝日』一九四二年三月二一日千葉版。
(147) 以下、『読売』一九四二年三月二四日千葉版。
(148) 内務省警保局長「翼賛政治体制協議会支部長会議の状況に関する件」(前掲『資料日本現代史四』)一七五頁。
(149) 『読売』一九四二年三月二四日千葉版。
(150) 以下、『読売』一九四二年三月三一日千葉版。
(151) 『読売』一九四二年四月一日千葉版。
(152) 『読売』一九四二年四月三日千葉版。
(153) 前掲『千葉県の歴史通史編　近現代二』七九三頁。
(154) 前掲「翼賛政治体制協議会支部長会議の状況に関する件」一七九頁。
(155) 有竹修二編『前田米蔵伝』(前田米蔵伝記刊行会、一九六一年)四四七〜四四八頁。
(156) 「橋本清之助氏座談会速記録」(国立国会図書館憲政資料室蔵『大霞会旧蔵内政関係者談話録音速記録』)。
(157) 前掲『川口為之助先生を偲ぶ』八三頁。
(158) 官田光史『戦時期日本の翼賛政治』(吉川弘文館、二〇一六年)八九頁によれば、そもそも候補者推薦制は、国民全体が候補者を推薦したという形式を通して、政党及び議会が国民の信頼を回復したというフィクションを創造するものであったという。これは、川島の所属した旧政友会中島派が案出しており、皮肉にも彼はその派閥だった。
(159) 『柏市史　近代編』(柏市、二〇〇〇年)七九四頁。
(160) 奥健太郎「翼賛選挙と翼賛政治体制協議会―その組織と活動―」(寺崎修・玉井清編『叢書二一COE―CCC多文化世界にお

ける市民意識の動態九　戦前日本の政治と市民意識』慶應義塾大学出版会、二〇〇五年）二三五頁・二五八頁。
(161) 前掲林『国会議員の風雪二五年』一三頁。
(162) 警視庁情報課政治係「昭和一七年四月三〇日施行衆議院議員総選挙に於ける選挙関渉問題」（『資料日本現代史五　翼賛選挙②』大月書店、一九八一年）一三九頁。
(163) 警視庁情報課「衆議院議員としての適格者調（立候補ヲ希望セザル者）」（前掲『資料日本現代史四』）一〇三〜一一〇頁。
(164) 前掲佐藤「川島正次郎論」三五頁。
(165) 内務省情報課「衆議院議員選挙（準備期間）書類綴」（前掲『旧陸海軍文書』R二一三）。
(166) 『読売』一九四二年四月五および八日・五月一日千葉版。なお前掲『千葉県の歴史通史編　近現代二』七九四頁によると、川口が川島陣営の選挙事務長を務めたというが、その出典は記載されていない。
(167) この原本は、前掲「衆議院議員選挙（準備期間）書類綴」。
(168) 『読売』一九四二年四月五日千葉版。
(169) 『東日』一九四二年四月七日千葉版。
(170) 前掲古川『戦時議会』一七一〜一八一頁。
(171) 以下、『朝日』一九四二年四月一八日千葉版。
(172) 『読売』一九四二年四月二一日千葉版。
(173) 『読売』一九四二年四月二二日千葉版。
(174) 以下、『東日』一九四二年四月二一日千葉版。
(175) 前掲林『国会議員の風雪二五年』一四頁。
(176) 前掲小畑『政界一寸先は闇』一八一頁。
(177) 川島正次郎「私の政治歴」（学芸通信社編『人生この一番』文明社、一九五八年）一四三頁。
(178) 前掲林『国会議員の風雪二五年』一四頁。
(179) 黒川鍋太郎『川口先生悲吟帖』（千葉公報社、一九六八年）二一三頁。
(180) 『読売』一九四二年四月二八日千葉版。
(181) 前掲波田「東京市における町内会と政党―選挙粛正運動から翼賛体制へ・豊島区を例にして―」。
(182) 「昭和一七年四月三〇日施行衆議院銀総選挙状勢綴」（前掲「旧陸海軍文書」R二一三）。

(183) 『読売』一九四二年五月三日千葉版。
(184) 以下、『読売』一九四二年四月二八日千葉版。
(185) 『東日』一九四二年四月二九日千葉版。
(186) 以下、『読売』一九四二年四月二九日千葉版。
(187) 『朝日』一九四二年五月一日千葉版。
(188) 以上、『読売』一九四二年五月一日千葉版。
(189) 前掲古川『戦時議会』一七一頁。
(190) 横関至「解説」(前掲『資料日本現代史五』)三六三頁。
(191) 以下、『大東亜建設代議士政見大観』(都市情報社、一九四三年)一六六～一六九頁。
(192) 以下、前掲『大東亜建設代議士政見大観』一六三～一六六頁。
(193) 以下、前掲『大東亜建設代議士政見大観』一七〇～一七二頁。
(194) 工藤三郎編『翼賛議員名鑑』(議会新聞社、一九四三年)一二四頁。
(195) 『朝日』一九四二年五月二日千葉版。
(196) 大谷敬二郎『昭和憲兵史』(みすず書房、一九六六年)四五〇～四五一頁。
(197) 前掲林『国会議員の風雪二五年』一五頁。
(198) 以下、『読売』一九四二年五月三日千葉版。
(199) 以上、前掲『川口為之助先生を偲ぶ』八七～九一頁。
(200) 『東日』一九四二年五月三日千葉版。
(201) 『読売』一九四二年五月五日千葉版。
(202) 『東日』一九四二年五月五日千葉版。
(203) 『朝日』一九四二年四月二五日千葉版。
(204) 内務省警保局警務課「衆議院議員選挙犯罪調(一)」(前掲『資料日本現代史五』)六六～六八頁。

補論　戦後政治史への道
――公職追放期の川島と選挙――

はじめに

補論では、選挙区を同じくする他の戦前派代議士と比較しつつ、公職追放の間、各種選挙と川島の関係性を分析し、彼が戦後政治史の足掛かりをつかんだ要因を探る。具体的素材は川島の公職追放期（一九四六～一九五一）に実施された三回の総選挙（一九四六年第二二回～一九四九年第二四回）、県知事選挙、県議会議員選挙、市長選挙とした。参議院議員選挙は、総選挙と比較した場合、まだ党派化が進展していないことに加えて、また川島の関与が確認できなかったことから、取り上げていない[1]。

先行研究としては、福永文夫が挙げられる。福永は一九二八年第一六回～一九五八年第二八回総選挙での議席率の変化、一九四六年第二二回～一九四九年第二四回総選挙での戦後派議員の形成、一九五二年第二五回～一九五五年第二七回総選挙での戦前派議員の復活を論じるとともに、その成果を地域レベル（兵庫県）でも検討した[2]。福永の仕事は、戦前と戦後における議会エリートの交代の諸相を明らかにしており、大きな意義を持つ。しかし後述の通り、千葉県第一区では、確かにその陰に戦前派代議士が存在し、身代わり候補を擁立するなど、自身の政治的影響力の保持に努めていた。したがって単なる代議士の交代は、即自に実質的支配者の交代に繋がらないのではないだろうか。

千葉県に関しては、序章で紹介した伊藤隆・山村一成・中村政弘の研究が挙げられる。伊藤は主に統計的分析の結果、各種選挙をA型（市町長選および市町村議選―県議選―衆院選）とB型（参院選と知事選）に類型化し、それらの特徴をまとめ、さらに自民党候補者後援会による有権者の組織化の様相も明らかにした。(3)全体的に保革対立を鋭く意識した時代の叙述だが、これらは現在も色褪せない有益な指摘である。ただし川島の視点から各種選挙を紡いでいく補論では、必ずしもA型とB型の枠組みにとらわれていない。

一方、山村は敗戦から保守合同に至るまでの時期を対象に、戦後地方政治体制の原型確立過程を分析した。(4)ここでは自由党内での川口為之助派と山村新治郎派の対立、公職追放後の選挙を経た戦前派と戦後派の保守政治家の混在、さらにはその両者の合同による戦後地方政治体制の確立、中央での自由党の党内対立が千葉県に与えた影響などを明らかにした。いわば千葉県での中央と地方の政治のあり方を統一的に捉える研究といえよう。また中村は県知事選挙や県議会議員選挙を視野に入れた上で、戦前派代議士の退場および戦後派代議士の登場過程を分析するとともに、公職追放が千葉県政界に与えた影響も考察し、選挙過程における戦前期の推薦制の残存、戦前派代議士による戦後政党への資金援助、県政主流派としての戦後派に対する戦前派（川島）の抵抗などを通して、戦前からの政治構造や旧政党の地盤が戦後も持続していくと論じた。(5)両研究とも分析対象の全体像を構造的に把握したが、具体的な選挙過程の解明や支持基盤の特定化が残された。

したがって本来であれば、序章で紹介した手塚雄太のように、(6)戦前から高度経済成長期という長期間を見通すべきだが、筆者の準備不足もあり、まずはその第一歩として、また今後の研究の結節点として、この補論は戦後史のスタートである公職追放期を素材に、川島の各種選挙との具体的な関わり方を論じるとともに、代議士の支持基盤の特定化作業を試みる。これによって、川島がどのように戦後政治と向き合い始めたのかを明らかにしたい。

第一節　戦前から戦後へ

（一）敗戦直後の代議士

千葉県第一区の主役は、戦前最後の総選挙で非推薦候補だった川島正次郎と成島勇の二名である。まず川島の動向から確認しよう。松戸警察署長によると、川島は一九四五年九月一五日一四時から流山町国民学校で時局懇談会を開催したが、警察はこれを「総選挙」の「準備」として認識した(7)。また同月二〇日に船橋市内で県会議長の青木泰助（安房郡選挙区）や船橋市会議員四〇名と懇談会を開催したが、同じく警察はこれを総選挙に向けた「事前運動」と認識した(8)。戦前期の青木は本多貞次郎の系列下だったが、その死後、川島だけでなく、翼賛選挙で推薦候補（第一区）として立候補した京成電鉄社長の後藤國彦（五位落選）、翼賛選挙で推薦候補（第三区）として当選した中村庸一郎（旧政友会）とも繋がる「如才のない」人物だった(9)。川島は、安房郡選挙区選出の県会議員でありながら、船橋郡にも地盤のある青木を利用しようとしたのであろう(10)。川島は戦前期同様に県会議員を従え、戦後総選挙に挑もうとしていた。

所属政党に関して、池田順は次の通り指摘する(11)。すなわち一九四五年一〇月一日の八幡警察署の報告書によると、川島は日本進歩党（以下、進歩党）や日本自由党（以下、自由党）のどちらにも属さず、「いま新党を結成しても党の主体たる代議士は旧政党人で国民の期待にそうものではない」ことから、「選挙法の大改正を行い、つぎの総選挙で国民の総意により刷新された議員をもって実力ある新党を結成すべきだ」との理由から、無所属を選択したという。警視庁「新党問題を繞る各会派の動向に就て（一九四五年九月十七日）」(12)を見ると、当時の川島は「革新的有力政党樹立ノ運動」に携わったが、実現できない状況にあった。この「革新」の内実は不明だが、戦前期六回連続当選の川島は、戦前期に構築した自身の支持基盤に立脚して、戦後政治への足掛かりをつかもうとしていたからこそ、無所属を選択したと考えられる。

この戦前期支持基盤の政治グループ化への試みの一つが、盟友で前県会議員の川口為之助（旧政友会）、自身の系列下である県会議員の松本栄一（旧政友会）とともに取り組んだ、千葉県での「保守を中核とする民主化運動」[13]計画である。ただし後に川島が公職追放されると、この「保守を中核とする民主化運動」グループは川口が会長、松本が幹事長を務めるようになった。このグループの詳細は不明だが、公職追放後も川島が実質的「指導者」[14]で、千葉寺町の寺院や稲毛の浅間神社などで会合を開催していたようである。

前後して一九四五年一一月九日、鳩山一郎を中心に自由党が誕生した。すると「川島氏に檜舞台がめぐってきた（中略）川島氏は中央の自由党の陣立てに多忙を極め、鳩山一郎らとしきりに往来」[15]するようになった。しかし戦時期の川島の最後の所属が大日本政治会であったことを踏まえると、自由党ではなく、進歩党の系譜に連なってもおかしくはなかった。事実、黒澤良が指摘したように、進歩党結成（特に総裁選出）を巡る混乱の中[16]、川島は近衛文麿を党首とする新党工作に携わっていた[17]。それが失敗に終わり、鳩山に接近したと考えられる。

しかし鳩山の日記を見ても、この時期、両者が接触した形跡はない[18]。本書で示したように、戦前期の川島は政友会鈴木喜三郎派→鳩山派から次第に距離を取り、最終的には対立する中島派の幹部となった。つまり戦前期の鳩山と川島は、相容れない関係だったといえよう。ここで川口が動いた。鳩山の日記を見ると、一九四五年一〇月二九日（不在で会えず）と一一月七日（自由党設立準備懇談会の開催日）、鳩山を訪れている[19]。川島は川口を通して、鳩山に接近したのではないだろうか。戦前期、川島は「人には誰にでも欠点がある、その欠点を一々取り上げていたら文句ばかり言っていなければならない、だから欠点は忘れて、その人の良いところを見て付合はなければならない」[20]と語ったように、人間関係にこだわりを見せない気質だった。五一歳で連続当選六回の実績を持つも、大臣経験のない川島は[21]、迷いながらも[22]、進歩党ではなく、未来を鳩山に賭け、自由党に接近したのである。後述のように、公職追放解除後の一九五一年八月、川島は自由党に入党するが、その環境はこの時以降、積み上げられていくのであろう。

一方、成島も川島と同様の動きを見せる。松戸警察署によると、成島は九月二八日一七時、松戸町の料亭で約二五名と飲食・雑談したという。この二五名には代議士五〜六人が含まれていたが、氏名については「不明」で、残りは代議士の「取巻連中」に過ぎないものの、警察はこれを「来ルベキ解散総選挙ヲ目指シテノ選挙対策」と認識した(23)。代議士五〜六人の詳細は不明だが、成島も戦後政治を射程に入れ、立候補を考えていた。ただし所属政党には迷いがあったようで、当初は自由党と進歩党で迷い(24)、次第に後者に傾いていった(25)。

推薦候補だった旧民政党の多田満長および篠原陸朗は表立った動きを見せないが、両者とも進歩党から立候補する意向であった(26)。また元代議士（旧政友会）の鈴木隆（鎌倉ホテル社長）も進歩党から「出馬予想(27)」と報じられていた。ただし警視庁「鳩山派の新党準備運動の現況に就て(28)」によると、鈴木は自由党の創立準備会に「参加確実」とあるので、そこから進歩党に乗り換えたのであろう。川島とは逆に、鈴木は進歩党に未来を賭けていた。

以上、千葉県第一区の戦前派代議士は全員、立候補を模索し、戦後政治の舞台に上がろうとしていた。しかし一九四六年一月、戦前の翼賛選挙で非推薦候補だったにもかかわらず、川島は公職追放された。齋藤実内閣の岡田啓介海軍大臣の下（一九三二〜三四）、海軍省参与官を務めていたことによる。これで川島は立候補資格を失い、また多田と篠原も推薦候補ゆえに資格を失った(29)。また成島も翼賛政治会農林部幹事を務めており、一時、追放の危機を迎えた(30)。最終的に追放対象外になるのだが(31)、成島を除き、誰一人として立候補できない事態に追い込まれた。千葉県農業会長にも再選された成島は(32)、当選回数が二回と最も少ないものの、この選挙区の政治的中核に躍り出たのである。

（二）戦後初の第二二回総選挙

幣原喜重郎内閣で実施された戦後初の総選挙（一九四六年四月三〇日）の特徴の第一は、女性参政権が実現し、有権者数が約三倍に激増したことである。第二は、戦前期中選挙区制が大選挙区制となり、三名連記式が導入され、多くの新人が立候補する環境だったことである。二、七七〇人が四六六議席を争い、自由党一四一、進歩党九四、日本社会党（以下、社会党）九一議席となった。この後、幣原内閣は総辞職し、自由党の吉田茂が組閣した。

千葉県でも大選挙区制の余波を受け、八四人が一三議席を争い、自由党六、無所属三、進歩党二、社会党一、諸派一議席となった。この中に戦前派代議士の身代わりがいたのである。戦前派代議士は「節操を欠く戦犯者　各処で堂々?選挙演説」・「前推薦代議士が運動員となり新人裏面のかげに踊ってゐる」と報じられたように、彼らは候補者擁立や選挙運動を通して、自らの政治的影響力を保持し続けようとする。本来であれば、政党支部が候補者をリクルートし、選挙運動の主導権を握るはずである。しかし千葉県第一区の政党支部の発足状況を見ると、例えば自由党の場合、県議会議員の山村新治郎が自由党支部結成の中心となったが、結成大会は一九四七年三月と遅かった。だからこそ代議士個人が身代わり候補者を擁立できたのであろう。

そこでは後述する成島のように、血縁者を擁立すると、自身の政界復帰に繋がりやすい。しかし川島の場合、実子の正孝（一九三二年死去）はすでにこの世にいなかった。戦前期に君津郡川島後援会長を務めた黒川鍋太郎（専修大学の同期）によると、川島は前述の松本、元報知新聞社論説委員の寺島隆太郎（無所属）、東京帝国大学法学部卒で運輸省勤労局鉄道官（ただし高等文官試験に合格せず）の藤田栄（無所属）、長生郡選挙区の戦前派県会議員である木島義夫（自由党）の四人を推した。山村一成によると、川口為之助が千葉県の自由党候補者の公認権を任されていたことから、川島は彼の存在を背景に、四人もの身代わり候補を擁立した。

川島の身代わり候補四人を確認したい。まず松本だが、彼は川島の系列下の戦前派県会議員で、その地盤を引き継いだ候補と位置づけられており、当初、「千葉民主」なる団体から立候補予定だった。千葉民主は正式名称を千葉民主連盟と呼び、一九四六年三月一六日、川口が会長に就任していた。前述の「保守を中核とする民主化運動」グループも川口が会長を務めていたことから、千葉民主連盟と「保守を中核とする民主化運動」グループは同一組織といえよう。しかし実際には松本は無所属で立候補し、一万九、八九四票の三〇位で落選、身代わり候補から代議士へと昇華できなかった。この後、一一月に川口が千葉民主連盟会長を辞任すると、松本も一二月一五日の自由党船橋支部結成大会で支部長に就任し、後述の船橋市長選挙に挑む。つまり千葉民主連盟＝「保守を中核とする民主化運動」グループは、自由党に合流して消滅したと考えられる。こうして川島の支持基盤と自由党は結びつき、後述する彼の自由党入党という流れの一つにもなっていくのであろう。

次に寺島と木島だが、両者の出生地は第二区の香取郡および長生郡で、戦前期の川島の選挙区（第一区）ではなかった。川島派と位置づけられた寺島だが(43)、実際の得票数を見ると、川島の影響力は見出し難い。例えば寺島は第一区相当地域から八二七票しか獲得しておらず、地元香取郡一万八、五〇一票と比べると、勝敗の行方には関係のないレベルに留まる。一方、木島は第一区相当地域から七、二八六票（全得票数の一八・九％）も獲得していた。得票数から見た場合、寺島と比べて、木島の川島への依存度は高いといえよう。最終的に寺島は四万一、〇〇九票の一二位で、木島は三万八、五七六票の一三位で当選し、彼らは身代わり候補から代議士に昇華を遂げた。しかし戦前期の木島は大政翼賛会長柄村支部長を務めており、公職追放で失職する。また寺島は民主党（進歩党の後継政党）に入り、次回総選挙では香取郡を含む第二区から立候補する。木島と寺島は、本当の意味での身代わり代議士たり得なかった。

最後の藤田は「川島氏がやがて解除になる日に備え、地盤を擁護するために立てた身替わり候補」だったが(44)、実は彼は藤田組の「御曹司」(45)であった。実際、藤田の選挙資金は二万二、八九六円で、全八五人候補者中四位であった(46)。さらに第二章でも示したが、川島は一九二八年第一六回総選挙を機に購入していた君津郡長浦村勝下の邸宅兼「連絡所」を一五万円で売却し、選挙資金を捻出した(47)。藤田の選挙資金は、藤田と川島の相互負担で用意されたのである。ただし藤田は選挙戦を「或る演説会では『もっと頭を上げろ』といはれたので、何気なく頭を上げたら今度は『キョロキョロするな』ともいはれた。先輩に聞いたら素人だから一々気にして引きずられるのだと笑はれた」と回想したように(48)、政治的には全くの素人で、身代わりには最適であった。両者の出会いの起源は不明だが、藤田は川島の居住地（東京府大森区山王）のすぐ近くの新井宿に住んでおり、地域社会が彼らを結びつけたのかもしれない。

しかし思想的には、川島と軌を一にしなかった(49)。第一は、藤田自身が思想的には社会党の「スポークスマン」で中央執行委員の水谷長三郎（京都府第一区）の影響を受けていたことである。第二は、藤田は当初、郷里広島県からの立候補を希望していたものの、地元の社会党関係者が「落下傘候補」を忌避していたことである。藤田は立候補の時点で、川島の身代わりであり続ける可能性が低かったといえよう。

さて当選確実との下馬評の藤田は、(50)有利に戦いを進めた。結果、合計四万一、九九三票の一位で初当選の栄冠をつかむが、ここには川島の影響力を見出せる。例えば藤田は木更津市有吉通りにも事務所を設けていたが、(51)第四章で示したように、ここは戦前期に川島が個人後援会を結成した地域でもあり、縁は深い。また第六章で示したように、この地にあった君津郡水産会は川島の支持基盤でもあった。加えて藤田は、自身に関係ある鉄道関係団体の支持も受けた。(52)藤田の初当選後、木更津駅長兼木更津自動車社長が喜びのコメントを寄せているのは、(53)その証左である。川島という支持基盤や鉄道関係団体の支持を背景に、藤田は君津郡八、五六四票、木更津市二、四七五票を獲得したのである。

しかし前述のとおり、藤田は社会党に近かった。「無所属で立た藤田さんの政治的立場はどんなものであらうか、彼の思想的立場からいへば、社会党へ入党するのが自然だらうが、いささかでも川島氏の息がかかってゐるからにはさう簡単にもゆくまい」(54)と報じられたが、藤田の動きは素早い。すなわち当選直後、藤田は「青壮議員クラブ」(55)を立ち上げるとともに、「社会党の左派的性格」(56)の新光クラブに所属したのである。さらに明治憲法の改正を目の当たりにした藤田は「戦争放棄」を掲げ、「社会党」入党の気配を見せた。(57)最終的に藤田は川島と袂を分かち、(58)次の一九四七年第二三回総選挙で郷里の広島県第一区から立候補（社会党）し、当選した。(59)川島は前述の木島と寺島に続き、ここでも身代わり代議士を失った。

一方、唯一の戦前派代議士成島は、当選二回で早くも進歩党総務を務めていた。また一九四六年三月、千葉県支部長に推され、戦前期県会議員の島田彌久を相談役とし、青木泰助・伊藤與市・福地新作・脇田三千雄らを集めて支部の陣容を整え、(60)県政界の中心となった。その成島はインフレと飢饉の防止を公約に掲げ、(61)自身が会長を務める千葉県農業会の組織票などに支えられ、(62)九万五、五五三票を集め（第一区相当地域だけで六万五、三三二票）、二位で当選したのである。戦前期普選では見られない農業団体との結びつきを深めた成島は、従来の農民票の他、多様な支持基盤を構築しつつあった。当選後は飢饉問題が重要と語り、公約の実現に意欲を見せるとともに、(63)進歩党の政務調査会長に就任し、三役入りも果たした。(64)しかし戦前期に大政翼賛会富勢村支部長を務めていたことから、成島も公職追放され、県農業会長も辞任した。(65)

残りの戦前派代議士を見よう。特に進歩党は「追放令により出馬が出来なくなった前代議士の地盤擁護」(66)の方針を掲げ、身代わり候補の擁立を決定した。篠原陸朗は戦前派県会議員の福地（東葛飾郡選挙区）と増田栄一（千葉市選挙区）を擁立する。(67)しかし『市川の福地』であり、『千葉の増田』(68)に過ぎない両者では票を増やせず、福地は二万一、四三四票の二六位で落選、増田は二万三八一票の二八位で落選した。山村一成が指摘したように、(69)有権者の進歩党への拒否反応もあろうが、結果的に川島と異なり、篠原は身代わり候補の当選を演出できなかったのである。また多田満長は当初、身代わり候補を出す予定だったが、(70)最終的に出さずに引退した。(71)理由は不明だが、以後、彼の名は登場しない。鈴木隆も進歩党から立候補し、供託金没収は免れたものの、一万四、八四〇票の三八位で落選した。連続当選五回の実績を持つ元代議士だが、「すでに時代の人ではない」(72)との鈴木評は、正鵠を得ていたといえよう。

第二節　選挙の季節――一九四七年四月

(一)　県知事選挙

一九四六年九月、東京都制および府県制の改正により、知事の民選制（公選制）が導入された。そして一九四七年五月三日、地方自治法の施行により、従来の地方制度は廃止された。いわば新しい地方政治の枠組みが確立し、一九四七年四月五日に最初の民選知事および市長選挙、三〇日に道府県議会議員選挙が実施された。地方自治法により担保された二元代表制により、首長と議会の関係は新しい段階を迎え、地方政治は大きな転換点を迎えていた。

当初、知事選挙に意欲を見せていた成島だったが[73]、前述の公職追放で断念した。千葉県第一区の場合、若干だが、政党支部の関わりが確認できる。推測だが、全県規模で一人の当選者を出す性質の知事選挙、しかも初めての民選知事選挙ということもあり、まとまりやすい環境にあったのであろう。例えば自由党支部長の片岡伊三郎（第三区）と進歩党支部長の成島は、川口為之助を保守相乗りで共立しようと模索した。しかし両党とも「不満の分子」[74]が反対し、その構想は頓挫した。『川口氏当選の暁は織田氏を副知事にする』という条件[75]でも両党は折り合わず、自由党は単独で川口を擁立した。進歩党は青木泰助ら代議士との協議を経て[76]、現職山形県知事の織田智（元千葉県経済部長）を擁立し、第一回千葉県知事選挙は保守分裂選挙として展開する[77]。両党の政党支部とも、候補者選定のイニシアチブを取る段階ではなかったといえよう。

ただし川口は立候補に乗り気でなかったという。湯浅博によると、一九七八年八月、松本栄一にインタビューした際、川島が立候補届を「かまわないから出してしまえ」[78]と松本に指示し、外堀を埋めたという。第五代政友会千葉県支部長を務めた戦前派代議士の今井健彦（第二区）も「みずからすすんでその座を目ざして行動に移ったのでなく、全く周囲から無理に推され断わり切れなくなってやむなくミコシを挙げた」[79]と川口の立候補の経緯を回想している。川島は、川口擁立の陰の立役者だったのである。ここに竹尾弌（第二区）と川口の旧友で弁護士の石橋信（旧政友会で香取郡選挙区の戦前派県会議員）の強い説得が加わり[80]、彼は立候補を決断した。この他、佐原高等女学校長の山口久太（社会党）、千葉県共産党再建委員会委員の萩原中（日本共産党〈以下、共産党〉）、党政策調査会幹事長の金子泰蔵（国民協同党）、石井一（無所属）も立候補した。

選挙運動を見ると、政党支部よりも、川島の動きが目につく。川島は「追放の身であったが、当時の恩がえしもあるので、万難を排して川口さんを知事に据えようと東奔西走した[81]」と回想する。残念ながら、具体的な内容は分からない。ただし川島がＧＨＱから「厳しい調べ[82]」を受けたことから、川口を全面的に支援し、彼を当選させる原動力の一つとなったことは間違いない。それは、得票数からも読み取れる[83]。例えば川島の選挙区内の五市三郡の全てで、川口の得票が織田のそれを上回った。ただし全体的には川口と織田は接戦で、川口は一九万八、四〇八票で一位になるも、法定得票数（有効投票数の八分の三以上）に届かなかったため、四月一五日、二人の決選投票となった。そこで川口が二八万四、三二一票を獲得し、約四万票差で初代民選知事の座を勝ち取ったのである。

馬渡剛が指摘したように、知事は県政の方針を決定し、県庁の官僚組織と財政を押さえ、県政を推し進めていくアクターである。(84)そのポストを自身の支持基盤から輩出したことから、千葉県政での川島の影響力は担保される環境にあったといえよう。

(二) 第二三回総選挙

一九四七年三月の選挙法改正で再び中選挙区制単記式に戻り、第一次吉田茂内閣（自由党）で、前述の知事選挙に続き、四月二五日、第二三回総選挙が実施された。その結果、社会党一四三、自由党一三一、民主党一二四、国民協同党三一議席となり、吉田内閣は退陣した。代わって社会党の片山哲を首相とする民主党および国民協同党の連立内閣が成立する。

選挙制度の改正により、千葉県の場合、戦前期第一区であった君津郡および木更津市が第三区に移され、新千葉県第一区では一六名の立候補者が四議席を争った。(85)その結果、自由党二、民主党一、社会党一議席となった。ここでは前述の県知事選挙とは異なり、政党支部の動きが確認できない。その分、川島は前述の県知事選挙と同時並行して、大きく総選挙に関与するのだが、身代わり候補を擁立したのは、彼と成島だけだった。前回総選挙で三名の身代わり代議士を失った川島は、支持基盤であった君津郡水産会のある地域が前述のように選挙区から外され、危機的な状況にありながら、今回も複数人の身代わり候補を擁立する。

一人目は自由党から擁立した、松戸市出身で渋谷ゴム工業社長の渋谷雄太郎（六〇歳）。「川島の地盤を引継いだ」(86)との報道から、渋谷は川島の身代わり候補として位置づけられる。渋谷はその出自からであろう、比較的潤沢な選挙資金を用意していた(87)。例えば渋谷のそれは三万八、二一四円で、第一区の候補者四四人中一六位だった。「こつぜん」(88)と立候補した渋谷は、地元松戸市三、〇九九票をはじめ、東葛飾郡五、五八八票、市川市四、七〇九票など、合計二万三七六票の四位で当選を果たした。

二人目は川島の盟友川口が自由党から擁立した新聞記者出身の多田勇（三九歳）。千葉郡亥鼻町出身の多田は、県日用品雑貨商業協同組合専務理事を務めていたことから、業界票を背景として、川口の「地盤の踏襲」(89)に努めた。「同志であり大先輩である川口為之助のために自分の演説会を犠牲にしてまで弁じたて」(90)るなど、両者の結びつきは強かった。この川口が川島の支持基盤であったこと、川島の「縁故」(91)で市原郡の票に依拠したことなどを踏まえると、多田は間接的な川島の身代わり候補といえよう。多田は選挙資金も潤沢で、第一区中で第一位の五万円を用意した(92)。多田は地元千葉郡六、八一九票を始め、隣接する千葉市九、三一九票、市原郡七、一四五票など、合計二万七、五五八票で三位初当選を果たした。

二人の当選を演出した川島は、彼らに寄り添う。例えば後年、千葉県知事を三期一二年（一九六三〜一九七五）務める友納武人は、次のように回想した。

私が川島先生に最初にお目にかかったのは、終戦直後の昭和二十二年頃で、ちょうど私が厚生省の課長をしていた時でした。先生は追放中で、ある代議士と一緒にお見えになりましたが、私は、ああこの方が海軍参与官をなさっていた川島先生だなと思いました。御用件は、船橋市の海神にあった先生の土地二千坪を当時船橋市長であった松本先生の御依頼で、病院を建てるために厚生省が買い上げたことに関してでありました(93)

「ある代議士」は不明だが、川島が同行し、第一区内の船橋市の事柄が話題になっていることから、おそらく渋谷か多田と思われる。公職追放の身でありながら、代議士とともに厚生省本省の課長に面会しており、その存在感は色褪せていない。

しかし渋谷も多田も、いつまでの川島の身代わりに甘んじてはいなかった。特に第一区の場合、同じ自由党では弁護士の柳澤義男（四〇歳）が勢力を伸ばしていた。[94] 柳澤は二万二四二票の五位（一三四票差の次点）で落選するが、次回総選挙では初当選の栄冠をつかむ。だからこそ渋谷も多田も、自らの支持基盤を充実させていく。例えば渋谷は市川市商工会議所会長に就任した他、[95] ゴム関連の業界団体の役職を数多く務め（東京ゴム同業組合長・東京ゴム製品工業理事長・日本再生ゴム材料卸商業組合理事長・日本ゴム工業協同組合副理事長）、業界票の足場を固めつつあった。また次回総選挙後だが、柳澤と渋谷は選挙区内の松戸市商工会議所を支持基盤に組み込むべく、その系列化を競い、最終的に二つの商工会を形成した。[96] 加えて両者は東葛飾郡でそれぞれ個人後援会を組織し、牽制した。[97] また多田もこの選挙の過程で個人後援会を結成し、「貧乏な多田のためにすすんで資金を拠出」[98] する支持者を組織化した。前述の巨額な多田の選挙資金は、このような支援者の存在を抜きにしては欠かせない。総じて渋谷も多田も支持基盤の多様化を志向し、脱川島を目指していたといえよう。

最後に公職追放で立候補できなくなってしまった成島だが、身代わり候補として妻の憲子（五〇歳）を擁立した。当初は「追放該当者の近親は遠慮すべし」[99] との世論もあったが、結局は彼女が民主党から立候補する。ただし、ここで「篠原代議士を担った有力者が絶対に支持」[100] との報道に注意したい。つまり地域有力者は身代わり候補を擁立できない篠原陸朗を見限り、旧民政党の流れを汲む民主党から立候補した憲子の支持に入ったのである。いわば憲子は夫の支持者に加え、戦前期の篠原の支持者をも支持基盤とした。三万四、八〇九票の一位当選は、その証左といえよう。なお鈴木隆は今回も民主党から立候補した。最後の御奉公と題した立候補広告を新聞に掲載し、[101] 政界復帰を目指したものの、三、二三五票の一六人中一三位で惨敗した。

(三)　市長選挙

ここでは以下、千葉県第一区の中でも、かつて東葛飾郡にあった三市の市長選挙を見るが、報道レベルでは、いずれも政党支部の関与は確認できなかった。

まず船橋市の場合、成島直系で現市長の高橋恒治の立候補が噂されたが、(102)実現しなかった。そこで川島の支持基盤である松本栄一（自由党船橋支部長）が立候補し、四月五日に当選した。(103)続く三〇日の市議会議員選挙では、無所属一九、民主党七、自由党六、社会党二、諸派二の議席構成の中、四年間の松本市政が始まった。それは、間接的ではあるものの、川島の影響力の担保を意味した。

次に市川市の場合、立候補の噂のあった高原正高（自由党市川支部長）は次回総選挙を目指して立候補せず、(104)初代官選市長の浮谷竹次郎（無所属）が立候補した。戦前期の川島のライバル本多の系列下だった浮谷から見ると、川島は「政敵」で「決して愉快な存在」ではなかった。(105)自宅に事務所を設置し、宣伝カー・街頭演説・戸別訪問で有権者の支持を集めた浮谷は、(106)今度は初代民選市長として返り咲いたのである。続く三〇日の市議会議員選挙では、無所属二三、民主党五、自由党四、社会党四の議席構成の中、(107)船橋市とは逆に、川島の影響力が及び難い浮谷市政が始まったのである。

最後に松戸市の場合、「川島派の総帥」で元県会議員の梨本太兵衛（自由党）と元東葛医師会会長で市議会議長の恩田明（無所属）との事実上の一騎打ちとなった。(108)今まで本書で示したように、梨本は一九三二年第一八回総選挙を除き、一貫して川島の全ての選挙事務長を務めた人物で、川島の系列下の代表格である。また第一章で示したように、恩田も一九二四年第一五回総選挙などで川島を支援していたことがあり、川島と縁ある者同士の対決となった。その結果、東葛医師会を支持基盤とした恩田が梨本を破り、(109)当選した。続く三〇日の市議会議員選挙では、無所属二四、自由党四、民主党一、社会党一の議席構成の中、(110)四年間の恩田市政が始まることとなる。当時の川島と恩田の関係性は判然としないが、前者の影響力が担保される環境であったといえよう。

（四）県議会議員選挙

すでに前年から、自由党および進歩党の代議士が候補者を「物色」(111)していた。これは戦前期同様、政党支部ではなく、代議士が県議会議員候補者の擁立の主導権を握っていたことを示すとともに、政党支部の影響力の弱さも示す[112]。しかし戦前派代議士に限定すると、船橋市選挙区で動いた成島を除き、その名が確認できなかった[113]。すなわち前述の一九四六年第二二回総選挙の際、成島陣営の支出責任者を務めた丸山留吉（民主党）は彼の地盤を「バック」[114]に立候補し、有利に選挙戦を進めた。その結果、四月三〇日、丸山は九、六三三票で一位当選を果たした。今まで本書で示したように、代議士と県議会議員選挙の基本的関係は戦後も変化がなかった。

選挙後の県議会の議席構成を見ると、六〇議席中、自由党が二七議席を占めたが、中村政弘の指摘したように、次第に国民協同党と無所属議員が準与党化傾向を示した[115]。川島の盟友である川口知事による県政は、安定化の可能性を手にしたのである。

第三節　一九四九年一月第二四回総選挙

（一）川島の取り組み

一九四八年三月、片山哲内閣は炭鉱国家管理法案をめぐり崩壊、同じ枠組みで芦田均（民主党）が連立内閣を組閣した。しかし一〇月、昭和電工疑獄事件を契機に、芦田内閣も退陣した。新しく第二次吉田茂内閣（民主自由党。自由党の後継政党）が誕生し、少数与党のまま、総選挙を迎えた。その結果、民主自由党（以下、民自党）二六四、民主党六九、社会党四八議席となり、翌月、第三次吉田内閣がスタートした。

民自党圧勝の中、千葉県第一区も同党が四議席を独占するが、戦前派代議士の場合、ここでも川島と成島勇だけが身代わり候補を擁立した。しかし前述のように、脱川島の渋谷雄太郎や多田勇を見ても、両者を川島の身代わりとする史料はない。だからこそ川島は、新たな身代わり候補として、市原郡八幡町の醬油醸造業者である県議会議員（市原郡選挙区）の市川得三の立候補を画策した[116]。しかし実現せず、別の候補を探さなければならなかった。

ここで登場するのが、一九四八年一一月時点で立候補確実と報じられた[117]、佐久間徹（五一歳）である[118]。佐久間は「追放代議士の地盤」を受け継いだ[119]、川島の身代わり候補だった。そして一二月七日に民自党県支部は選挙対策委員会を開催し、前述の渋谷と多田の他、佐久間の公認も決定した[120]。今まで複数人の身代わりを立ててきた川島だが、次第にその数は減っている。公職追放が続く中、川島の政治資金力は苦しい状況に追い込まれていたと考えられる。したがって佐久間の当選は、至上命題であった。

市原郡養老村出身の佐久間は旧川崎財閥と関係を持ち、当時、日本海上火災取締役や学校法人千葉工業大学理事長を務めていた[121]。「川島からの政治資金をうけて身がわりとなり、他日に川島の追放解除があるまで代議士として在職しているに過ぎない[122]」との噂を受けて、ＧＨＱが川島を厳しく取り調べた。それだけ佐久間の川島への依存度は高かった。事実、初当選後、佐久間は「政治家などになるなどとは考えたこともなかった[123]」と語っており、身代わりには好都合だった。その佐久間の選挙資金調達ルートは多様であった[124]。公職追放中の川島の名がないのは当然だが、佐久間は一次資金一一六万九、七八八円（養老村外四町村青年団六、〇〇〇円・養老村二万円・東京都目黒区大岡山小学校三、〇〇〇円・東京都香蘭女学校二、〇〇〇円など）、二次資金六五四万三、七八八円（千葉市の花ヶ崎清一〈商人〉八〇万円・千葉市の武本為則〈医師〉一二万円・千葉市の房総漁業株式会社五〇万円・養老村の野口謹彌〈会社員〉二七万円・東京都の川口信太郎〈会社員〉五一万円・千種村の大村幸男〈会社員〉五一万円など）を用意した。

某Ｃ記者が「市原郡を掌握しているが非常に強みではないかと思う、それに皮相かもわからぬが手足のいいのをつかんで東葛飾郡へもかなり食い込んでいるようだ[125]」と評したように、佐久間は地元の市原郡、川島の地盤の東葛飾郡に根ざし、「カバンの力[126]」で有利に戦いを進めた。また「日本火災の職組、選挙区の教員組合、小湊鉄道の従業員組合等[127]」を支持基盤とし、「一番有力[128]」と報じられた。その結果、地元の市原郡二万一、二〇七票、市川市一、〇八五票、船橋市一、七九四票、東葛飾郡三、一二六票を中心に、合計三万四、四三二票の一位で初当選の栄冠をつかんだ。川島は三度、身代わり候補を代議士へ昇華させたのである。

しかし地元の市原郡票を当選の原動力とし、複数の選挙資金調達ルートを持つ佐久間もまた、いつまでも川島の身代わりではなかった。例えば後述する一九五〇年一二月千葉県知事選挙の際、川島の盟友川口の推す石橋信（副知事）に反発し、県議会議長の林英一郎（匝瑳郡選挙区）の擁立を主張する。また本書の範囲を越えるが、川島が公職追放解除後に初めて挑む一九五二年第二五回総選挙に立候補してしまう（落選）。

（二）他の戦前派代議士の取り組み

公職追放中の成島勇は、「主要食糧の供出」を地元紙『富勢新報』に寄稿し[129]、政府の「昭和二三年度主要食糧供出実施要綱」の具体化を主張するなど、農村代議士としての矜持を見せていた。成島は今回も妻の憲子を擁立した。当初は「ノホホンと楽な顔をして[130]」いた憲子だったが、「金城湯池」かつ「選挙地盤」であるはずの東葛飾郡の票が激減し（二万一、三八六票→一万五、七一九票[131]）、当選圏内予想に反し[132]、一二人中七位の二万六、一六二票で落選してしまう。今回の一区で最も衝撃の結果となり、「番狂わせ[133]」と報じられた[134]。落選後、利根開発協会会長だった夫の勇の横領および贈賄の容疑が発覚し[135]、最終的に罰金一〇万円の判決を控訴せずに受け入れ[136]、厳しい状況に追い込まれていく。

同じ民主党の篠原陸朗は、一切、その名が確認できない。また鈴木隆は「民自党に入ったが鎌倉に在住しているために地方との連絡が少なく、いまのところ出馬するかどうかハッキリしない[137]」と曖昧な状況で、結局は立候補しなかった。しかし、なおも鈴木は政治の世界と関係を持とうとしており、例えば「国政と県政の大懇親会」（一九四九年六月船橋市三田の浜楽園にて開催）に「元代議士」の肩書で来賓として出席した[138]。

第四節　地方選挙と川島

(一) 一九五〇年一二月県知事選挙

前述のように、川口県政は安定するはずだった。しかし辻陽の指摘した通り、千葉県では知事提出議案の否決こそないものの、修正可決も多く、必ずしも知事と議会の関係は安定していなかったという[139]。事実、山村一成が指摘するように[140]、川口県政は副知事選任過程で党内の山村新治郎派と川口派の対立を惹起しただけでなく、県職員の汚職や財政難にも苦しめられており、後述する石橋信を後任知事に据えるためには、野党の選挙準備が整わない内に、任期途中での自身の辞任を選択せざるを得ない状況にあった。

だからこそ一九五〇年一〇月、知事の川口は自由党（民自党と民主党連立派の合同）の幹部に「春の改選を待たず早い機会に勇退したい」[141]と伝え、半年近い任期を残し、辞意を表明したのである。川口の決意は固く、「党が割れても」[142]、「老齢と病気」[143]を理由に、一〇月二五日、任期途中で知事を辞任する。川口の意中の後任候補は、副知事として県政を支えた旧友の石橋であった[144]。推測だが、川島も盟友川口に従い、石橋支持を考えていたと考えられる。しかし党支部内は候補者選定で対立した。前述した党内の山村派と川口派の対立などもあり、党支部は候補者を一本化できず、代議士・参議院議員・県議会議員・一般党員・青年部員が参加した総務会での無記名決選投票になり、「川口老が陣頭」[145]に立って推した石橋が四三票を獲得、三五票の林英一郎（県議会議長）を破った。

対する国民民主党（分裂した民主党と国民協同党の合同）およびそこから離党した同志クラブ、そして社会党は野党三派の推薦候補として、同じく副知事の柴田等（農林官僚出身の元物価庁課長）を擁立した[146]。この他、共産党の萩原中も立候補したが、「共同闘争を申し入れ」[147]て辞退し、柴田に一本化された。政権与党でないからこそ、前述の自由党と異なり、一つにまとまりやすかったのであろう。前回同様の保守分裂に加えて、野党共闘の構図となった。

選挙戦は「川口県政の総仕上げ」を謳う石橋と「納得のいく県政」を謳う柴田の一騎打ちとなった(148)。ここでは代議士・地方議員・業界団体の動員が確認できる(149)。例えば千葉市および千葉郡では自由党代議士（多田）—県議（吉原鉄治）—市議団の系列、商工会議所、川口の地盤地域の町村長が動員され、石橋を支持した。この他、代議士の片岡伊三郎、参議院議員の加納金助、船橋市長の松本栄一、県議会議員の鶴岡彦八、市議会議員も石橋の支持基盤となった(150)。「組織の石橋」と報じられたが、実際の石橋の主な支持基盤は個人型集票回路だったといえよう。一方、「人気の柴田」と報じられた柴田陣営は、社会党の県議（篠崎長次と元吉重成）—市議団の系列の他、教組・官公庁職組などの労組に加えて、農協などの利益団体も加わり(151)、保守である国民民主党の動きが鈍いものの、支持基盤は充実していた。その結果、石橋の三一万九、九七三票に対し、柴田は四〇万一、七七六票を獲得し、第二代民選知事の座を勝ち取ったのである。かつて伊藤隆はＢ型（参院選と知事選）をＡ型（市町長選および市町村議選—県議選—衆院選）と比べた場合、選挙地盤が不安定で、動員力も劣り、投票率も低下すると指摘したが(152)、これに加えて、山村一成が指摘したように(153)、自由党県支部内の山村派の消極的な選挙運動、非民主的な川口の県政運営への批判なども作用し、その結果、個人型集票回路に依拠した県議会主流派の石橋は、組織型集票回路を中核とした柴田に敗れたのである。

川島の盟友川口が全面的に支援した石橋の落選は、川島にとって間接的な敗北に他ならず、その影響力の衰退に繋がる。しかし後述するように、川島が公職追放を解除され、政界復帰を果たすのが一九五一年であることを踏まえると、この敗北はギリギリ許容されるタイミングだったといえよう。

（二）一九五一年四月市長選挙

前回の市長選挙同様、政党支部の動きは鈍かった。まず船橋市の場合、松本は早い段階から再出馬に「気乗り薄(154)」と報じられていた。「自由党県支部は勿論、市支部や市民有志側から再出馬を要請(155)」されていたが、立候補しなかった。政党支部は、松本を縛りきれなかったのである。後述のように、この年は川島の追放解除と時期的に重複しており、松本自身が川島の選挙運動の前面に出る覚悟を持っていたからに他ならない[156]。そこで松本は自身の後継候補として、医師で市教育委員会委員長の高木良雄（自由党）を擁立し[157]、自身が「参謀長[158]」・「選挙事務長[159]」を務めた。選挙運動では、日本教職員組合とＰＴＡが高木を支持した[160]。高木は川島の系列下である松本だけでなく、市医師会・日本教職員組合・ＰＴＡなどを支持基盤としていたのである。四月二三日、その高木が二万三、三五〇票で当選した。当選後の高木は「松本市長の身代り[161]」と評されたように、川島—松本—高木ラインが形成されたといえよう。「松本前市長をはじめ市民各位のご指導によって明朗市政の運営に努力する[162]」とのコメントは、それを物語る。なお、この日は市議会議員選挙も実施され、無所属一九、自由党四、国民民主党四、社会党二の議席構成となった[163]。引き続き川島の影響力のある船橋市政が継続することとなった。

次に市川市の場合、当初、県議会議員の福地新作が「民社両党連合[164]」で立候補する予定だったが、取り止めになり、前述の千葉県知事選挙で川口に敗れた織田智が立候補した[165]。旧民政党系で元中山町長の中村勝五郎が織田の選挙事務長を務めたものの[166]、四月二三日、自由党系市議の支援を受けた現職浮谷竹次郎（自由党）が再選された[167]。同日、市議会議員選挙も実施され、無所属三二、自由党三、社会党一の議席構成となった[168]。引き続き川島の影響力の弱い浮谷市政が継続されるはずだった。しかし後述のように、翌年、追放解除され、川島は政界復帰を果たす。しかも川島は自由党に入党し、浮谷と同一政党となるため、彼は市川市政との関係性を取り戻すこととなる。

最後に松戸市の場合、市長の恩田明は勇退し、県議会議員の坂巻林之助（国民民主党）が立候補した。第四章で示したように、坂巻は戦前期に川島のライバル本多後援会松戸町分会長を務めており、両者の関係は良好でなかった。四月二三日、この坂巻が一万二、六五六票を獲得して当選したのである。同日、市議会議員選挙も実施され、無所属二八、自由党一、社会党一の議席構成となった[169]。四年間の坂巻市政が始まり、川島の影響力の衰退に繋がるはずだったが、後述のように、翌年、川島は追放解除され、彼は政界復帰を果たす。まさに川島にとって、ギリギリのタイミングであった。

(三) 一九五一年四月県議会議員選挙

『読売』一九五一年三月一日千葉版の記事から、興味深い事実が確認できた。すなわち二月二七日の県選出の自由党代議士会で、①県議会議員の公認は代議士間で基本線を出す、②代議士は選挙区の各郡市議会議員候補の公認を決める、③当選確実なものを決めると決定した。自由党の場合、政党支部ではなく、代議士が県議会議員と市議会議員の候補者選考権を掌握したのである。第六章で示したように、一九三九年一二月一九日、政友会千葉県支部で開催された選挙対策委員会の席上、代議士による公認申請が許可されたが、ここでは同時に各郡市支会も公認申請主体として位置づけられていた。しかし今回の自由党代議士会の決定は、それが代議士に限定されたことを意味する。戦前期普選の長い蓄積を経て、それを受け継ぐ形で、代議士による地方議員の系列下はここに担保を得たといえよう。だからこそ四月三〇日の県議会議員選挙を見ると、現職でない戦前派代議士の関与は確認できない。少し大袈裟にいえば、もはや戦前期に代議士だった過去は、大きな意味を持たなくなりつつあった。だからこそ川島は、追放解除後の次回総選挙での当選が至上命題となった。

選挙結果だが、定数六二議席中、自由党は三二議席を占め、単独過半数に到達した[170]。したがって以後の柴田県政は、山村一成の指摘するように[171]、県民各層の支持を獲得した実質的に初めての民選知事としての姿から、人事や政策で自由党との妥協を強いられるものになっていく。後述するように、この翌年、川島は追放解除され、自由党に入党するが、自身の支持基盤から知事を輩出できなくとも、二元代表制の片翼である議会を押さえる自由党に入党したことで、彼は千葉県政と強い関係性のある環境に身を置くこととなる。

おわりに

(一) 戦前派代議士の行く末

一九五一年は、九月のサンフランシスコ平和条約締結後、公職追放が解除されていく。少し長いが新聞報道を引用しよう。

四月選挙で大勝した自由党は大部分が戦後派で、代議士もまたいわゆる広川派と目されるものが圧倒的に多く、茶坊主的存在が多数を占めている。吉植氏の政界復帰は老齢のためむずかしいが、川島氏は依然、いん然たる勢力があるので、一区から出馬すると伝えられ、当選すれば鳩山、大野ラインにつながる有力メンバーで、現代議士でもある山村新治郎(二区)をはじめ、一年議員中にも山村氏に同調している小高熹郎氏(三区)、柳沢義男(一区)らが川島派として台頭することが見込まれる。また県支部内にも中央情勢を反映して二派に別れ、川島氏の実力が大きくクローズアップされ、機を見るに敏な戦後派県議中でも白井博一(新)、田中幸之助(自)、逆井隆二(再)、松本清(再)、林誠悦(新)、勝又豊次郎(新)氏らは川島派に走り、戦前派の萩原村次氏や脱党している郡司幸太郎氏らとも仲間入りするものとみられ、大きな存在となることが予想される[172]

ここからは、川島が鳩山一郎や大野伴睦の人脈に連なること、県選出の代議士を束ねるリーダー的存在であること、多くの県議会議員を系列下に置く人物であることなど、その政治的影響力の大きさを読み取れる。公職追放後、三度の身代わり候補の当選の演出に加えて、その喪失という危機的状況を凌いだ川島の復帰は、千葉県政のみならず、中央政界に大きな意義を持つものであった。川島と鳩山の関係は前述したが、一九五一年二月五日、川島は鳩山を訪れており[173]、その関係性は一定程度、回復されていたようである。この時、後述の自由党入党も議論されたのであろう。事実、県政界「長老」川島は「解除と共に鳩山派として名乗りをあげるのではないか」と報じられている[174]。川島の存在感は、際立っていた。

そして『千葉』一九五一年六月一九日は、「晴れて解除の喜び」なるキャプションをつけて川島の顔写真を掲載した。政界復帰は秒読みになっていた。そして六月二六日、川島の追放解除が報じられたのである。[175] 鳩山に連なる川島の政界復帰は、[176]「自由党県支部の大きなテコ」[177]と評された。解除後の八月二九日、川島は自由党三役の仲介により、旧政友会の赤城宗徳（茨城県第三区）および津雲国利（東京都第七区）と同時に入党した。[178] ここに本来の意味での川島の戦後政治史が始まる。

一方、一九五一年二月九日に多田満長が病死したが、残された戦前派代議士はどのような状況にあったのだろうか。成島勇の場合、「解除後どんな動きを示すかは明らかでない」[179]と報じられたものの、それなりに期待が高く、「自由党の柳沢義男、渋谷雄太郎ら代議士を危地に追いやることが予想」[180]されていた。成島は「自由党系」[181]に移りつつあるも、同時に「県政界というより民主党の大物としてまた農民の父として県民になじみ深い」[182]とも報じられており、その動向は耳目を集めた。成島自身、所属政党に関するコメントは残していないが、追放解除後は一年生の気持ちで「民主国家建設」[183]に努めたいと述べ、川島同様、政界復帰を狙っていた。しかし七月二日の解除後、[184] 後年、自民党代議士となる臼井壮一（千葉県第一区）が回想するように、成島は病気で一九五二年第二五回総選挙への立候補を断念する。[185] 一九五三年第二六回総選挙では改進党（国民民主党の後継政党）から立候補したものの、六位で落選し、以後、政界に返り咲くことはなかった。

篠原陸朗は一九五二年第二五回総選挙で改進党から立候補したものの、一二人中一一位で落選し、政界引退を迎えた。身代わり候補を当選させることができなかった篠原は、戦前と戦後の架橋に失敗したといえよう。また鈴木隆も無所属から立候補したが、最下位で落選し、以後、政界に返り咲くことはなかった。

(二) まとめ

最後に三つの視点から、補論の分析結果を捉え直したい。

第一は、川島にとっての総選挙の意義である。千葉県第一区戦前派代議士の場合、成島と川島だけが総選挙で身代わり候補の当選を演出した。特に川島は一九四六年第二二回総選挙で藤田栄ら、一九四七年第二三回総選挙で渋谷雄太郎と多田勇、一九四九年第二四回総選挙で佐久間徹というように、その都度に変わりつつも、身代わり候補を国政の場へと押し上げることに成功した。川島は、戦後政治に復帰するための資格試験をパスし、身代わり代議士という回路を通して、国政に関与する環境を手にしたといえよう。

第二は、川島にとっての地方選挙の意義である。千葉県第一区戦前派代議士のなかで、川島だけが千葉県知事や市長の当選を演出した。川島の入党する自由党が県議会で過半数越えの議席を持つようになり、また戦前期からの彼の支持基盤である川口為之助が千葉県知事を務めたからこそ、同じく松本栄一が船橋市長を務めたからこそ、彼は県政や市政と結びつくことができたといえよう。曽我謙悟と待鳥聡史は首長―議会関係を七つに類型化したが[186]、いずれにせよ地方自治法が担保した二元代表制の下、選挙を通して、自身の支持基盤がその両方、もしくは片翼を押さえたために、川島の存在感は色褪せることがなかった。

第三は、川島個人のパーソナリティーである。川島の身代わり候補は、当選後、いずれもその思惑どおりには動かなかった。藤田は社会党へ移った。渋谷や多田は川島からの自立を目指した。佐久間は一九五〇年一二月県知事選挙で川島の盟友川口の推す石橋信の立候補に反発した。彼らは身代わり候補ではあったが、本当の意味での身代わり代議士ではなかった。しかし川島は諦めず、総選挙の都度、新たな身代わり候補の当選を演出し続け、粘り強く地盤の維持に努めたのである[187]。したがって公職追放期に戦後政治と関係を持ち続けた川島は、来るべき政界復帰への準備に成功したといえよう。

注

（1）参議院議員選挙の史的分析は、蓄積が浅い。そのようななか、奥健太郎「第二回参議院政党化と自由党─参議院政党化の一分析─」（『年報政治学二〇〇六‐Ⅱ　政治学の新潮流：二一世紀の政治学へ向けて』二〇〇六年）は、貴重な試みの一つである。
（2）福永文夫「指導者の交代─衆議院総選挙結果を手がかりに─」（天川晃・増田弘編『地域から見直す占領改革─戦後地方自治の連続と非連続─』山川出版社、二〇〇一年）。
（3）伊藤隆「戦後千葉県における選挙と政党」（同編『昭和期の政治』山川出版社、一九八三年）。
（4）山村一成「戦後地方政治の確立過程─敗戦から保守合同にいたる千葉県を例にして─」（宇野俊一編『近代日本の政治と地域社会』国書刊行会、一九九五年）。
（5）中村政弘「千葉県の戦後政治の連続と非連続─各種選挙などをめぐって─」（栗田尚弥編『首都圏史叢書⑥　地域と占領─首都とその周辺─』日本経済評論社、二〇〇七年）。
（6）手塚雄太『近現代日本における政党支持基盤の形成と変容─「憲政常道」から「五十五年体制」へ─』（ミネルヴァ書房、二〇一七年）第Ⅱ部。
（7）「特高第六号　時局懇談会ニ関スル件」（『千葉県の歴史通史編　近現代三』二〇〇九年）九七頁。
（8）「特高第一〇四五号　代議士ノ言動ニ関スル件」（前掲『千葉県の歴史通史編　近現代三』）九七頁。
（9）『毎日』一九四六年四月一九日千葉版。
（10）『千葉』一九四七年三月二〇日。第五章で示したように、その要因は青木が本多貞次郎の秘書を務めていたことなどに求められよう。
（11）前掲『千葉県の歴史通史編　近現代三』九五〜一〇〇頁（池田順執筆）。
（12）『資料日本現代史　三』（大月書店、一九八一年）三五頁。
（13）黒川鍋太郎『川口先生悲吟帖』（千葉公報、一九六八年）二一九頁。
（14）前掲黒川『川口先生悲吟帖』二一九頁。
（15）川口為之助先生寿像建設委員会『川口為之助先生を偲ぶ』（千葉日報、一九六二年）九七頁および九九頁。
（16）黒澤良「政党政治の凋落と再生（一九三二〜五五）」（季武嘉也・武田知己編『日本政党史』吉川弘文館、二〇一一年）一七八頁。
（17）渡辺恒雄『派閥─保守党の解剖─』（弘文堂、一九五八年、二〇一四年復刊）二〇四頁。
（18）前掲『資料日本現代史　三』所収の自由党結成関連史料を見ても、一切、川島の名は登場しない。

(19) 伊藤隆・季武嘉也編『鳩山一郎・薫日記上巻　鳩山一郎篇』(中央公論新社、一九九九年) 四〇九頁および四一一頁。

(20) 『東朝』一九三七年四月二八日千葉版。

(21) 馬渡剛『戦後日本の地方議会―一九五五~二〇〇八―』(ミネルヴァ書房、二〇一〇年) 二〇四頁によると、当選六~九回の代議士が閣僚・ベテランクラスに位置するという。

(22) 「無所属」で「確実」に立候補と報じる記事もある (『毎日』一九四五年一一月二八日千葉版)。

(23) 「特高第一一一号　代議士ノ動向ニ関スル件」(前掲『千葉県の歴史通史編　近現代三』) 九七頁。

(24) 『毎日』一九四六年一月五日千葉版。

(25) 『毎日』一九四六年二月一日千葉版。

(26) 『毎日』一九四五年一一月二八日千葉版。

(27) 『毎日』一九四六年一月五日千葉版。

(28) 前掲『資料日本現代史　三』五二頁。

(29) 『読売』一九四六年二月一二日千葉版。川島は一九五一年六月の追放解除までの間、山海水産および山王建設などの企業を経営したが、草柳大蔵「〝江戸前フーシェ〟川島正次郎」(『文芸春秋』一九七〇年一一月号) 一八八頁によると、いずれも失敗したという。これらの経営資金は、川島正次郎先生追想録編集委員会『川島正次郎』(交友クラブ、一九七一年) 三三八頁、また小畑伸一『政界一寸先は闇―ある川島担当記者の手記―』(黄帆社、一九七二年) 一八六~一八七頁によると、内務省属官時代に知遇を得た正力松太郎および高橋雄豺が面倒を見ていたという。

(30) 『読売』一九四六年二月二三日千葉版。

(31) 『読売』一九四六年三月八日千葉版。

(32) 『毎日』一九四六年三月二四日千葉版。

(33) 『千葉』一九四六年三月三〇日。

(34) 『読売』一九四六年四月五日千葉版。

(35) 前掲『千葉県の歴史通史編　近現代三』一〇六頁 (池田順執筆)。なお、この時期の自由党・進歩党・社会党の発足経由に関しては、具体的な年月日を特定できないものの、前掲『川口為之助先生を偲ぶ』九五~一〇二頁が詳しい。同書によると、ちなみに改進党支部の場合は戦前派代議士の中村庸一郎 (千葉県第三区) が、社会党支部の場合は吉川兼光 (千葉県第一区) がその中心を担ったという。

(36) 前掲黒川『川口先生悲吟帖』二二〇頁。なお『読売』一九四六年三月三日千葉版によると、川島は寺島と藤田を推したという。
(37) 千葉県議会史編さん委員会『千葉県議会史』第五巻（千葉県議会、一九八八年）二九四頁（山村一成執筆）。
(38) 『千葉』一九四六年三月二四日。
(39) 『千葉』一九四六年三月一二日。
(40) 前掲『川口為之助先生を偲ぶ』二五三頁。
(41) 前掲『川口為之助先生を偲ぶ』二五三頁。
(42) 『千葉』一九四六年一二月一七日。
(43) 『千葉』一九四六年三月二四日。
(44) 前掲『川口為之助先生を偲ぶ』一〇三頁。
(45) 『毎日』一九四六年四月一九日千葉版。
(46) 『千葉県報』六〇九六号（一九四六年五月八日）。
(47) 林政春『川島正次郎』（花園通信社、一九七一年）二〇五頁。
(48) 『毎日』一九四六年四月三日千葉版。
(49) 以下、『千葉』一九四六年四月二二日。
(50) 『毎日』一九四六年三月三〇日千葉版・四月五日千葉版・四月一一日千葉版。
(51) 『千葉』一九四六年三月二七日。
(52) 『千葉』一九四六年四月六日。
(53) 『千葉』一九四六年四月一六日。
(54) 『千葉』一九四六年四月二二日。
(55) 『毎日』一九四六年五月七日千葉版。
(56) 『千葉』一九四六年六月二二日。
(57) 『千葉』一九四六年七月八日。
(58) 『読売』一九四七年三月一四日千葉版。
(59) 坂本守『千葉・社会党の歩み―日本社会党千葉県本部―』（日本社会党千葉県本部、一九八五年）を見る限り、藤田は千葉県の社会党とは関係を持っていない。その後、藤田は政界を去り、一郎と改名。藤田組副社長、広島バス会長、藤栄工業、藤栄林業の社長を務めた。参議院議員（一九八三年一二月補欠選挙当選）の藤田栄（自民党）とは、同姓同名の別人である。
(60) 前掲『千葉県の歴史通史編　近現代三』一〇五頁（池田順執筆）。
(61) 『毎日』一九四六年四月六日千葉版。
(62) 『読売』一九四六年四月七日千葉版および『千葉』一九四八年一二月三〇日。
(63) 『読売』一九四六年四月二〇日朝刊。
(64) 『朝日』一九四六年六月二八日朝刊。
(65) 『読売』一九四六年一一月二三日千葉版。
(66) 『千葉』一九四六年三月二八日。
(67) 『読売』一九四六年三月三日千葉版および『千葉』一九四六年三月二四日。
(68) 『千葉』一九四六年四月一六日。
(69) 前掲山村「戦後地方政治の確立過程」二九六頁。
(70) 『読売』一九四六年三月三日千葉版。
(71) 『千葉』一九四六年三月二七日。
(72) 『千葉』一九四六年四月一六日。
(73) 『朝日』一九四七年一月五日千葉版。
(74) 『千葉』一九四七年三月二〇日。
(75) 『読売』一九四七年四月一八日千葉版。
(76) 『朝日』一九四七年三月一九日千葉版。
(77) 曽我謙悟・待鳥聡史『日本の地方政治―二元代表政府の政策選択―』（名古屋大学出版会、二〇〇七年）八頁や前掲馬渡『戦後日本の地方議会』四三頁によると、特に一九五五年以前の地方政治では保守分裂選挙が多かったという。後述のように、一九五〇年の千葉県知事選挙も保守分裂選挙となった。
(78) 湯浅博『証言　千葉県戦後史』（崙書房、一九八三年）七五頁。
(79) 前掲『川口為之助先生を偲ぶ』一七七～一七八頁。
(80) 林政春『国会議員の風雪二五年―自民党幹事長川島正次郎氏の政界コース―』（東京タイムズ千葉支局、一九五九年）一八頁。
(81) 前掲『川口為之助先生を偲ぶ』一七〇頁。

(82) 川島正次郎「私の政治歴」(学芸通信社編『人生この一番』文明社、一九五八年)一四七頁。
(83) 以下、『読売』一九四七年四月八日千葉版。
(84) 前掲馬渡『戦後日本の地方議会』一七頁。
(85) 前掲山村「戦後地方政治の確立過程」二九七頁によると、この候補者乱立の要因は、自由党や民主党などの統制力の弱さにあったという。後述するように、だからこそ個人的な支持基盤を持つ川島や成島は、身代わり候補を擁立できたのかもしれない。
(86) 『読売』一九四七年四月二四日千葉版。
(87) 以下、『千葉県報』号外(一九四七年五月二三日)。
(88) 『朝日』一九四七年四月二七日千葉版。
(89) 前掲黒川『川口先生悲吟帖』二二五頁。
(90) 「人物評」(『再建』一九四七年四月号)四五頁。
(91) 『朝日』一九四七年四月二五日。
(92) 前掲『千葉県報』号外(一九四七年五月二三日)。
(93) 前掲『川島正次郎』一七二頁。
(94) 『毎日』一九四七年四月二八日千葉版。
(95) 『千葉』一九四八年一一月四日。
(96) 『朝日』一九四九年五月二七日千葉版。
(97) 『朝日』一九五一年四月一八日千葉版。
(98) 香取左馬之介「多田勇と寺島隆太郎」(『房総展望』三‐一二、一九四九年)五頁。
(99) 『千葉』一九四七年三月二九日。
(100) 『千葉』一九四七年四月二三日。
(101) 『千葉』一九四七年四月二五日。
(102) 『千葉』一九四七年二月一七日。
(103) 『読売』一九四七年五月三日千葉版。
(104) 『千葉』一九四七年二月一八日。
(105) フット&ヘッド『風走る―浮谷竹次郎小伝/記録・市川市公有水面埋立事業―』(株式会社エピック、一九九〇年)六五頁。また第一六代市川市長の鈴木忠兵衛によると、浮谷市長には「『川島ニクイ』というところが確かにあった。だけど、どうしても頭を下げなくてはならないときがあった。そのときは本当に辛かったと思う」（同二三五頁）と回想する。

(106) 前掲『風走る』一五三頁。
(107) 『読売』一九四七年五月三日千葉版。
(108) 『千葉』一九四七年三月二〇日。
(109) 『朝日』一九四七年四月三日千葉版。
(110) 『読売』一九四七年五月三日千葉版。
(111) 『読売』一九四六年八月一二日千葉版。
(112) 前掲山村「戦後地方政治の確立過程」二九八頁も同様に指摘している。
(113) 『読売』一九四六年一二月一〇日千葉版。
(114) 『船橋新聞』一九四七年三月六日（米国メリーランド大学図書館蔵〈国立国会図書館憲政資料室蔵〉『ゴードン・W・プランゲ文庫』NF-〇二七九）。
(115) 前掲『千葉県議会史』第五巻二六九頁（中村政弘執筆）。
(116) 『千葉新報』一九四八年六月二二日。
(117) 『毎日』一九四八年一一月二八日千葉版。
(118) 前掲林『国会議員の風雪二五年』二一一頁。
(119) 『朝日』一九四八年一二月二五日千葉版。
(120) 『読売』一九四八年一二月八日。なお『千葉』一九四八年一二月二九日によると、渋谷は京成電鉄の組織票にも支えられていたという。
(121) 『千葉新報』一九四九年一月二七日。
(122) 前掲林『川島正次郎』二〇三頁。
(123) 『毎日』一九四九年一月二七日千葉版。
(124) 以下、『千葉県報』号外（一九四九年一月二六日）。
(125) 『毎日』一九四九年一月一九日千葉版。
(126) 『千葉』一九五〇年四月三日。

(127)「新代議士の横顔」（『再建』一九四九年三月号）六三頁。
(128)『千葉』一九四八年一二月三一日。
(129)『富勢新報』一九四八年四月一五日（前掲『プランゲ文庫』NF-〇三二八）。
(130)『朝日』一九四八年一二月二五日千葉版。
(131)『千葉新報』一九四九年一月二七日および七月二〇日。
(132)『読売』一九四九年一月二三日朝刊および『毎日』一九四九年一月一九日千葉版。
(133)『読売』一九四九年一月二五日。
(134)ただし、その予兆はあったようで、憲子が前回総選挙で当選した理由に「もの珍しさ」を挙げる報道もあった（『千葉』一九四八年一二月二九日）。
(135)『読売』一九五〇年九月一〇日千葉版。
(136)『読売』一九五一年六月二日千葉版。
(137)『千葉新報』一九四八年六月二二日。
(138)『北総新聞』（前掲『プランゲ文庫』NH-〇九二七）。
(139)辻陽『戦後日本地方政治史論―二元代表制の立体的分析―』（木鐸社、二〇一五年）二四四頁および二九三頁。
(140)前掲『千葉県議会史』第五巻三一六～三一八頁（山村一成執筆）および前掲山村「戦後地方政治の確立過程」三〇五～三一五頁。
(141)『毎日』一九五〇年一〇月二一日千葉版。
(142)『毎日』一九五〇年一〇月二五日千葉版。
(143)『千葉』一九五〇年一〇月二五日。
(144)『千葉』一九五〇年一〇月二一日。
(145)『千葉』一九五〇年一一月五日。
(146)『千葉』一九五〇年一一月八日。
(147)『朝日』一九五〇年一二月七日千葉版。
(148)『朝日』一九五〇年一二月一〇日千葉版。
(149)以下、『千葉』一九五〇年一二月四日。
(150)以下、『読売』一九五〇年一二月一日千葉版。

(151)『読売』一九五〇年一二月八日千葉版。
(152)前掲伊藤「戦後千葉県における選挙と政党」三一三頁。
(153)前掲山村「戦後地方政治の確立過程」三一七頁。
(154)『千葉』一九五一年二月一〇日。
(155)『千葉』一九五一年三月一二日。
(156)前掲林『川島正次郎』二一一頁。
(157)『千葉』一九五一年四月一三日。
(158)『毎日』一九五一年四月二〇日千葉版。
(159)『読売』一九五一年四月一七日千葉版。
(160)『千葉』一九五一年四月二〇日。
(161)『朝日』一九五一年四月二〇日千葉版。
(162)『読売』一九五一年四月二五日千葉版。
(163)『毎日』一九五一年四月二五日千葉版。
(164)『朝日』一九五一年三月一八日千葉版。
(165)『読売』一九五一年三月二八日千葉版。
(166)『読売』一九五一年四月一四日千葉版。
(167)『読売』一九五一年四月二一日千葉版。
(168)『毎日』一九五一年四月二五日千葉版。
(169)『毎日』一九五一年四月二五日千葉版。
(170)功刀俊洋『戦後地方政治の出発―一九四六年の市長公選運動―』(敬文堂、一九九九年)二頁は、知事選挙と議員選挙が異なる結果を示すことを「住民意思の分裂」と捉えた。
(171)前掲山村「戦後地方政治の確立過程」三一八頁および前掲『千葉県議会史』第五巻三三五頁(山村一成執筆)。
(172)『読売』一九五一年五月三日千葉版。
(173)前掲伊藤・季武編『鳩山一郎・薫日記上巻』七五七頁。
(174)『千葉』一九五一年六月一日。

(175)『千葉』一九五一年六月二七日。
(176)『朝日』一九五一年六月九日千葉版。
(177)『読売』一九五一年六月八日千葉版。
(178)『読売』一九五一年八月三〇日朝刊。
(179)『千葉』一九五一年六月一日。
(180)『読売』一九五一年五月三日千葉版。
(181)『千葉』一九五一年六月二八日。
(182)『読売』一九五一年六月一六日千葉版。
(183)『千葉』一九五一年六月二一日。
(184)『朝日』一九五一年七月三日千葉版。
(185)自由民主党千葉県支部連合会二五年史編集委員会『自由民主党千葉県支部連合会二五年史』(自由民主党千葉県支部連合会二五年史編集委員会、一九八二年)一一八頁。
(186)前掲曽我・待鳥『日本の地方政治』四九頁。
(187)前掲『川島正次郎』三三八頁。

終章　成果と課題

第一章から第六章までの時系列的な分析結果を受けて、ライバル代議士と比較しながら、川島の政治活動、県会議員選挙との関係性、立候補過程、選挙運動、選挙結果を選挙システムの視点から紡ぎ直す。また、それらを支持基盤の視点からまとめるとともに、普遍性をめぐる若干の比較史的考察、補論を踏まえた一九五〇年代以降への展望なども論じ、本書の結論としたい。

第一節　本書のまとめ

(一) 政治活動

当選一〜二回の頃は、ライバル代議士と異なり、国政と有権者を結びつける場を提供するため、選挙区で議会報告演説会を頻繁に開催した。選挙という委任の回路を経た川島は、こうして有権者に対する責任を果たし、その信頼を得ようとした。だからこそ演説会の基盤として、帝国議会での活動が重要になる。議会活動での川島の特徴は、次の二点である。第一は、支持基盤や有権者を意識した発言である。中央卸売市場法改正案および電力国家管理法案での発言は、その象徴といえよう。第二は、発言回数そのものの多さである。帝国議会会議録検索システムで抽出すると、合計一四四回を数える。当選回数で除すと、平均二四回となる。後述のライバル代議士と比較しても、群を抜いてい

表7－1　川島の所属派閥変遷

年代	所属派閥	史料
1928年10月	鈴木喜三郎系（含鳩山一郎系）	「十月下旬ににおける政友会の実情」（国立国会図書館憲政資料室蔵『鶴見祐輔文書』R39）
1932年7月	鳩山一郎系	「昭和七年立憲政友会所属議員派閥調」（岡山県立記録資料館〈国立国会図書館憲政資料室蔵〉『松本学関係文書』R13）
1933年（月不明）	一々会員（故森恪系）	「政友会系統別」（前掲『松本学関係文書』R12）
1935年2月	中立（無派閥）	「政友会議員の系統調」（『民政』第256号、1935年2月）
1939年（月不明）	中島知久平直系	「政友会・民政党名簿」（国立国会図書館憲政資料室蔵『松本学関係文書』R27）

注：1939年に関しては、史料そのものには年代が記されていない。しかし統一派や中立派のカテゴリーが記されていることから、1939年時点のものと推測した。

る。川島は議員としての本分を発揮し、有権者にその存在意義を示したといえよう。しかし有泉貞夫が指摘するように、第一次世界大戦期以降、地方はどの政党にも地域利益の実現を期待していた(1)。そこで政友会の川島は、当選三回以降、代議士としての裾野と幅を広げ、また、さらなる有権者の信頼を得るため、選挙区の地域政治に介入するとともに、利益誘導にも取り組んだ。こうして戦前期普選を経る中、川島は有権者にとって魅力ある人物として、地域政治の取りまとめ役として、選挙区への利益誘導の媒介として、三つの役割を兼ね備えた代議士に成長したのである。

その川島は、戦前期、終生、政友会の代議士であった。表7－1は、彼の党内での派閥変遷をまとめたものである。当初の川島は党内主流派（鈴木喜三郎派や鳩山一郎派）に属していたからこそ、選挙資金の調達機会や帝国議会での発言機会に恵まれたのであろうし、事実、齋藤実内閣（一九三二～三四年）の海軍省参与官（岡田啓介海軍大臣）にも就任できた。党務を見ても、それは同様であった。川島は久原房之助派の島田俊雄（島根県第二区）幹事長の下で幹事（一九二八年五月～一九二九年四月）、鈴木派の山口義一（大阪府第六区）幹事長の下での幹事（一九三二年三月～一九三三年三月）を務めていたが(2)、これは川島が党内主流派に身を置いた時期でもあった。しかし一九三二年七月以降、川島は鳩山の下を離れ、党幹事長経験者の森恪（栃木県第二区）の派閥に走る。ただ、その森が一九三二年一二月に亡くなると、川島は鳩山派に戻ることなく、無派閥代議士となった。やがて川島は中島知久平の派閥の「直系」(3)代議士になるが、おそらく前田米蔵が仲介したと考えられる。このように川島は党内主流派から離れ、森の死後、頼るべき派閥領袖を失い、中島派にたどり着くまで時間がかかった。だからこそ政務ポストでは前述の海軍省参与官を除き、党務ポストでは第八代政友会千葉県支部長（一九三八～一九四〇年）を除き、目立つものに就くことができなかったといえよう。しかし一九三九年の政友会分裂時、革新派に属し、党総務に就任した意味は極めて大きい。政党解散の直前、川島は滑り込みで党幹部の末席に名を連ね、戦後政治史への足掛かりをつかんだのである。

ここで川島とライバル代議士を比較したい。例えば派閥領袖の床次竹二郎に従い、政党を転々とした本多貞次郎は、京成電鉄の経営者という立場を背景に、選挙区の利益誘導に汗をかき、地域政治に介入することが多かった反面、帝国議会での活動には熱心でなかった。議会での発言回数を見ても、当選五回でありながら、全三八回（平均七・六回）に過ぎない。本多は地域政治の取りまとめ役として、地元選挙区への利益誘導の媒介役を担ったが、川島と異なり、議員の本分を有権者に示し切れなかった。なお本多は議員在職中の七九歳で死去するが、その支持基盤は故本多系として一定程度のまとまりを保つものの、政友会千葉県支部が擁立した後継候補の星野懿吉、さらには同じ政友会の川島を支持しなかった。これは、千葉県第一区東葛飾郡の場合、政党の地盤はなく、代議士個人の支持基盤が実在した証左といえよう。

篠原陸朗（民政党）は高等文官試験合格の大蔵官僚から政界に転身した輸入代議士で、川島とは大きく経歴が異なる。篠原はこのキャリアを活かし、中央官界とのパイプを持ち続け、予算委員会を中心に帝国議会で発言を重ねた（全五四回平均一三・五回）。また頻繁に海外視察も重ねた。加えて一時だが、川島と同様に議会報告演説会を開催し、有権者との直接的な結びつきも志向した。一方、民政党での立ち位置を見ると、同じ大蔵官僚出身の勝正憲（福岡県第四区）との関係性が強く、民政党解党時、両者は総裁の町田忠治派の直系代議士であった。ただ篠原は川島や本多と異なり、地域政治の取りまとめ役として、地元選挙区への利益誘導の媒介としての役割が弱かった。篠原もまた有権者に魅力を示し切れなかったのである。一九三二年第一八回総選挙での落選は、その証左に他ならない。

成島勇（民政党）は、代議士であった父巍一郎の血縁と東葛飾郡富勢村出身の地縁を併せ持つ。本多の死後、農村部町村を中心として、有権者の期待を着実に吸い上げていった。成島は当選回数が二回と少ないものの、帝国議会では農村問題に絞った発言を繰り返し（全一五回平均七・五回）、また農村問題に特化する形で政治に携わり、汗をかき続けた。民政党での立ち位置を見ると、前述の篠原同様、民政党解党時、直系ではないものの、総裁の町田派に属していた(4)。代議士キャリアの短い成島は、農村代議士に特化することで、有権者に存在感を示し、地域政治の取りまとめ役、地元選挙区への利益誘導の媒介役を手に入れたのである。

（二）県会議員選挙との関係性

民政党県支部による県会議員選挙の候補者擁立主導事例も確認できたが、原則は政民両党の代議士によるそれであった。そして代議士は彼らを選挙で支持し、選挙後は自らの系列下に置き、総選挙の際、自身の集票回路に位置づけた。したがって県会議員は、代議士に規定された存在といえよう。ただし代議士の個人型集票回路である彼らは、盲目的にその代議士に従ったのではない。例えば系列先の代議士が落選・死去すると、彼らは代わりを求めた。事実、本多や鈴木隆に従っていた県会議員は、頼るべき代議士を失った時、川島の系列下に入った。だからこそ川島は地盤の東葛飾郡を越え、千葉県第一区のほとんど全ての県会議員選挙に関与する(5)。川島は千葉市郡を地盤とする盟友の川口為之助との出会いを経て、最終的に千葉県第一区全体を覆う政治的ネットワークを形成したのである。このような代議士は、千葉県第一区の場合、川島だけであった。

そもそも区会議員・町会議員・村会議員などの地方議員は、最も身近な地域の利益および利害という事象を介して、地域住民と接する。その地方議員と国政を担う代議士の結節点が、県会議員に他ならない。いわば代議士は県会議員を通して地域を把握し、逆に末端の地方議員は彼らを通して国政の現状に触れるのではないだろうか。つまり県会議員がいるからからこそ、代議士は代議士たり得たといえよう。換言すれば、両者は相互補完的な関係であった。

（三）立候補過程

最後の小選挙区制度となった一九二四年第一五回総選挙では、地域有力者が推薦会を開催し、その支持と合意を調達した後、川島も本多も立候補した。当選者が一人であることから、推薦会は候補者の一本化を担うだけでなく、候補者とその支持者たちが結束するための通過儀礼でもあった。加えて川島の場合、地元出身でないため、わずかな地縁を誇張し、各地の地域有力者の理解を得なければならなかった。

しかし一九二五年の普通法（中選挙区制度）で複数候補者の当選が可能になると、同一政党内での候補者調整が必要になる。事実、川島の場合、一九二八年第一六回総選挙では前県会議員の齋藤三郎、一九三〇年第一七回総選挙では現職代議士の志村清右衛門と政友会の公認を争った。しかし注目すべきは、第一六回総選挙以降、推薦会が減少したことである。川島の場合、一度もその形跡が確認できなかった。本多も同様で、一九三二年第一八回総選挙が最後となった。輸入候補の篠原の場合、初めての立候補（一九三〇年第一七回総選挙）の時、一度だけ確認できた。つまり中選挙区制度下の千葉県第一区では、地域有力者による推薦会の意義が低下し、ほとんど開催されなくなった。これが繰り返された結果、代議士は自らの意思で立候補し、それが所与の前提となっていく。中選挙区制度で選挙区の面積が拡大されたこともあろうが、地域有力者の理解を得る必要性は低下したといえよう。

このような中、戦前期普選の政民両党県支部は、どのように候補者擁立に関わっていたのであろうか。政友会の場合、一度だけ、支部主導で総選挙の候補者選定および調整が試みられた。すなわち一九三七年二月に死去した本多の後継候補決定の際、川島と地盤の重複しない県会議員の星野懿吉（市原郡選挙区）を擁立した。しかし故本多の票は星野に移行せず、第二〇回総選挙で彼は惨敗した。政友会県支部にとっては、候補者選定が限界だったといえよう。民政党の場合、政友会と異なり、しばしば支部が候補者選定に取り組んだ。例えば一九三〇年第一七回総選挙での篠原擁立、一九三七年第二〇回総選挙での成島擁立が挙げられる。ただし篠原および成島の擁立時、決して支部は一枚岩ではなかった。特に後者の際、支部長（土屋清三郎）の反対もあり、成島には党本部から公認が出なかった。だからこそ両者は選挙運動レベルで対立した。民政党県支部は、候補者選定を乗り越えたものの、選挙運動では主導権を発揮できなかったといえよう。

以上から、戦前期普選での千葉県第一区の政民両党県支部の影響力のあり方は、それぞれ異なっていたのである。

（四）選挙運動

戦前期普選の千葉県第一区の選挙運動を見ると、政民両党県支部ともそれにはほとんど関与せず、各候補者が主体となっていた。共通項は、次の四点である。第一は、候補者と有権者の結びつきの場として、演説会が重視されていた点である。普選を重ねる度、演説会の開催地域は拡大され、選挙粛正を経て、翼賛選挙では再び地盤およびその周辺地域に縮小された。かつて牧原憲夫は自由民権運動の演説会を分析し、政府批判を通して主催者が聴衆と共振すると指摘したが、(6) 選ぶ側（有権者）と選ばれる側（立候補者）が時間と空間を共有する場こそ、演説会に他ならない。こうして候補者の知名度は参加者（体験者）を媒介として、質的かつ量的に伝播および拡散していった。

第二は、普選法で戸別訪問が禁止され、選挙区の面積が拡大されたからこそ、候補者は大量の印刷物（投票依頼状・推薦状）を有権者に送付し、また宣伝ポスターを貼りつけ、彼らと間接的に結びつこうとした点である。これら選挙メディアには候補者のメッセージ（実績や出自など）が記載されたが、それを有権者に提供することで、自分の名とイメージを浸透させようとしたのである。

第三は、選挙違反を見る限り、地方議員などの地域有力者が代議士の集票回路を務めた点である。そもそも地方議員たちは、票を固めるためといえども、掘り起こすためといえども、対立候補を切り崩すためといえども、なぜ違法行為である買収を続けたのであろうか。理由は二つに大別できる。一つは、彼らにとって選挙は蓄財の機会だったからである。事実、彼らは買収の際、金銭を中抜きしていた。もう一つは推測だが、彼らが代議士の系列下に置かれ、買収せざる得ない状況に置かれていたからではないだろうか。事実、代議士が県会議員選挙のみならず、地域政治に影響力を行使するとともに、利益誘導の媒介者であるからこそ、両者の結びつきは強くならざるを得ない。代議士と県会議員の相互補完的な関係は前述したが、だからこそ政党政治期でも、選挙粛正期でも、翼賛選挙期でも、買収は根絶されなかったと考えられる。

第四は、選挙費用の割り振り先を見ると、選挙毎に変動が生じていたことから、候補者は選挙毎に最も有効な戦術を模索し、展開していた点である。ただし、あくまでも各候補者が選挙後に県知事に報告した法定費用の範囲内であり、実態と乖離している可能性もあるので、ここでは断定を避けたい。

以上の中でも、川島の特徴は次の二点にまとめられる。第一は、一九三二年第一八回総選挙を除き、松戸町の梨本太兵衛（元県会議員）が選挙事務長を務めた点である。このように事務長がほぼ変わらないからこそ、選挙運動をめぐる戦術および戦略は統一性・柔軟性・秘匿性を持ち得る。しばしば川島が選挙上手とされた理由は、ここに求められよう。第二は、政治の目的を国民生活の向上として捉え、それを選挙運動で強く訴えた点である。川島のポスター・ビラ・葉書・推薦状はもちろん、選挙公報を見ても、それは変わらない。抽象的かつ総花的に政策を並べたライバル候補者たちとは、対照的である。特に千葉県第一区の場合、無産政党系候補者の出馬は一度しかない（一九三〇年第一七回総選挙での石橋源四郎）。したがって川島の主張は、本来、無産政党の支持に廻りかねない有権者をも包み込む可能性を有していたといえよう。

（五）選挙結果

以下、特徴を三つにまとめる。第一は、川島の地盤である東葛飾郡の場合、政民両党県支部が選挙運動を主導していないこと、既成政党の支部的組織がないこと、本多を中心とする後援会が数多く設立されたこと、前述した千葉県

表7－2　戦前期普選での東葛飾郡投票率および棄権率の推移

（%）

	1928年 第16回	1930年 第17回	1932年 第18回	1936年 第19回	1397年 第20回	1942年 第21回
全国投票率	80.5	80.7	80.0	76.9	71.4	80.0
全国棄権率	19.5	16.5	18.2	21.1	26.3	16.3
東葛飾郡投票率（含市川市・船橋市）	76.3	79.2	82.3	75.4	72.6	81.1
東葛飾郡棄権率（含市川市・船橋市）	22.1	19.2	16.0	20.5	25.4	16.3

出典：各回『衆議院議員総選挙一覧』（衆議院事務局）より作成。
注：1928年第16回のみ、全国棄権率に無効票や失格票を算入。

政友会支部の擁立した候補（星野懿吉）が落選したこと、本多死後もその政治勢力（東葛倶楽部）が残存していたこと、さらには新聞史料から見た有権者意識などを併せると、民政党（憲政会）支持の中山町や富勢村を除き、政党の地盤なるものは実在していなかった。ここに第四章で登場した群馬県第一区の民政党代議士の清水留三郎の指摘、すなわち有権者の投票基準は縁故・政党・人物の三要素からなるという指摘を加えると[7]、有権者は政党・候補者・集票回路との個人的関係、買収の有無などとの距離を計りつつ、最終的には政党よりも候補者個人に投票基準を求めていたのではないだろうか。しかし、それは政党無用論には繋がらない。事実、表7－2で全国投票率および棄権率を見た場合、少なくとも一九二八年第一六回から一九三二年第一八回総選挙にかけての政党政治期の投票率は増加し続けるとともに、棄権率が減少している。千葉県第一区は政民両党の当選者に限定された地域だが、この地の有権者の多くは、候補者というフィルターを通して、政民二大政党を捉えていたと考えられる。

第二は、同じく川島の地盤である東葛飾各町村の得票率を見ると、継続して同一の政党や代議士に投票を続ける有権者が多い町村（ナショナル・スウィングしない「節操」ある町村）、常に投票先を変える有権者が多い町村（ナショナル・スウィングする「無節操」な町村）、そのどちらにも当てはまらない町村、これら三つが併存している。これらの町村と代議士の関係性を整理すると、彼らは常に自分に投票する有権者の多い町村、すなわち地盤を必ず持っていた。途中で死去する本多を除くと、川島は行徳町、成島は東葛飾郡農村部の町村を地盤として押さえ続けた。一方、篠原は最終的にそのような町村をすべて失った。だからこそ篠原は戦後の一九五二年第二五回総選挙で千葉県第一区（定数四名）から立候補するものの、元職でありながら一二名中一一位で惨敗したのではないだろうか。

第三は、やはり川島の地盤である東葛飾郡における地盤協定を見ると、政友会の場合、彼と本多の長年のライバル関係もあり、協定自体の成立可能性が低かった。仮に成立したとしても、支持者が遵守する可能性が低かった。だからこそ戦前期普選での千葉県第一区では、一九三二年第一八回総選挙の際、彼らの地盤ではない千葉郡町村でのみ地盤協定が成立し、一定程度、機能したのである。一方、民政党の場合、支部が候補者に対して票田を割振りしたが、管見では、明確な史料を確認できなかったことから、それは厳密なものではなかったと考えられる。ただし得票率を見る限り、民政党候補者のそれは片寄りがある。したがって厳密な協定が存在していた可能性も否定できない。

以上を踏まえると、少なくとも千葉県第一区の中でも、川島が地盤とした東葛飾郡は、原則として、政党の地盤が実在しないからこそ、序章で示した大麻唯男の共同研究による「集団投票」論、川人貞史の「ナショナル・スウィング」論、山室建徳の有権者の「無節操」な投票行動論が単純に当てはまる地域ではなかった。前述したように、やはり有権者の投票行動は複雑かつ多様だったのである。この他、政治学でいう「業績評価投票」[8]論、投票「学習」経験論や投票「記憶」論など、合理的な投票行動の可能性もあろうが[9]、本書での結論を普遍化するためには、さらなる事例研究を積み重ねなければならない。

第二節　選挙システムと支持基盤

（一）選挙システム

序章でも示したように、川島は高等文官試験に合格した官僚でもなく、政治資金の調達に有利な企業経営者や実業家でもなく、選挙区内の地方議員から叩き上げた経歴もなかった。その出自と由来を鑑みれば、選挙区を同じくする本多・篠原・成島と比較した場合、川島は誰よりも不利な環境であった。また川島は政友会内でも次第に主流派を離れ、無派閥や中立の時代が長く、齋藤実内閣の海軍省参与官や政友会千葉県支部長以外、目立つポストに就いていない。いわば陽の当たる道を歩めなかったからこそ、川島はライバルとの差別化を図らねばならなかった。その川島が最終的に出した結論は、以下の三点であった。

第一に、川島は政治活動の中で、代議士の本分を示して有権者に魅力ある存在でありつつ、地域政治の取りまとめ役として、地元選挙区への利益誘導の媒介者として実績を積み重ねるとともに、これらを選挙運動の中で巧みにアピールし、集票に繋げていった。換言すれば、川島は政治活動と選挙運動を連動・一致させたのである。また、それを取り仕切る選挙運動の実務責任者（選挙事務長）は、一度を除き、梨本太兵衛が務めた。これが選挙運動・戦術・戦略の統一性、柔軟性、秘匿性を生むのであるならば、川島の支持基盤は安定化傾向を見せるといえよう。

第二に、川島は地域有力者などの個人型集票回路、後援会・利益団体などの組織型集票回路を通して固定票を集め、演説会・ポスター・ビラ・書状などの選挙メディアで浮動票を惹きつけた。固定票の場合、川口為之助などの地域有力者は買収などで集票するが、川島はかつて敵対関係にあった代議士の協力者および系列者であっても、それを拒否せず、自らの系列下に組み込んだ。補論でも述べたように、人間関係のあり方にこだわりを見せない思考だからこそ、川島は多くの地域有力者を抱え込めた。青年期に多彩な仕事を経験する中で、川島は人間性の裾野の広さを身につけたのではないだろうか。加えて結成の歩みが遅く、数も少ないものの、川島は地盤の東葛飾郡の他、千葉郡や君津郡でも後援会を立ち上げた。川島は、千葉県第一区全体から幅広く固定票を集めることができたといえよう。一方、浮動票を惹きつける要因としては、政治の目的を国民生活の向上として捉えた川島の一貫した政治思想が挙げられる。しかもそれは、写真入りの印刷物に反映されており、多くの有権者に親しみを覚えさせる効果があったと考えられる。

第三に、一九二八～四二年の間、政友会が与党であれ野党であれ、選挙粛正であれ翼賛選挙であれ、常に川島個人を支持して投票する有権者がいる町村、つまり地盤を川島は東葛飾郡の中に抱えていた。純然たる地盤は行徳町、これに次ぐ地盤は八栄村および国分村である。本多は途中で死去（一九三七年二月）するので除外するが、これだけ長期間の間、一人の代議士を支えた地盤の町村は、ライバル代議士には見られない。

以上、政治活動と選挙運動の連動・一致、個人型および組織型集票回路を通した票の回収力、地盤町村の存在、この三つの確立と循環こそ、有権者数の激増と中選挙区制度という二つの新たな政治環境の中、普選に向き合い、適応しようとした川島の回答に他ならず、本書でいう選挙システムに該当する。だからこそ川島は、代議士であり続けることに成功した。その結果、最終的に川島は四九歳で党幹部クラスの末席に名を連ね、叩き上げの党人派代議士として大成したといえよう。川島は、季武嘉也が指摘した若手職業代議士（民衆動員は得意だがカネはあまりない）[10]でもなければ、上山和雄が分析した陣笠代議士[11]でもない。政治的資源に乏しくとも、選挙に勝ち続けることで、代議士としての政治的序列を上昇させたという意味において、当時としては新しい、稀有な代議士だった。戦前期普選での川島の歩みそのものが、自身の戦後政治史への足掛かりを準備したのである[12]。

本書は代議士個人を分析したが、確かにアーネスト・バーカーが指摘するように、政党は国家と社会を架橋する組織であり、その存在は欠かせない[13]。しかし、その橋を足元で支えたのが、個々に選挙システムを構築した、川島のような代議士個人に他ならない。戦前期普選の有権者、後援会や利益団体などの構成員は、代議士個人を通して、政党という橋の向こうに見える国家や政治を捉えていたといえよう。序章で紹介した先行研究の多くは、このような代議士個人の選挙システムを政党の地盤として読み替えてしまったのではないだろうか。

(二) 支持基盤

本書では、代議士個人の選挙システムの産物として形成されたものを支持基盤と呼んだが、これこそが戦前期普選の政党の足元を支えていた。そもそも代議士は最大の資格試験である選挙を経るたびに、集票力の強化を痛感する。例えば君津郡を地盤とした多田満長の二度連続の次点での落選経験、本多の地盤でのライバル川島の後塵を拝した経験、川島の前回総選挙よりも地盤で大きく得票を減らした経験などが相当する。そこで代議士は新たな集票回路の地平を切り開くべく、自分に有権者・組織・資金を結集させ、後援会を結成した。千葉県第一区の場合、政友会県支部の地域に対する影響力が強くないからこそ、同党代議士は個人で後援会などの支持基盤を構築する。一方、民政党県支部を見ると、支部が擁立した候補者であった篠原は後援会を持たなかった。その反面、自らの力で立候補した多田は数多くの後援会を持っていた。したがって代議士の支持基盤の内実と政党支部の影響力は、反比例の関係にあったのではないだろうか。このような後援会は特定個人の当選を目的とする組織であると同時に、その存在そのものが構成員の活動に正当性を付与する。しかし維持費や活動費を伴うことから、資金源が「寄附」・「会費」を問わず、特定個人も相応の経済的負担が求められる。つまり一定程度の政治資金を持つ人物でなければ、後援会を組織・維持することは難しい。以上を受けて後援会結成の前提条件をまとめると、①地域で政党や代議士個人が置かれた政治状況、②その個人の資金力、この二つに求められる。

それでは戦前期普選で誕生した後援会は、どのような歴史的展開を見せるのであろうか。民政党代議士の野中徹也(埼玉県第三区)によると、支持者一人が三人を把握し、その三人がそれぞれ三人ずつ新たに把握して支持基盤を拡大できるというが[14]、本多後援会のように、地方議員を介在させた有権者の組織化という方向性、すなわち介在型の後援会は、極めて妥当であった。しかし都市化が進展し、普選法で有権者が増加することで、地方議員は新しい有権者を把握しきれなくなる。そこで次に結成される後援会は、二つの道に分かれた。一つは、実在する既成政党系政治団体が後援会に移行し、代議士個人の名で昔からの有権者を束ね、その結束力を高めることである。まさに君津郡川島後援会が相当する。もう一つは、有権者と直接的に結びつくことを志向した、いわば直結型の後援会である。まさに千葉郡川島後援会が相当する。一口に後援会といっても、有権者の組織化の方向性は多様であった。

この他にも県会議員の後援会、情報量がほとんどない松戸町川島後援会も存在したが、一九四〇年代を迎えると、多田後援会を除き、確認できなくなる。しかも千葉県第一区の場合、史料を見る限り、ほとんどの後援会が推薦状や演説会など、見える活動に従事していなかった。なるほど史料に登場しないことから、後援会が無意味な形式的存在であるとの指摘、機能不全な組織であるとの指摘が想定できよう。後援会がたとえ形式的であったとしても、機能不全であったとしても、代議士個人の名を冠した組織が存在したこと自体、その組織の役員を地方議員が務めていたこと自体、代議士個人の支持者が集結したこと自体、大きな意味を持つ。しかも実際には第四章で示したように、君津郡川島後援会は見えない活動に従事していた。戦前期普選の後援会は形式的でもなければ、機能不全な組織でもなかったのである。むしろ恒常性を持ち、かつ違法性を帯びながらも、補助的集票行為を繰り広げていたといえよう。

このように考えた時、季武嘉也と伊藤隆の指摘は極めて示唆的である。例えば季武によると、一九四〇年代以降、後援会は候補者と有権者が直接的に結びつく組織になるという(15)。また伊藤によると、特に都市部の後援会は、大衆動員による候補者と有権者の直接の結びつきの場として機能するという(16)。季武と伊藤の議論を敷衍すれば、その後の後援会は一九四〇年代に直結型としての形態を整え、一九五〇年代以降に本格化していくものと考えられる(17)。

しかし残念ながら、千葉県第一区の後援会がこのような歴史的過程を歩んだかどうかは、史料の制約もあり、現時点では不明である。むしろ戦後の川島の「戦後起こってきたことは、政党本位の選挙ではなくて、候補者がそれぞれ後援会というものをつくりまして、後援会中心の選挙運動が展開されるということであります(18)」との発言を見る限り、この地域での戦前と戦後の後援会の連続性は、希薄だったのかも知れない。とはいえ川島は戦後も実際に後援会を組織し(19)、八回連続当選するため、極めて興味深い素材である。しかも川島の支持基盤であった専修大学や市場関係団体なども見逃せない。山田真裕によれば、自由民主党代議士の橋本登美三郎（茨城県第一区）の後援会である西湖会は、一九五五〜六五年の形成期、特定郵便局長会や農集電話促進協議会を系列下に置いていたという(20)。もし専修大学や市場関係団体などが将来的に川島後援会と関係性を持つのであれば、川島の支持基盤はより強固なものとなる。

ここで改めて、本書の成果を踏まえて川島の支持基盤を表7－3にまとめると、彼が当選した総選挙以降の全てに、地域有力者と川口が関わっていたことを読み取れる。川島の場合、川口のような個人型集票回路の存在こそ、戦前期

表7－3　戦前期普選での川島の支持基盤

	所属	状況	主な支持基盤	結果
1924年 第15回総選挙	憲政会系 無所属	野党	地域有力者、正交会、原木青年団、船橋青年団、専修大学同期生、築地市場組合、東京市吏員、関東醸造労働組合、東葛立憲青年連盟、東京魚市場関係者	落選
1928年 第16回総選挙	政友会	与党	地域有力者、野田醬油、千葉県知事（福永尊介）、川口為之助、齋藤三郎、専修大学弁論部	当選
1930年 第17回総選挙	政友会	野党	地域有力者、千葉郡市支会、川口為之助、専修大学弁論部、君津大正倶楽部、黒川鍋太郎	当選
1932年 第18回総選挙	政友会	与党	地域有力者、東京魚市場問屋、神田青果市場問屋、江東青果市場問屋、京橋青果市場問屋、千住青果市場問屋、君津政友同志会、君津郡金谷漁業組合、松戸町川島正次郎後援会同志会、黒川鍋太郎、川口為之助	当選
1936年 第19回総選挙	政友会	野党	地域有力者、君津郡川島後援会、千葉郡川島後援会、千葉郡市支会、川口為之助、東京魚市場株式会社、東京中央青果株式会社	当選
1937年 第20回総選挙	政友会	野党	地域有力者、京成電鉄の一部、千葉市今井漁業組合、蘇我町漁業組合、七福村農家組合、布佐町繭市場、川口為之助	当選
1942年 第21回総選挙	非推薦		地域有力者、川口為之助、君津郡水産会	当選

普選連続六回当選の原動力の一つであった。一方、組織型集票回路は、選挙毎に変化が見られる。例えば専修大学関係は前半に目立ち、選挙粛正以降は確認できない。一方、後半になると、漁業関係を中心とする市場関係団体の支持が厚くなる。また後援会は、一時期しか支持基盤として確認できない。このように川島の支持基盤は、不変と変化という両義性を持つとともに、利益団体の数が少なく、組織型集票回路に弱さを抱えていた。それでも川島が連続六回当選していることから、戦前期普選の場合、利益団体の持つ役割はそれほど大きくないのかもしれない。

(三)　若干の比較史的考察

序章でも示したように、筆者は川島の他、鳩山一郎・松村謙三・大麻唯男の四名の選挙システムこそ、戦前と戦後を貫く普遍性が読み取れる素材と考えている。その手掛かりとして、彼らの得票状況を把握するために作成した表7－4、第四章で使用した「政党員其ノ他有志者後援団体一覧表（昭和二年十一月末現在）」[21]および「政事結社調（昭和九年一月現在）」[22]に依拠して、支持基盤を中心として、若干の比較史的考察に取り組む。これにより、川島の選挙システムの普遍性や特殊性を論じたい。

まず鳩山だが、一九三〇年八月一六日、選挙区の小石川区高田豊川町に鳩堂会という後援会を結成した。これは、競合する民政党が与党の状態で迎えた一九三〇年第一七回総選挙終了後のタイミングである。一九二八年第一六回総選挙と比べ、地盤である小石川区の得票数が減少したことを受け、支持基盤の強化を目指し、後援会の結成に舵を切ったのであろう。事実、一九三二年第一八回総選挙では、第一六回を大きく上回る票を得た。したがって鳩山にとって、後援会はプラスに作用した。しかし第二一回総選挙の際、会員二五〇名となっていた鳩堂会は解散している(23)。所轄警察署の史料や鳩山の日記を見ても(24)、管見では、後援会に関する記述が見られない。鳩山の支持基盤の中では、後援会はあまり重きをなしていなかったのかもしれない(25)。ただし戦後となる一九五二年時点で、鳩山が鳩堂会で挨拶した際の史料が残されている(26)。したがって鳩堂会は戦前の解散を経て、戦後のどこかの時点で再結成されたのである。

次に松村の場合、隣の第一区で民政党の寺島権蔵（昭和七年二月三日設立）と政友会の高見之通（昭和五年十一月五日設立）が後援会を組織していた。一方、松村の第二区は、民政党県会議員の神野省後援会（昭和二年十一月十日設立）のみで、松村のそれはない。推測だが、松村の支持基盤は川島と親和性が高く(27)、個人型集票回路の役割が強かったのかもしれない。事実、根尾宗四郎（地主）(28)、北六一郎（県会議員）、島荘次（県会議員）、武部毅吉（早稲田大学同窓生）などの名が確認できる(29)。また石橋秀夫（商工会議所専務理事）によれば、選挙資金は中島粂次（佐藤工業専務）が調達したという(30)。

しかし松村は川島と異なり、一九三七年第二〇回および一九四二年第二一回総選挙限定だが、同じ民政党の卯尾田毅太郎と地盤協定を結び、それぞれの集票地域を明確に定めていた。協定が政党支部主導か否かは定かではないが、松村の友人の石崎善一郎によると、すなわち射水郡と氷見郡は卯尾田、東西砺波両郡は松村、高岡市は両者自由で、一種の「私設小選挙区制」を取り入れ、相手地域には自陣営の「宣伝カーも入れ」なかったという(31)。だからこそ松村

表7－4　戦前期普選での鳩山・松村・大麻の得票数および得票率一覧

鳩山一郎	神田区	小石川区	本郷区	下谷区	合計
1928年第16回 (5人中2位)	1,161 9.0	7,868 60.7	3,243 25.0	697 5.4	12,969 100.0
1930年第17回 (5人中4位)	115 1.2	6,549 67.0	2,948 30.2	165 1.7	9,777 100.0
1932年第18回 (5人中3位)	325 2.2	8,240 56.0	4,776 32.5	1,364 9.3	14,705 100.0
1936年第19回 (5人中3位)	798 6.9	6,068 52.3	3,019 26.0	1,726 14.9	11,611 100.0
1937年第20回 (5人中2位)	708 5.9	5,756 47.6	2,724 22.5	2,913 24.1	12,101 100.0
1942年第21回 (5人中1位)	3,209 16.8	6,837 35.8	4,261 22.3	4,780 25.0	19,087 100.0

松村謙三	高岡市	射水郡	氷見郡	東砺波郡	西砺波郡	合計
1928年第16回 (3人2中位)	567 3.7	518 3.4	268 1.8	6,424 42.3	7,420 48.8	15,197 100.0
1930年第17回 (3人中1位)	1,185 5.7	995 4.8	720 3.4	8,882 42.5	9,120 43.6	20,902 100.0
1932年第18回 (3人中3位)	976 6.7	695 4.8	261 1.8	6,015 41.2	6,669 45.6	14,616 100.0
1936年第19回 (3人中1位)	1,954 11.0	507 2.9	238 1.3	7,906 44.5	7,144 40.3	17,749 100.0
1937年第20回 (3人中2位)	1,762 9.6	274 1.5	127 0.7	8,561 46.4	7,718 41.9	18,442 100.0
1942年第21回 (3人中1位)	1,886 10.2	143 0.8	70 0.4	7,232 39.0	9,228 49.7	18,559 100.0

大麻唯男	熊本市	飽託郡	玉名郡	鹿本郡	菊池郡	阿蘇郡	荒尾市	合計
1928年第16回 (5人中4位)	193 1.0	25 0.1	12,735 68.5	5,120 27.5	206 1.1	318 1.7		18,597 100.0
1930年第17回 (5人中2位)	302 1.3	41 0.2	14,772 64.9	5,935 26.1	1,689 7.4	17 0.1		22,756 100.0
1932年第18回 (5人中5位)	340 2.4	24 0.2	9,471 65.6	4,564 31.6	26 0.2	14 0.1		14,439 100.0
1936年第19回 (5人中4位)	2,803 13.6	568 2.7	8,820 42.7	3,148 15.2	3,657 17.7	1,675 8.1		20,671 100.0
1937年第20回 (5人中5位)	1,573 10.3	303 2.0	7,339 48.1	2,496 16.4	2,475 16.2	1,068 7.0		15,254 100.0
1942年第21回 (5人中2位)	2,408 10.7	2,658 11.8	7,543 33.5	2,696 12.0	2,622 11.6	1,444 6.4	3,136 13.9	22,507 100.0

出典：各回『衆議院議員総選挙一覧』（衆議院議員事務局）より作成。
注・上段が得票数（単位：人）、下段が得票率（単位：%）。

は出生地福光町のある西砺波郡および東砺波郡での得票数が抜きんでていたのである。この協定が民政党候補のものであることを踏まえると、本書の事例とした千葉県第一区の民政党のそれと方向性は一致する。政民両党を比較した場合、民政党のほうが票田の割振りなどに関与するなど、選挙区に対する影響力はやや強いのかもしれない。ただし松村は第一八回総選挙で西砺波郡の得票数を減らし、第一九回で盛り返している。もしかしたら第一八回総選挙後のタイミングで、後援会を設立させた可能性も残る[32]。

最後に大麻だが、出生地のある玉名郡と隣接する鹿本郡を地盤としていたが[33]、一九三六年第一九回総選挙を境に、熊本市・飽託郡・菊池郡・阿蘇郡でも得票数を伸ばした。背景として、安達謙蔵が民政党を離党し、国民同盟を結党して迎えた初めての選挙ということが大きい。この結果、大麻の熊本県第一区では、政友会二名、民政党一名、国民同盟二名が五議席を争い、民政党候補者は彼だけになったため、民政党票が集中する環境にあった。しかし実際には、大麻は地盤であった鹿本郡と玉名郡で票を減らす。前者では安達が三、六六五票、後者では同じく国民同盟の石坂繁が五、〇八二票を獲得したのである[34]。小栗勝也によると、熊本の民政党は旧政友本党系から政友会に復党しなかったグループと旧憲政会系のグループの二系統より形成されており、主流派の後者が分離して国民同盟に合流したという[35]。前述の大麻の得票減＝安達と石坂の得票は、ここに起因する。いわば大麻にとっては危機的状況であるはずだが、序章で取り上げた共同研究を見ても[36]、その後、大麻が後援会を結成した形跡はない。これは第四章で示した仮説、すなわち熊本県の政党支部が強固であり、後援会を必要としなかったという仮説を裏づける傍証と考えられる。千葉県第一区の政党支部の場合、民政党は政友会よりも選挙区での影響力がやや強いと前述したが、まさに大麻はその民政党の代議士である。これは果たして偶然なのであろうか。

一方、前述の小栗は、一九三六年第一九回総選挙で熊本市・飽託郡・菊池郡・阿蘇郡の大麻票が激増した理由として、東京市長となった同じ民政党の小橋一太の地盤が残留したことを挙げた[37]。確かに熊本市に関しては、それが当てはまる。しかし菊池郡・阿蘇郡では当てはまらない[38]。熊本市を除き、同じ民政党だからといって、単純に小橋の地盤がそのまま大麻を支持したのではなかった。票数は増えたが、実は大麻はかつて小橋が獲得した票の内、菊池郡では約六一％、阿蘇郡では約三一％しか集められなかったのである。小橋支持の有権者の多くが大麻を忌避したと考えられる。やはり大麻の選挙区のように、政党の影響力が強い地域であっても、戦前期普選の場合、一定程度、有権者が個人を基準に投票先を変えていたといえよう。

以上をまとめると、鳩山からは戦前期後援会の確かな存在、松村からは個人型集票回路の重要性、大麻からは個人を基準に投票先を変える有権者の存在が読み取れた。この三点は、本書で見た川島の選挙システムの中で確認できたものでもある。したがって川島の選挙システムは、それなりの普遍性を有していたといえよう。

さらに後援会だけを見ると、川島同様、三者ともに後援会の設立にあまり熱心ではない。普遍性の視点から戦前期普選の支持基盤を捉えると、後援会は必要不可欠の組織ではなかった。第四章で後援会は万能の処方箋でなかったと指摘したが、これはある程度の妥当性を持つ。推測だが、単純に戦前期後援会の集票効果だけを見た場合、戦前よりも戦後の方が大きいのではないだろうか。逆にいえば、戦前期普選の支持基盤は、個人型集票回路、もしくは後援会以外の組織的集票回路[39]（例えば利益団体など）の役割が大きかった。したがって加藤鐐五郎が後援会五月会を維持し続けたこと、前述の清水留三郎後援会の活動などは[40]、特殊例として類型化できるのかもしれない。いずれにせよ、この指摘の当否に関しては、今後の本格的な比較史的研究が望まれる。

（四）一九五〇年代への展望

戦前期普選の川島の選挙システムは、どのようにして一九五〇年代に流れ込むのであろうか。補論を踏まえると、以下の二つにまとめられる。

第一は、川島の盟友川口為之助が「戦後社会組織が複雑になり各種の団体や組織が政治に重大関心を持ってたずさわった結果、従来とは趣の変った結果になった[41]」・「組織の力には何ものも勝てない[42]」と回想したように、川島は公職追放解除＝政界復帰に際し、戦前期普選の支持基盤の主軸であった個人型集票回路に加えて、組織型のそれを強化する必要に迫られていた。組織型集票回路が調達する票の多寡は別として、「自由党の有力者や縁故」[43]に依存した戦前期普選の個人型集票回路に強く依存する支持基盤は、もはや限界に達しつつあった。伊藤隆は千葉県の戦後政治史を革新票の伸びと保守票の停滞として捉えたが[44]、だからこそ戦後政治史を歩む川島にとって、組織型集票回路の構築は喫緊の課題となっていく。

第二は、実際に川島はどのようにして支持基盤を充実させていくのであろうか。これに関連して、季武嘉也は次のように指摘する[45]。すなわち一九三五年から一九五五年頃、従来の既成政党の基盤が解体していく中、保守勢力の候補者は旧派閥領袖らから資金的援助を受ける一方、地方議員たちと個別的関係（名望家秩序の遺産）を維持するとともに、個人的な努力できめ細かく、かつ多角的に新たな地盤を開拓していくという。事実、補論で取り上げた川島の身代わり代議士たちは後援会を立ち上げるとともに、ライバル代議士たちと利益団体の系列化を競った。これを目の当たりにした川島の胸中はうかがい知れないが、看過できないものであったろう。

したがって戦前期普選から戦後へという大きな歴史の流れのなかで川島の選挙システムを位置づけると、個人的集票回路を主要な支持基盤とした戦前期普選のそれは、彼の公職追放解除を契機に、その見直しを迫られていたのである。一九五〇年代の政界復帰を迎えるにあたり、川島は自身の選挙システムにおける組織型集票回路の再構築を目指し、新たな歴史を歩み始めることとなる。

（五）今後の課題

本書を終えるにあたり、課題を挙げる。

第一は、第二次世界大戦後の千葉県第一区と川島正次郎をめぐる選挙システムの研究である[46]。補論はその出発点に相当するが、今後、その射程は少なくとも自民党結党の一九五五年まで広げる必要があろう。現在、研究を継続中だが[47]、その成果を踏まえて、改めて戦前と戦後を架橋した川島の選挙システムをまとめたい。

第二は、戦前期普選で川島が構築した選挙システムの普遍性をより高めるための比較史的研究である。その際、二つの取り組みが欠かせない。一つは本書で示したように、代議士と選挙区での政党の影響力との関係性を踏まえた考察である。それは政民両党で異なるものなので、一概に政党として括らず、両党の相違性を意識しなければならない。もう一つは支持基盤としての戦前期後援会をめぐる、事例研究の積み重ねである。第四章で後援会を持つ代議士は把握したので、まずは別稿で取り上げた関東地方の後援会の史料調査を継続したい(48)。

第三は、本書で使用した史料の中に登場しなかった、町内会（部落会）の役割である。東京市(49)や横浜市(50)の実態が明らかにされている反面、千葉県第一区、特に東葛飾郡の場合、町内会と政党や代議士の関係性は不明な点が多い。例えば選挙粛正が後年の部落会や町内会の整備に繋がっていくとの指摘はあるものの(51)、現時点で東京府での町内会の役割および地方議員の系列化現象を示した『旧陸海軍関係文書』（国立国会図書館憲政資料室蔵）のような史料、さらには同様の存在を報じた新聞記事は、現時点で発見できなかった。しかし千葉市の場合、一九三〇年二月時点の千葉市会議員（定数三〇名）の内、金親雅三・大澤中・山本政次の三名（一〇％）が一九四三年時点で町内会の役員（会長または副会長）に就任しており(52)、その支持基盤化の可能性も残されている。また市川市の場合、小野英夫が示すように、確かに町内会は存在している(53)。したがって川島の地盤であった東葛飾郡でも、東京市や横浜市と同様、町内会は一定程度、選挙に関わっていたと考えられる。

第四は、本書のフィールドである東葛飾郡の地域政治秩序である。そもそも川島の選挙システムの形成過程は、第一次世界大戦期の名望家秩序の動揺を経て、普選法の下での大衆民主制成立期に始まった(54)。その強靭性は別として、いわば名望家がそれぞれの「小宇宙(55)」の中で有権者を支配する秩序は、限界を迎えつつあった。丑木幸男の指摘のように、名望家が政党と地域社会を結びつける政治的中間層であるならば、名望家秩序の崩壊により、両者は乖離しかねない(56)。このような状況下で、通算一四年間、選挙に勝ち続けた川島は、地盤である東葛飾郡という地域で、どのような存在として位置づけられるのであろうか。季武嘉也は、代議士個人が多面的に支持される存在になると指摘するとともに、[57]次第に地域単位の人的結合が進展するとも指摘した。[58]これを踏まえると、川島を機軸とした地域政治秩序の形成という可能性が浮上する。そのためには、序章で紹介した杉本仁の「民俗」[59]（生活の営み）という視点に加えて、政民両党の県知事が絶えず入れ替わる中、川島と地域政治および経済の具体的関係性という視点から、改めて有権者の川島支持の理由を明らかにしなければならない。

以上、課題は多い。他日、別稿を期したい。

注

（1）有泉貞夫『明治政治史の基礎過程—地方政治状況史論—』（吉川弘文館、一九八〇年）三七〇頁。

（2）奥健太郎『昭和戦前期立憲政友会の研究—党内派閥の分析を中心に—』（慶應義塾大学出版会、二〇〇四年）三五頁および九五頁。

（3）「政友会・民政党名簿」（国立国会図書館憲政資料室蔵『松本学関係文書』R二七）。以下、代議士の派閥分類は、この史料に依拠している。

（4）前掲「政友会・民政党名簿」。これによると、民政党の町田派は「町田直系」・「町田準直系」・「町田系」の三グループから構成されている。

（5）山田真裕『自民党代議士の集票システム—橋本登美三郎後援会・額賀福志郎後援会の事例研究—』（一九九二年度筑波大学大学院博士課程社会科学研究科博士学位論文）第二部第三章五二頁によると、代議士が首長選挙や地方選挙の前面に出過ぎ、一方の候補者に肩入れした場合、その候補者の勢力の伯仲時、もう一方の候補者の勢力が離反し、次の選挙で自分に投じないリスクがあるという。事実、原則として一議席を争う県会議員補欠選挙の場合、川島が関与しない事例も本書では確認した。川島の思惑は不明だが、一議席を争う場合、地域は二分化されやすいのであろう。

（6）牧原憲夫『客分と国民のあいだ—近代民衆の政治意識—』（吉川弘文館、一九九八年）九〇頁。

（7）清水留三郎『選挙秘話』（煥乎堂、一九五二年）一三六〜一三七頁。

（8）*Fiorina, Moriss P. (1981) Retrospective Voting in American National Elections*, Yale University Press.

（9）荒井紀一郎『参加のメカニズム—民主主義に適応する市民の動態—』（木鐸社、二〇一四年）によると、有権者自身は過去の選挙での投票経験、その時の政党の勝敗などを学習し、次の選挙に臨むという。岡田陽介『政治的義務感と投票参加―有権者の社会関係資本と政治的エピソード記憶―』（木鐸社、二〇一四年）によると、有権者の過去の政治経験が他の記憶と結びつき（エピソード記憶）、個々人で異なる政治の記憶が投票行動を規定するという。

(10) 季武嘉也「大日本帝国憲法下での政党の発展」（同・武田知己編『日本政党史』吉川弘文館、二〇一一年）一二二頁。

(11) 上山和雄『陣笠代議士の誕生―日記に見る日本型政治家の源流―』（日本経済評論社、一九八九年）三一五～三一八頁。

(12) 拙稿「戦後政治史の中の川島正次郎―一九六〇年総裁選と川島派誕生を事例に―」（『研究紀要〈二松学舎大学附属高等学校〉』第一二集、二〇一三年）。

(13) E・バーカー著／足立忠夫訳『現代政治の考察―討論による政治―』（勁草書房、一九六八年）二頁。

(14) 野中徹也『政治家を志す人のために』（現人社、一九三三年）二一七～二一八頁。

(15) 季武嘉也『選挙違反の歴史―ウラから見た日本の百年―』（吉川弘文館、二〇〇七年）一七〇頁図一三。

(16) 伊藤隆「戦後千葉県における選挙と政党」（同編『昭和期の政治』山川出版社、一九八三年）三二五頁。

(17) 戦後の後援会に関して、坊秀男の史料を紹介したい。国会図書館憲政資料室には坊の関係文書が所蔵されており、この中には後援会通信『東京便り』第一号（一九五三年八月）から第八一号（一九七六年一一月）が含まれている。東京帝国大学法学部卒業・東京日日新聞記者出身の坊は、一九四二年第二一回総選挙で和歌山県第一区から推薦候補で立候補するものの、落選した過去を持つ。一九五二年第二五回総選挙で和歌山県第一区から無所属で立候補・当選して以来、一一回連続当選を誇る。坊は戦前の総選挙を経験しているため、おそらく他代議士の後援会に関する知識があったと考えられる。その坊が後援会通信を間断なく発行し続けていることから、戦前期もこれに似た刊行物の類が川島らによって発行されていた可能性は残る。

(18) 川島正次郎「当面の政局について―立法・司法・行政三権再検討のとき―」（川島正次郎先生追想録編集委員会『川島正次郎』交友クラブ、一九七一年）四六一頁。

(19) 「昭和四一年度連合大会レポート」（鎌ヶ谷市郷土資料館蔵『第三次市原四郎家文書』六六一－一－五）は、一九六六年段階で川島後援会が存在したことを示す。

(20) 前掲山田『自民党代議士の集票システム』第二部第三章三八頁。

(21) 学習院大学図書館蔵（国立国会図書館憲政資料室蔵）『山岡万之助関係文書』R二四。

(22) 岡山県立記録資料館蔵（国立国会図書館憲政資料室蔵）『松本学関係文書』R一三。

(23) 「第二一回衆議院議員総選挙に於ける東京各署別運動情勢資料」（国立国会図書館憲政資料室蔵『旧陸海軍関係文書』R二一二）。

(24)「選挙情勢に関する件」および「衆議院議員総選挙運動情勢報告」（吉見義明・横関至編『資料日本現代史四』大月書店、一九八一年）三四七頁および三八七頁。

(25) 伊藤隆・季武嘉也編『鳩山一郎・薫日記』上巻（中央公論新社、一九九九年）。

(26) 鳩山一郎『鳩堂会での挨拶』（国立国会図書館蔵）。奥付がない抜刷形式だが、本文中に鳩山が脳溢血で倒れた翌年の挨拶という文言があるので、一九五二年のものと推定した。

(27) 松村謙三『三代回顧録』（東洋経済新報社、一九六四年）二八三頁によれば、松村は民政党総裁の町田忠治の伝記を編纂するなど町田と関係が深い。事実、前掲「政友会・民政党名簿」によれば、町田派直系に属していた。松村は戦前期に農林大臣秘書官（当選一回）・農林参与官（当選三回）・農林政務次官（当選五回）を務め、川島と異なり、順調に政務ポストを歴任している。

(28)「改正法ニ依ル第一回総選挙予想調査（大正一五年内務省警保局刊）」（『昭和初期政党政治関係資料』第一巻、不二出版、一九九八年、二七四頁）を見ると、この根尾は第一六回総選挙「立候補見込者」として扱われ、「銀行頭取」も務めた「東西両砺波郡ニ声望アリ」の人物であった。

(29) 前掲『三代回顧録』一一六～一一八頁。

(30) 木村時夫編『松村謙三』伝記編上巻（櫻田会、一九九九年）五五五頁。同様の指摘は、伊藤金次郎「松村謙三論」（『政界往来』二〇巻一〇号、一九五四年、一一五頁）でも確認できる。この他、舟岡喜一郎（福光信用金庫理事長）によれば、富山県第二区にあった立憲青年党という組織も、松村の初期の支持基盤であったようである（同書四九九頁）。青年層の支持に関しても、川島との親和性が高い。

(31) 前掲『松村謙三』五三三頁および五四五頁。

(32) なお地元選挙区への利益誘導に関しては、筆者の準備不足もあり、前掲『松村謙三』から支持者の抽象的な回想のみ紹介する。例えば前述の舟岡喜一郎は「国政に携わられるようになりましてからも、福光からいろんな人が就職をお願いに行き、お礼に金を持っていくと怒られてしまうんですね」（四八六頁）と回想する。また荻布貞雄（富山県漁業公社長）は「自分では実際には地元のことをやっておっても、おれはこれをやった、あれをやったということを絶対に言わぬ人だった」（五五〇頁）と回想する。川島同様、有権者のために汗をかいていたことが読み取れる。

(33)「地方政情調」（『昭和初期政党政治関係資料』第四巻、不二出版、一九八八年）四七一頁。

(34)『第一九回衆議院議員総選挙一覧』（衆議院議員事務局）。

(35) 小栗勝也「非常時下における既成政党の選挙地盤の維持―選挙粛正時の熊本県第一区を中心に―」（大麻唯男伝記研究会編『大

麻唯男　論文編』財団法人櫻田会、一九九六年）三五二〜三五三頁。
(36) 前掲『大麻唯男』所収の浅野和生「戦前選挙における町村単位の集団投票―第一六回〜二〇回総選挙における熊本一区の投票結果の分析―」・「戦前期における地方選出代議士の選挙区での活動―熊本第一区、大麻唯男の研究―」・「戦前期熊本における中央型政治家と地方型政治家」、酒井正文「戦前期二大政党対立下の選挙における地方指導者の事大主義的傾向―熊本第一区の場合―」、小栗勝也「翼賛選挙と旧政党人の地盤―熊本一区の事例―」。
(37) 前掲小栗「非常時下における既成政党の選挙地盤の維持」三五八頁。
(38) 前掲『第一九回衆議院議員総選挙一覧』。
(39) 手塚雄太『近現代日本における政党支持基盤の形成と変容―「憲政常道」から「五五年体制」へ―』（ミネルヴァ書房、二〇一七年）第Ⅱ部。
(40) 前掲清水『選挙秘話』一〇四頁および二〇八頁。
(41) 『千葉』一九五〇年一二月一五日。
(42) 『朝日』一九五〇年一二月一四日千葉版。
(43) 『千葉』一九五〇年一二月一六日。
(44) 前掲伊藤「戦後千葉県における選挙と政党」三一二頁。
(45) 前掲季武『選挙違反の歴史』一七〇頁。
(46) ちなみに一九五六年、最終的には廃案になったものの、川島は自民党の小選挙区法案をまとめた。背景には、戦前期の川島と本多による同一政党候補者の激しい競争の記憶があったからではないだろうか。この後も例えば前掲川島「当面の政局について」四五九〜四六二頁でも、川島は終生、小選挙区制度を主張する。おそらく川島は、自民党の公認が得られれば、小選挙区制度でも社会党に負けないとの自信があったのであろう。
(47) 例えば「一九五二年第二五回総選挙に見る戦前派代議士の支持基盤―千葉県第一区と川島正次郎を中心に―」（第三八回千葉歴史学会大会報告、二〇一九年五月一九日）。
(48) 拙稿「戦前期中選挙区制度における代議士個人後援会の基礎的研究―関東各府県を事例に―」（『専修史学』第六一号、二〇一六年）。
(49) 波田永実「東京市における町内会と政党―選挙粛正運動から翼賛選挙・豊島区を例にして―」（『生活と文化』第一〇号、豊島区立郷土資料館、一九九六年）は、豊島区内の町内会を事例に、町内会の中に政党の集票マシーン的な役割を見出した。櫻井良樹『帝都東京の近代政治史―市政運営と地域政治―』（日本経済評論社、二〇〇三年）第六章第二節は、普選期東京市の町内会に政党勢力が浸透し、選挙地盤として機能しはじめると論じた。黒川徳男「東京新市域における町内会結成以前の住民組織と選挙―一九一〇年代から一九三〇年代の王子町を例として―」（篠崎尚夫編『鉄道と地域の社会経済史』日本経済評論社、二〇一三年）は、北区の町内会を事例に、特定個人の選挙地盤化していた実態を解き明かした。源川真希『近現代日本の地域政治構造―大正デモクラシーの崩壊と普選体制の確立―』（日本経済評論社、二〇〇一年）二三〇頁は、世田谷区を事例に、浮動票的状況と町内会などの地域住民組織を基盤とした地域有力者層による支配が併存していたとした。

(50)　大西比呂志『横浜市政史の研究―近代都市における政党と官僚―』（有隣堂、二〇〇四年）一七六頁は、町内会が政治的に動員されていたと指摘する。

(51)　『千葉県の歴史通史編　近現代二』（千葉県、二〇〇六年）二五九頁（池田順執筆）。

(52)　市会議員に関しては、『千葉市議会史　資料編一』（千葉市議会、二〇〇三年）六頁。町内会役員に関しては、千葉県立中央図書館郷土資料室蔵『昭和一八年二月　町内会整備状況』（千葉市役所、一九四三年）を参照した。

(53)　小野英夫「アジア・太平洋戦争下の町内会について―八幡「宮之内町会」を事例として―」（『市立市川歴史博物館年報』第一七号、二〇〇〇年）は、関東大震災後に移り住んだ人々によって設立された宮之内町会（市川市）を素材として、当該期の活動実態を解き明かした。このような史料が発見できれば、具体的な分析が可能になろう。

(54)　例えば渡辺治「日本帝国主義の支配構造―一九二〇年代における天皇制国家秩序再編成の意義と限界―」（『歴史学研究』別冊特集、一九八二年）・同「一九二〇年代の支配体制」（日本現代史研究会編『日本の一九二〇年代』大月書店、一九八五年）など。

(55)　大島美津子「第一次大戦期の地方統合政策―雑誌『斯民』の主張を中心に―」（『専修史学』第二九号、一九九八年）二頁。

(56)　丑木幸男『地方名望家の成長』（柏書房、二〇〇〇年）二九五頁。

(57)　前掲季武『選挙違反の歴史』一六〇頁。

(58)　季武嘉也「都市民衆騒擾と政党政治の発展」（『岩波講座日本歴史　近現代三』第一七巻、岩波書店、二〇一四年）九五頁。

(59)　杉本仁『選挙の民俗誌―日本的政治風土の基層―』（梟社、二〇〇七年）。

あとがき

本書の原型は、二〇一五年九月に専修大学大学院に提出し、翌年三月に博士（歴史学）を授与された博士学位論文『戦前期中選挙区制度における選挙構造と地域政治秩序―千葉県第一区東葛飾郡と川島正次郎を中心に―』である。ここで本書の初出論文を挙げておく。

序　章　「日本近現代史における選挙研究と川島正次郎」（『研究紀要〈二松學舍大学附属高等学校〉』第一二集、二〇一四年）

第一章　「大正期県会議員選挙に見る政治文化―一九二四年千葉県東葛飾郡選挙区を事例に―」（『風俗史学』第五五号、二〇一三年）および「一九二四年第一五回総選挙と川島正次郎―東葛飾郡における護憲三派候補の実像―」（『市史研究いちかわ』第四号、二〇一三年）

第二章　書き下ろし

第三章　書き下ろし

第四章　千葉歴史学会近代史部会例会報告「代議士個人後援会の誕生―戦前期中選挙区制度千葉県第一区の場合―」（二〇一六年二月五日）および同報告要旨（『千葉史学』第六八号、二〇一六年）、「戦前期中選挙区制度における代議士個人後援会の基礎的研究―関東各府県を事例に―」（『専修史学』第六一号、二〇一六年）

第五章　書き下ろし

第六章　書き下ろし

補　論　「公職追放期の川島正次郎と選挙―戦後政治史への道―」（『商学論纂』第五八巻第五・六号、二〇一七年）

終　章　書き下ろし

この他、全体に渡って、「専修大学と川島正次郎」（『専修大学史紀要』第五号、二〇一三年）、「近現代の人物史料情報　川島正次郎」（『日本歴史』第七八七号、二〇一三年）、「得票率に見る戦前期中選挙区制度の代議士地盤―千葉県第一区東葛飾郡を事例として―」（『研究紀要〈二松学舎大学附属高等学校〉』第一四集、二〇一五年）の成果も盛り込まれていることを付記しておく。

本書を締め括るに際し、次の一文を紹介したい。

拙著が成るにあたっては、長い研究生活の中で受けた多くのかたがたのご指導や学恩がある。

これは、恩師である大島美津子先生（元専修大学文学部教授）の名著『明治国家と地域社会』（岩波書店、一九九四年）の「あとがき」の一文である。本書も、まさに大島先生との出会いによって紡がれた「ご指導や学恩」にもとづいている。

筆者は一九九四年四月、専修大学文学部人文学科（当時）に入学したが、正直、大学生活に悩み、戸惑い、塾講師やテニスコーチなどのアルバイトに明け暮れていた。しかし二年生になり、必修科目「文献・史料購読」（当時）という授業で大島先生と出会い、初めて歴史学の醍醐味に触れた。それは、「奥羽人民告諭」（遠山茂樹編『日本近代思想体系二　天皇と華族』岩波書店、一九八八年、二八頁）という史料を読んだ時のことである。大島先生は、この史料の背景の一つとして、当時の人々の多くが天皇の存在を認識していなかったとおっしゃられたが、その瞬間、教科書での日本史の受験勉強しか知らなかった私は、日本近現代史の魅力に初めて気づかされた。多様な史料を通して、当時の社会を具現化するという手法の歴史学が、無限の可能性に満ちた学問対象として、眼前に大きくそびえ立ったのである。ここから真剣に勉強しようと考え、三年生では大島先生のご指導を受けるため、日本近現代史ゼミを選択した。しかしゼミ生は多く、四年生とは別々にゼミが行われた。その分、先生から多くのことを吸収する機会に恵まれた。そして同期生のように就職を選ばず、専修大学大学院進学を決意し、引き続き先生からの指導を願い出た。

ただ、その時、大島先生は私の修士課程修了で定年退職されること、就職先の世話をしないこと、「それでも良ければ、まずは先輩から話を聞きなさい」とおっしゃられ、二つ上の院生である鳩貝行雄さんをご紹介いただいた。早速、鳩貝さんの下を訪れ、諸々とご相談した結果、改めて大学院受験を決意した。今となっては恥ずかしいが、卒業論文のタイトルは「木戸孝允の国家構想に関する一考察―憲法論・議会論を中心に―」。これをまとめた後、大学院入試に全力を注いだ。当然、学生生活の継続にあたり、学費を捻出しなければならないが、今は亡き父方の祖母車田みどりからの経済的援助や日本育英会（現日本学生支援機構）の奨学金を得て、念願の院生生活を始めることができた。

一九九八年四月からの修士課程の二年間は、他のゼミの方々との交流も含めて、本当に多くの出会いがあった。大島ゼミは社会人入学された横澤清子さんを筆頭に、前述の鳩貝さん、一学年先輩で東海大学出身の染野宏季さん、後輩の田中ひかるさんや松野誠也さん、さらには上智大学大学院から単位互換で授業を履修された一條亜紀枝さんをメンバーとし、伸び伸びとした雰囲気を持つ研究室であった。筆者の人生の中で、最も充足感に満ちた二年間だった。大島先生からは、研究者や教育者としてのあり方を超え、一人の「市民」としての生き方を学ばせていただいたように思う。限られた時間で、修士論文「第一次世界大戦期における都市行政の構造と機能―中央・地方・地域社会の視点から―」をまとめ、前述の鳩貝さんや染谷さんとともに、修士（史学）の学位を頂戴した。そして筆者の修士課程修了と同時に、大島先生は定年退職を迎えられた。その後、さまざまな選択肢の中、専修大学大学院博士課程への進学を決意し、引き続き日本育英会の奨学金を得て、新たな環境での研究に取り組んだ。

二〇〇〇年四月からの博士課程の時代は、暗中模索の連続だった。母校の二松學舍大学附属高等学校で非常勤講師、大学受験予備校で日本史講師を務めはじめたこともあり、研究は遅々として進まなかった。ただ幸運なことに、当時の神立春樹校長（二松學舍大学国際政治経済学部教授との併任）、田中正明教頭、松尾政司教諭、佐原一宇教諭（故人）、永友裕之教諭（故人）、永井哲二教諭などの諸先生方のお力添えにより、博士課程の単位取得直後の二〇〇三年四月、専任教諭として採用していただいた。

その後は仕事を「言い訳」にして、研究者らしき取り組みは皆無だった。特に院生時代に取り組んでいた内務省研究は、優れた研究者による著作が相次ぎ、自分の入り込む隙が見出せなかった。「いつか」という気持ちだけでは、何も進まなかった。一時期、浜口雄幸民政党内閣期の選挙革正審議会の議事録を分析したこともあったが、うまくいかなかった。本音を隠し続け、もがき苦しみ続ける日々の中で出会ったのが、川島正次郎であった。川島との出会いは、二〇一一年一一月にいただいた伊藤隆先生（東京大学名誉教授）からの一通の手紙であった。先生は、かつて筆者が『近現代日本人物史料情報辞典』（吉川弘文館、二〇〇四年）で「田尻稲次郎」と「今村力三郎」の項目を担当していたことを覚えておられ、専修大学の卒業生として、先輩でもある川島の項目を執筆してみないかとのお誘いだった。その成果としてまとめたのが、前掲「近現代の人物史料情報　川島正次郎」である。当初は全くの門外漢だったが、この過程で、川島の魅力に気づくことができた。先行研究がほとんどない川島との出会いによって、筆者の研究は大きく変わった。年齢的にも「最後のチャンス」と考え、研修日や休日を返上し、まさに「死に物狂い」で取り組んだ。専修大学大学史資料室長の瀬戸口龍一さんや市川市歴史博物館学芸員の小野英夫さんをはじめ、川島に縁ある地域の博物館学芸員の方々、図書館司書や公文書館の方々の丁寧なレファンスのお蔭もあり、本書の原型である博士学位論文を完成させることができた。

二〇一五年九月、「不惑」四〇歳の一か月前、ようやく母校専修大学大学院に学位論文を提出できた。審査は、専修大学文学部歴史学科の大谷正先生（主査）・田中正敬先生（副査）、麗澤大学外国語学部の櫻井良樹先生（副査）が引き受けて下さった。特にご専門が東アジア近代史である田中先生には、悪筆かつ長文の論文を読んでいただくことになってしまった。この場を借りて、副査をお引き受けいただいたこと、さらには二〇一六年専修大学歴史学会の大会報告の機会を与えて下さったことなど、感謝の言葉は尽きない。御礼を申し上げる次第である。

そして二〇一五年一二月の口頭試問を経て、二〇一六年三月、夢にまで見た博士（歴史学）を授与された。しかも授与者は、学部生・院生時代にお世話になった日本古代史の矢野建一学長（故人）であった。急逝される約一か月前の学位授与式で、矢野先生から頂戴した「よく頑張ったな」の一言は、今でも忘れられない。本書をお届けできない寂しさはあるが、先生から最後に歴史学の博士学位を授与された者として、自立した研究者であり続ける所存である。

本来であれば、博士学位論文をできるだけ早く、そのまま刊行することが望ましいが、口頭試問でご指摘いただいた課題を克服する必要があった。また四二万という字数からくる読みにくさを修正する必要もあった。しかも二〇一六年度から勤務校で生徒募集を担当し、二〇一七年度からはその責任者を務めることとなってしまった。この「想定外」の事態の中、一層、まとまった時間の確保は難しくなったが、それでも何とか原稿を整え終えた。そして学校法人二松學舍の出版助成を得て、ここに本書が完成した。高校教員への出版助成は初めてとうかがったが、理事長の水戸英則先生、審査当時の学長の菅原淳子先生、現学長の江藤茂博先生、校長の本城学先生を含め、関係各位の先生方に厚く御礼申し上げる。

ここで、お世話になった方々への謝辞をお許し願いたい。

大島美津子先生。一九三〇年生まれの先生が今もってご健在であることは、非常に嬉しい。お会いする機会は減ってしまったが、本書をまず先生に捧げたい。色々とご迷惑をおかけした不肖の教え子だが、何とか単著を世に問うことができた。繰り返しになるが、全ては大島先生との出会いによって紡がれている。専修大学文学部に進学して本当に良かったと、今でもその幸運に感謝している。

神立春樹先生（岡山大学名誉教授）。日本経済史の大家としてお名前を知っていたが、まさか筆者の卒業した二松學舎高校の大先輩とは、夢にも思わなかった。その先生が勤務校の校長に赴任され、短期間ではあるが、一緒に仕事をする機会に恵まれた。しかも専任教員への採用だけでなく、早期の博士学位の取得および単著出版を励まし続けていただいた。だいぶ遅くなりはしたが、ようやく宿題を提出し終えた気分である。

新井勝紘先生（元専修大学文学部教授）。大島先生退職の一年後、後任として国立歴史民俗博物館から赴任された。仕事の都合上、ほとんど授業に出席できなかったが、二〇〇一年四月、初めて新井先生の前で修士論文の一部を報告した際、「民衆の視点が欠けている」とのコメントを頂戴した。それ以来、常に双方向的な視点で政治史を捉えるように心掛けた。その成果が本書で少しでも活かせているならば、望外の喜びである。

博士論文の主査を務めていただいた大谷正先生（専修大学文学部教授）。大学院修士課程時代に授業を受講して以来、陰に陽に、励まし続けていただいた。それに甘えて二〇一五年五月、先生のお住まいの近くの新鎌ヶ谷駅の喫茶店で、博士論文の提出と審査をご相談したのが、本書の出発点であった。その後、色々とご配慮を頂戴したにもかかわらず、本書完成まで時間がかかってしまい、お詫びの言葉しか見つからない。先生の寛容なお人柄、鋭い指摘、飽くなき好奇心、この三つがあったからこそ、ようやくここまでたどり着くことができた。

吉見義明先生（中央大学名誉教授）。大学院修士および博士課程で授業を受講し続けた、唯一の先生である。学生一人ひとりを大切にされ、「大人」として接してくださる教員としての姿勢は、学校種は異なるが、今の筆者の拠りどころとなっている。また先生の中央大学ご退職に際し、記念論文集の執筆もお誘いいただいた。本書補論がそれである。日本現代史研究の第一人者の先生から学んだことを活かせているか不安だが、今後も精進を重ねていきたい。

季武嘉也先生（創価大学文学部教授）。先生との出会いは、修士課程の時、三鷹市で取り組んだ「吉野泰平家文書」の整理調査事業であった。博士課程進学後、研究の進め方に思い悩んだ時から、現在に至るまで叱咤激励をいただいている。教え子ではないが、先生からのアドバイスや助言なくしては、本書は完成しなかった。国立国会図書館憲政資料室などで先生と過ごした時間は、筆者にとって大きな力になっており、感謝以外の言葉が見つからない。今後も継続してご教示を願う次第である。

櫻井良樹先生（麗澤大学外国語学部教授）。先生との初めての出会いは、首都圏形成史研究会の例会であった。当時の筆者は東京市政研究にも取り組んでいたが、その大先達が櫻井先生であった。本書のテーマに関しても、同じく先生が先頭集団におられ、それを遠くに見つめながらの執筆であった。しかも博士論文審査の副査をお引き受けいただいたことで、課題を明確にすることができた。今後も先生の背中を見続けられるよう、研究を継続していきたい。

小宮一夫先生（文部科学省教科書調査官）。研究よりも高校教員の仕事に重きを置いたため、また生来の性格が災いし、筆者は研究者の先輩たる方をなかなか得られなかった。そのような中、先生とおつき合いさせていただいていることは、筆者の心の支えになっている。先生は明治から昭和までの縦横無尽な知識量を誇り、いつも筆者を導いてくれる貴重な先輩である。本書の草稿などにも幾度となく目を通していただき、貴重なアドバイスを頂戴した。

故中村政則先生（元一橋大学名誉教授）。大学院修士課程でご指導を受けたが、その中で最も印象に残っているのは、テキストとして『経済発展と民主主義』（岩波書店、一九九三年）を取り上げた際、経済発展と民主主義の二つがどのように「と」で結びついていたのか、それを突き詰めて考えなければならないというご指摘であった。本書の副題にも「と」を用いたが、選挙システムと支持基盤の結びつき、千葉県第一区と川島の関係性をうまく描くことができたのであろうか。もうお会いすることは叶わないが、このご指摘を忘れず、今後も「と」という言葉にこだわり続けたい。

谷ヶ城秀吉先生（専修大学経済学部准教授）。先生は、大島先生の学部ゼミの先輩である。台湾の政治史研究から出発され、経済史研究、さらには植民地研究にもフィールドを広げられた研究者である。本書出版に際して、日本経済評論社をご紹介いただいたのも、谷ヶ城先生に他ならない。また併せて、同社編集部の梶原千恵さんにも感謝申し上げたい。研究者としては実績に乏しい筆者の原稿を引き受けて下さっただけでなく、初めての単著出版に向けた道筋や段取りなど、多くの事柄をご教示いただいた。伝統ある同社の名に恥じぬよう、研究者として活動を重ねていきたい。

参議院議員時代の川口為之助の秘書を経て、川島の死までその秘書を務められた鈴木信也さん、川島を大叔父に持つ平山秀善さん（株式会社ノーネスチャンネルＣＥＯ）。お二人にはお忙しい中、何度もお時間を頂戴した。鈴木さんとの会話のなかで、文字史料からは決して読み解けない川島や川口の肉声は、筆者にとって貴重な財産となった。また平山さんからは川島の遺品の一部を拝見させていただいた他、川島の墓参（世田谷区北烏山の本覚山妙寿寺）にも同行して下さった。彼らの知る川島像をどこまで具現化できたのであろうか。ご批判やご叱正をお願いする次第である。

この他、お名前を挙げればきりがない。専修大学大学院時代の先輩・同期生・後輩の皆さん、二松學舍高校での教え子・同僚、首都圏形成史研究会や千葉歴史学会などをフィールドとする研究者仲間など、本当に多くの方々に支えられ、今の自分が存在している。この気持ちを忘れずに、研究の継続を果たしていきたい。

最後に、家族への言葉をお許し願いたい。特に筆者の大学院博士課程一年生の時、先の見えない学生結婚という申し出を受け入れてくれた妻の美也には、感謝しかない。決して良き家庭人ではなかったが、研究の継続も、本書の出版も、彼女の理解と協力がなければ実現しなかった。本当にありがとう。そして長男の知基と長女の花菜乃。この二人がいつも傍にいてくれたからこそ、高校教員の仕事と研究を両立できた。ありがとう。また父車田伸一・母厚子、岳父竹松清保・岳母恵美子の支えがあったからこそ、本書が完成した。ありがとう。

二〇一九年四月八日

筆者

＊本書は、二〇一九年度二松學舍大学学術図書出版助成金の交付を受けた。ここに記して感謝の意を表す。

〈な行〉

〈は行〉

〈ま行〉

〈や・ら行〉

〈た行〉

〈か行〉

〈さ行〉

〈や・ら・わ行〉

事項索引

〈あ行〉

〈ま行〉

〈は行〉

〈た行〉

〈な行〉

〈さ行〉

〈か行〉

索引

注：後援会は人物関係索引に入れた

人物関係索引

〈あ行〉

【著者紹介】

車田　忠継（くるまだ・ただつぐ）

1975年東京都生まれ。2003年3月に専修大学大学院文学研究科博士後期課程単位取得退学後、4月より二松學舍大学附属高等学校教諭。博士（歴史学）。専門は日本近現代政治史。

主要論文に「公職追放期の川島正次郎と選挙」（『商学論纂』第58号第5・6巻、2017年）、「戦前期中選挙区制度における代議士個人後援会の基礎的研究」（『専修史学』第61号、2016年）など。

昭和戦前期の選挙システム——千葉県第一区と川島正次郎——

2019年9月30日　第1刷発行　　定価（本体6400円＋税）

編著者　車　田　忠　継
発行者　柿　﨑　　均

発行所　株式会社　日本経済評論社
〒101-0062　東京都千代田区神田駿河台1-7-7
電話　03-5577-7286　FAX　03-5577-2803
info8188@nikkeihyo.co.jp
URL：http://www.nikkeihyo.co.jp

装幀＊渡辺美知子　　印刷＊文昇堂・製本＊誠製本

乱丁・落丁本はお取替えいたします。　Printed in Japan

ISBN978-4-8188-2536-9